神话学理论

〔澳〕埃里克·萨珀(Eric Csapo) 著

刘宗迪 译

商务印书馆
The Commercial Press

Theories of Mythology

Eric Csapo

© 2005 Eric Csapo

First published 2005 by Blackwell Publishing Ltd

All Rights Reserved. Authorised translation from the English language edition published by John Wiley & Sons Limited. Responsibility for the accuracy of the translation rests solely with The Commercial Press Ltd. and is not the responsibility of John Wiley & Sons Limited. No part of this book may be reproduced in any form without the written permission of the original copyright holder, John Wiley & Sons Limited.

据 Blackwell Publishing Ltd 2005 年版译出

目 录

前　言 1

第一章　何谓"神话"？.. 5

第二章　比较神话学 17
  第一节　比较方法的兴起 17
  第二节　麦克斯·缪勒和太阳神话学 28
  第三节　詹姆斯·弗雷泽 41
  第四节　弗雷泽眼中的世界：问题和预设 58
  第五节　原始共同神话：对比较研究的比较研究 75
  第六节　希腊和赫梯神族谱系神话之比较 87

第三章　精神分析神话学 103
  第一节　弗洛伊德与无意识的发现 103
  第二节　精神分析和神话分析 116
  第三节　弗洛伊德与人类学 139
  第四节　社会和理论语境中的弗洛伊德 152

第四章　仪式理论 166
  第一节　社会人类学 166

第二节　简·哈里森和仪式主义...181
　　第三节　瓦尔特·伯克特（Walter Burkert）与社会生物学................202
　　第四节　伯克特的《人：猎杀者》..215

第五章　结构主义神话学..227
　　第一节　索绪尔和结构主义语言学..227
　　第二节　句段式结构主义...236
　　第三节　对句段式结构主义的批判..252
　　第四节　聚合式结构主义...265
　　第五节　中介（Mediation）..281
　　第六节　整体结构主义..292
　　第七节　整体化结构主义（totalizing structure）...........................305

第六章　意识形态..325
　　第一节　结构和意识形态...325
　　第二节　后结构主义、后现代主义和意识形态................................342
　　第三节　解码意识形态..359
　　第四节　赫拉克勒斯神话的意识形态分析.....................................372

结　语...390
简明进阶阅读指南...392
参考文献..397
索　引...410

前　言

本书旨在介绍几种主要学派的神话学理论，包括其各自的理论、方法、洞见和缺陷。对每一学派，都介绍其中一到两个关键性或奠基性人物，基于特定的社会和历史语境，对其理论进行阐述和批评。对于他们分析神话的方法，结合具体实例进行解说，并指出问题所在。本书仅是一本入门书，因此除了求知欲之外，对于读者没有什么额外的要求。用作例证的神话全都是大多数读者耳熟能详的希腊神话或故事，不过，在必要的时候，我在讲述这些神话的时候会夹带着分析。这些分析的例子，绝大多数都是这些神话学家本人所提到过，不过，如果我觉得能够使对某种方法的解说更言简意赅，或者遇到像列维-斯特劳斯这样总喜欢引用一些生僻晦涩的神话材料的学者，又或者是遇到像弗洛伊德这样不喜欢推广其神话分析方法的学者，我也会毫不犹豫地使用自己的例子。本书的最后一章，讨论的不是某位特定的学者，而是一种广为流行的当代学术趋向，我这样做的理由，下文自有分解。该章阐述意识形态分析的方法，读完前面几章之后，读者当对这种方法已有所了解，因为我在评述这些早期神话学理论时，就用到了这种方法。至于这种方法的不足之处，就只有留待读者诸君、批评家以及未来有关神话的学术对话去发现了。

为了实现这一野心勃勃的计划，我不得不有所取舍。未能名列此书的神话学家可以列出一长串的名单，那些大名鼎鼎的人物，例如荣格（Jung），在书中只是一笔带过，而杜梅齐尔（Dumezil）和吉拉德（Girard）则干脆只字未提。虽然此书的定位只是一本极为概括的一般性神话学理论导论，但是，我相信仅就此而言，它的目的也远未达到。这尽管在一定程度上是出于实际的考虑，但主要还是我有意为之。我所做的只是借对重要学者的介绍，阐述某个时期某个学术流派的大方向和总趋势，而不厌其烦地列举某个学派内部的各种观点，在我看来势必会模糊主要脉络；如数家珍般地列举名人，非专业的读者也会因此觉得我在拉大旗作虎皮。本书中也列举了不少人名和异说，不过我罗列它们的目的只是为了从整体上阐述一种学说。专业的读者也许会觉得书中的很多地方可以表述得更有分寸、更具学术性或者更多一些冠冕堂皇的商榷。本书不加脚注，有话直说。恶魔常常隐藏于细节，而本书却只是粗勾轮廓。

我的这种取舍，尤其是仅限于讨论学派开山人物或关键学者的做法，所遇到的主要问题是，这样做容易给人留下一个印象，似乎随着这些学说的缺陷逐渐暴露，随着这些学者老成凋谢，这些学说也随之寿终正寝了。这种说法，对于太阳神话学派是成立的，对于精神分析神话学和结构神话学则不太成立，对于比较神话学和仪式主义神话学则根本不成立。在大多数情况下，当这些学派尚处于发展阶段时，它们会通过听取和包容后起学派的批评意见而不断发展壮大。并非所有采用比较神话学研究方法的学者都对弗雷泽亦步亦趋，但是，只要比较神话学能够听取不断出现的质疑，它就仍是一种有用的方法。本书试图通过各种理论的先后呈现，通过不同理论之间的相互辩难、先后互承关系的梳理，呈现一种对话关系，或者毋宁说是一种辩证过程。因此，为了真正理解这些理论中的某一个，就要求对所有的其他理论都有所了解。任何人，如果想把握人类对于神话不断深入的理解进程——如果确实存在这样一个进程的话，首先就需要了解各种神话学理论之间的关系。

研究一些死理论有什么用？其实，除了太阳神话学，这本书中的理论都没有死去，尽管很多神话学家已经死了。神话科学的历史（如果我们可以称之为科学的话，至少我将会如此称之），并非成王败寇的历史。当一种理论的缺陷暴露出来之后，它并不是简单地被抛弃，并代之以另一种新理论。本书中提到的理论，大多仍活得好好的，不仅如此，各种理论还你中有我，我中有你，相互依存。每一种新理论都是针对旧理论而提出的，并修正了旧理论的缺陷，但它同时也从旧理论中大量汲取营养。同样，旧理论的追随者对新理论的真知灼见和批评意见也保持兼容并蓄的心态。正是这种理论的对话，在一定程度上导致了当前神话学理论上的折中主义风格。不同的研究路径有利于产生不同的成果，而它们相互之间那些更根本的分歧反倒常常被抹杀了。

在本书中，我自始至终都强调学者们的社会背景和理论语境的重要性。我在下文很快就会说明，神话科学确实在不断进步，但却深受因其从业者的社会意识形态而导致的偏见和虚妄的阻挠，后辈学者基于对前辈学者的局限和谬误的批驳与揭露而进行的理性批判也促进了学科的进步。呈现学者和理论的社会背景，不仅是为了凸显人类旨趣和地方色彩，而且对于理解一个学者何以会主张一种奇怪的、有时甚至是荒诞的观点非常重要。在这本书中，社会背景不仅仅被视为一个否定性的因素。不同的背景、不同的时代、不同的视野，同样也能够使其他学者觉察和消解意识形态中的神话因素，即使理性的批评也只有在一种不同的意识形态视野下才有可能。我不想附和那种流俗之见，似乎神话学的历史仅仅是一个又一个低劣的意识形态你方唱罢我登场而已。意识形态无疑可能存在于任何科学中，但同样确定无疑的是，理性的对话也存在于任何科学之中，两者此消彼长，相斥而不相离。

这本书中的希腊文和拉丁文都由我自己译为英文。赫梯人的神族神话文本，我以普理查德（Pritchard 1969: 120-5）的翻译为主，并参照彭拉瑟（Penglase 1994）和韦斯特（West 1997: 278-9）的译文。为准确起见，凡涉及法国和德国学者的著述之处，我大多都参照了著作原文，除极个别情况之外，我都给出自己依据原始版本或标准版本的译文（相关论著的英译本则在"简明进阶阅读指南"和"参考书目"中列出）。为求精简篇幅，我尽量避免连篇累牍的引用，要想更全面地了解这些引文的语境并不难，可以参考书末的书目，那里给出了这些著作的重要的或常见的英文译本的详细信息。对于伯克特（Burkert）的《屠戮者》（*Homo Necans*）一书，我参考的主要是其标准版英译本（1983），这个译本中提供了较之德文原版更多的参考线索。由于我不懂俄语，因此在谈及普罗普（Propp）时遇到些麻烦，为此我不得不在其论著的英译文、法译文、德译文和意大利译文中来回参照，以便消除经常会遇到的一些含混和矛盾之处，这种做法有时候可能并不成功。

我写这本书的念头源自我在多伦多大学多年讲授神话学和神话理论导论课程的经验。那些学生们的热情和鼓励让我知道神话理论能够多么刺激和好玩，对于他们我心怀感激。我要感谢 N. Kazansky、M. Mykytiuk、B. Swystun，他们为我提供了有关乌克兰民俗的资料，还要感谢 C. Capozzi、K. Lu 和 D. Windt，他们让我注意到一些很有帮助的书籍。我非常感谢布莱克威尔（Blackwell）出版公司的编辑总监 Angela Cohen、图片检索员 Leanda Shrimpton、桌面编辑 Juanita Bullough，感谢她们的耐心、灵活性和辛勤工作，我尤其要感谢布莱克威尔出版公司的古典文学编辑 Al Bertrand，他独具慧眼地看出了这个研究计划的价值，此后一直给予不懈的支持。我要特别感谢牛津大学古典学系和新学院（New College）的学术同行，当 2004 年夏季学期我在那里研修期间，正是其中那种活跃的学术气氛让我能够投入原本会显得非常枯燥的校对和索引工作，我尤其要感谢 Oliver Taplin、Robert Parker、Robin Lane Fox 和 Peter Brown。Margaret Miller、Sebastiana Nervegna 和 Ben Zaporozan 帮我校读书稿、绘制图表、检查引证方面的疏漏，随时给我带来鼓励，对于他们我深怀感激，无以言报。

埃里克·萨珀

第一章 何谓"神话"?

　　每当有人有所揭露,都应该追问:何物曾因此被掩饰了?何物因此逃避了我们的关注?何种偏见会因此而生?还应该进一步追问:这种引人误入歧途的幽秘之径有多么深远?它从哪个路口开始就将人引上邪径?

——尼采《曙光》§523

　　在一个经验性的研究中,从定义出发似乎是理所应当的,其实并非如此,毋宁说,定义应该是深入周密的研究之后的结晶。因此,从某种意义上讲,从定义开始无异于倒行逆施、倒果为因,是未经论证、未提供证据就预先将一种观点强加于人。我之所以要从对神话定义问题的讨论开始,乃是因为我想激发怀疑意识。在这一章,我将着重分析一个被广泛接受、也许已成共识的标准的神话定义。我将说明,这个神话定义如何将一种类似比较神话学视角的方法论预先强加给了读者,至于比较神话学,我将在第二章讨论。在本章的结尾,我将提出一个我自己的关于神话的定义,这个定义也同样不像乍看起来那样简单,它主要基于我将在第六章讨论的意识形态视角。由于这本书旨在谈论别人的理论,因此,你不必非接受这个定义不可。不过,我对于神话定义的反思,有助于读者理解这本书何以会成为现在这个样子,也就是说,我认为,神话在很大程度上就是由神话学理论建构。当我们谈论"神话"时,我们所谈论的究竟是什么,这一点至关重要。

　　让我们从两个富于教诲意味的关于定义的典故开始。S.汤普森(Stith

Thompson）（1965）在一篇评论各种神话定义的著名论文中提到一个源自东印度的瞎子摸象的故事。一只大象经过三个瞎子身边，瞎子们觉察到了身边有一个庞然大物，想知道它到底长得什么样子，就纷纷伸手去摸。第一个瞎子摸到象鼻，就说它长得像一根水管；第二个瞎子摸到了耳朵，就说象长得像一把蒲扇；第三个瞎子摸到了象的身躯，就说："傻瓜，你们都说错了，这畜生明明长得像一尊王座。"

所有关于神话的定义，一个共同的毛病就是以偏概全。世界上的神话数不胜数，预先将某种神话看作"真正的"神话，将不可避免地导致对大量其他神话的削足适履，以适应某种理论。例如，简·哈里森（Jane Harrison）认为神话总是与仪式相关，她声称"如果'神话'一词仅限于指谓那些与仪式相关联的故事，将会免去许多麻烦"（1963b:331），约瑟夫·方坦罗斯（Joseph Fontenrose）提出一种类似的观点（1959:434）："无可否认的是，神话与仪式密不可分，实际上，如果一个故事和仪式或秘仪之间没有任何直接的或间接的联系，就不宜称之为神话，而毋宁称之为传说或故事。"这种定义势必导致循环论证。既然这种理论声称所有的神话都依赖于仪式，那么，这种定义自然就会将所有与仪式无关的排除在外。通过一番预先的拣汰，神话学家自然会高兴地发现他所看到的神话无一例外都具有一个共同点，那就是它们都是依存于仪式的。

再说第二个典故。有一个古代的故事，说的是柏拉图学派，这个学派像所有希腊晚期的哲学流派一样，都有一种对各种事物下定义的狂热。一天，第欧根尼参加了讲座，当柏拉图因为将"人"定义为"两条腿的、不长羽毛的动物"而赢得满堂喝彩的时候，第欧根尼走出讲堂，不大一会儿，他重返讲堂，高高举起手里的一只拔了毛的小鸡，宣布"看呐！这就是柏拉图所说的人！"柏拉图即刻对他的定义做出修正，补充了"长着宽指甲的"一个修饰语。如果说，第一个故事旨在警示以偏概全，这个故事则旨在警示笼而统之。重要的是，我们必须警惕那些一味堆砌经验性的并且往往是琐屑的特征的定义（就像这个故事所显示的，这类定义通常只不过是把一个早已预定的范畴概念"落到实处"而已）。就柏拉图的这个定义而言，为了应对会出现的各种挑战和新情况，将不得不进行不断的修补。假如第欧根尼拿来一只草原土拨鼠，这个定义或许将不得不加上一句"毛发不是太多的"。此类经验型的定义预先假定了所有对象都是现成地摆在那里等待着被收集和探究，但是，如果它的这个基本假设就已经错了，那该如何是好呢？如此一来，这种界定活动就不仅是平庸琐碎的，而且更是任意武断的。最起码，由于神话是人性的产物，就应该同时考虑其创造者的态度和需求，以及观察者的态度和需求。

也许，对于定义难题最佳的解决途径是看看"神话"一词是如何被实际使用的。但是，用之者何人？这个词的日常用法指的是一个被认为是虚假的故事（按照《牛津英语词典》，神话就是"一个纯属虚构的故事"），但是，大多数专家会说，一个神话，在将之视为神话的社会中，其作为神话的属性通常是基于它被相信为真（按照利奇的说法，"对于使用它的人们而言，神话是'真实的'"），旁观者的看法往往与局内人的看法完全相反。据上所述，这两方面的反应都必须予以考虑，不可偏废。

为了给神话下一个基于神话创造者本人神话观念的定义，让我们从分析一个经典的、被广为征引的神话定义入手，这个定义是人类学家威廉姆·巴斯科姆（Bascom 1965）提出来的。巴斯科姆的研究依据的是民俗学家和人类学家对无文字传统社会的调查记录。基于这些资料，他断定："神话是（口头性）散文叙事，在那些讲述它们的社会中，这些故事被认为是真的，是对于遥远的过去所发生之事的解释。"（Bascom 1965:4）巴斯科姆所谓散文叙事，是指故事的口头讲述形式。神话只有在被讲述的时候，才是神话，一旦被写下来，就不能算是神话了。所谓叙事，还意味着它是一个有着开头、过程和结局的故事，有一定的主题上的连续性，有人物，有一定的讲述的目的。散文叙事还包括传说和故事（乃至笑话和典故，巴斯科姆将之视为传说和故事的亚型）。传说被定义为"散文叙事，和神话一样被讲述者和听众信以为真，但是它们被认为是发生在并非很遥远的、与现在的世界差不多的过去"。与神话和传说相反，

"民间故事是被认为纯属虚构的散文叙事"。因此，对于这三者，主要的划分标准是散文和口头讲述。

	神话	传说	民间故事
完全真实否？	是	是	否
是否像现在的世界？	否	是	是

一个故事如果被信以为真，它就是神话或者传说，否则，就是民间故事；如果既是真实的，又指向一个与现在的世界大相径庭的遥远的年代，就是神话；如果尽管是真实的，但却指向一个或多或少与现在的世界相似的、并不遥远的年代，就是传说。这个简明扼要的定义很好，我在下文将会用到它，但是，我怀疑它犯了跟瞎子摸象类似的以偏概全的错误。巴斯科姆本人觉得这一定义过于宽泛，因此进一步提出一些更具体的标准，用以区分神话、传说和民间故事。这种经验性的差异其实是不胜枚举的，它们无非都是源于那个预先已经给定的区分——如此一来，必将重蹈第欧根尼的拔毛小鸡故事的覆辙（Bascom 1965:4-5）：

神话是信仰的具体化，它们是神圣的，通常与神学观念和仪式有关。其中的主要人物通常并非人类，但却往往拥有人类的性情，它们大多是动物、神灵、文化英雄，他们的行动被置于一个更早的世界中，比如说天空或阴间。神话解释世界、人类、死亡的起源，说明飞禽走兽、山川地貌、自然现象的特点。它们可能对神灵的行为以及他们的恋爱、友谊、敌意、胜利和失败做出解释。它们自诩对仪式及其所用法器的各种细节做出解释、对禁忌为什么被遵守做出解释……。

传说通常更具世俗色彩而非神圣性，其中的主要人物是人类。它们讲述迁徙、战争和胜利的故事，讲述昔日英雄、酋长、国王们的伟业，讲述统治者的王朝谱系。就此而言，传说往往可以视为书面历史的口头传统形式。传说还包括关于宝藏、妖怪、精灵和圣人的地方性故事。

民间故事可以被放置于任何时代和任何地方，在此意义上，它们几乎可以说是超越时间和空间的。……故事中可能也会出现精灵、食人魔甚至神灵，但是它通常讲述的是动物和人类的冒险。

为简洁起见，我对它所罗列的众多经验性划分标准做了删节，不过，由此已足见其风格了。

那么，巴斯科姆是如何得出这一定义的呢？让我们分析一下他所谓"真实"与"虚假"的标准，这是区分神话和传说与民间故事的界线。针对这一点，巴斯科姆指出，许多文化都有其自己的相应于"神话""传说"和"民间故事"的区分性术语。例如，特罗布里恩群岛（Trobriand）居民有 *liliu*（神话）、*libwogwo*（传说）、*kukwanebu*（民间故事）三个词。巴斯科姆指出，即使在那些并不存在明确的区分词语的文化中，其讲述故事的风格和形式结构方面的差异也体现出模糊的区分性概念。有些社会利用程式化的开头语和结尾语将故事与神话、传说以及其他话语形式区别开来。这种口头程序可以提醒听众，下面将要讲的不能当真。阿散蒂人（Ashanti）的故事讲述者在开始讲述时会说"我所说不是真的，我所说不是真的……"，结束时则说"这是我的故事，是我讲的，不管你是喜欢，还是不喜欢，有些你可以当真，有些则是我的捏造"。同样，欧洲的故事讲述者在讲故事时也采用类似的套路，告诉你这故事纯属杜撰："很久很久以前……"，或者"从此以后，他们就永远幸福地生活在一起"云云，都提醒听众，这故事是虚构的。

从与讲述相关的超文本行为中也可以看出差异。不同类型的故事在一天中不同的时间讲述。马绍尔群岛、特罗布里恩群岛、富拉尼人（Fulani）以及约鲁巴人（Yoruba）都有禁止在天黑之前讲故事的禁忌，但严肃的故事（神话和传说）则可以在一天的任何时候讲述。富拉尼人相信，如果他们在白天讲了一个故事的话，他的近亲中可能会有人因此而丧命；马绍尔人则担心讲故事的人和听故事的人的脑袋将会因此肿胀得"像房子一样大"；而约鲁巴人则担心如果在大白天讲故事的话，讲故事的人会迷失在故事中而分不清东西南北。即使在一年当中，也是有的时间适合讲故事，有的时间则不宜讲故事。特罗布里恩人讲故事仅限于11月份，这是播种季节与捕鱼季节之间的闲暇；传说可以在任何季节讲，但尤其宜于在出海贸易的时节讲；一年当中不管什么任何时候，在筹备仪式之时，神话会被郑重其事地讲述。对于讲述者和听众还有许许多多其他的限制，据说这些限制体现了不同类型故事的差别。在夏威夷，听众不准在神话讲述者面前横穿走动。在因纽特人那里，讲述者在讲述神话时必须照着权威范本一字不差地复述，但是，在讲故事时，则可以根据自己的趣味对故事做出改动。特罗布里恩群岛的家庭将民间故事视为其私有财富，当家中其他成员都退去之后，父亲会在私密的卧室中把故事偷偷传授给儿子，但是神话和传说则被视为公共所有。

那么，巴斯科姆的定义究竟有什么问题呢？看起来它很客观，源于对事实的观察，尤其是对接受行为的观察，完全是基于神话创造者和听众自己固有的概念。然而，确实如此吗？如果我们考虑到他的某些材料可能被观察者的有色眼镜、被他的知识背景所扭曲，受制于其背后的制度性限制和专业习惯，我们将为其中的诸多巧合感到震惊。

巴斯科姆是一位主要从事比较研究而对民俗有着专业兴趣的现代西方人类学家。1960年代的人类学家对于无文字和"传统"社会有着几乎孤注一掷般的热情，因此，巴斯科姆发现神话是口头性的传统性故事，也就并不令人感到惊讶了。按照惯例，神话只能在此种（指传统的、口头的）地方去寻找，而在这种地方发现神话，巴斯科姆作为一个受过专业训练的人类学家，具有别人所不具备的特长。巴斯科姆坚持神话的口头性和散文性，我作为一位研究古代文化的专家，不得不说对此实难接受，因为几乎所有的古代文化都主要是依靠书写的形式、诗歌以及视觉形象传达其神话的。任何将《伊利亚特》、美索不达米亚史诗《吉尔伽美什》、赫梯人的《乌利库米之歌》(*Song of Ullikummi*)以及印度的《吠陀经》排斥在外的神话定义，对我来说都是难以接受的。即使抛开这不动声色的学科沙文主义不谈，巴斯科姆也在更根本的方面暴露了他在知识和文化方面的优越感。

自从雅各布·格林和威廉·格林两兄弟率先收集民间故事以来，民俗学家就习惯了神话、传说、民间故事的三分法。19世纪初期，格林兄弟最早着手记录德国的民间故事，同时创立了民俗学这门科学。但是，值得注意的是，不管是英语，还是欧洲的其他语言，在此之前都还没有这种区分。英语中的"民间故事"（folktale）一词（受启发于格林兄弟的 Märchen 概念）与德语词 Volk（人民、民众）之间的亲缘关系，暴露了这个概念与德国民族主义之间的渊源关系，这一点也体现于诸如民俗（folklore）以及民歌（folksong）、民间习俗（folk-custom）等词语。认识到这种历史的巧合以及这种口头传统叙事体裁的三分法，只是在非常晚近的时期才开始出现于欧洲语言中，就会明白这一分类系统无非是一种人为的抽象，这一点委实值得深长思之。

巴斯科姆文章中的比较研究，是以摆事实、讲道理的方式表现出来的，但是它同时也是在背后支持这种表现方式的工作假设。他自始至终都是先引入一个命题，然后通过罗列一些来自不同文化语境中的实例，对这个命题进行证明。实例越多越好，文化的差异性越大越好，似乎在他看来，通过不厌其烦地堆砌大量例证，从而对读者的抵抗力进行无休无止地毯式轰炸，就足以证明一个观点。丰富多彩的实例，就像一种跨越历史和地域的跳房子游戏，会迫使读者相信由这些实例所支持的命题必定是放之四海而皆准的，或者至少具有一定的通用性。当然，巴斯科姆也给出了例外的情况。例如，在谈到不同文化的区分性词汇时，他指出太平洋群岛中的波纳佩人（Ponapeans）和夏威夷人，以及南美洲的达科他人（Dakota）和基奥瓦人（Kiowa），只能将"民间故事"和"神话–传说"一分为二。温纳贝戈人（Winnebago）只知道两类叙事，两者都是真实的。其他一些族群，如风河（Wind River）地区的肖肖尼人（Shoshoni），只用一个词来通称所有的故事。巴斯科姆对例外情况的罗列，也同样体现了比较研究的风格，这种风格能够给人一种将一切尽收眼底、囊括无余的印象。然而，在这种研究中，通常情况下，正面的例证总是远远多于反面的例证，而这当然是因为作者总会将所有他知道的正面例证收入文章，而对于反面例证则只会挑选几个，尽管真要罗列起来的话，反面例证的清单可能会跟正面例证的清单一样长（例如，希腊人根本不知道神话、传说和民间故事之间的区分，对此他就只字未提）。例外情况只是为了证明通则才被列举，就像马戏团表演展示畸形人只是为了装点门面。

但是，真要着手对神话和传说的概念下定义，谁也不能从罗列所有被用来指谓神话和传说的词语开始论证。为了把他的网撒得尽量远，以便得到一个能够适用于所有已知拥有神话的文化的神话定义，巴斯科姆最终在其自己的文化预设中泥足深陷。为了涵括各种各样的区别标准，人类学家很可能会把其他文化的区别标准削足适履地塞进他自己穿过的鞋子里，但是，如果你想在这些鞋子之间替换着穿，就会发现贴着"神话"标签的那些鞋子的形状和尺码本身就五花八门、大小不一。你甚至会怀疑，人类学家所使用的那些标准，如被他们翻译为"真实"或"神圣"之类的概念，是否是特罗布里恩岛居民、温纳贝戈人或19世纪德意志人确实想表达的意思。那些神话讲述者几乎不可能与现代西方人持有相同的真、假标准。在有些文化看来，世上只有一种故事，即真实的故事，按照巴斯科姆的说法，温纳贝戈人就是如此。我们自己关于虚假叙事的概念依赖于我们关于真实叙事的概念，而真/假叙事之分则是由诸如神话/科学、传说/历史、神话传说/文学等二元对立所构成的。在某种意义上说，西方人发明了科学、历史、文学的概念，就是为了将我们文化的思想和表达与那些神话讲述者的社会划清界限。那么，诸如此类的区分对于我们和他们又怎么可能是相同的呢？按照比较神话学家的定义，编造神话的社会压根就不可能知道此类区分。

比较神话学家很少意识到不同文化之间概念的可比性问题，其经典构想假设了所有编造神话的文化都是简单的、原始的，很像股票中的普通股，彼此之间大同小异。实际情况可能恰恰相反，所有的文化，即使那些被我们视为初级的文化，也很少有共同的地方。如此一来，任何一个基于共通性之上的神话定义最终都会变成空洞无物的废话，或者，为了使定义不那么平庸空洞，不得不将某些类型的神话甚至某些文化的所有神话都排除在定义之外。

不过，巴斯科姆的这个定义至少让我们在对神话有所了解的同时，也让我们对巴斯科姆有所了解，它表明，巴斯科姆是一位比较研究者、一位经验主义者，对于分类范畴，表现出本质主义的偏见。本质主义相信，范畴先验地存在于心灵之中，所有被归于同一范畴的对象都拥有某些相同的特征，定义无非就是找到某个特定的范畴所有的共同特征。但是，范畴并非是如此运作，若果真如此的话，神话的定义就根本不成问题了。事实上，关于"神话"，无法做出任何明确的定义，不管是哪种定义，尤其是基于其形式或内容的定义。不过，这一说法引出了两个彼此不相干的问题，其一是理解文化范畴的问题，其二是运用形式的或内容的分类标准为神话下定义的问题。下面分别讨论这两个问题。

我们可以给"神话"强加一个严格的"科学"定义，列举一系列基本构成特征，诸如"与仪式有关"或"主要人物必须是神"，任何不符合这一标准的，则归于"传说""民间故事""野史逸闻"（anecdote）或别的什么。但是，对于神话的定义问题而言，这是一种武断、专横的做法，与当前学界对话语和概念范畴运作方式的重新思考背道而驰。当前，文学研究界在涉及体裁概念时，普遍推崇的是一种更为有效的做法，这是一种松散的分类体系，源于维特根斯坦率先提出的家族相似理论。为了说明语言学定义在总体上所面临的困难，维特根斯坦借用了"游戏"这个概念（Wittgenstein 1958, §§65-77）：

什么是游戏？这些现象没有任何共同之处，能使我们用同一个词来称呼它们——但是，它们仍以许多不同的方式相互关联。……我们看到的是一个错综复杂、相互重叠和交叉的相似性网络。……

对于这种相似性,我想不出一个较之"家族相似"更恰切的说法:身材、相貌、眼睛的颜色、走路的步态、脾性,如此这般,以相同的方式重叠、交错。因此,我会说:"游戏"形成了一个家族。

某些活动之所以被称为游戏,是因为它们与某个或其他一些已经被归类于"游戏"范畴的既有个案之间具有相似性。将哪些新的个案归于这个范畴,在这一方面,存在着文化上的任意性。不仅如此,这个范畴本身就是靠一些流行一时的、同时又是不断变化的典型所定义:对我们这一代而言,是电子游戏;对我们的父辈而言,是大富翁游戏(Monopoly);对于古希腊人而言,则是敲鹌鹑头游戏(bashing quails on the head)。我们把某种东西称为神话或传说,不过是因为它们在某些方面让我们想起了某些被我们的文化标榜为此类体裁之典范的故事。

有鉴于此,暂且不管自然现象,至少对于文化现象而言,就不可能死抱住一个基本分类标准。归根结底,尽管无人能阻止你在不同的文化中寻求共同的叙事体裁分类模式甚或共同的标准,要在众多的神话中找出某些为其所共同具有的属性,是徒劳的。不仅如此,为了我们自己的利益或兴趣,要求体裁的划分必须是有意识的或普遍的,这也没有多少道理可讲。即使我们确信我们正在研究的文化有着极为不同的故事类型划分方式,只要我们清醒地认识到,我们关于神话、传说和民间故事的分类只是我们自己特有的,那么,这种分类方式对于我们而言,就还是有一定的用处的。

综上所述,我觉得,巴斯科姆的研究,暴露了观察者可能借由定义将其自己的知识预设悄悄地塞进研究的对象之中,尽管如此,它仍有一定的价值。他的考察表明,在对跨文化的叙事体裁进行分类的过程中,重要的问题不在于不同文化如何划分叙事体裁,而是它们为什么如此划分,如果它们确实有所划分的话。他的主要分类标准,强调的不是内容,而是接受,因此其所昭示的神话定义,不是本质主义的,而是功能主义的。

所有的文化都会在一定的意义上把某些故事看得较之另外一些故事更重要，这一说法很普通，足以作为一个普遍性命题。巴斯科姆提供的材料表明，故事之所以被划分不同的类型，乃是因为这些故事被赋予不同的价值。尽管真和假、神圣与世俗、神界与凡界这些词，在不同的文化中的含义千差万别，但是这种划分仍是一种价值上的划分，而且，如果有必要的话，这种划分可以借由伴随着叙事活动的语言或行为表现出来。可以将神话定义为一个受到整个社会共同体重视的叙事，它是说给所有社会成员听的，以让他们分享其意义；传说的重要性相对要小一些，或者只是对部分社会成员才重要；民间故事的重要性更小。不过，神话、传说、民间故事之间的界线究竟该如何划，则必定是相对的、模糊的、游移不定的。对社会重要性的关注，可以解释神话、传说和民间故事在内容和语境方面所体现出来的连续性。有些故事被视为真实的，这一事实只不过体现了其社会重要性而已。这一说法同样适应于真实性标准本身。一般而言，神比英雄重要，英雄比凡人重要，凡人则比动物重要。故事中的人物类型的重要性亦可由此类推。一个故事越是重要，与之相关的仪式越是隆重，与之相关的禁忌越是繁，例如不要在讲述者面前走来走去、禁止把一个神话据为己有等禁忌。

但是，这种重要性与人类学家所指出的存在于故事形态复杂的连续性背后的重要性还不完全是一回事。这种重要性具有"社会性"这一事实也影响了这些故事所采取的不同形式。我们之所以了解某物的社会意义，是根据它的使用情况：如果一个故事是重要的，它就会被一次又一次地复述，一些社会性的话语会时常诉诸这个故事。许多现代的定义坚持说神话或传说必须是"传统的故事"。这一定义会导致各种问题以及人为的结论。被人们津津乐道的人物或事件会变成"我们时代的传奇"，这种说法，并不仅仅是一个比喻。围绕着当代事件、当代人物或者新式发明，可能形成神话。坚持认为神话或传说必须是传统故事，这种观点把神话或传说的某种外在表象误当成了其本质属性，神话和传说具有传承社会价值的功能，"传统性"只是此种功能的一种外在表征而已。神话是社会意识形态的一种功能——布鲁斯·林肯（Bruce Lincoln）将之定义为"体现为叙事形式的意识形态"（Lincoln 1999:xii）——因此，我们不应该拘泥于特定的神话内容和语境，而是应该将这些内容和语境作为存在着神话功能的证据。

第二章　比较神话学

从一个角度看，英国人确实会把大不列颠帝国的人民视为低于他们的外国人、他者，需要被管制、被驯服。但是，从另一个角度看，他们也把这些人视为跟自己相似、对等的人，有时候甚至会觉得他们比自己强。……这种看法，不仅在社会学的意义上是保守的，在政治学的意义上也同样是保守的。……大不列颠帝国的全部目的是"在一个不断变化的世界上维持传统的统治权，作为巩固社会安全的堡垒"。对这一事业而言，一个人在其当地社会等级制中的地位比其肤色更重要，"社会地位才是真正重要的范畴"，因此，它是"其他一切范畴的基础"。

——卡纳丁（D. Cannadine）：《装饰主义》，第123—124页

他是一个野蛮人，把他海岛部落的习俗当成自然法。

——萧伯纳（G. B. Shaw）：《凯撒和克里奥佩特拉》第二幕

第一节　比较方法的兴起

比较神话学诞生的社会背景

比较神话学是在欧洲帝国主义时期形成为一个学科的，将这种方法与其社会语境联系起来的不仅是一种时间上的巧合。自从文艺复兴以来，只有研究希腊-罗马文学的学者才对那些能够被视为"神话"的东西感兴趣，这主要是由于它们与文学作品之间的渊源关系，对于其他人而言，神话是琐屑不足道的。但是，随着帝国主义时代的到来，当那些口耳相

传的原生态神话越来越引起欧洲人的热情，神话也随之时来运转。并不是说神话从此就受到了尊重，神话依然是人们鄙夷和反感的对象，但是，神话却同时也成了人们兴趣的对象，这主要是由于据说透过神话可以窥见其创造者的品格。同样，神话的创造者们，不管是非欧洲的还是欧洲的，也主要是作为一个比较项、一个陪衬，才成为欧洲观察者兴趣的对象。神话成了欧洲人赖以自我发现的工具。

　　现代神话学诞生的故事和人类学诞生的故事是无法分开来讲的。当欧洲开始扩张，先是通过探险，接着是通过贸易，最后是征服、探险和殖民齐头并进，欧洲与众多有着奇异风俗、语言和宗教的人种迎面相遇。即使仅仅为了更有效地跟这些五花八门的民族打交道，也有必要对其生活方式有所了解。但是，不管是了解他者的能力，还是了解他者的欲望，都不是水到渠成的事情。最早的那些旅行者的报告，关于土著居民的信息少得可怜，只有一些浮光掠影般的泛泛之论，淹没在大量关于土地、矿物、植物和动物的琐碎列举中。这些早期探险者即使由于某种原因偶尔对土著居民予以关注，他们的描述也往往是相互分歧的，甚至是自相矛盾的，这种矛盾有时候达到极端的程度。T. 托多罗夫（Tzvetan Todorov）在《美洲的征服》（1984）一书中指出，哥伦布在其通信中，一会儿将那些"被发现者"称为邪恶的野兽，一会儿又将他们视为生活于伊甸园中的"高贵的野蛮人"。即使是同一种品行，当哥伦布在完全不同的情境下观察时，也会得出截然相反的结论。这些加勒比土著没有私有财产的观念，当他们听任哥伦布拿走他们的东西而毫不在意时，哥伦布就赞美他们是世界上最正直、最慷慨、最自由的人，但是，过了不一会儿，当他们拿走哥伦布的东西而连个招呼也不打时，他就指责他们是邪恶而堕落的阴谋家，并且毫不客气地割下他们的耳朵或者鼻子。所有这两种说法都不得要领，因为哥伦布只能在他自己的文化框架中理解印第安人的行为。两种观点都导致在欧洲人和土著之间形成了一条无法逾越的鸿沟。对于早期的欧洲探险者而言，文明就意味着欧洲文化。按照这一定义，加勒比人只能是比人类低等的生物，或者是未开化的野蛮人。

哥伦布完全没有认识到他们的价值系统不同于他的价值系统这一简单的事实，由于某种价值的缺失，他忽视了这一差别。"这两种关于差异性经验的基本构想，无论是对于自我中心主义，还是对于将我们自己的价值等同于普遍性价值、将我们的'我'等同于整个宇宙，抑或对于一元论世界观，都是根本性的。"（Todorov 1984: 39-40）

只要欧洲人深信不疑地执着于他们的传统价值观，他们对于其他制度、习俗以及神话的相似性和差异性的认知就只能是一种现成解释框架的延伸，而这种解释框架本身就是神话性的。不妨举一个例子，迭戈·杜朗（Diego Durán），西班牙探险家赫尔南多·科特兹（Hernando Cortez）的随行者之一，就对阿兹特克人做了极为精心的观察。他注意到阿兹特克人的仪式中有很多跟基督教仪式相似之处，但是却夸大了这种相似性。在他的眼里，这些仪式如出一辙，没有区别，他也常常将其教条与基督教的混为一谈：阿兹特克人"敬畏圣父、圣子和圣灵，称之为Tota、Topiltzin和Yolometl，跟我们说的圣父、圣子和圣灵是一个意思，他们既分别赞美其中之一，也同时赞美其三位一体"（Durán 1967. 1:8）。为了解释这一点，杜朗提出了两个理论：圣托马斯曾经到过墨西哥传播福音，但是，后来福音遭到了败坏，被"他们的异端的、嗜血的、邪恶的"崇拜所淆乱（9）。或者，"令人诅咒的撒旦迫使印第安人在他们自己的法事和祭拜中模仿我们天主教的仪典"（3）。神话和仪式或者被作为真实信仰的体现，或者相反，被视为受到恶魔的玷污。

只要欧洲人仍自以为是地执着于其看待事物的传统方式和信念，"他者"就可以被观察，但却只能用单一的尺度对事实进行测度，相对于欧洲人，野蛮人或好、或坏，只有量的不同，而无本质的差异。欧洲探险者和征服者本身还不足以解释神话学或人类学的兴起，他们仅仅提供了关于异域文化的经验，只是一些素材，而不是将他们的观察转变为有意义的科学的心态。要获得这种心态，有赖于欧洲本身发生根本性的改变，这种改变将彻底瓦解欧洲人以上帝自居的自以为是的假设。欧洲扩张最急剧的时期，即从17世纪到20世纪，也是欧洲社会内部发生剧烈的变化和严重分化的时期。就经济而言，从以农业为主转变为以工业为主，就政治和社会而言，从等级制转变为更具平等主义的权力结构。这一系列变化足以促使一种完全不同的新型价值体系的形成，但是，在帝国主义的语境中，这些变化导致了影响更为深远的改变：引发了社会主义者所谓的"价值的危机"。

卡尔·曼海姆（Karl Mannheim）在《意识形态与乌托邦》（1936）一书中解释了，一种与帝国主义事业相结合的民主化何以可能导致价值的危机。民主化开启了一个具有高度社会流动性的时期，在这一时期，一个阶级的人们改变了社会地位，并且学会用另一个阶级的眼光观察其社会。帝国主义促使人们与拥有不同生活方式和价值的其他民族相接触，不管是帝国主义，还是民主化，就其本身而言，都要求推翻传统价值。但是，一种文化迷失加剧了另一种文化迷失、不同阶级之间的纵向社会流动和不同文化之间的横向社会流动两者的综合效应，很有可能动摇人们对于传统思想方式的永恒性和普遍有效性的信念。曼海姆在这里所据以讨论的第一个例子是古希腊，而不是现代欧洲的"启蒙运动"，不过，他心中暗指的正是后者。随着工业资本主义的到来，这一过程进一步加剧了，因为新的工业体系导致大量的人口从乡村迁入城市，通过财富流动性的增加，极大地促进了社会流动性，不管是向下流动还是向上流动，同时，通过将殖民地作为原材料生产地、劳力来源、制成品市场而纳入帝国主义经济体系，也极大地促进了人员和货物向殖民地的流动。

现代社会在纵、横两方面的大规模流动使欧洲人能够接触和容纳不同的价值体系，并因此以更宽容的态度接受其他不同的思维方式和行为方式。曾经一元的、绝对的、唯我独尊的基督教信仰体系最终让位于当代"全球化文化"多元的、相对的和更具平等性的话语（其实只是名义上如此而已，骨子里仍是彻头彻尾的西方话语）。欧洲文明及其衍生物曾经自信满满地以上帝的代言人自居，在他们看来，其他文明是怪异的、堕落的、荒谬的、异端的，现在，仅仅四百年间，欧洲就失去了这种自信,认识到所有的价值都是人为的建构之物。欧洲帝国主义最后的牺牲品是欧洲自身,正如特里·伊格尔顿(Terry Eagleton)所云:"当你致力于征服那些其行事方式尽管大相径庭但却卓有成效的社会时,你不可能依然将自己的行事方式视为唯一可能的方式。"(Eagleton 1991: 107)在一种价值与其他价值遭遇之前,仅仅依靠一种文化内在的变动,这种价值是不可能得到质疑的。

因此,除非欧洲价值因为内部急剧的文化变动和外在的帝国主义扩张而遭到动摇,比较神话学和比较人类学非但不会引起人们的兴趣,而且根本就不可能发生。在一种文化绝对主义的世界中,比较社会科学不可能有立足之地。在这样一个世界中,只有一种文化,因此,没有什么可以用来进行比较,但是,在一个完全相对主义的文化中,比较研究的遭遇也好不了多少。在这样的世界中,比较研究既无一个坚实的根基,也出力不讨好。比较研究学科发现,自己的最佳位置是在17世纪的文化绝对主义和21世纪的文化相对主义之间,即认识到不同文化的存在,各种文化自有其价值,但是仍承认存在一种共同的尺度,不管这种尺度是多么抽象。比较神话学的全盛期从1850年代延续到1920年代,此时欧洲文化仍保持着对于自身优越性的自信,但是对于如何精确定义其文化的差异性已经很少能达成共识:不管人们所强调的是其他文化与自己的文化之间的相同性还是差异性,他仍能够在一种丑闻频发的氛围中获得比较研究的红利,这并非偶然的。

在自我与他者的对话中,神话学扮演着一种格外重要的角色,据说它能提供直接通达精神和心智的途径。在其全盛期,表面上看来,比较神话学仅仅在就不同民族的神话、信仰和文化比来比去,其实,它所真正关心的是衡量不同民族的精神力量,即所谓智力、理性以及摆脱迷信、洞达真理、明确方向、领导民众的能力,其念兹在兹的是为欧洲霸权提供辩护。但是,如果说早期的比较研究所激发的热情不得不或明或暗地涉及种族与帝国之间关系的话,它同时也或明或暗地面对欧洲内部各种价值体系之间的相互竞争。关于野蛮人的想象是欧洲自我定义的背景,这种想象歧义丛生、自相矛盾，这些矛盾归根结底是源于欧洲社会内部的各种价值体系的冲突。野蛮人的社会，有时甚至是那些高度发达的文明社会，通过欧洲人的想象被重新建构，以弥补欧洲意识形态自身的裂痕。下面我们将通过对缪勒、弗雷泽以及其他神话学者研究的分析，揭示这种双向互动机制在比较研究方法中的作用。

威廉·琼斯与印欧语系的发现

欧洲为了维护其海外帝国及其商业冒险所建立的管理机构，激发了早期科学民族志研究的兴起，在欧洲帝国的所有势力范围中，尤以不列颠帝国的印度殖民地的情况最为错综复杂，也最为成熟，因此成为比较语言学和比较神话学赖以确立的最直接语境。

不列颠帝国向东方的扩张重新点燃了英国学者对于东方语言的兴趣。18世纪中期，一位生于威尔士的中产阶级学者威廉·琼斯（William Jones，1746—1794）就能够在哈罗[①]和牛津获得希伯来语、阿拉伯语、波斯语、突厥语以及汉语的知识，而在往常，这里只教希腊语和拉丁语。（1806年英格兰创建了第一所旨在为东印度公司服务的职业学校东印度学院，梵语这门从公元前1500年就被记录下来的古老的印度语言，开始在欧洲的高级学术机构的教学科目中获得一席之地）。琼斯在1783年受聘为加尔各答的孟加拉高等法庭法官，法庭专门雇佣了当地的梵学家为他作当地法律方面的顾问（当地法律依据对古代经典的解释），尽管琼斯对于东方语言很有兴趣，但是，他的自述表明，如果不是因为他信不过法庭所雇佣的这些梵学家，他自己也不会学习梵语。他很快就被这种语言迷住了，当他知道在加尔各答有一个"亚洲学会"，就为这个学会做了数次关于梵语及其神话与其他语言和神话之比较的演讲。在1786年的一次演讲中，琼斯宣称（Jones 1807:34-5）：

[①] 哈罗（Harrow），英国大伦敦西北部自治市之一。——译者注

梵文的语言，不管有多么古老，它的结构都是令人惊讶的，它比希腊语更完善，比拉丁语更丰富，比这两者都要精美，同时又与这两种语言极为相似，不管是在动词的词根方面，还是在语法形式方面，这种相似性不可能仅仅是源于巧合，这种相似如此显而易见，任何一位语文学家如果考察过这三门语言的话，都会相信它们是出自同一个源头，这个共同源头，可能早已湮灭了；出于相似的理由，尽管不像上面这样明显，哥特语和凯尔特语尽管已经混入了一些相当不同的习语，但仍能看出它们跟梵语也有共同的源头，此外，古波斯语也可以列入这同一个语族。

正是由于上面这番话，人们才将后来被称为印度-雅利安语（1813 年之后又获得了印欧语的称呼，1823 年之后则被德国学者称为印度-日耳曼语）这一语系的发现归功于琼斯。实际上，最早注意到当代欧洲语言与古典语言之间密切的相似性的并非琼斯，最早设想这些语言有着共同源头的也不是琼斯（从 12 世纪的吉拉尔杜斯·坎布伦西斯 [Giraldus Cambrensis] 起，欧洲的民族主义学者都纷纷宣称他们的母语与希腊语和拉丁语是一脉相承的，其中，影响最大的，是 17 世纪的马尔库斯·伯克斯洪 [Marcus Boxhorn]，他宣称欧洲语言源于斯基泰语 [Scythian]），尽管琼斯的语言学观点体现了更好的科学方法（毕竟，关于斯基泰语人们一无所知），他的成功在很大程度上还是得益于随之而来的意识形态关切，正如林肯所说的，他是"在恰当的时候、恰当的地点，作为恰当的人，说出了恰当的话，或者被认为是恰当的话"（Lincoln 1999: 84）。

一旦欧洲语言的原初一体性得以科学地说明，这一"事实"就可能，并且确实被赋予了神秘的价值。共同的语言起源，马上就被用来证明历史、文化、种族的共同性，而一旦原印欧民族或"雅利安民族"成为引起人们（不管是学者还是公众）遐想的对象，它就迅速发酵，并因此对其他种族和文化造成伤害。被高度理想化的古典时代的文化成就，例如古代印度的艺术和文学，被作为这些强大种族在其古老的历史记载和纯

16 正表达方面具有超人天赋的见证。在诸如琼斯这些人中，同时还出现了一种倾向，即相信比较语言学证明了《圣经》中人类起源于同一个祖先后来才分散各地的说法（伊甸园是人类最初的共同家园；人类的堕落；巴比塔的倒塌；诺亚诸子）。因为欧洲学者尽管能够假设所有人类（不仅是欧洲人）都有一个共同的起源，他们也并不想较之《圣经》故事更平等地对待所有种族，而是在不同的种族之间确立高低贵贱的等级制，按照种种优先秩序给闪、含、雅弗的子孙们论资排辈，并赋予他们各自不同的道德品格。

赫尔德、格林兄弟、浪漫主义和比较语文学

十分吊诡的是，琼斯的"发现"在德国引起的反应最为强烈，当时，由于内部的纷争，尤其是由于说德语的人分裂为在政治和宗教方面存在巨大分歧的众多小独立公国，使德国没能像其他欧洲国家那样，成功地参与到从东到西瓜分世界的殖民运动之中。取而代之的是一种主要存在于开明人士和中间阶层中，将四分五裂的德意志统一为一个现代国家的野心，这种野心迫切需要建立一种德意志民族的认同感。在对于德国政治统一的追求中（最终在 1871 年获得成功），语言、文学和民俗学成为不可或缺的意识形态手段。

在德国，把语言和人民（*Volk*，普通民众，民众，民族）等同起来是水到渠成的，按照名扬一时的批评家和哲学家赫尔德（Johann Gottfried von Herder，1744—1803）的说法，语言、民歌和神话皆为民族特性的自发（和真实）的表现，伟大的诗歌，作为文化表现的最高形式，只有当一种语言本身就是诗性的语言的时候才有可能（赫尔德的德语语法和语音的研究就证明了德语的诗歌潜力尚有待开掘），而当一个民族能够运用其民族自己的语言自发地表达其激情和想象的时候，诗歌才最健康纯正，最好的诗歌是植根于传统民歌和民间故事之中的。相反，一种语言及其诗歌，会由于理性主义而枯萎，会由于外国语言的感染而败坏。赫尔德认为，生机勃勃的德国中世纪文学，就是被启蒙运动的理性主义以及欧洲文艺复兴运动之后外国政治、文化和宗教对德国的渗透所败坏。赫尔德的观念对于德国乃至整个欧洲的民族主义产生了无可估量的影响,并且直接激发了两波前后相继的文学运动:狂飙突进运动和浪漫主义运动,作为这些运动之特征的反理性主义、中世纪情结、爱国主义,对于自发性、自然和创造性天才的狂热,到民间文学和神话中寻求民族精神(*Volksgeist*)等,都从赫尔德而来。

赫尔德的《人类历史哲学的沉思》(*Thoughts on the Philosophy of Human History*)(1784—1791)一书实际上已经为琼斯的各民族历史一元论的论调导夫先路(他同样也把这个历史的源头置于中亚)。一旦各个种族从其共同发祥地分道扬镳之后,由于各族群实行在其内部亚族群之间的同族通婚制度(即只在本族群内部通婚),由于对其所定居国家的气候和地理条件的适应,尤其是由于各自语言和神话的独立发展,这些族群逐渐发展出各自不同的体质、精神和伦理特性。正是这一理论,决定了对于诗歌、语言和民间神话的研究成为重建和发掘共同、纯粹的民族精神的重要途径。

赫尔德之后,在骚动不安的德国知识界中,雅各布·格林(Jakob Grimm,1785—1863)和威廉·格林(Wilhelm Grimm,1786—1859)两兄弟的学术活动独领一时风骚。他们整理、收集、研究并出版了大量的德国的古风诗歌、游吟歌谣、史诗、传说、神话、民间故事乃至古代德国法律,其中,最重要的是雅各布·格林的《德国语言和德语语法的历史》(*History of German Language and German Grammar*)一书。受琼斯所发现的印欧语言的启发,格林能够通过比较德语和其他语言的形式将日耳曼民族的历史追溯到有史记载之前。在其关于语法的研究中,尤其引人瞩目并获得广泛认可的是,格林运用一种严格的方法对印欧语言的辅音转移(consonant shift)进行了分析,使他与其同胞弗朗兹·葆朴(Franz Bopp,1791—1867)一道,成为历史语言学的奠基人。

从下面这个闭塞辅音(stop consonant,通过阻止发音气流发出的声音)和送气辅音(aspirate,收缩但不是完全阻止发音气流发出的声音)

的对照表格，可以对所谓"格林定律"获得一个简单的了解：

	1 Voiceless（无声）Stop（闭塞）	2 Voiced（发声）Stop（闭塞）	3 Voiceless（无声）Aspirate（送气）	4 Voiced（发声）Aspirate（送气）
Labial（唇音）	p	B	ph or f	Bh
Dental（齿音）	y	D	th	Dh
Palatal（腭音）	k	G	kh	Ch

19 　　按照格林的观点，从原印欧语向日耳曼语（包括英语）的演变，可以图示为从第1栏辅音向第3栏辅音、从第2栏辅音向第1栏辅音、从第4栏辅音向第2栏辅音的统一的转移，这一点可以通过比较日耳曼语的词语与那些被认为跟原始语关系较密切的印欧语的词语得以证明。第一规则（从无声闭塞辅音转变为无声送气辅音）可以由英语的 foot（对比德语 *Fuss*）与梵语的 *pat(a)*-、希腊语的 *pod*-、拉丁语的 *ped*- 之比较得以证明，第二规则可以由英语的 knee（对比德语的 *Knie*）与希腊语的 *gonu*、拉丁语的 *genu* 之比较得以证明，第三规则可以由英语的 brother（对比德语 *Bruder*）与梵语的 *bhràtar* 之比较得以证明。诸如此类规则形式的发现，不仅促进了最初的原印欧语词汇表的重建，有助于一系列亚语族（如日耳曼语、凯尔特语、意大利语等）的辨识，而且让人产生了一个遐想，可以重建各个语族从其共同的印欧语故土分手之后各奔东西的历史进程（不过，后来证明这种想法很成问题）。印欧语族过去被认为、现在仍然被认为是一个庞大的家族，其历史运动和族群分化的过程可以图示为一幅家族树的形式。

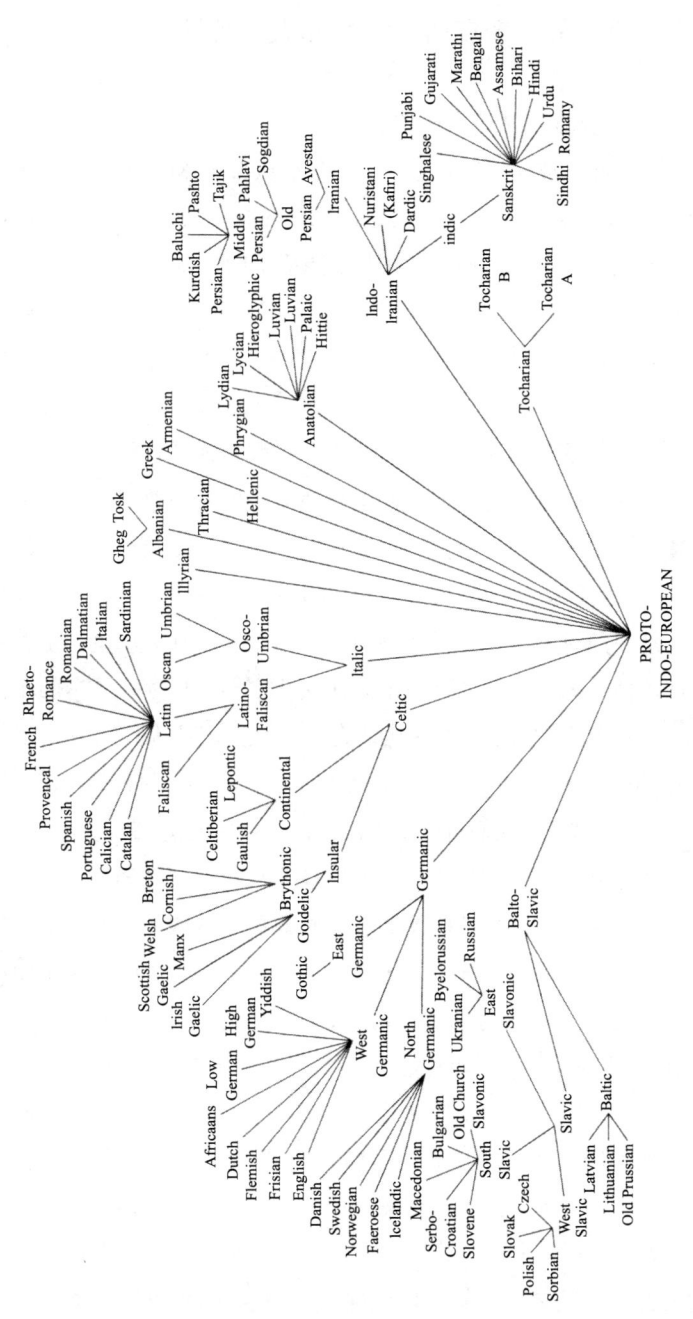

图 1　印欧语演化树形图（B. Zaporozan）

第二节　麦克斯·缪勒和太阳神话学

麦克斯·缪勒和对不列颠-印度的态度

弗里德里希·麦克斯米连·缪勒（Friedrich Maximilian Müller，1823—1900），又名麦克斯·缪勒（Max Müller）（他更喜欢用这个发音具有贵族气息的名字），通常被视为比较神话学的奠基人。缪勒生于德国，先后在莱比锡、柏林（与葆朴一道）和巴黎从事研究，于1846年来到英格兰，从事梵语《梨俱吠陀》的编译工作。由于接受了东印度公司的一项任命，他定居牛津并加入不列颠国籍。1868年，他受聘比较语文学教席，这个职位是专门为他而设的，部分原因是为了安慰他，因为他与博登梵语教授的职位失之交臂，似乎是他的政治和宗教观点妨碍了他获得这个梵语教授的教职（设置这个职位的明确目的是将《圣经》翻译为梵语以便向印度传播基督教）。作为种族主义和种族同化论的劲敌，缪勒终其一生都在随时随地致力于传播对于印度语言、社会制度、宗教和文化的欣赏，他认为，印度文化与不列颠文化之间不仅存在根本的相似性，而且两者原本就是同出一源。他认为19世纪东方学研究（他自己就是其中一员）的一个伟大成就之一，就是印度人"不再仅仅被视为偶像崇拜者和黑鬼，而是被视为我们自己在语言和思想上的同胞兄弟"。

但这并不意味着缪勒的理论总体而言就是反种族主义和反帝国主义的，只有在涉及印度，而且是印度的某些种姓和印度次大陆的某些区域时，他才是一位反种族主义和反帝国主义者。缪勒提出了一种关于印度历史的双种族理论。在遥远的上古时期，"雅利安人"（"雅弗后裔"或者"高加索族"）的征服为"黑种的""含族后裔"种族带来文明的恩惠，在缪勒看来，这些雅利安战士或文化英雄的直接后裔就是上等的婆罗门种姓（由传承和研究梵文文献的祭司和学者组成的种姓），他们是我们这些不列颠"文明使者"的天然盟友。确实，在印度文明漫长历史的两端，雅利安人和不列颠人扮演着相同的角色，他宣称："亲眼目睹这一切是如何发生的，这是多么奇妙啊！这同一个种族（即雅利安-英吉利），它曾经是印度最早的征服者和主人，如今，它的后代，当它在雅弗种族所开辟的北方故土成长壮大之后，再次来到这里，继续着他们的雅利安同胞没有完成的文明伟业。"（Müller 1847：349）但是，只有当征服者借助于被征服者自己的语言和文化作为中介，文明的使命才能得以成功实现，他借助印度的例子试图说明的就是这个道理。看来，对梵语研究有利，恰好也对印度有利，确实，缪勒所了解的、他所在意的并非印度本身，而只是印度次大陆中与他的学术志业有着共同边界的那一部分。

尽管有缪勒大张旗鼓的宣言，即使在东方学家中，认为印度人种和文化比较低级的人仍大有人在。对于缪勒最有力也最全面的攻击，来自两个阵营，按照特劳特曼（Trautmann）的说法，一是"种族科学，它将英国公众关于印度的普遍感受和观念理论化，认为不管梵语学家说得如何天花乱坠，印度都是一个遭遗弃的、低级的、不可救药的种族"；一是"来自发展主义、进步主义、自由主义、反种族基质主义（non-racial-essentialist）对于印度文明的批评，旨在呼应按西方路线对印度进行改造的发展计划"。（Trautmann 1997：187-8）后者建议采取的文化同化政策，在强暴专横方面较之前者的高压手段并无多少缓和，这种政策迫不及待地要拓展由科学、技术、经济进步带来的好处，跟不列颠帝国的资本家遥相呼应，后者一心想要从科学、技术和经济进步中榨取利益。这两种态度在东印度公司的管理文化中无疑是普遍存在的，它的东印度学院建立的宗旨，就是训练不列颠的年轻人，如何到"在一切方面都与之大不相同的民族"中去讨生活（Trautmann 1977：115）。不列颠文化和印度文化格格不入、形同水火的观点，让任何文化兼容的希望都付之东流。

尽管如此，同情缪勒的观点，终究还是在学术圈之外，在帝国的管理事务中，逐渐流行开来。1858年，随着印度人的觉醒和暴动，东印度公司的管理权交还给了英王，新的帝国管理机构获得了一种更为传统的贵族气质，不再一味强调种族差别的"方方面面"，而是致力于发现印度与不列颠在社会等级制度方面饶有兴味的相似性，人们感兴趣的越来越不是种族，而是血统，人们所关注的越来越从不分青红皂白的种族优越感转变为高低贵贱的阶级差异,对此,大卫·坎纳丁(David Cannadine)《东方主义》一书有充分的论证,不列颠贵族在印度文化中所看到的,正是他们自己作为一个阶级所竭力维护那种生活方式的理想图景:传统的、永恒的、农耕的、既等级分明又完美整合:"在关于印度社会的这个分层的、伯克式的、农业的想象之上,是英国人所建立的政府体系,这个体系既是直接的又是间接的、既是王权专制的又是分权合作的,但总是将传统和等级制的巩固和维护视为天经地义的。"(Cannadine 2001:43)在雅利安人的二度征服事业中,总督(Viceroy)、地方长官(Governor)、大君(Maharajah)、婆罗门(Brahman)的的确确是肩并肩的合伙人和亲兄弟。

将雅利安人变成不列颠国民

1856年,缪勒那篇数度重印的长篇论文《比较神话学》的第一版出版刊行(Müller 1867:1-141)。这本书取得了巨大的成功,大大改变了当时关于神话起源的思想。在这本书以及后来许多著作中,缪勒自始至终关注的,与其说是"许多偏远民族的民间文学、迷信和习俗存在令人惊讶的相似性",还不如说"野蛮"民族的神话和欧洲古代民族神话之间那种令人困惑的相似性。他说(Müller 1869:384-5):

> 对于那些熟知希腊历史以及懂得欣赏希腊心灵在知识、道德、艺术等方面的才华的人们而言,经常会对这样一个现象感到惊奇:一个民族如何能够接受、如何能够忍受这样一种宗教……但是,我们越是赞赏古希腊的天赋才华,我们就会越发惊讶于他们的宗教中那些流传至今的残忍和荒谬之处。他们最早的哲学家跟我们一样熟知,神明,为了成为神明,就必须是完美的,否则就什么也不是——他们必须是唯一的,而不是众多的,不可分割,也没有激情,但是,他们却相信存在着许多神,并且赋予所有的神明,尤其是朱庇特,所有为人类的本性所具有的邪恶和弱点。他们的诗人对

各种过度和怪异有一种发自本能的厌恶，但是，他们却将一些甚至连最野蛮的红种印度人都会恐惧得发抖的品性赋予他们的神明。

有鉴于此，缪勒试图提供一个对于神话的解释，这一解释将能为古希腊人洗刷掉野蛮的恶名，为神话研究洗刷掉一味沉溺于丑言恶行的恶名，并且，这一解释恰巧会大大提高所有欧洲民族的祖先的地位，使之高高地凌驾于那些散落在世界各个角落的卑劣的野蛮人之上。

就像威廉·琼斯的梵语研究以及他对于梵语与希腊语、拉丁语的比较导致了印欧语的发现并且开创了比较语言学这门科学一样，缪勒也设想关于吠陀经这种古老的梵语文献的研究以及对古典神话与其他欧洲神话的研究，将有助于建立一门比较神话学。"吠陀对于比较神话学的意义，就相当于梵语对于比较语法的意义。"（Müller 1867:75）吠陀经籍在公元前1450年前后就被记录下了，比我们知道的最早的希腊文献还要早七个世纪，它们具有一种特殊的品格：它们呈现了尚处于形成期的宗教思想，明晰质朴，尚未系统化。例如，吠陀经中神的名号都有明确的含义，不像希腊神名，大部分的意义已经暗昧不明了。同时，除了其名称的含义之外，吠陀诸神都很少有固定的人格，也没有固定的亲缘关系。因此，人们可以看出，吠陀中最高的天神 Dyaus 的名字，乃是源自梵语的词根 *diut*，意为"照耀"，而其名词性形式 *diu*，则表示"天空"或"白昼"。Dyaus pita（即"天父 Dyaus"）和 Zeus pater（即"天父 Zeus"），显然是源于同一个印欧语词根，同样，拉丁语的 Jupiter（其更古老的形式是 Diespiter）、斯堪的纳维亚语的天神 Tiw（星期二的名称 Tuesday 即源于此）也是源自同一词根，同一词根还衍生出拉丁语的 *deus*（神）和 *dies*（白昼）。因此，缪勒断定，印欧诸族有一位显赫的天空之神，名为 Dyeus。

所有这些论述都很有启发，告诉了我们一些关于印欧宗教的重要信息。但是，缪勒并不想就此止步。他勾勒了一幅神话进化的图画，在这幅图画中，对 Zeus 这个神话人物的含义的解释，完全是依赖 Zeus 这个词在印欧语中的词源学。由此可见，与其说缪勒以比较语言学为典范建立比较神话学,不如说是将比较神话学作为比较语言学的一个分支。

缪勒在描述印欧语民族的早期历史时,所用的语言完全是神话性的。原印欧民族,或者他所谓的 Aryas,生活于一个幸福的大家庭中,这是一个黄金时代,当时的人们"高贵、纯正",他们不是野蛮人,而是"操古语的诗人",他们拥有"一个年轻种族的健康而强健的情感,自由地追随其心灵的召唤,尚未受到文雅社会那些规则和偏见的约束,而只是听从天地之大美镌刻于每一个人心中的那些规则的控制"(Müller 1867: 127)。在缪勒的论述中,雅利安人是一个诗人民族的观念发挥着至高无上的作用:他们是天生的诗人,但同时也是必然性的诗人。他们是天生的诗人,是因为他们纯任自然、生机勃勃,游牧生活让他们生性淳朴、单纯,还没有被文雅社会所败坏。他们是必然性的诗人,因为他们说着原始的语言,他们的语言尚没有抽象的词语,而似乎只有数量有限的具象的词语。这就决定了简单的名词和动词不得不承载丰富的含义这一重担,同时,一个意思又可以用很多词加以表达。作为天生的诗人,高贵的雅利安人(Aryas)强烈地感受到周围世界的蓬勃生机,他被周围事物鲜明的特点所吸引,但是,他却只能用几个有限的、笨拙的词语表达其丰沛的激情。缪勒试图让我们相信他的雅利安人所说的每一句话都是诗意的隐喻,因此,他们不会简单地说"日落",而会说"那燃烧者在他的金色王位上就座了"。随着时间的推移,尽管语言变得日益成熟,这些古怪的短语却变得日益僵化。到了一定的时候,人们不再理解这些短语的真正含义,各个种族从其原始游牧部落的分离导致了这一文化遗产的局部失落(只是局部失落,由于某种未知的原因,这些短语的含义仍得以长期保存)。于是,人们就不得不发明一些故事解释这些短语的含义,这些故事就是最初的神话。

缪勒所举的一个最明确的例子是恩底弥翁(Endymion)的神话。恩底弥翁是宙斯和卡吕刻(Kalyke)所生的儿子,是厄利斯(Elis)的国王,一天晚上,当他在一个山洞中沉睡的时候,被月亮女神赛妮涅(Selene)看见,女神爱上了他。赛妮涅为他生了很多孩子,但是他们不得不分开,因为宙斯向恩底弥翁保证可以满足他的任何愿望,而他选择了永睡不醒,因为如此一来,他就可以永葆青春,并且可以永生不死。缪勒说:"如果神话中某些人物名称的意思在希腊语中依然可解的话,我们就可以很容易地揭示这个神话的原初含义。"(Müller 1867:78)在这个例子中,赛妮涅的名字的含义很好理解,它意为"月亮"。至于宙斯的名字,如前所述,指的是白昼的明亮天空。按缪勒的解释,"恩底弥翁"的名字源于希腊词 *duo*,通常是指"我投身其中",而这个词可以用来指太阳的坠落。"因此,我们可以推想,在某些希腊方言中,*enduo* 也被用来指同一个意思,从 *enduo* 衍生出来的 *enduma* 表示日落,从 *enduma* 又衍生出 *endumion*,就像从 *ouranos* 衍生出 *ouranion* 一样。因此,恩底弥翁表示正在坠落的太阳。"(1867:79)

不过,缪勒接着指出:

> 如果人们都知道 *enduma* 意为日落,恩底弥翁的神话就永远不会产生。但是,一旦恩底弥翁的原初含义遭到遗忘,原本是表示日落的词语现在就成了一个单纯的名字,这个名字为了有意义,就不得不变成一个神或者英雄。……在厄利斯城的诗歌和口头语言中,人们说"赛妮涅爱上并且看到恩底弥翁",而不是说"太阳正在落山,太阳正在升起",说"赛妮涅亲吻着入睡的恩底弥翁",而不是说"现在是晚上",这些说法在其已经无法被理解之后的很长一段时间内仍保持着其固有的含义。但当人们的心智日益成熟,凡事都能找一个理由,凡事都需要一个理由,一个故事就会应运而生并流传开来:恩底弥翁想必是一个小伙子,一个叫赛妮涅的姑娘爱上了他。……传说就是这样产生出来的,最初是一个单纯的词,一个 *mythos*(神话,故事),最初可能只是流传于某个地方,后来流传到远方并失去了最初的含义,变成了对于日常思想交流无用的词,成为一枚尽管依然被很多人装在口袋里但却已无价值的旧币,但依然被作为古玩和珍品收藏,数个世纪之后,才终于被古物爱好者破译。

按照同样的路数，人们也可以将阿波罗（Apollo）和达芙妮（Daphne）的神话追溯到一个原印欧语短语，"天空大门的开启者追逐燃烧者"，意为初升的太阳在黎明后出现，但是，并不令人感到意外的是，当希腊人离开其最初的族群，这个稚拙的说法也变得不可理解了。按照这一方式，你完全可以从乌拉诺斯（Ouranos）、克诺洛斯（Kronos）和宙斯（Zues）祖孙三代接连相弑的故事读出一种完全纯洁和可敬的含义，克诺洛斯吃掉他的孩子，最初并无什么恐怖或者神奇的意味，它的意思不过是说"天空吞噬云朵，后来又将它们放了出来"。

如何说废话并且影响公众？

缪勒的神话解释的一个最引人注目之处，是他将原印欧语系中几乎所有已知的神话都归结为同一个关于天体现象的雅利安神话。更糟的是，随着时间的推移，随着缪勒殚精竭虑地解释的神话越来越多，神话所反映的天体现象的范围却越来越小，所有神话都无一例外地被归结到日出和日落的现象：赫拉克勒斯、忒修斯（Theseus）、奥德修斯（Odysseus）……简而言之，所有的神或英雄，都是太阳的化身。显然，这一点很容易招致批评，所以缪勒为此费了很多口舌自辩："难道这一切说的都是黎明？难道这一切说的都是太阳？在别人向我提出这些问题之前，我一遍又一遍地自问。……但是，我仍然坚持说，我的研究一次又一次地将我引向黎明和太阳，它们是雅利安民族神话的首要内容。"（Müller 1869: 520）"难道最先引起（雅利安人的）惊奇感的，最先引发所有沉思、所有哲学的不是日出吗？难道对于他们而言，日出不是最初的启示、所有真理和宗教最初的起点吗？"（Müller 1881: 588-600）

即使雅利安人除了太阳和黎明之外对其他事情都不感到兴趣，表示"日落"和"黎明"的词像是预先串通好了一般同时从原印欧语词汇中销声匿迹，也委实古怪得令人难解。但是，可能恰恰在这里，蕴涵着雅利安种族巨大的道德优越感，他们的语言和思想对于现实的漠然，正足以表明他们天生就是非功利主义者，因此他们才为言说瑰丽的天文现象而不惮词穷，与之相反，其他那些真正的野蛮种族，只知道在土里刨来刨去，寻觅一些可以填饱肚子的块根或浆果，除了食物之外，对什么都不感兴趣，更不会说出一句尽管无关实用但却漂亮动听的话。

但是，正是在这里，我们发现了这一理论的一个通常不被注意的问题。缪勒关于神话起源的解释是自相矛盾的。在将雅利安人形容为"语言诗人"之时，即使缪勒自己都没说清楚诗歌和神话究竟是从哪里突然冒出来的。按照缪勒自己的"历史"，雅利安人所创造的并不就是诗歌或者神话，他们只不过是想用他们那极为笨拙和粗糙的语言工具记录其对自然的观察而已。神话只是下一个阶段的产物，当语言逐渐发展成熟，人们仍记得那些陈旧用语，但是却并不知道它们的真正含义了。这个时候，这些古雅的用语，其中大多都与"日出"有关，就获得了自身的生命，当人们试图理解或者解释这些古雅用语的含义时，它们就演变成了神话。

这一矛盾是 19 世纪欧洲一个更深刻的文化矛盾的体现。当时的英国和德国，作为工业革命的发祥地，正涌动着反对日益占据支配地位的工业资产阶级及其理性主义、科学主义、功利主义和唯物主义世界观的逆流，从根本上说，浪漫主义运动是贵族和宗教在美学领域抵制工业资本主义价值观的方面军，它所向往的是一个更具精神意味和贵族气息的年代，那时候，占据统治地位的是神秘、激情、高尚的理想，对那种正在消失的人与自然、人与传统水乳交融的生活方式，它满怀眷恋之情。

看起来，当缪勒在描绘雅利安人淳朴、简单并充满诗意的游牧生活时，他一开始就把他们放置在了这样一幅浪漫主义的多愁善感的图景之中。原初诗性语言的神话在很大程度上是受赫尔德的启发（参见第二章第一节），这一观念的充分论述，最早可以追溯到卢梭，正如"高贵野蛮人"的神话最早也是在卢梭那里才蔚为壮观一样，卢梭早在 1783 年就指出："最早的话都是用诗歌说出来的，推理则是很久以后才进入人们的思想。"（Rousseau 1968:45）按照赫尔德的观点，这种诗意的淳朴天真，随着社会组织的发展、语言的成熟乃至理性的成长而最终失落了。

26   尽管如此，其实，不管缪勒还是他的雅利安人，都不乏理性主义、科学主义和功利主义，与工业革命的拥护者不分轩轾。缪勒虽然赞美雅利安人的隐喻，但他对于诗歌甚至神话并无多少欣赏。他对诗歌，就像那些教养良好、富有理智的维多利亚绅士一样，尽管满怀热诚和耐心，但骨子里却瞧不起，他之喜欢诗歌，跟人们喜欢小孩子的天真无邪没什么两样。在他看来，诗歌源自简单心灵的自然流露，神话的遭遇更糟，神话只不过是一个鲁钝的理性精神对于无意义的字眼的反应，这些字眼的意义已经在一个被缪勒称为"语言疾病"的蜕化过程中丧失。毋宁说，比较神话学的目的，正是通过证明在那些让"连最野蛮的红种印度人都会恐惧得发抖"的故事背后，原本有着更纯洁和理性的东西，为神话的存在做出辩护。

在缪勒所描绘的田园牧歌图景中也同样存在着巨大的矛盾。被必然性所驱使的天生的诗人，根本就不是诗人。如果说他们的用语是意味深长的，他们的用语也只是对后来的种族才意味深长，至于雅利安人自己，则是一些令人厌倦的话唠，整天只会用最为平庸的字眼谈论天气或白天的时间，除此之外，就什么也不做："太阳落下了"，"天黑了"，"阴天了"……。高贵的雅利安人诸如此类的谈话，较之通常那些关于吃人、阉割之类的神秘话题，更有可能成为当今贵族会客厅中彬彬有礼的废话，但却不可能成为诗歌。只有当这些已经变成语言化石的用语传到了后代们的手中并且被他们编成有趣故事，诗歌方始产生。如此看来，雅利安人似乎既没有诗歌，也没有神话，甚至没有任何形式的宗教，他们的闲暇时间完全用来观察自然现象，而他们的所有谈话则执迷于用其笨拙的语言工具尽量准确地记录自己对自然的观察。雅利安人的喜好跟唯利是图、头脑僵化的维多利亚理性主义者和科学狂如出一辙，离浪漫主义和诗歌十万八千里。神话，与其说是源于对被遗忘的诗歌用语的理性化误解，不如说是后人对于雅利安人枯燥乏味的气象观察数据的富于诗意和想象的重塑。神话和宗教，只是在雅利安人那些平淡无奇的气象观察变得无法理解之后，才被一起错误地创造出来的。

尽管对于他同时代的读者而言，缪勒是一个极为能言善辩的作者，但他却并非是一个原创性的思想家。对于神话的太阳解释和希腊文化的岁月一样古老，从那时开始它就已经是科学理性主义的产物了。太阳解释的瘟疫一度如此流行，以至于在弗尔米修斯·马特努斯（Firmicius Maternus）的一篇嘲讽文章中，太阳不得不亲自出面抱怨（*De errore profanarum religionum*, 8）。缪勒的理论有很多晚近的先行者，例如，查尔斯·弗朗索瓦·杜普伊斯（Charles Francois Dupuis）写于1795年的名著《诸秘仪的起源》（*Origin of all Cults*）。杜普伊斯认为，所有神话和宗教都可以追溯到古埃及，在最初，所有的埃及神话所谈论的都是恒星以及其他天体的各种错综复杂的运动，或者是性生殖的奇迹（这一方面成为弗洛伊德的先声）。这些天文学材料中包含着准确的科学观察，但却由于人们对天文学语言的隔阂而被神秘地掩盖了。祭司们意味深长的寓言遭到误解，结果导致了宗教的产生。有趣的是，这里我们再一次看到天文学和宗教之间的对立，这可能是由于天文学代表了科学的终极原则（纯定量的惰性物质、无人格的力、尽可能与占星术对行星的神话化划清界限），同时又是崇高的诗意和宗教的惊奇感的不竭来源。这里，不妨顺便提一下维多利亚时代神话批评的另一个重要主题。缪勒的雅利安人将他的所有光阴都用来仰察天象，并由于他的语言尚甚稚拙的缘故而吐语成诗，杜普伊斯的原始人则具有更为明确的科学旨趣。然而，从缪勒和杜普伊斯两人的著作都能读出基本的反教权主义的意味：由于人心不古，天真沦丧，最初的科学努力才被误解并堕落为宗教。

缪勒的比较方法在维多利亚时代的英国乃至欧洲激起热烈的反响，当杜普伊斯之类的人物早已被人们遗忘，缪勒却成了轰动一时的学术明星。维多利亚时代的人们如饥似渴、狼吞虎咽般地阅读太阳神话。缪勒获得皇家的庇护，受到当时最有名的知识分子和作家的追捧和效法，深受广大读者的拥戴。在恰当的时间说恰当的话，缪勒的际遇就是一个雄辩的见证。他在世的时候，书报亭中到处都充斥着模仿他的太阳神话学风格的读物，这些读物的作者甚至包括诸如威廉·格林、米歇尔·布雷亚（Michel Breal）、威廉·格莱斯顿（William Gladstone）这样一些显赫的人物。直到1909年，奥托·兰克（Otto Rank）还在抱怨，当时的神话学界津津乐道的问题是，神或英雄的神话究竟说的是"从水中升起的、最初遭到低层云团的遮蔽，但最后终于克服所有障碍"的太阳呢，还是有同样遭遇的月亮（Rank 1964：7）。当缪勒在1900年逝世的时候，暹罗的王太子亲赴葬礼，全世界的王室都向他的遗孀发去唁电，其中包括维多利亚女王，罗马尼亚女王甚至抱怨由于过于悲伤而无法睡眠。

看来，恰当地说话的艺术，在很大程度上就是准确地了解并且说出所有人、至少是那些想听的人所想听到的，而这常常意味着喋喋不休、漏洞百出。缪勒赋予欧洲人的祖先较之其他野蛮人高尚的心智，从而将之与其他野蛮人区分开来，尽管人们在雅利安神话和其他民族的神话中不难发现种种相似之处。他所赋予雅利安祖先的特点，杂糅了浪漫主义和科学主义这两种通常是水火不兼容的特点，对于欧洲人的趣味也有着极为广泛的吸引力。尽管缪勒将宗教归结于语言疾病的观点对宗教不利，但是，在吸引铁石心肠的理性主义之同时，此说对于保守的基督徒仍然具有强烈的吸引力，也就是说，雅利安人被描绘成持有一种具有鲜明的基督教特点的一元神论。缪勒之所以将所有神话都归结为黎明，不过是因为，除了原始一元神论的信仰者之外，他不想让他的雅利安人成为任何别的东西。他的比较语言学研究证明，欧洲人、波斯人、印度人都曾经"用同一个名字向居于上天的光明和生命的赐予者呼吁祈求，这个名字，你在贝拿勒斯（Benares）[①]的寺庙中、在罗马的廊柱大厅中、在我们的礼拜堂和主教堂中也许仍能听到"（Müller 1881：220）。在一篇论述"希腊神话"的论文中，缪勒在描述宙斯真正的"神性"（这种神性是所有其他雅利安神话的至高神所共同具有的）的时候，用的是彻头彻尾的基督教术语（Müller 1876：146-7）：

[①] 印度东北部城市瓦腊纳西（Varanasi）的旧称。——译者注

当我们……回到希腊历史的遥远的古代,神的观念,作为一种至高的存在,就作为一个简单的事实矗立在我们面前。在希腊,紧接着这种对于上帝、对于天父、对于人类之父的敬慕,我们发现了对于自然的敬畏。自然之威能,最初只是因其自身而被敬畏,后来转变为一个神的家族,宙斯则是这个众神家族的王和父。

雅利安人,与野蛮人不同,他们的神话纵使令人厌恶但心中却并无邪念,不仅如此,即使他们是出于慵懒的好奇心而创造神话,其中那些优秀的智者也从来没有严肃对待神话:"对于神,他们中那些最早的智者和我们了解的一样多,神要成为神,就必须是完美无缺的,否则就什么都不是。神必须是独一,而不是众多,神不可分割,神不会感情用事。"于是,欧洲的民族精神从来没有像在其起源之时那样如其本然,是其所是:这是基督教的、浪漫主义的、早熟的对于大自然的认知兴趣。归根结底,他们从来就不是野蛮人。

缪勒最终没能抵挡将其太阳神话说扩展到其他非雅利安民族神话的诱惑(Müller 1885)。但是,真正攫住维多利亚时代人们的想象力并被其他人大力弘扬的,仍是将白种野蛮人区别并凌驾于其他人之上的理论。其中,最为野心勃勃的是乔治·威廉·考克斯(George William Cox)牧师的《雅利安民族的神话》(1870)一书,这本书将全部雅利安神话逐一地解释为太阳的故事,其中的英雄无一例外都是太阳的化身,英雄用他的象征太阳光芒的箭或者长矛,射死怪兽或者恶魔,象征光明穿透黑暗的力量。他说,这一研究"激发和强化了他对于上帝之善的信仰",证明了"上帝借用外部世界现象给人造成的感动以教化人类的智慧"。(Cox 1879: X)旭日东升是来自上帝的关于神性本性的启示,日出令雅利安民族领悟到"对于一位全能存在的真正信仰,他既是吾人之父,又是吾人之师,还是吾人之审判者"(332)。确实,考克斯声称,即使后来出现了神话,雅利安人从来也没有背弃一神论精神,神话作为一个纯粹的理性化和理智性实践,对于精神性信仰本身没有产生任何真正的影响。雅利安民族的神话跟其他大多数人类所采取的"令人厌恶的、堕落的拜物教"没有任何关系,这种东西"遭到伟大的雅利安种族毫无保留的拒斥"(97)。圣乔治(St. George)成了神话原型,阳光成为一种众所公认的象征,它不仅是正信之光,而且还是理性和科学之光,是进步的西方民族的文化基础,它穿透地球上其他原始民族的迷信黑雾,将人类从不幸的境地中解放出来。考克斯说:"太阳始则势单力薄终则大获全胜,经过一番艰苦卓绝的对抗黑暗、乌云和风暴的战争,最终将它们荡涤一空的故事,就是所有任劳任怨的自我奉献的故事,就是所有基督徒热诚奉献的故事。"

在本章第二节中,我们曾指出,欧洲人一方面将野蛮人视为"高贵的野蛮人",一方面又将他们视为低等人类的矛盾,这一矛盾取决于欧洲人对于其自身社会发展的态度,尤其取决于他是将近期历史趋势视为衰落,还是视为进步。在这一方面,随着唯物主义和资产阶级霸权的日益壮大,缪勒理论中的堕落论对于宗教中的正统主义和贵族阶层的精神病态有着巨大的吸引力。他的态度顺理成章地得到教会和贵族的利益的回应,仅举两个例子,其一即惠特利主教(Bishop Whately)罗伯特·弗雷泽(Robert Frazer),后者将《创世纪》解释为"石器时代德性衰落"的寓言;其二即蒙博多(Monboddo)勋爵,他的动物学理论认为原始人类较之其"富于教养的典范"的猩猩祖先并无多大长进(Monboddo 1990: 13)。缪勒的理论在很大程度上代表了维多利亚时代不列颠帝国的一种主流意识形态思潮,这种思潮与 19 世纪后半叶的另一思潮形成激烈的或曰生硬的冲突(有时候又相互融合)。缪勒的"高贵的雅利安人"与维多利亚时代源自弗雷泽的野蛮人想象针锋相对;孩子气的、罗曼蒂克的、耽于梦想的雅利安人,其富于幻想、不计功利是对功利主义和经济决定论的抗议,当他像狄更斯笔下马戏团中的小女孩西丝·朱浦[①]那样用感伤的目光守候日出

[①] 西丝·朱浦和下面提到的葛雷梗都是英国作家狄更斯小说《艰难时世》中的人物。——译者注

的时候，跟弗雷泽笔下铁石心肠的葛雷梗式野蛮人可以说毫无共同之处，后者除了理性、生产率和运用科学之外，对别的毫无兴趣。

第三节　詹姆斯·弗雷泽

比较人类学的兴起

甚至在今天，弗雷泽都是神话研究的"比较方法"中拥有最广泛读者的学者之一。弗雷泽的比较方法与缪勒相差甚远，后者的方法直接借自比较语言学，他将人类学解释从属于词源语言学之下：他的粗糙的等式（Zues=Dyaus）主要基于语言学论证。弗雷泽的方法是更纯粹的人类学方法，他对语言学不感兴趣，而是致力于神话对神话、仪式对仪式的比较。

人类学在19世纪才逐渐成长为一个正式的学科。尽管从世纪之初就从语言学和比较语文学得到一些最初的刺激，人类学的主要的源头却是在别处。首先是有用的民族志资料（在数量和质量两方面）的逐渐积累，其中很多是政府报告或者受政府资助的研究。19世纪出现了第一批关于非洲、南太平洋、澳洲土著文化的严肃研究成果。重要的是，这些文化大多是基于以部族为单位的简单社会。

更多的刺激源于地质学和考古学这些相邻学科。直到1860年，欧洲学者仍普遍认为人类（以及世界）只有一个短暂的编年史：最流行的说法是詹姆斯·乌舍尔大主教（Archbishop James Ussher）在1650年代根据其对《圣经》的详细解读所推算出来的结果，创世开始于公元前4004年。查尔斯·莱尔（Charles Lyell）在《地质学原理》（1830—1833）一书中说明，地球的地质构造表明它只能解释为一个持续运动的结果。不仅如此，他还用地层中的化石成功地证明生命形式的年代非常古老，甚至能够根据地层分析将人类遗骸追溯到一个超乎此前所能想象的更为久远的年代。莱尔的教诲迟迟未得到学术界的关注，直到四分之一个世纪之后，一个看似与此问题关系并不太大的考古发现攫住了公众的想象，莱尔的发现最终才真正命中要害。1858年，英格兰西南部布里克瑟姆（Brixham）的一位采石匠发现了一个密封的洞穴，一个由知名地质学家组成的委员会对洞穴内部进行了探查，在其中发现了一些猛犸象、犀牛和穴居熊的骨头以及一些石器工具。此时，对于由科学武装起来的头脑来说，那些充斥着哲学思辨色彩的理论，正在逐渐褪去其耀眼的光环，例如缪勒的理论，他的书在前一年刚刚绝版。"雅利安种族"的历史，在传统的编年史中，与伊甸园在时间和空间两方面都很接近，也业已丧失了其原始和朴素的魅力，仿佛就在一夜之间，历史被拉长到了史前二百万年之前，这一发现必然对人们一直相信的雅利安种族的纯正性和生物学上的优越性造成威胁。

得益于地质年代学的帮助，考古学不仅为人类史前史赋予巨大的时间深度，而且开辟了一个新的研究领域，这一领域激发了欧洲科学对他者的兴趣。在关于长相各异、仍生活于极为简单的部落社会、依然使用石器的远方人种的民族志报告纷至沓来之同时，欧洲的考古爱好者也在自己的家乡发掘出了大量的骨头和人工制品，显示欧洲祖先的生活也极为简单，使用极为原始的技术，头盖骨厚而且小。人们情不自禁地将欧洲人遥远的过去等同于非洲、澳洲、南太平洋等地当下的民族志生活状态。现在唯一需要做的就是建立一个进化阶段理论，将源自当代野蛮人的观察材料用于欧洲史前史的重建。在布里克瑟姆洞穴发现之后还不到一年，达尔文发表了《物种起源》一书，这本书进一步证明了进化模式的合理性。由于人类历史现在被按照地质年代学的尺度重新测度，而不再仅仅是数千年的历史而已，因此将地质学和考古学的分层模式转用于人类历史，就是水到渠成的事情了。

约翰·卢伯克（John Lubbock）是一位银行家、政治家、自然主义者、考古学家，同时还是皇家人类学学会的创始人，"这个学会在1871年的创建才实际上开辟了我们所理解的英国人类学"（Trautmann 1997: 166）。受达尔文的启发，卢伯克开创了某种文化分层进化论，这一理论能够将考古学和民族志糅合为一门单一的科学（"旧石器"和"新石器"的术语就是他创造的）。卢伯克的《史前时代：含有古代遗物和现代野蛮人风俗习惯的插图》（*Pre-Historic Time, as Illustrated by Ancient Remains and the Manners and Customs of Modern Savages*）一书出版于1865年，是试图从考古学和民族志材料中抽绎历史的最初尝试。他说自己的方法是直接受到了莱尔地质学的启发（Lubbock 1865:416）：

> 考古学家有权利用那些在地质学中取得极大成功的方法——久远岁月留下的那些天然的骨头和石器对于考古学家的意义，就相当于那些已灭绝动物的遗迹对于地质学家的意义。两者之间的这一类推甚至可以推得更远。很多在欧洲早已灭绝的哺乳动物，被发现仍生存于其他国家。例如，如果没有仍然生活于亚洲和非洲某些地方的物种作为对照，我们就几乎无法理解这里的厚皮类动物化石，第二级有袋类动物可以由澳洲和南美的一些典型物种得以说明，同样，如果我们想透彻地理解欧洲的远古时代，我们就必须将它与世界其他地方的野蛮种族直到今天或直到晚近仍在使用的粗糙的工具和武器相对比。事实上，范迪门湾① 土著和南美洲土著对于古物学家的意义，和负鼠与树懒对于地质学家的意义是一样的。

厚皮类动物化石的想象导致人类学比较研究的另一个关键概念呼之欲出。不仅存在不同的进化阶段，使对石器时代的欧洲和现代野蛮人的比较成为可能，而且还存在另外一种证据材料，将进化的晚期阶段和早期阶段联系起来，这就是文化"化石"或"遗留物"。文化"遗留物"是一些产生于社会发展早期阶段的风俗习惯或者信仰观念，随着社会的发展，这些风俗习惯和信仰观念尽管在较晚的阶段还得以延续，但是其原初的功能、含义和意义却业已丧失了。某些习见于野蛮社会的信仰和风俗在后来乃至现在仍得以存留，就像卢伯克认为属于冰河时期动

---

① 范迪门湾（Van Dieman），澳大利亚北方毗邻帝汶海的一个海湾。——译者注

物的树懒在今天仍能发现，又如那些早已僵化的、其意义业已被忘却的印欧语词，缪勒认为正是这些语词导致了神话的产生。遗留物的概念不仅是"比较方法的一个不可分割的组成部分"，而且"以这种或那种方式，这个概念几乎同时出现于那些伟大的进化论学者的著述中"。(Harris 1968: 165)。不过，爱德华·泰勒（Edward Tylor）的《原始文化》（1871）是首先使用并明确定义"遗留物"这个术语的："这是一些方法、习俗、观念等，它们形成于过去，由于习惯的力量而流传到与其原来不同的新的社会条件中，因此，这些东西中就遗留了旧文化状态的线索和例证，新的文化就是从这种旧文化进化而来的。"遗留物可能是诸如魔法师的发声器（rattle）之类的东西，这种东西在原始文化中具有莫大的力量，流传到维多利亚时代，则已经变成了小孩子的玩具。遗留物也可能是仪式活动，在后来的文化中变成了神话或童话故事中的活动，仪式本身则早已被忘却。正如泰勒的论述所表明的，遗留物不仅仅是文化进化理论抽绎的结果，而且更是文化进化理论的证据。

在各种遗留物中，对人类学最有用的，而且最令其读者激动的，是那些被泰勒称为"过时的、毫无价值的乃至极端有害的愚行"，这些愚行被"愚昧无知的、不切实际的保守主义和冥顽不化的迷信"所维护，一种"更为讲究实际的功利主义将会毫不留情地扫除这些东西"（Tylor 1958: 156）。正是这些显而易见的非理性特征被当作病态、荒谬、矛盾的东西凸显了出来，至少它们在现代世界是被如此看待的。

弗雷泽的比较方法

可以将弗雷泽的比较方法描述为下述四个简单的步骤。第一步，发现一个独特的问题：某种看起来很古怪或者自相矛盾的，或者仅仅是理性难以理解的仪式、神话或者制度，很有可能这种古怪的东西是源自早期文化发展阶段的遗留物。第二步，尽其所能地收集大量来自各种不同文化的有关这一仪式、神话或制度的事例。第三步，提出一个对于这一现象的普遍化解释。这种解释很可能从收集到的某些特殊事例中得出，因为这些事例较之其他事例可能离"原初"情况更近。正确的解释应该具有说明所有已收集到的事例的力量,应该尽量简单,尽量避免特别的附加解释。第四步很简单,将这种普遍性解释应用于最初提出的问题,得出最后结论。

一个简单的例子是弗雷泽对《旧约全书》中该隐和亚伯故事的解释,《圣经》原文如下(《创世纪》,4):

> 有一日,那人和他妻子夏娃同房。夏娃就怀孕,生了该隐,便说,耶和华使我得了一个男子。又生了该隐的兄弟亚伯。亚伯是牧羊的,该隐是种地的。有一日,该隐拿地里的出产为供物献给耶和华。亚伯也将他羊群中头生的和羊的脂油献上。耶和华看中了亚伯和他的供物,只是看不中该隐和他的供物。该隐就大大地发怒,变了脸色。耶和华对该隐说,你为什么发怒呢,你为什么变了脸色呢。你若行得好,岂不蒙悦纳,你若行得不好,罪就伏在门前。它必恋慕你,你却要制伏它。该隐与他兄弟亚伯说话,二人正在田间。该隐起来打他兄弟亚伯,把他杀了。耶和华对该隐说,你兄弟亚伯在那里。他说,我不知道,我岂是看守我兄弟的么。耶和华说,你作了甚么事呢,你兄弟的血,有声音从地里向我哀告。地开了口,从你手里接受你兄弟的血。现在你必从这地受咒诅。你种地,地不再给你效力。你必流离飘荡在地上。该隐对耶和华说,我的刑罚太重,过于我所能当的。你如今赶逐我离开这地,以致不见你面。我必流离飘荡在地上,凡遇见我的必杀我。耶和华对他说,凡杀该隐的,必遭报七倍。耶和华就给该隐立一个记号,免得人遇见他就杀他。于是该隐离开耶和华的面,去住在伊甸东边挪得之地。

34

弗雷泽在《旧约民俗学》(1918.1:78-103)一书中就上帝在该隐身上打下的记号提出问题。按照通常的理解,这个记号是保护该隐免于被其他人杀害。但是,世上还尚无其他人存在(按照弗雷泽对于《圣经》

的解释,此时大地上除了这位凶手本人及其父母之外,还没有别人)。不仅如此,《圣经》中的这一段落将流血和土地本身作为该隐遭放逐的动因,土地因为他杀人将变得荒芜。弗雷泽将这一点与鲜血污染会导致瘟疫或者庄稼歉收这种广泛存在的信仰相比较。因这一信仰,许多文化保留着因为害怕引起瘟疫或者饥荒而将杀人者放逐或者暂时隔离的习惯。这两点都暗示该隐的记号是一个警告他人不要与之接触的标志。但是,其他事例表明寻求复仇的不是被杀者的血,而是他的鬼魂。弗雷泽列举了许多用以平息被杀者冤魂的仪式事例。不过,只有当弗雷泽开始论述标志或伪装的作用旨在保护杀人者避免被其牺牲者的冤魂所害之时,这些事例的意义才得以彰显。弗雷泽提供了二十二个例证,我们只需撷取其中三个较简单的即可见其风格,我们在第一章已经对这种风格有所了解了(1918.1:92-7):

> 在巴亚卡族(Ba-yaka)……"人们相信一个在打仗中阵亡的人其灵魂会找那个杀死他的人报仇,后者只要在头上戴上鹦鹉的红色尾羽并且将前额涂成红色就可以躲过亡灵的复仇。"在博拉纳加拉人(Borana Gallas)中,当战斗的队伍凯旋归来,女人们会用肉脂和黄油的混合物涂抹杀死了敌人的胜利者,并将他们的脸画成红白相间的颜色。在南马辛人(Massim)中,……杀死敌人的战士被隔离在房中六天的时间不许外出,前三天他只能吃焙烤的食物,并且必须是他自己亲手所烤。后三天,他要沐浴,并将自己的脸涂成黑色。

弗雷泽由此得出结论:"因此,该隐的记号可能是一个伪装杀人者的方法,或者是为了使他的样子看起来令人厌恶、令人恐惧,如此一来,被杀者的冤魂就不会找到他,或者至少很长时间都找不到。"(1918.1:98-9)

在这里,弗雷泽首先提出问题,然后收集相似信仰和风俗的材料,然后得出一般化的解释。但是,这个例子也表明,相对于上述四个步骤,这一过程可能被大大地简单化了。实际上,至少,有时候第一步就已经预设了第二步，也就是说，"问题"通常是在比较材料已经收集并筛选之后才提出（或被建构）。同样，第二步在一定程度上必然已经预设了第三步，只有当最初的逻辑大致被勾勒出来之后，才能一般性地确定何者构成"仪式、神话或制度的事例"。在眼下这个例子中，只是借助人类学中相似事例的启发，"记号"或"标志"才被问题化：这些事例似乎表明该隐受到上帝的特殊庇护而并没有受到任何厌恶。同样，如果一开始仅仅是收集一些保护凶手免遭冤魂伤害的事例，任谁也是无法着手解决这一问题的。因为该隐的故事并非一个简单的与此风俗相似的事例，在《圣经》的文本中，根本就没有提到任何形式的冤魂：无论是最初的"问题"的发现，还是相关类比事例的选择，都离不开记号是免遭冤魂伤害这一个预设的论断。

弗雷泽为他的这种普遍化解释辩护的理由是"这一解释将为《圣经》中的故事洗刷掉其表面上的荒谬性"（1918.1:100-1）：

> 按照通常的理解，该隐的记号是上帝给他加上的，目的是避免其被他人杀害，但是，这种说法显然忘记了世界上根本不存在其他人会杀害他，因为这个世界上还只有该隐这个杀人者和他的父母。因此，如果假设这世界上第一个杀人者所遭遇的敌人不是一个大活人而只是一个鬼魂，我们就会避免因为误认为上帝的记忆力存在严重缺陷而因此亵渎全知全能的神明。这再一次证明比较方法是上帝的强有力的辩护士。

但是，这一结论与其说是为上帝辩护，为之洗刷了记忆力缺陷的误解，还不如说反倒进一步暴露了这一段《圣经》中更多的以前未曾引起人们注意的荒谬之处（因为无论上帝所谓"凡杀该隐的"还是该隐所谓"凡遇见我的"都不能指世界上第一个鬼魂），荒谬之处不仅如此，他还暗示上帝的警告是针对一个鬼魂发出的。弗雷泽干巴巴的幽默感（他的幽默是如此枯燥，以至于很多人都怀疑他是否真有幽默感）让我们无法肯定,他是否确实希望那些原教旨主义的基督徒读者会承认他的解释维护了《圣经》字面上的可靠性,或者他通过取笑那些坚信《圣经》文本字面上的真理性的人士会获得更多的乐趣。(就在紧靠这段文字的上文,他还好奇地问道,上帝给该隐做记号时,是"用红色、黑色还是白色,抑或是将这几种颜色组合成为赏心悦目的纹饰",是干脆像斐济人[Fijian]那样将他涂成红色,还是像恩戈尼人[Ngoni]那样将他涂成白色,是像阿龙塔人[Arunta]那样将他涂成黑色,还是像马赛人[Masai]和纳纳底人[Nanadi]那样将他涂得半红半白,"或者像皮马人[Pimas]那样用泥巴涂抹他的脑袋,抑或像卡维隆多人[Kavirondo]那样用牛粪涂遍他的全身。")这一故事的真正寓意似乎是在论文的最后一段方始揭晓(1918.1:103):

> 社会的令人敬仰的支架是由许许多多的柱子支撑起来的,其中最坚不可摧的是自然、理性和公正,但是,在其缓慢而艰难的建筑过程中,在一些特定的阶段,它只好将就着用迷信这种脆弱的柱子作为支撑。假如那一天终将来临,届时这座宏伟的大厦终于全部落成,以其简洁而庄严的形式被安置于坚不可摧的基础之上,那么,将最终有可能清除那些在施工的过程中用以临时支撑它的业已朽烂的木柱而不会威胁它的坚固性。

关于弗雷泽的《圣经》辩护,我们说的已经够多了。

弗雷泽的《金枝》

弗雷泽的代表作《金枝》是现代人类学领域一部真正的巨著,它既是一本大众经典,又是一本学术巨著。在一个世纪多的时间里,这本书装饰了很多家庭藏书室的书架,此前和此后的任何人类学著作都未能得到如此殊荣。这本书初版于1890年,当时是两卷本,1900年扩充为三卷本,1911—1915年出版了第三版十二卷本,1936年又进一步增订。1922

年出版了一本714页的删节本，删节本主要由弗雷泽夫人操刀，至于弗雷泽本人，"天性就不能删节任何东西"（Frazer in Frazer 1994: XI）。如果我们注意一下删节本将原著的庞大篇幅大大地缩减了84%的分量，主要是删除了注释和上千条多余的事例，关于弗雷泽的文风，也就无需多言了。另一个由加斯特（Gaster）编纂的删节本（1959）则进一步将其篇幅缩减了30%，用尾注对删节的内容作了弥补。《金枝》最好的删节本（1994）出自罗伯特·弗雷泽之手，但是，由于1922年的版本最著名，因此本书尽可能地引用这一版本。

对弗雷泽这一巨著的任何概括的企图都会令其魅力大为逊色，这种魅力源于书中那些动人肺腑的雄辩、广征博引的探究以及巨细无遗的举证。弗雷泽这种宁滥毋缺的冲动有其充足的理由：如果这个巨大的恐龙被剥去皮肉而只剩一大堆森森白骨，剥去其唬人的博学外衣和令人迷醉的华丽辞藻，人们将会发现剩下的论证逻辑相当单薄、松散乃至拙劣。不过这样做是很有必要的。尽管如此一来将不可避免地掩盖了此书论证手法的典型风格，正是这种论证手法赋予这本书以修辞上的魅力而非逻辑上的说服力。弗雷泽论证风格的鲜明特征（这同时也是他同时代的比较研究学者的共同特征）表现为如下几点：第一，似是而非的等式；第二，依赖暗示和不厌其详的罗列；第三，通过暗示尚存在大量其他类似事例劝诱读者，所有事例都是指向同一个方向，似乎这种罗列已经穷尽了所有可能的情况，似乎各方面纷至沓来的材料都殊途同归；第四，来源各异的证据；第五，列举所有肯定性的事例，而对否定性的事例则避而不谈或者甚少提及。第一个特征源于弗雷泽运用的比较方法背后的基本假设。由于确信人类社会无论在何地都经由相同的发展阶段，因此"如果在（例如）亚马逊丛林中发现了某些行为，但是，不巧的是，却没有在刚果丛林中发现相同的行为，……那么，为了利用来自亚马逊的材料而就刚果提出某个观点，就是无懈可击的"（Ackerman 1987:47）。这种骑士般鲁莽的逻辑同样见于他依赖于不厌其详的细节罗列这一方面（第二特征）。并非所有被纳入弗雷泽清单中的事例都包含与其论题有关的细节，但是这些事例在某些细节方面与另外那些跟论题相关的事例有相似之处，因此也被列入清单，借此就有可能依靠推论接上缺失的环节。《金枝》一书中那些最关键的论证环节就是用了这种伎俩，例如，不妨以弗雷泽对于槲寄生和太阳火之间关系的论证为例。弗雷泽无法找到一个将两者直接联系起来的事例，但是，他可以在种子蕨（fern-seed）和太阳之间建立直接联系，由于种子蕨和槲寄生在种植和利用方面有很多相同点（两者都是在仲冬和仲夏采集，并都用来制作占筹），又因为有一个收集到的民间故事将种子蕨说成太阳的血液，于是乎就足以据以推断在原始逻辑中，槲寄生也具有同样的意义。第四个特征和第五个特征，我们在第一章论述巴斯科姆时，已经大致涉及了，值得指出的是，就第四个特征而言，《金枝》的前几章所依赖的事例主要来自当代野蛮人的民族志，中篇的事例主要来自希腊-罗马和近东的神话，后面的事例则主要来自欧洲现代民俗。

《金枝》的开篇以娴熟的笔法勾画出了一幅有人物的风景画。在罗马南方数英里的拉丁姆（Latium）地区有一座阿尔班山（Alban），山中有一片火山谷地，谷地中有一座湖，在古时候，湖的四周是一片黑橡树林。这片树林是狄安娜的圣地，树林中有一座祭献她的神庙。神庙的祭司是经由一种奇异的仪式选出的。只有自行探路进入树林、从圣树上折下一根树枝（称为"金枝"）并在决斗中杀死前祭司的逃亡奴隶才有资格担任祭司之职。新祭司上任后，必须不分昼夜地保护圣树，等待着下一位注定会杀死他的继任者的出现。这位祭司被称为"森林之王"。

按照他的方法，弗雷泽不假思索地径直将这种仪式视为"遗留物"："谁也不能否认这样一种风俗具有浓郁的野蛮岁月的遗风，这种风俗流传到帝国时代，在那个时代优雅的意大利社会的衬托下，显得格格不入，就像一块粗砺的岩石凸显于一片修剪良好的草坪之上。"（1922：2）但是，正因为这种风俗的野蛮色彩，使对它的解释成为可能（2）：

由于近来关于人类早期历史的研究已经揭示，在众多表面上的差异之下，人类心智存在根本上的相似性，正是依靠这种相似性，人类的心智创造了最早的古朴的生命哲学。有鉴于此，如果我们能够证明，一种像内米（Nemi）祭司制度这样的野蛮风俗，在其他地方也同样存在，如果我们能够揭示导致这种制度产生的动机，如果我们能够证实，在人类社会中，这些动机具有广泛的、也许是普遍的作用，在各种不同的环境中产生了各种各样尽管在细节上千差万别但大体上却如出一辙的制度，最后，如果我们能够表明，正是这些动机以及由之而导致的制度在古典时代也确确实实存在着，那么，我们就有充分的理由推断，在一个更为久远的岁月中，正是同样的动机推动了内米祭司制度的产生。

弗雷泽从指出狄安娜作为丰饶女神和圣火守护者的身份开始其论述。这一秘仪是从俄瑞斯忒斯（Orestes）[1]将阿耳忒弥斯（Artemis）[2]的偶像从托罗斯（Taurus）带到这片树林的时候开始的。在托罗斯，她因为要求用人作牺牲而声名狼藉。按照神话中的说法，狄安娜的年轻情人希波吕托斯（Hippolytus）[3]死后被救活，被送到内米，成了仙女伊吉丽亚（Egeria）的情郎。弗雷泽在这一故事中女神和国王的关系与其他一些故事中女神与其短命情郎的关系之间发现了一种相似性，例如阿芙洛狄忒与阿多尼斯（Adonis）[4]、西布莉（Cybele）[5]与阿提斯（Attis）[6]。同样也是在内米的森林，罗马国王努马（Numa）[7]与仙女伊吉丽亚结为伉俪。这一序曲结束于一系列悬而未决的问题：内米的祭司何以被称为"树林之

---

[1] 阿伽门农和克吕泰涅斯特拉之子，为报杀父之仇，杀死母亲及其情夫。——译者注
[2] 希腊神话中的月亮与狩猎女神。——译者注
[3] 忒修斯之子，因拒绝继母的勾引而遭诬陷，被波塞冬杀死。——译者注
[4] 阿芙洛狄忒（即维纳斯）所恋的美少年，被野猪咬伤而死。——译者注
[5] 古代小亚细亚人崇拜的自然女神。——译者注
[6] 古罗马神话中的死而复生之神，丰产女神西布莉（Cybele）的情人。——译者注
[7] 努马·庞皮留斯（Numa Pompilius，前753—前673年），罗马王政时期第二任国王。——译者注

王"？他跟狄安娜有何关系？他们跟努马和伊吉丽亚又有何关系？为什么他必须被献祭？"森林之王"跟圣火有何关系？他跟金枝又有何关系？

弗雷泽精心构筑了一个人类文化历史的三阶段论，上述问题的解决就依赖于这一理论。首先是巫术时代，澳洲土著仍处于这一时代，随后是宗教时代，最后是科学时代，迄今为止只有欧洲进入了最后这一时代。巫术是一种直截了当地控制自然的企图，但却建立于对于自然因果关系的错误认识上，宗教是一种通过讨好精灵或神以控制自然的方式。吊诡的是，与其说巫术接近宗教，不如说更接近科学：它是一种基于虚假的自然律体系的伪科学。存在着两种类型的巫术，第一种，弗雷泽称之为"模仿巫术"（或称顺势巫术），借相似律施行法术；相似律是这样一种信念，即只要作用于与某物相似的另一物，就可以作用于某物，譬如说，只要照着你想伤害的那人的样子制作一个巫蛊娃娃，用针狠扎它，就能加害于那个人。第二种类型是"感染巫术"（Contagious，又译交感巫术），它通过接触律发挥作用，即认为只要对某物的某个组成部分施法，就可以影响这个事物的整体，例如，女巫只要将刀子插进某人的脚印中，就可以令这个人腿跛。当自然界受制于"无生命的、永恒不变的规律"支配的信念被抛弃，让位于自然的进程受"具有人格的存在者之情绪或好恶"支配的信念，宗教就诞生了，因此，宗教就被定义为"对于凌驾于人类之上并控制、支配着自然进程和人类命运的威能的讨好和抚慰"（50-1）。但是，随着巫术的力量日益集权化，巫术时代的阴影延伸到了宗教时代。最初，巫术是一个社区所共有的，后来被专门的巫术集团所垄断，最后则集中到了唯一的一位大权独揽的"祭司王"手中。此后，在巫术时代和宗教时代的中间阶段，越来越强大的巫术力量被赋予一位特选的人物，"祭司王"（divine king）就产生了。当神性被从国王的人身中抽象出来，宗教时代正式开始。在"祭司王"的时代，尽管存在着神性的观念，但是，通过感染巫术作用于国王本身，仍可对自然界进行操控。

接着，弗雷泽将关注的焦点转向狄安娜的祭司，并给他加上了"森林之王"的名头。弗雷泽考察了大量的关于树精信仰的证据，人们最初相信树木就是精灵的化身，后来则相信精灵只是偶尔居住于树木中，这一变化体现了从万物有灵论到多神论的发展。后来，树精被认为具有人类或动物的形象，男树精和女树精有时候被想象为新郎和新娘，有时候又被想象为国王和王后。弗雷泽从欧洲的春节风俗（被视为"远古遗风"）推断，"我们那些淳朴的祖先将植物的力量人格化为男人和女人，按照顺势巫术或曰模仿巫术的原则，试图通过五朔节国王和王后的婚配将树精的婚姻人格化，借以促进草木和庄稼的生长"（135）。古代的圣婚同样是为了促进丰产。据此，弗雷泽断定，森林之王和狄安娜这一对是增殖巫术的神圣配偶。罗马国王努马和伊吉丽亚（森林女神的另一个名字）的婚姻，体现了同样的神圣性。罗马国王有时候将自己打扮成朱庇特的样子，因此，可以断定朱庇特是早期罗马国王的神圣化。朱庇特是橡树之神，也是雷电之神，因此，早期罗马国王肯定曾经将自己装扮成为橡树精灵的样子，拥有操控雷电和雨水的权能。早期罗马，跟其他很多早期社会一样，也是母系制的，王权是通过与公主的婚姻而得以传承的，谁在一年一度举行的比赛中赢得公主，也就赢得了王位。森林之王只能是狄亚努斯（Dianus，或亚努斯 Janus，朱庇特的另一化身），雅利安民族的闪电和橡树之神。他的配偶是狄安娜（朱诺 Juno 的另一化身），她是橡树女神（伊吉丽亚则是一位树精，橡树仙女），也是圣火之神。在雅利安宗教中，长燃不熄的公社之火燃烧的是橡木。内米是一片橡树林，因此，火与橡树是一回事。

在证明了森林之王最初是一位"祭司王"之后，弗雷泽将他的注意力转到杀死祭司王的仪式。比较材料证明，一般而言，一旦祭司王的力量开始出现衰竭的迹象，祭司王都要被杀死献祭，被取而代之（以免因为感应导致庄稼的枯萎），以促进大自然的更新，保证丰收和粮食供应。男神或女神的短命情人（如阿多尼斯、阿提斯、奥利西斯、狄俄尼索斯等）死亡并重获新生的神话，就保存了关于这种祭献仪式的记忆。后来，死去的神被想象成为植物精灵（树精、谷精）。于是，这种献祭仪式，一开始是与国王的生命力联系在一起的,后来就与农耕周期联系在一起,演变为一年一度的献祭仪式,以保证精灵的再生。这种献祭仪式,从周期性的用祭司王献祭,演变为后来的用替代物献祭,只有在非常时刻才会用人牲献祭,最终演变为用动物献祭。原始信仰相信邪恶可以被转到无生命的东西身上,也可以转到献祭之物身上,替罪羊仪式即可以由此种信仰得到解释。既然祭司王(或他的替代者)被献为牺牲,那么,就可以将所有罪孽转嫁于他,如此一来,罪孽就被他带走了。

在探讨了森林祭司王的献祭决斗之后,弗雷泽又进一步探究了祭司王与保存在狄安娜神庙中圣火之间的关系。在欧洲,自从中世纪以来,在一年中的特定日期,都会举行祭火仪式,这种仪式体现了人祭的遗风:通常会有一个象征冬天、衰老或者死神的偶像被焚烧,或者是从参加献祭的人当中挑选一个人,虚拟性地将他杀死(有时候让他身披绿色的树叶作成的衣服),与此同时,农民们会围绕着火堆跳舞,或者从火堆上面跳过去。他们这样做是为了促进丰收、祛除污秽(可与祭司王和替罪羊相比)。弗雷泽指出,这种风俗源于焚烧植物精灵的风俗:除了通过用新精灵取代旧精灵以促进万物更新之外,火还模拟了太阳的光和热,后者是作物生长所必需的,因此,这是一种交感巫术。通过焚烧活物而献祭的方式,较之单纯的血祭具有更为广泛的宇宙论内涵,因为它不仅促进自然万物的更新,同时也促进了阳光的更新。稍后,弗雷泽推测,森林之王最初应该是在火祭中结束其生命的。

森林之王的挑战者何以必须从神圣的橡树上攀折一根树枝?《金枝》的最后篇章即着手探讨这一现象的个中缘由。在挪威的巴尔德尔(Balder)① 神话中,任何东西都无法伤害巴尔德尔,除了槲寄生,他正是被槲寄生所杀,死后被用熊熊烈火焚化。古代雅利安人赋予槲寄生巨大的力量,因为他们相信槲寄生是来自天上,尤其值得注意的是,它是由雷电降落到橡树上面的。在北欧国家,人们在仲夏之夜举行称为"焚尸

---

① 北欧神话中司光明、美德、仁慈、和善、智慧之神。——译者注

之火"的营火仪式的时候采集槲寄生。"换句话说，我们可以推测，很有可能，巴尔德尔的神话，不仅仅是一个神话，即用借自人类生命的意象描述的物理现象，它同时还是一个解释性的故事，用以解释为什么每年都要焚烧一个象征神灵的人形偶像，并且在庄严肃穆的典礼时伐取槲寄生。"（664）鉴于橡树对于雅利安神话的重要性和祭火节上要用到橡树，弗雷泽断定巴尔德尔是橡树精。人们相信，橡树的生命取决于槲寄生，因为寄生于落叶树木之上的槲寄生是常绿不凋的，而为了结束树精的生命，就必须先从树上移走槲寄生，巴尔德尔的神话可以由这一信仰得到解释。槲寄生被认为具有坚不可摧的生命力，并且将它的这种坚不可摧的生命力传给了它所寄生于其上的橡树。

如果说在杀死树木或者树精之前必须首先将槲寄生移走，这并不能解释为什么在杀死森林之王所代表的树精或者植物精灵之前，必须先从橡树上折下一根树枝。为了解释折取金枝这一环节，弗雷泽诉诸大量流传于印欧语言中的现代民间故事（Punchkin[①]），这些故事体现了一种对于"不死灵魂"的信仰，例如，人们将他的灵魂或生命托付给一个无生命物、一个动物或一种植物，以获得安全庇护（就雅利安民族显而易见的对于不死灵魂的信仰而言，弗雷泽可以从各个非雅利安民族中得到大量比较材料）。弗雷泽断定，巴尔德尔的灵魂，被托付给槲寄生，就像橡树的生命也被托付给槲寄生一样。同样的道理必定也适用于森林之王和金枝。维吉尔的《埃涅阿斯记》中恰好有一段将生长于圣栎[②]上的金枝与槲寄生相比较。"得出如下推论几乎是不可避免的：在诗意的朦胧眼光或者民众迷信的双眼看来，金枝就是槲寄生而不可能是别的。"（703）于是，森林之王（等于橡树精）的生命或者不死灵魂就被寄托于金枝（等于槲寄生），在角斗中杀死森林之王必须首先折下金枝的原因，正在于此。弗雷泽进一步指出（703-4）：

[①] Punchkin 是印度民间故事中的一位邪恶魔法师。——译者注
[②] 圣栎（holm oak）是南欧地区的一种常绿树木，是橡树的一种。——译者注

只需设想这位森林之王以前是在仲夏祭火节上被烧死的，无论是被活活烧死还是被杀死之后再焚化，阿里奇亚（Arician）森林中每年都要庆祝这一节日。燃烧于这片树林中的永恒之火，就像燃烧于罗马的灶神庙（Vesta）或者罗姆夫（Romove）的橡树下的永恒之火一样，也可能是用圣橡树的木柴作燃料，因此，森林之王以前应该是在熊熊的橡树之火中走向其生命的终点。后来，如我所假定，这个祭司之职不再年年轮替，而是按照规则，他的生命可能被延长，也可能被缩短，这取决于他是否能用其强大的膂力证明他仍能继续胜任这一圣职。但是，尽管他逃脱了火海，却又不得不面对利剑……或许，这个仪式是古代雅利安人橡树崇拜的基本特征。

槲寄生明明是白色的，最多也是黄白色，可是为什么被称为"金枝"呢？为了回答这一问题，弗雷泽不得不乞灵于种子蕨（fern-seed）。德国民间童话里说，种子蕨是太阳的血，跟槲寄生一样，在欧洲各地，农民也是在仲夏或仲冬的时节采集。像槲寄生一样，当今的欧洲农民也用它作为防御火灾的厌胜物（顺势巫术），还用它作为寻找金子的占筹。因此，槲寄生就被视为太阳金色火焰的散播物。按照弗雷泽的看法，既然仲夏节的营火旨在"助长"处于冬、夏至点的太阳的力量，那么，也就可以设想，槲寄生作为火的种子，或者作为橡树精的种子，被用来助长火的力量，太阳之火也就是槲寄生的散播物。精彩的还在后面：雅利安人将橡树跟雷电联系起来，因为在所有的树木中，橡树是最容易被雷电击中的。德鲁依人认为，槲寄生是来自上天，在阿尔高（Aargau）地方，槲寄生被称为"霹雳的扫帚"。这一切都表明，古代雅利安人相信，槲寄生是仲夏之际由雷电从天上降下来的天火。橡树在众木中最容易被雷电击中，因此就被认为是天神的灵魂在大地上的储藏所。人们之所以将槲寄生称为金枝，乃是因为其中一直暗暗燃烧着从天而降的火焰。

因此，内米的祭司只是祭司王或者植物精灵的退化了的遗留物，他后来又变成了天神。决斗继位的规则是过去那种为了保证谷物生长而杀死老祭司王（最早是火烧，后来改用剑）献祭并由新人禅替之做法的遗留物，折下金枝这种必要的环节是过去那种认为天神或树精的灵魂寄托于槲寄生之中的俗信的遗留物，天神或树精祭仪的各个环节都被转移到了其配偶、原为天国女王的狄安娜身上；尤其是她依然是森林和动物的生命的守护者，是圣火的守护者。

在内米祭司的身影中隐藏着另一个祭司王的身影，即耶稣基督，不妨说，这才是《金枝》一书的真正主题。弗雷泽这本书的完全版共有七部分（有些部分分为两卷），其中第六部分专门讨论替罪羊风俗。在上面的概述中，很少提及这一部分，因为它和关于内米祭司制度的解释毫无关系。不过，《金枝》一书的巨大影响和成功却与这一部分关系甚大。弗雷泽将耶稣基督视为一位典型的近东殇逝之神（dying-god）、一位丰饶之神，他植根于原始巫术，他的夭折和复活是为了促进农业丰收。这一观点在《金枝》第一版中还只是闪烁其词，到了第二版就完全挑明了。但是，耶稣同时还为人类赎罪，为此，《金枝》第六部分的最后，作为全书的高潮，将耶稣与人祭这种典型的野蛮人祭仪做了冗长的对比。基督教被归结为一个阴郁的、融合了野蛮思维的杂糅之物。似乎是唯恐对这一观点的表述还不够精妙，在十二卷的最后一段，饶舌大师弗雷泽不惜再次将旅行者或读者带回到语言的阿庇安大道（Appian Way）①，坚称基督和殉难的基督徒是那些在内米的森林中被烧死的逃亡奴隶的直系后裔。"看那落日熔金的天空，那渐渐敛息的金色的荣光如同垂死圣徒的圣洁光晕笼罩于罗马城之上，轻轻拂摩着圣彼得大教堂光芒四射的穹顶。"而当他将目光重新转到永驻不变的狄安娜圣林，他听到罗马城晚祷的钟声正随风遥遥传来（这距离也太远了）。"如此甜美，如此肃穆，那来自遥远都市的钟声悠然回响，穿越广袤的原野和湖泽，渐归静谧，余音悠扬。国王已逝！国王万岁！万福，玛利亚！"（*le roi est mort, vive le roi！ ave maria*）

---

① 阿庇安大道（Appian Way），公元前 312 年由罗马监察官阿皮乌斯监工修建的大道，建成后以阿皮乌斯的名字来命名。早期的基督教徒常在与这条大路相连的墓地中聚会。——译者注

(714)这根金枝,确实证明"在表面的千差万别之下,存在着一种根深蒂固的共通性,人类精神正是从这种共通性出发,洞察了原初淳朴的生命哲理。"基督教只是种种表面差异性之一种,将欧洲人与野蛮人区分开来的,不再是基督徒的德性,而是科学,而且唯有科学。

纵使听起来如此美妙,他对待基督教的这种态度所引起的流言蜚语,以及他的著作因此引起的轰动和同时招致的反感与抨击,还是把弗雷泽吓坏了。因此,在第三版中,他只好将论述基督受难像的部分放到附录中,在弗雷泽夫人编辑的删节本中,这一部分被彻底删除,同时被删除的还有涉及基督教信仰的其他几部分内容(小弗雷泽编辑的1994年版删节本又重新将这些内容穿插到了相应的篇目当中)。罗伯特·格拉夫斯通(Robert Gravestone)认为弗雷泽故意掩饰他的反偶像崇拜倾向,以免自己被从三一学院的漂亮办公室中赶出去。这种说法未免过于尖刻了:不管怎么说,弗雷泽都是一个胆怯而低调的人物,对别人的批评极为敏感,作为一个经常去教堂的好人,他像维多利亚时代许多伟大的无神论者一样,在社会体面的名义下,能够将宗教和科学清楚地区分开来,不管是在实际生活中,还是在思想中,都是如此。我们在前面已经看到,在《旧约的民俗学》一书中,弗雷泽是何等郑重其事地将他的研究方法和学术事业定性为"上帝的辩护者"(advocatus dei),不管这一宣称是如何空洞或者如何暗含讥讽。

第四节 弗雷泽眼中的世界:问题和预设

相同和差异的原则

弗雷泽所运用的这样一种旁征博采的比较研究方法,随心所欲地采集材料,不论它们是出自何种文化,也不论它们是源于什么时代,这样一种方法首先需要明确证明,在某些方面,所有社会在某些方面存在着共同性,也就是说,要明确某些保证比较研究能够有意义地进行的相同性准则。实际上,弗雷泽需要一些非常强的相同性准则,因为他的方法预先假设了所有地方、所有时期的文化，甚至那些显然从来没有发生过相互接触的文化，都产生过神话，这些神话不仅是相似的，在某种意义上说，甚至就是"同一个"神话。对于弗雷泽而言，最基本的普遍性是人类的需要和欲望。弗雷泽提到"无论何时，无论何地，人类的基本需求是相似的"（1922:711），而且我们可以想到，为了满足这种基本需求，无论在什么地方，都会导致相似的思想和行为方式。"最近对于人类早期历史的研究表明，在表面的千差万别之下，存在着一种根深蒂固的共通性，人类精神正是从这种共通性出发，洞察了原初淳朴的生命哲理。"

弗雷泽笔下的人类基本上是一个会思考的胃。他需要保证其食物供应，为此，他必须控制和支配自然。弗雷泽（以及大多数早期比较研究者）将维多利亚时代资产阶级对于资产积累的痴迷投射到了那些贫穷的野蛮人身上。他讨好他的读者，告诉他们，他们对于经济增长和科学技术发展的热衷，既是源于人类天生的和普遍的欲望，又是他们举世无双的特长。

一旦断定所有人类思维和行为都是指向同一个终极目标，而且这个目标就其自身而言是完全明智和合理的，那么，随之得出的结论就是，假如其他文化的思维、实践和叙事看起来是如此荒谬悖理，这是因为其心理活动中的某些缺陷妨碍了对这一目标的追求。对于弗雷泽而言，这种缺陷体现为逻辑错误和深受这种逻辑错误影响的迷信无知，这种逻辑错误是处于文化早期发展阶段的思想的基本标志。因此，理性和知识就成为比较研究学者赖以进行区别的伟大原则，为了使文化比较具有超越性兴味和意义，这一原则是不可或缺的。

理性和真知提供了必要的区分标准。文化差异是心智差异的外在表现。像大多数维多利亚时代后期的人类学家一样，弗雷泽用进化论的术语衡量这种差异（有些种族和文化较之其他种族和文化发展得更快）。依靠这一横跨于时间之上的区别标准，弗雷泽能够将所有文化进行分类，并且根据其思维将无论是巫术、宗教还是科学等各种实践方式分别安置于文化的不同发展阶段，并将它们在进化时间轴上一一分布、定位。由于各个文化的进步速度千差万别，因此弗雷泽能够在当代世界发现处于各个不同进化阶段的代表：澳洲土著依然生活于巫术时代，只有欧洲人已经进入了科学时代。

用如此这般的人类学武装了头脑的西欧人，因为获得了对于其他文化的知识优越感（以及随之而来的道德优越感，因为理性会导致道德自律）而洋洋自得，与此同时，这种优越感似乎又与在上帝和人权宪章面前人人平等这种基督教的和自由主义的观念并不冲突。所有社会终究都将达到他们的（真正的）理性时代，并获得他们一直都在追求的科学和技术，不过，如果在更先进的民族的帮助下，他们将会更快地实现这一目标。如此一来，不列颠帝国与其殖民地之间的关系就被等同为成人和儿童之间的关系了。成熟、理智的成人完全有理由监管儿童，那体现了他的慈爱之心。比较人类学为帝国主义意识形态提供了一个理论和科学基础，对殖民地的剥削因此成了基督徒的仁慈或启蒙主义的人道主义的体现，成了"白种人的使命"，旨在保护野蛮人和半野蛮人不被由迷信所导致的非理性的恐惧和自作自受的苦难所伤害。即使有些时候野蛮人对这种善意似乎并不领情，那也仅仅是小孩子式的忘恩负义，总有一天他们会因为现在你给他们的教训而感激你的。时间，成了维多利亚时代意识形态的伟大的担保人。就像在基督教意识形态中那样，正是时间终将让错误变成正确，并且还有意外的收获，那就是现在的错误仅仅是表面看起来错误，时间将会证明它是真理。

在比较研究关于相同性和差异性的辩证法中，野蛮人，因为其与欧洲人的差异性，变成了欧洲人在文化、道德、知识等方面优越性的活体广告，不仅如此，野蛮人还因为其与欧洲文化的传统遗风之间的相同性，成为信仰理性和科学技术、富于教养的欧洲精英这种特殊类型的欧洲人的优越性的担保人。所有这些观念和态度都皆非弗雷泽所独有，尽管正是在弗雷泽这里得到极为充分的体现。下一节将简单说明，弗雷泽在多大程度上与维多利亚时代人类学沆瀣一气，并将考察一下他们所持有的一些共同假设。

进化和进化阶段

人类学的兴起跟达尔文《物种起源》（1859）的启发密不可分，尤其是跟他在书的结论部分发出的将进化论应用于对文明历史的研究的呼吁分不开："我预见到，在遥远的未来，有一个广阔的、更为重要的研究领域将展现于我们面前，心理学将获得全新的基础，即每一种精神能力都是按照必然经过的阶段而逐渐发展的结果。人类的起源及其历史将因此被照亮。"（Darwin 1968:458）但是，人类学中的进化论却并非始于达尔文，上面的这段话与同一本书开始的一段提及赫伯特·斯宾塞（Herbert Spencer）的话遥相呼应（60）："（斯宾塞）同样也按照每一种精神能力都是遵循必然经过的阶段而逐渐发展的结果这一原则研究心理学的。"实际上，正是斯宾塞最早奏响了所谓"社会达尔文主义"这一主旋律的序曲，在一系列可以追溯到 1840 年代的论文中，斯宾塞阐述了一个基于智力逐步发展的社会进化理论（对此，达尔文的理论只是做了很少的一点修正）。他谈到，相对于文明人，原始人只有很薄弱的智力，同时却具有更丰富的激情。但是，作为"适应"的结果，人类的能力、智力和自我控制力不断增长，人类的"进步"被描绘为"适者生存"的结果——这个术语最早是由斯宾塞提出来的，尽管后来被达尔文作为"自然选择"的替代词而使用，这个术语透露了斯宾塞进化理论的极为严酷的比较主义倾向：高级的种族和个人通常是通过消灭低级的种族和个人而获得成功。其他人或者将会从这种观点中推衍出"人吃人"的道德，但是就斯宾塞而言，他却具有和平主义的名声，他认为无情地灭绝弱者将危害高级社会自身的道德进步。

斯宾塞认为，进化作为一个控制着所有事物的发展的普遍规律，可以定义为"从不连贯的同质性到内在连贯的异质性的演变"（Spencer 1862:291）。

这一观点的灵感来自两个源头。其一是大陆生物学，尤其是 K. E. 冯·贝尔[①]（K. E. von Baer）的理论，他认为"分化"（differentiation）原理既存在于个体器官的生长过程中，也存在于物种的进化过程中，两个过程互为镜像，一个反映了另一个，或者如德国生物学家恩斯特·海克尔[②]所说，"个体发生过程重演了群体发生的过程"（即所谓"重演理论"，例如，胚胎从单细胞发展为整个器官的过程，重演了生命形式从简单到复杂的发展步骤）。其二是亚当·斯密的经济理论，认为劳动分工（异质性）提高了生产率和适应性。换句话说，分工就是适应，它使某些器官、个体、物种或者种族较之其他器官、个体、物种或种族更为适应生存的竞争。弱者和未成功适应者将被淘汰，而且，如果不希望物种朝向自我完善的发展和提高进程受到阻碍的话，必须任其自然。大自然偏爱帝国主义和放任主义的资本主义，自然规律和政治经济学规律在此混融莫辨。

在《心理学原理》（1855）一书中，斯宾塞将冯·贝尔的分化理论应用于人类进化：所有原始民族的社会都是简单的、千篇一律的，只有发达民族才体现出真正的个体性。同样的原理也贯穿于人类从儿童到成年的成长发育过程中，而且按照重演理论，人类个体的发展和人类群体的进化是遵循着完全相同的发展阶段。因此，通过研究文明社会中的儿童，就能获得对于野蛮人心智的了解（反之，通过对野蛮人的民族志研究，也可以获得对于儿童的了解——美国的"遗传心理学家"G. 斯坦利［G. Stanley］即持此说）。斯宾塞的观点在维多利亚时代的人类学家中获得极为广泛的赞同。各个地方的原始人大同小异，这种信念导致了一种普遍的学术实践，即用从巴塔哥尼亚高原（Patagonia）[③]得到的材料得出关于刚果的论断。野蛮人的心智和性情与儿童的心智和性情相同这种信念，极大地促进了文化就像儿童一样会逐渐发展到"理性的年代"这种信念

[①] K. E. 冯·贝尔（K. E. von Baer，1792—1876），德裔俄国生物学家、人类学家和地理学家，比较胚胎学的创始人。——译者注

[②] 恩斯特·海克尔（Ernst Haeckel，1834—1919），德国动物学家和哲学家。——译者注

[③] 巴塔哥尼亚（Patagonia）高原，南美洲东南部高原。——译者注

的流行。

尽管斯宾塞谈到分阶段发展的观点，但他并没有建立一种基于心智能力的进化阶段论。这一理论的建立，有待于像 E. B. 泰勒、L. E. 摩尔根、弗雷泽等一大批人类学家。每一位人类学家各有自己的一套用以区分和命名人类发展各阶段的术语和准则。泰勒的"野蛮"（savagery）、"蒙昧"（barbarism）、"文明"三阶段论获得广泛认同。奥古斯特·孔德的观点与弗雷泽很接近，他按照思维的特点区分了如下几个进化阶段：万物有灵论神话阶段、宗教阶段和科学阶段。弗雷泽在理性主义和科学主义方面是一个超典型的维多利亚时代之子，他按照蕴涵于各时代自然因果律背后的逻辑前提，将人类的发展历程划分为如下几个阶段："巫术时代"（基于错误的前提，即认为自然受相似律和接触律的支配）、"宗教时代"（基于错误的前提，即自然受至高存在者的支配）、"科学时代"（基于正确的前提，即认为自然受普遍因果律的支配）。

理由和目的

从 1860 年代到 1870 年代，在教会对《物种起源》的抨击甚嚣尘上的同时，英国进步的、拥护科学的知识分子的反教权情绪也达到高潮。正是在这十年间，弗雷泽研究、撰写并出版了《金枝》第一版，并因其在维多利亚读者中引发的巨大反响而一夜成名。尽管他的风格过于牵强附会和夸大其词，他对传统宗教的攻击不可能不给人们留下强烈的印象：他揭露了隐藏在宗教背后愚蠢的谬误、隐藏于基督故事中的野蛮风俗，以及天主教和英国国教的野蛮渊源。

在英国这样一个不太喜欢走极端的社会中，宗教和科学双方都不想闹得不可开交，人们不难发现，就算弗雷泽关于基督教神话和仪式的野蛮渊源所作出的种种发现是正确的，也不至于给基督教带来致命的损害。说到底，起源不会在复杂的社会制度中留下无法磨灭的印痕。但是，维多利亚式的进化论框架通常都是主张，在祖先与后世由之而来的信仰和实践之间（或者用他们的话说，在"源头"和"遗留物"之间）存在着密切关系，在弗雷泽的体系中，这种关系尤其密切。在弗雷泽看来，在一开始催生一种信仰或实践的心智活动，也必将在这种信仰或实践上打下不可磨灭的永恒烙印。考虑到弗雷泽所研究的思维或实践的最终目的都是为了支配自然，据此就可以确定一种信仰是否正确、一种实践是否行之有效，巫术和宗教无法支配自然，因此就是不正确的或徒劳无益的。那些在科学高歌猛进的时代仍然抱着传统教条和仪式不放的人，暴露了其心智的僵化，现代人的这种心智僵化较之野蛮人更糟糕、更危险，因为它并非野蛮社会在这个世界上的遗留物，而是一些生活于文明社会核心地带的人，他们顽固坚持那些源于原始思维的东西，这些东西将不仅会阻碍而且甚至会逆转文明进步的历程。

那些并不持有弗雷泽式理性主义和科学主义的人可能会怀疑，弗雷泽赋予神话或仪式的心智过程和目标，并不会对于神话或仪式的遗留物有任何影响。几乎不会有基督徒会承认其信仰和实践有弗雷泽所说的那些技术和经济动机，更不会有人仅仅因为弗雷泽证明了其信仰是基于错误思想因此不可能得到它在理论上所许诺的结果，就放弃其信仰。当弗雷泽说一位被定罪的罪犯被用来充当祭司王或替罪羊，一个人被作为丰饶之神的灵魂载体而被杀死并被烤熟成为公共圣宴上的美味菜肴，他其实并没有真正对基督教的仪式作出"解释"。实际上，所有这一切也没有妨碍弗雷泽自己经常去教堂做礼拜。

即使我们出于辩论的目的，承认巫师和祭司行施仪式或讲述神话的目的是控制自然，不管是直接控制，还是求助于更高的力量，那么，神话和仪式的功能就因此得到了一个充分的、恰当的解释了吗？弗雷泽说，促使一个进化阶段向下一个进化阶段发展的一个重要动机，就是人们发现上一个阶段的技术没有取得实效。要发现一种巫术并无实效也许需要五十万年的漫长岁月，因为巫术究竟是否影响了自然环境，在很大程度上是一件模棱两可的事情。很有可能，神话和仪式的真正功能是超乎其参与者的理解能力之外的，那些为人所称道的技术性动机只是为了替它们辩护或者仅仅是一个托词。神话和仪式赖以产生的理由，可能与它们赖以传承的理由大相径庭。即使我们同意神话和仪式在最初具有技术和经济旨趣，我们也无从断定这些原初的旨趣能够一直持续下来，即使只是持续一个短时期。

并非所有仪式都像祈雨舞蹈那样具有明确的实际目的，大多数仪式，更不用说神话，很难被轻易地归结为某种实用旨趣。在大多数时候，弗雷泽对于非理性和非经济的动机是完全盲目的。仪式和神话可能仅仅是为了满足情感或心理的需要。维特根斯坦指出，假如弗雷泽看见你在亲吻恋人的照片，他将会把你的这一动作视为一种顺势巫术（Wittgenstein 1979: 4e）："狂恋一个人的肖像，亲吻恋人的照片，这显然并非出自一种信仰，即认为这种动作将会对照片中的人产生实际的影响。这样做只是为了满足，而且确实也达到了这一目的。或者，毋宁说，这样做没有指向任何东西，我们这样做，并获得满足，这就够了。"简·哈里森也做出了大致相同的批评（Harrison 1963b: 83）：

> 你收到一封信，这封信伤害了你，你一把将它撕碎。你这样做，并非因为你觉得你这样就能撕碎那个写信的家伙，而只是因为你受到了伤害，而受到了伤害的神经通过肌肉的活动得以舒缓。……最简单的例子是马雷特先生著名的公牛（Marett 1909: 44）。有人惹恼了公牛之后逃之夭夭，但却丢下了外套，狂怒的公牛没头没脑地抵向他的外套。当然，正如马雷特先生明敏地指出的："我们很难知道这时候公牛的心理活动。"但是我们可以猜想，公牛并没有陷入错误的联想律，以至于误将外套当人，而只是借它碰巧抵到的外套发泄其愤怒而已。

甚至在祈雨舞蹈的背后，也有心理的、社会的甚至历史的原因，这将使舞蹈者所宣称的或所暗持的意图只具有有限的解释价值。弗雷泽及其同事常常忽视神话或仪式所确实具有的一些真实的效应，如心理慰藉、排遣焦虑、促进社会凝聚等，而仅仅关注参与者或叙述者的意图（大多时候只是出于臆测），并且进一步纯凭想象将这种意图简化为众所共有的功利动机。

起源和遗留物

如果说蕴涵于神话和仪式中的理由和意图纯属臆测的话，"起源"和"遗留物"赖以连结的逻辑则更成问题，它直接与弗雷泽人类学的基本假设相冲突。一个遗留物，可能是一件器物、一项措施、一个象征或一种观念，它就像一件化石或一个空贝壳，在一个拥有完全不同、更为进步的心智的时代里仍继续存在，尽管事实上已经没有人能够理解这器物、措施、象征或观念的本来目的了。但是，弗雷泽的体系直接建立于如下的假设之上，即神话和仪式直接指向理性的和实用的目的，而几乎不容许存在对动作的毫无意义的重复。一旦弗雷泽的野蛮人忘记了一个仪式是为促进农作物的丰收而举行的，或者一旦他忘记了这个仪式如何才能产生所希望的效果，弗雷泽为仪式赋予的理性和动机也就不再适应了。如果仪式在其原初的实用手段和目的都被遗忘之后仍得以继续，那只能是由于某些其他的理由，而并非最初所赋予它的实用意图。假如它延续到一个由新的自然因果律理论支配的时代，那么，它将会被重新投入那座为实用目的而建立且常燃不熄的熔炉，并被重新塑造以适应于新的心智，否则，则可以断定，那些蕴涵着早期心智的遗存形式，除了弗雷泽赋予所有神话和仪式的那种理性的功利意图之外，还有别的原因。无论哪种情况，似乎都不会容许有"空贝壳"的存在：假如信仰或实践确实拥有弗雷泽所归于它们的理性基础，假如它们确实是指向实用目的，那么，它们必定要完全符合理论家们或参与者们所达到的理性水准。假如除了弗雷泽所指派给它们的理由或者目的之外，神话和仪式还有另外目的和理由，那么，就不存在可供比较的共同特性，也就不存在任何我们可以据以将之与一个人类心智的进化历史相比较的东西。由此看来，遗留物理论与弗雷泽的进化理论在表面上看是无法兼容的。

但是，"遗留物"的理论是比较研究为了书写人类进化史所不可或缺的。如果没有"遗留物",如果只依靠文献和人类学调查报告,弗雷泽就无法上溯到遂古之初的人类史前时代:一方面,所有留传下来的文献都是出自相当发达的社会;另一方面,只有有限的几个真正的原始社会有民族志记述。事实上,对于最初的也是最漫长的人类心智发展阶段,即巫术阶段而言,弗雷泽只能举出一个代表,即澳洲土著。如果没有巫术思维的遗留物会在下一个阶段继续存在着一个煞费苦心的理论,弗雷泽就很难收集足够的证据,用以将"巫术"建构为一个人类发展的普遍阶段。在向维多利亚时代的公众兜售比较人类学时,"遗留物"理论也发挥了巨大的作用。诸如此类冗长、烦琐而且掉书袋的人类学研究如何成为畅销书呢?通过揭露隐藏在欧洲文明外表之下的粗鄙的野蛮性,如弗雷泽这样一位老练的作者,不管其风格多么不动声色,多么有条不紊,多么条理分明,都不难为其著作添加一些戏剧的色彩、揭秘的悬念、适度的流言,乃至故意讨好读者。揭露宗教中的蒙昧遗风,只是诸种挑逗手法之一种:我们下面将会看到,早期的比较研究理论炮制了一个秘方,能够在为西方的海外霸权辩护的同时,也为其国内的资产阶级霸权进行辩护。

野蛮人和社会等级

某种程度上是为了回避由"遗留说"所导致的理论问题,即在主张仪式和神话有其明确的和实践的目的性的同时,又避免使"遗留物"成为毫无意义的文化化石,弗雷泽基于进化的时间轴勾勒出了一个关于心智和道德等级的社会图像,并将这一图像投射到每一个社会之上。社会似乎从来就不是同步发展、齐头并进的,相反,在每一种文化中,人们都能区分出进步的成分和倒退的成分。存在着一个文化精英阶层,它是有意识、有决断的思想之源泉,同时也存在着一个蒙昧的群氓,它是原始观念的渊薮,这些群氓若非受到文化精英阶层严格控驭的话,就会重新退回到以前的野蛮阶段。在某些危急关头,群氓确实会与人类进步的进程背道而驰,如果倒退的因素没有受到严格的限制的话,即使是在西方社会中，进化和进步也可能会受到阻碍甚至逆转（1922: 712）："也许这样说并不过分：在未来，进步，不仅是物质的进步，而且也包括道德的进步和心智的进步，都取决于科学的繁荣，任何妨碍科学发现的因素都是人性的谬误。"这些倒退分子的集体心智中仍充斥着那些早已过时的、完全不必要的理论和实践的化石，这些东西存在于他们暧昧的心智之中，其原初的意义和功能随时都可能浮上意识的表面。这里，存在着一个维多利亚时代人类学的"内在的他者"，是野蛮人的社会化化身，正像我们在第二章第一节已经指出的，它的存在对于整个比较研究事业的自我确立是必不可少的。

在弗雷泽笔下社会中的退化成分，并非仅仅是牧师或者普通基督徒这些从宗教时代就已经存在的成员，较之这些人更具威胁性和倒退性的是为数众多的欧洲农民，这些人仍固执地停留于巫术时代——这也可说是好事一桩，因为弗雷泽关于人类原始心智的重要证据大都来自当代欧洲民众的风俗习惯。正如我们下面将会讲到的，退化成分同时也是那些未受教育者或者教育不足者，这自然主要是指欧洲工业国家中的城市无产阶级。如果我们相信弗雷泽所说的话，我们就不得不相信，在他的时代，不列颠人口中的大多数仍然生活于文化进化的极端野蛮的阶段，仍被紧紧地束缚于一些千百年来早已过时的陈旧观念之上。

人们大都关注进化论比较研究中的种族主义，但对比较研究者的精英主义和等级观念的关注却远远不够。尽管弗雷泽对于外部的野蛮人所关心的主要是其奇风异俗，但对于内部的野蛮人，他却在写作中坦诚地、直言不讳地指出其对于文明的危害。他在一篇关于物质和技术进步（他将这种进步简单地等同于知识和社会进步）的文章中生动地表达了对于农民和劳工阶层的恐惧和厌恶，这段文字值得全文征引（55-6）：

> 但是，如果我们发现，在那些目前所知极其落后的人类社会情形中（如澳洲），巫术无所不在，而宗教却无迹可寻，难道我们不能因此而推断，在世界上那些文明开化种族的历史上也经历过一些

相似的心智发展阶段,……简单地说,就是在心智层面上,一个巫术无所不在的时期?有很多理由让我们对这一问题作出肯定的回答。只要我们考察一下那些生活于从格陵兰到火地岛、从苏格兰到新加坡的人类种族,我们将会发现,他们的宗教千差万别,他们因此而区别开来,而且,可以说,这些区别不仅与其明显的人种差异相吻合,而且一直可以延伸到不同的国家、国民之间更加细微的差异。……然而,如果我们穿越这形形色色差异的表象(这些差异极大地影响了一个共同体的知识和思维层面),将不难在其背后发现一个坚实的普遍心智的层面,这个层面广泛存在于暗昧、懦弱、无知、迷信的民众之中,不幸的是,这些人构成了人类的主体。十九世纪的伟大成就之一,就是洞悉了这个存在于世界很多地方的底层心智层面,并且发现它在无论什么地方都如出一辙。它就在我们的脚下,就在离我们脚跟很近的地方,就在此时此地的欧洲。……究竟是什么东西承载着这样一个隐藏于社会表面之下的顽固的野蛮性层面并使之恒久不衰,丝毫不受宗教和文化变迁的影响,这种东西对于人性的未来有何影响,这里我们暂且置而不论。那些经过研究业已洞悉了这种东西的深度的观察者,除了将之视为人类文明所面临的威胁之外,不可能还有别的看法。我们仿佛是行走于一层薄薄的冰面之上,随时可能被下面涌动的暗潮所吞没,经久不息的暗涌之声,以及偶或喷溅而出的激涌,透露出此时此刻就在我们自己脚下潜行默运着的危险。……但是,最终占取上风的,究竟是那些导致更大进步的影响,还是那些时刻威胁着将人类业已取得的成就化为泡影的影响?最终发展壮大的,究竟是少数精英的精进之力,还是人类大多数中那种僵死的惰性?最终是前者将我们引领到更高的高度,还是后者使我们沉沦到更深的低处?诸如此类的问题将留待哲人、道德学家和政治家们去回答,他们如雄鹰一般锐利而广阔的视野能够看到人类的未来,而非吾辈着眼于人类的过去和现在的凡庸学者力所能及的。在此,我们所关心的只是想知道,巫术的信仰的一致性、普遍性和持久性，与宗教教义的千差万别和变动不居相比，能够在多大程度上支持如下这样一个假设，即巫术信仰体现了一个野蛮的、古老的人类心性阶段，所有人类种族在向宗教和科学迈进的征途上，都曾经历这样一个时期，或者正在经历这样一个时期。

这般言论或许令你不屑一顾，为避免这种态度，你必须强迫自己认识到，在这里，弗雷泽借助巨人提丰逃出塔耳塔洛斯[①]恣意破坏文明秩序的寓言，所正在谈论的不是别的，正是他自己家中的仆人、他与之打交道的商人，其实就是所有教育程度较低的劳动者，或许还或多或少地包括他的街坊邻居、他的牧师同事、他的妻子以及大多数剑桥大学在读大学生。正是借助这同一种机制，维多利亚时代的比较研究者们在为欧洲在国际上的帝国主义辩护的同时，也为本土的阶级统治辩护，在将服从父权制统治的义务强加给殖民地的同时，也将同一种义务强加在了劳动阶级身上，而他们这样做的目的，则是旨在将那些人从其卑劣的心智所造成的困境中拯救出来。

这一种将所有社会分成进步成分和退化成分的根深蒂固的二分法，使进化论能够与遗留物学说兼容并存。所有文化中那些睿智、深思熟虑的精英分子，坚守于进步事业的最前线，都被视为独立的、自由的思想者，他通过以某种方式运用其精神力量，能够突破迷信的束缚，而大众鲁钝的头脑则深深地陷入迷信的包围之中。弗雷泽发现，这种简洁的二分法是如此迷人，因此将之作为其精神和社会进化理论的核心，即使由此导致严重的自相矛盾也在所不惜。

知识分子，在弗雷泽的笔下总是被等同为统治精英（他的时代较之我们的时代更容易犯这种错误），弗雷泽常常将他们描述为真理的追求

[①] 塔耳塔洛斯（Tartaros）为希腊神话中冥府底下暗无天日的深渊，为宙斯禁闭巨人族提坦之处。——译者注

者，他们将自己全部的热情献给科学、理性和进步事业，仅凭自身就挑起了人类这个物种进化发展的全部重担。精英个体们观察证据，应用理性，勇于挑战他同时代的群氓所持有的那些陈规陋习、僵化教条。新的解释之所以风行一时，是因为这种解释一旦问世就立刻获得整个精英阶层的推崇，因为精英们自己就是科学家的样板，是献身真理的科学家，对于他们来说，只要真理获胜，即使丢掉职位或神职都在所不惜。对于弗雷泽而言，人类的进化与学院派学术的进步几乎是一回事儿，他似乎常常忘记了，他的理论体系赋予唯利是图的经济动机以至高无上的地位，或者是他对于科学、工业和政治之间的联系过于轻信，以至于根本无法想象在这些领域之间可能存在着无法调和的利益冲突。

在这样一个体系中，看到真理和进步的仆人的行为居然会出于一些并不那么纯粹的动机，如《金枝》开宗明义所体现的那样，委实令人惊讶。他指出，巫师和祭司是最早知晓他们的巫术和宗教并无实效的人，但是为了保全自己的名声和利益，他们宁愿打着伪善的幌子。"如此一来，这一行当中最能干的成员必定是或多或少明知故犯的骗子，正是这些人凭着他们非同一般的能力，将会攀爬到最高的地位并且为自己猎取功名富贵和发号施令的权力。"（46）换句话说，精英们成为伪君子和骗子的可能性，跟他们成为科学家和真理追求者的可能性一样大。

在对大众的描述中也体现出同样的自相矛盾，弗雷泽将大众视为呆滞、顽固和僵化的群体，然而，在弗雷泽笔下，似乎无知竟是文化遗产赖以在千百年间世代相传的一个充分条件（甚或是必要条件），愚昧无知让大众不费吹灰之力就能够成就精英们甚至经历二十年的学校教育都很难实现的成就。（无疑，弗雷泽会说巫术是简单的，而科学是复杂的，借以维护其观点。——但是，弗雷泽所描述的东西，却绝非像他说的那般简单，毕竟，为了说明它们，他花了十三卷之巨的篇幅。）弗雷泽的大众的品质甚至会随其论证的需要而变化，当他需要遗留物时，大众是顽冥不化的保守分子；当他需要对进步进行说明时，大众是精英亦步亦趋的追随者。

历史和进步

维多利亚时代的人类学家对于历史几乎毫无兴趣。斯宾塞的话堪称典型:"我的立场,简单地说,就是唯有当你建立了一个真正的人性学说,你才能解释历史,而一旦你建立了一个真正的人性理论,你也就无需历史了。"(Duncan 1908:62) 他们的论述通常从一个关于支配人类发展法则的思辨概念出发。历史"事实"只有当需要作为阐明一般概念的例证时才有必要,而不是作为支撑其观点的根据。符合一般体系的现象被视为本质的,而与之相冲突的现象则被视为例外而不予重视。就像皮尔(Peel)所说:"只要人们相信一成不变的、受到决定的进化规律贯穿于历史的始终,各种具体的材料就是无关紧要的,不管这些材料是否符合这些规律,如果符合,则这些资料纯属多余,如果不符合,则这些资料就纯属例外。"(Peel 1971:163)

弗雷泽同样也从大卫·休谟的《人性论》(1739—1740)一书中获得其关于人类历史结构的识见,在这本书中,休谟考察了导致信念形成的"观念联想"。虚妄的信仰源于因邻近性或相似性而导致的联想,而真实的信念源于由对原因和结果的观察而产生的联想。由此出发,弗雷泽才有可能导出科学心智和巫术-宗教心智之间的区别,这一区别是其进化体系的基础。罗伯特·弗雷泽指出:"这位名人引用了和休谟相同的虚妄信念的例子,这些例子出自宗教领域,尤其是天主教仪式,这一点尤其耐人寻味。"(Frazer 1990:19)

当然,在弗雷泽精心构筑的大厦里面,还有众多其他的门户,但是,一个人无需多么深入钻研他的书,就不难发现他一会儿醉心于宏大的哲学思辨,一会儿又不厌其详地罗列人类学事例,前者是为了搭建其进化论大厦中的一个个楼层和门户,后者则仅仅为了给这一个个楼层和门户装点门面。明乎此,就不会对下面这点感到惊奇了:当弗雷泽需要为其天花乱坠的故事点缀一点历史色彩时,即当他需要解释人性是如何从一个阶段进化到下一个阶段、从一个楼层登上上一个楼层时,他就不得不把事情说得貌似能够自圆其说。他对文化史的决定性时刻,尤其是从一个阶段到下一个阶段的历史性转折点的解释，每每显得悖谬和乖剌。正如阿克曼（Ackerman）所指出的："当他（弗雷泽）在他所谓'最为可能的'发展路径的引导下，用思辨填补进化历程中的空白时，他对历史几乎毫不在意，随时准备用逻辑取代历史。"（Ackerman 1987:47）这里，所谓"最为可能的"意指弗雷泽常常用想象代替了思想，或者常常把自己放在野蛮人的位置上揣摩野蛮人的所作所为。拉德克里夫-布朗将此种做法嘲讽为"假如我是马"幻象："此说源于一个关于中欧农夫的故事，他的马从围栏中溜走了，这位农民走进围栏，口嚼草料，边嚼边自问：'现在我变成了马儿，那么我会往哪边去呢？'"（Cluckman 1965:2）

如此一来，结果就是一种所谓"摩登原始人"（Flintstone）的历史观：野蛮人是和弗雷泽本人一样的个人主义者、理性主义者、功利主义者和天生的科学家，唯一缺少的就是一种基于真实可靠的因果理论之上的强有力的心智机能。为了说明图腾制度源于对联想律的误用，弗雷泽想象了一个怀孕的女人，当她在某一天穿过丛林时，恰巧看到一只袋鼠从她面前走过，这之后不久她的孩子呱呱坠地，因此她就错误地将袋鼠和她的妊娠联系起来，并宣称袋鼠是他孩子的父亲（1910.4:57）。对于弗雷泽来说，不幸的是，任何人，只要他不相信有什么无所不知、无所不能的天生的理性主义者，都不难看出，这位野蛮人尽管会求助于错误的因果律，但是除非她预先就有了父系制的观念，否则她根本就不可能发生此种联想，而如果她已经有了父系制的观念，她就根本不会有这种联想。他在解释"谷精"观念时，也应用了同样荒谬的逻辑（1922:463-4）。弗雷泽设想，农夫在收割谷子的时候，恰巧看到一只野猪从谷子地里窜出来，因此误认为野猪就是谷子的精灵。但是，弗雷泽关于野蛮人思维的思想实验再一次遭遇失败，因为"谷精"观念是人们能够选择某种动物作为谷精候选人的先决条件，而不是其结果。按照弗雷泽的说法，似乎这种事情完全可以按照相反的顺序发生，因为他自己的心目中只有经验科学，经验科学要求观察先于推理（同一本书中的其他地方，将这种程序视为区别科学和巫术的标准）（712）。心灵单单凭借偶然的观察创造出思想范畴，并且这些范畴随即就会立刻得到整个文化的认同，这在弗雷泽看来似乎是不言而喻、无需论证的事情。

在弗雷泽论述从被弑之神到替罪羊的演变时，个体主义、理性主义、经验主义思维的无所不能得到了最为充分的体现（576-8）：

> 他被处死了，最初不是为了将罪孽带走，而是为了将神的生命从老年祭司衰老的躯体中拯救出来，但是，因为无论如何他都只有死路一条，人们就会想到也许可以顺便将不幸和罪孽转嫁到他的身上，让他将它们随身带走，丢弃到坟墓之外的未知之域。

这很容易，就像你请一个正想去街角的人顺便帮你把信投进邮筒里很容易一样。但是，早期社会或许根本就不会像弗雷泽那样把效率和方便看得高于一切。甚至在我们这个崇尚经验主义和机会主义的社会中，你也很难要求天主教堂用一个丹麦汉堡代替圣饼，即使你声称如此一来人们就可以在参加圣餐仪式的时候"顺便"饱餐一顿。

声称图腾制度和谷精崇拜源于失败的科学活动，这已经足以令人费解了，而声称全世界古往今来所有那些注定会从一个阶段发展到下一个阶段的社会，都在不断重复同样的错误联想就更令人费解。即使我们承认对于自然现象只有一个正确的科学解释，对于控制自然现象只有一种切实可行的技术，也不得不承认错误的路径却有千万条，而在完全被错误所迷惑的时代，是根本不可能按照弗雷泽所拟构的常规的和线性的发展阶段进行衡量的。同样的观察错误是如此普遍存在，以至于一种文化无法在汲取另一种文化的教训的基础上洞察并修正这一错误，这一观点的理论根据何在呢？既然在弗雷泽的体系中只有科学的解释才是唯一正确的，那么，所有的文化，而不只是一种文化，又是凭什么能够断定一个错误的解释较之另一个同样错误的解释更好呢？凭什么断定一种徒劳无益的技术较之另一种同样徒劳无益的技术更好呢？既然直到科学时代到来之前，没有什么真正的进步，没有哪种解释较之以前的解释更好，看来要对进步进行衡量,就只有依靠别的尺度而不是真理和理性的尺度了。或许这一宏伟的进化图式不应该建立于人类理性发展的基础上,而应该建立于习俗发展的基础上,建立于从杀死祭司王到替罪羊仪式这一"进步"历程的基础上。——但是,如此一来,从精英阶层的习俗的角度解释历史,跟从人类精神进化的角度解释历史,就是完全不同的两回事了。

第五节 原始共同神话:对比较研究的比较研究

在弗雷泽编纂的阿波罗多洛斯(Apollodorus)《文库》(*The Library*)(1921:404-55)这本大部头的希腊神话总集的附录 13 中,收辑了 36 个故事,这些故事源于欧洲和亚洲各地,时间从 12 世纪到 19 世纪。所有这些故事都跟荷马史诗《奥德赛》中奥德修斯遭遇独眼巨人波吕斐摩斯(Polyphemus)的故事非常相似。与此相似的故事还有很多(见 Hackmann 1904,其中收辑了 221 个独眼巨人故事)。在此我将仅限于分析弗雷泽收辑的 36 个故事,借以显示"古典的"比较研究的典型特点。让我们从其中两个较长的故事开始。

下面是一位来自艾莱岛(Islay)的盲人游吟歌手所讲述的故事(弗雷泽书中的第 2 个故事):

> 有一个叫科纳尔的人在他的儿子们的帮助下,试图盗窃拉克兰国王的棕色马,但却被国王逮住了。如果科纳尔不老实交代他的冒险故事的话,国王就会吊死他们。……"当我还是一个年轻小伙子的时候,"科纳尔说,"有一次,我出去打猎,来到我父亲在海边的土地,那是一片贫瘠的土地,布满了岩石、洞穴和深坑。我顺着海边走,看到有烟从两块岩石中冒出来,于是就走过去看个究竟,一不留神掉了下去,但却毫发未伤,因为那里堆满了厚厚的畜粪。我听到一阵巨大的喧闹声,发现那里有一位独眼巨人,和由一只公山

羊领头的二三十只山羊。巨人拴好羊群,朝我走来,对我说:'嚯!科纳尔,我刀鞘里的刀子都快要生锈了,正等着用它来割你的细皮嫩肉呢。''哎呀!'我说,'即使你把我撕成碎片,对你也没有多大好处,因为我只够你吃一顿的。不过,我是一个好医生,我看你只有一只眼,我能治好你的另一只眼睛。'巨人走到一边,把那只巨大的铁锅拖过来放到火上,我教他把水烧热,这样我才能治好另一只眼。我找来一颗石楠花制成按摩剂,并让他坐在大锅里。我动手揉搓他那只好眼睛,假装帮他把视力从这只眼睛转到那只坏眼睛上,我揉啊揉,只想把他的这只好眼睛也揉瞎,直到我肯定已经将他治成了双眼瞎。

"最后,巨人发现他什么都看不见了,我告诉他,我要撇下他溜之大吉,谁知他一纵身从锅里跳出来,跳到洞口堵住了去路,发誓要替自己的眼睛报仇。我不得不待在洞中,紧紧地蜷缩起身体,生怕他摸到我。早晨,传来了鸟儿的叫声,巨人晓得天已经亮了。他说:'你还在这里吗?快起来!帮我把羊放出去。'我宰了那只头羊。他叫道:'你在杀我的头羊?我不信你能办到。''我没有,'我说,'只是绳子拴得太紧了,我费了好大工夫才把它解开。'我先放出一只山羊,他摸到山羊,说:'是你吗?毛茸茸的小山羊。你能看见我,我却看不见你。'我一只接一只地把山羊放出去,同时动手把头羊的皮剥下来,当最后一只羊被我放出之后,头羊的皮也剥完了。于是我钻进山羊皮,双腿伸进羊皮的后腿,双手伸进羊皮的前腿,脑袋钻进羊皮的头部,羊角戴在头顶上,如此一来,气得发疯的巨人就认不出我来了。我爬到洞口,巨人把手放在我身上,说:'是你吗?我可爱的头羊。你能看见我,而我却看不见你。'当我终于逃出洞窟,重新看见外面的世界,说真的,国王大人,我真是高兴得快疯了。

"我在洞外脱去山羊皮,对那个恶魔说:'瞧!我逃出来了,看你能把我怎么样!''啊哈!'他说,'你居然骗过了我。看你如此勇敢,居然从我手掌心逃了出去,我赏给你一只戒指,可以给你带来好运。'我才不会傻到去拿你的戒指呢。不过,请你把它扔过来吧,我会把它带走。'他把戒指扔到平地上,我走过去拾起来,并戴到手指上。就在这时,他喊道:'你戴那戒指合适吗?'我对他说:'很合适。'他说:'戒指,戒指,你在哪儿?'戒指:'我在这里。'于是,听到戒指说话,恶魔就朝我走过来,我这才意识到自己上当了,觉得从来没有这么倒霉过。我抽出匕首,割掉戴戒指的手指头,使尽平生力气,把它扔到远处的海里,那个地方海水很深。他喊道:'戒指,戒指,你在哪儿?'戒指在大海深处回答道:'我在这里。'他跟着戒指的声音,一头扎进了大海。看着他沉入大海,我开心极了。在确信他已淹死之后,我走进洞窟,拿走那里面所有的金银财宝,然后打道回府。看我满载而归,乡亲们欢呼雀跃。陛下请看我这个残缺的手指头,足以证明我向您说的句句都是实话。"

另一篇题为《德佩·戈兹》(字面直译"眼睛-脑袋")的蒙古故事,原载于13世纪突厥乌古斯(Oghuz)人所著的一本历史书中(弗雷泽书中的第36个故事):

一位乌古斯牧羊人遇到了一位天鹅仙女,把她捉了回来,并跟他生了一个半神的儿子,名叫德佩·戈兹(Depe Ghoz),这个孩子虽长得像人,但却只在头顶上长着一只眼睛。他的出生伴随着很多奇异的征兆,后来,他的仙女母亲飞走了,临行前,她预言道,他将成为乌古斯人的祸害。不幸的是,这一预言应验了。这个怪物首先吃掉了他的乳母,此后就开始了作恶多端的生涯。他到处掳掠自己的族人,将他们活活吃掉。乌古斯人派军队攻打他,但一切都是徒劳,因为他是刀枪不入的。他的仙女母亲临行前给他戴了一只戒指,并说:"箭射不到你,剑刺不伤你。"因此没有人胆敢跟他较量,他的敌人一见到他就望风而逃。后来,人们不得不派出使者去跟他讲和。一开始,德佩·戈兹要价很高,要求每天给他送来十二个人供他享用,和谈的使者斗胆力争，说如果照此下去的话，人很快就会被他吃光，最后，这食人魔怪同意接受一个更合理的条件，每天给他供献两个人和五百只羊。这样过了很久，后来，又轮到一位母亲将他的第二个儿子送给怪物了，他的大儿子已经被怪物吃掉了。这位悲伤欲绝的母亲去向勇敢的比萨特求助，请他救救自己的儿子。听了这位母亲的哭诉，比萨特深受感动，而且他自己的哥哥也是被这怪物吃掉的，他发誓要报仇雪恨。英勇的比萨特决意独闯魔窟，砍下怪物的脑袋，为同胞斩妖除害。公主极力劝阻他不要去冒险，却无法说服他。他下定决心，谁劝说也没用。他腰插利箭、肩挎弯弓、身佩宝剑，收拾停当，向父母辞行之后，就动身向怪物的魔窟挺进。

他来到德佩·戈兹吃人的岩石前，见那怪物正弓着背晒太阳。比萨特抽出一支利箭，瞄准怪物的胸口射去，但是箭镞在他那刀枪不入的身体上撞得粉碎。他又射出第二支箭，结果还是一样。怪物只是动弹了一下，说道："哪来讨厌的苍蝇打扰我。"第三支箭同样折得粉碎，一片断箭飞到了怪物的眼前，让他看到了。他跳了起来，向他的喽啰们叫道："乌古斯人又来偷袭了。"他大摇大摆地走到比萨特面前，一把抓住他的喉咙，扔进洞窟，把他塞进他的大牛皮靴里面。他吩咐喽啰道："我要用铁叉把他烤熟当晚饭吃。"说完，他又走到洞外，继续睡大觉。比萨特用身上带着刀子在皮靴上割开一道缝，爬了出来。他问那些喽啰如何才能杀死这个怪物，他们说："我们也不知道，他全身无肉，只有他的独眼才是肉长的。"比萨特走到睡觉的怪物面前，扒开他的眼皮查看，发现眼睛果然是肉的。比萨特命令喽啰们点起一堆火，把屠宰刀在火上烧，当刀烧红之后，比萨特狠狠地捅进怪物的眼睛，将它搅了个稀巴烂。德佩·戈兹痛得大声吼叫，震得群山和岩石都嗡嗡回响。但比萨特敏捷地跳开，落到了洞中的羊群之间。

巨人觉察到他的仇敌仍然被困在洞中，于是就站到洞口，叉开双腿堵住出路，叫道："出来吧，我的小绵羊，一个接一个地出来吧。"羊一个接一个地走出去，他用手依次摸着每一只羊。与此同时，比萨特杀掉一只绵羊，剥下羊皮，并将羊角和羊尾巴固定到羊皮上。然后他披上羊皮，跟在羊群的队列后向怪物走去。但是巨人认出他，威胁他道："你弄瞎了我的眼睛，我要把你摔死在墙上。"比萨特把戴在头上的羊头送到他的手中让他摸，巨人握住一只羊角将它提了起来，这样羊角就被从羊皮上分开了，比萨特趁机从巨人的胯下跳出洞外。德佩·戈兹扔掉羊角，问道："你逃走了吗？"比萨特答道："我的上帝放了我一条生路。"怪物闻言，送给他一只戒指，并且说："把它戴在你的手指上，这样你就会刀枪不入了。"比萨特戴上戒指，巨人手握利刃向他冲来，要把他杀掉。比萨特跳到一边，躲开攻击，眼看着那枚戒指掉在了怪物的脚下。巨人再次问道："你逃走了吗？"比萨特再次回答道："我的上帝放我一条生路。"最后，这位好汉终于设法杀死了怪物，用利剑割下他的脑袋。

我们不难注意到蒙古故事中戒指母题的出现似乎纯属节外生枝，毫无意义，我们不妨由此入手开始分析。为什么德佩·戈兹要给比萨特一只戒指？这一戒指母题的"难题"参照科纳尔的故事就迎刃而解了，那个故事中，戒指的功能十分清楚，并且是整个叙事逻辑的有机组成部分。在弗雷泽所收集的故事中，三分之一的故事中戒指的母题清晰可辨。弗雷泽本人对这些故事文本着墨不多。在德佩·戈兹的故事中，他点评道："在整个蒙古人或者突厥人的版本中，巨人送给他的囚徒一只戒指，令人想起在其他一些故事中偶尔出现的戒指。但是，在这个故事中，戒指没有说话，因此也没有向发誓复仇的敌人泄露出佩戴者之所在。"

原始共同神话

弗雷泽的评论显示了比较方法的一些基本假设。其中最基本假设的是认为在一定程度上所有的故事都是"同一个故事"，这些相同的故事被称为"版本"或"变体"（variants）。一个进一步的假设是认为存在着一

61

个原型神话和故事，或神话和故事母题的原型母题，在这个原型中，叙述逻辑是明确而清晰的，而后来的版本都是这个原初版本或多或少的退化版本。弗雷泽会说，这种退化是因为故事最初是由具有特殊叙事才能的个人所创造的，后来，这些故事由那些并不具有特殊才能的普通人复述，并因此得以流传，后来的讲述者随心所欲地对故事进行改编，错误因而发生，从而破坏了原初版本原有的内在连贯性。

这并不一定意味着比较神话学家都迷恋于单一起源说，即认为一个故事的所有"变体"只有一个单一的起源，对于那些来源于相互之间并无接触或很少接触的文化的故事"变体"而言，这一主张很难站得住脚。然而，弗雷泽以及其他一些比较神话学家做出了进一步的假设，从而使他们相信，同一个故事尽管可以有几个不同的源头，但这些不同的源头却有着相同的故事逻辑。也就是说，他们假设所有文化都潜在地具有相同的发展模式，只是其达到的发展阶段各有不同。这些潜在的发展模式或进化模式到处都是一样的，只是各个文化的发展速度各有不同。处于同一发展阶段上的民族，有着相同的思维方式，因此也讲述相同类型的故事，甚至讲述"同一个故事"。如果我们相信这一观点，我们就可以放心大胆地说，在所有的变体背后，存在着一个所谓的"原型神话"（Urmyth），不管在世界上这个"原型神话"是体现为单一起源还是多重起源。"原型神话"不可能以其纯粹的形式得以保存，所以，比较神话学的任务就是从现存的变体中寻找线索，重新组装这个原型神话。

在这里不难看出比较语言学的模式有多么重要。尽管语言学观点对于比较神话学研究远没有它对于缪勒那样重要，这种研究还是像极了从 *brodthor*（古英语）、*bruodar*（古高地德语）、*frater*（拉丁语）、*bhratr*（梵语）等变体中重建印欧语 *bhrater*（兄弟）一词。按照这一理论，既然语言学家能够建立原始语音"蜕变"的规则，神话学家也有足够的理由相信，这个原型神话具有其后来的所有变体所不具有的内在连贯性和完整性。甚至为一个故事增加一些地方色彩或略作修正，例如把戳瞎独目巨人的木棒换成手枪，都会歪曲原始逻辑，并因为弱化了故事的逻辑或因为篡改、败坏了故事的细节而对叙事造成损害。

下面我想运用这些假设来分析一下弗雷泽所收集的那些"独目巨人故事"。我们最好从一开始就承认，关于这些故事，存在着不少可供质疑的问题。仅举一例，认为故事的口头传承一定会导致故事的退化，或者认为神话和民间故事是源于某个可以被视为"作者"的个体的头脑，这些说法就很成问题。就算果真如此，也不能担保他讲的故事无论从美学还是从逻辑的观点看都是最佳的，某些故事会随着集体"作者"的参与变得越来越精彩，经由大众的传播，故事的情节会变得越来越精妙和连贯，这种情况并非是不可能的。

发现原初的独目巨人

弗雷泽会说，科纳尔故事中戒指母题的逻辑较之其在德佩·戈兹故事中，更接近原型。德佩·戈兹故事的这一部分就其本身而言不够完善，但是，一旦我们"发现"了其背后的原初逻辑，也就是说，一旦我们认定，指环的在场是为了弄出响声以便让双眼皆瞎的巨人确定英雄的位置，这一部分将变得完全可以理解。在弗雷泽的第8个故事中，出现了另一个荒谬的情节：双眼皆瞎的巨人扔给逃跑的主人公一只戒指，并说戒指能给他带来好运，主人公戴上戒指。但是——

> 刚一戴上，他的手指头就变成了石头，他的身体好像被定住一样，动弹不得。他拼命想把戒指撸下来，却办不到。眼看着巨人越来越近，这位逃跑者只好从口袋里掏出一把刀子，把那个手指头割下来。他的身体终于能动弹了，他撒腿就跑。

如果我们把注意力放在故事的情节上，就会觉得一个手指头变成了石头就让人一动也不能动，这样的情节未免太离谱。石头确实很重，但是一个手指头变成了石头，也不至于重得让这样一位好汉动弹不得吧。此外，把一个变成石头的坚硬的手指头割下来，岂不是要耽误更多时间?尤其是当时他正急着逃命。在弗雷泽的第10个故事中,也存在着纰漏,这一荒谬之处也通过与科纳尔故事中的同类型母题相比较,予以阐明。在这个故事中,主人公逃跑,巨人追赶,当他逃进树林时,看到树干上插着一把金斧头,他抓住金斧头,一下子就被粘住了,动弹不得,他只好把整条手臂都割下来(用的是刀子,而不是斧头)才得以逃命。这个情节更不尽如人意,因为割下整条手臂可比割下一个手指头更费时间,如果我们坚持故事应能自圆其说的准则,那么,在当时的情形下,断臂求生的手术本身可能就会要他的命。下文将会说明,我们甚至有理由相信,在原型神话中,手指头并不是割下来的,而是咬下来的,弗雷泽的故事集中有几个故事就是这样说的。

但是,如果我们把注意力放在科纳尔故事中戒指母题的功能上,我们就会发现,它较之同类故事中的许多其他母题更好地融入了整个故事。在科纳尔故事中,有一个奇妙的反转:本来巨人试图用戒指算计科纳尔,最后却反倒中了科纳尔的诡计,他将戒指和割下来的手指头一起扔进海里,巨人受骗,跳进海里淹死了,从而使故事有了一个干净利落的结局。在其他一些异文中,例如故事集中的第1个故事,戒指只是被一扔了之,并没有引出什么后果;在有的异文中,例如第9个故事,主人公割下手指头,手指头粘在牧羊人的钩子上,巨人尾随而去,因为眼瞎看不见路,结果掉进河里淹死了。有一个异文更古怪,主人公割下戴着戒指的手指头,甩到巨人的脸上,巨人吃掉手指头,说:"我至少尝到了你的味道。"故事集中还有两个异文(第5个和第6个),也是用戒指作诱饵,把他引到水里淹死了,因此,看来我们不得不得出结论,这是故事的最初版本。

戒指母题的一个异文(第1个故事)特别具有启发性。主人公自己追叙道:"我接过他送给我的戒指,戴在手指头上,立马就像中邪一样,大声叫起来:我在这里!我在这里!"尽管戒指母题并未出现在荷马的版本中,其中却有两个细节,乍看起来十分古怪,令人费解,但一旦联系到戒指母题就豁然可解。当奥德修斯逃出洞穴,准备驾船逃走,他突然对独眼巨人破口大骂。他的骂声让被弄瞎眼睛的独眼巨人找到了方向,举起一座山头朝他扔去,差点砸中船头,掀起的浪头把奥德修斯和他的伙伴再一次冲回到了独目巨人的岛上。当他们又一次逃到海上准备离开,奥德修斯再一次表现出不可思议的愚蠢,再次大骂独目巨人,全然不顾同伴的苦苦哀求。这一次独目巨人顺着奥德修斯的声音,举起一座更大的山头对准了他们。不过,在出手之前,独目巨人请求奥德修斯回去,说是要送给他一些礼物。这里,我们看到了跟戒指版的故事如出一辙的母题:假意赠送礼物;情不自禁的大叫向巨人暴露了自己的位置;把某种东西丢进海里。借助于弗雷泽的故事集,我们可以毫无疑问地重构一个原型神话,这个神话较之荷马版本的故事更容易理解,前后也更为连贯。无疑,正是基于上述的考虑,弗雷泽(1921:404)断言说:"这些故事的各个异文之间的相似性是如此明显,他们肯定都是源于一个共同的源头,不管这个源头是《奥德赛》中的故事,抑或更可能是另一个更为古老的民间故事,这个故事被荷马吸收进了他的史诗之中。"

理性经济学

你可以将这个故事集中的每一个母题都依次考察一遍,会发现每个母题都有多种多样的可能性。实际上,每一个故事中都有一些乍看起来是"古怪、自相矛盾甚至在理性看来匪夷所思的"东西。例如,原型神话中的独眼巨人显然是一个原始人,他跟羊群一起栖身于山洞,不信神明,离群索居,还是一个吃人者。如果独目巨人不是住在山洞里,那么在故事中根本就没有弄瞎他的必要,那样还不如干脆把他杀死更利索,《奥德赛》说得明白,之所以要弄瞎他而不是杀死他,因为只有他才能搬得动堵住洞口的大石头,这样一来主人公才能逃出去。但是,在很多故事中,巨人却是住在茅屋、房子、城堡、宫殿或其他五花八门的地方,其中的很多故事中,主人公也是弄瞎巨人的眼睛之后才得以逃出生天,尽管他有很多机会大摇大摆地走出门去而根本不需要冒着生命危险跟巨人动手。在第30个故事中,巨人被戳瞎之后,立刻嚎叫着窜出家门,主人公紧随其后逃了出去。第17个故事未明确说明发生的地点,但主人公趁巨人熟睡时弄瞎他的眼睛径自走出大门。第 14 和第 30 个故事，尽管是发生于洞穴中，但是，主人公在弄瞎巨人之后，被巨人追赶了一阵，最后斩下巨人的脑袋完事。这些故事中，都看不出直接逃走有多么困难。

显然，假如巨人只有一只眼，弄瞎眼的母题看起来会显得更合情合理。在有些异文中，巨人却有两只眼，需要同时用两口唾液才能弄瞎他。但是，在第 27 个故事中，巨人显然太麻痹大意了。该故事中有两个巨人和两个囚徒，每一个巨人都长着四只眼，脑袋前后各长着两只眼，这还不算，巨人睡觉时还睁着眼。故事中，那两位囚徒披着羊皮伪装，每人手持一根拨火棍，蹑手蹑脚地靠近巨人，两个巨人尽管双眼大睁，却正睡得香甜，因此被囚徒们一击得中。眼睛母题似乎很容易变异。有几个故事中，巨人从一开始就有一只眼是瞎的，而被他囚禁的主人公则谎称自己是医生，能治好他的眼睛，例如科纳尔的故事就是如此。另外一些故事中，主人公则欺骗巨人说他的眼睛有病。但是，在第 14 个故事中，巨人从一开始就是双眼瞎，然而，故事中仍多此一举地让主人公用一个烧火棍戳进他的瞎眼。在第 25 个故事中，巨人也是双眼瞎，但却闻得到人肉的气味，这却未阻止故事的主人公身披羊皮伪装从他面前逃走。第 31 个故事尤其出格，不是囚徒弄瞎巨人的双眼，而是巨人给他们喝下施了魔法的牛奶弄瞎了他们的双眼。有几个异文中，主人公是一位铁匠，他骗巨人说，要给他打造一只眼睛（第 10 个和第 11 个故事）。还有个故事中，囚徒真的治好了巨人的眼睛，巨人为了感谢他，收他为义子（第 29 个故事）。

故事主人公的武器一定不能太精良，这点不难理解，在这一方面，只有极少几个故事做到了自圆其说。例如，在《奥德赛》中，奥德修斯一开始想用他的剑杀死独目巨人波吕斐摩斯，但是，想到凭他们的力量无法搬开堵住洞口的大石头，他只好暂且作罢。不过，令人困惑的是，他为什么不直接用剑戳瞎独目巨人，非得用烧火棍呢？为此他不得不费很大劲，砍一根棍子，再把它烧硬。在第 18 个故事中，囚徒就是毫不费劲地直接用匕首捅瞎巨人的独眼。在几个故事中，主人公弄瞎巨人眼睛用的是唾沫或木炭，但后来为了剥羊皮或者割下戴戒指的手指头，却又从口袋里掏出了匕首。第 19 个故事的主人公用手枪射瞎了巨人，但是，当后来他身披羊皮试图逃出巨人的小屋而巨人却挡在门口时，那把手枪却完全被忘在了脑后。似乎用冷烧火棍跟用热烧火棍都一样能捅瞎巨人的眼睛。假如我们在这一点上非要坚持逻辑或者现实主义的话，我们就必须认为在原型神话中，不管是巨人还是他的囚徒，所有的武器只是一根棍子而已，而把棍子的尖端在火上灼烤是为了让它变得更为坚硬。事实上，伯克特（1979:34）就是抓住这一点，声称独目巨人的故事是源于旧石器时代，尽管通过灼烤让事物变硬这一说法，其实已体现出后来冶金技术的影响。

像在《奥德赛》中那样，藏在羊的肚子下面逃走这样的诡计，是故事情境的逻辑本身的要求。既然在原型神话中，故事的主人公是手无寸铁的，所有那些讲到主人公剥下羊皮并且钻进羊皮里面的故事，都严重违背了严格的故事逻辑，尤其是那些说主人公被发现之后扔下羊皮从巨人胯下面逃出去的故事（第 4 个故事和第 21 个故事）。还有的异文说，囚徒是披着狗皮逃出去的（第 18 个故事），则更是荒唐。有个异文讲，囚徒是披着巨人用来当铺盖的羊皮毯子逃出去的（第 10 个故事），这显然是从羊皮母题衍生而来，在另一个异文中，主人公则是穿着羊皮溜进了巨人的洞穴偷走了他的鹦鹉（第 20 个故事），这显然是一个退化的版本。按照这一逻辑，尤其不合情理的是第 28 个故事，故事中主人公恰巧有一把剥皮刀和一把锥子，但是剥皮刀并没派上什么用场，他也是趴在羊群的肚皮下蒙混过关，锥子倒是用上了，被他用来扎羊的肚皮，免得它停下脚步。

此种方法的问题

按照这一方式，我们可以考察故事中的每一个母题，将原初的逻辑形式与退化了和变异了的形式区别开来。但是，上述很多故事中的逻辑缺失或者缺陷，只是在对众多的故事进行比较研究之后才暴露出来的。如果我们预先没有抱着这样的假设，即这些故事是从一个单一的故事衍生而来的，我们就会发现每一个故事自有其自身的逻辑。例如，在德佩·戈兹故事中，暗示了戒指的功能是诱使比萨特走到巨人身边。我们看到，在躲过巨人的攻击之后，比萨特"眼看着那枚戒指掉在了怪物的脚下"。因此，在这里，戒指母题的功能是为了显示比萨特在面对危险和诱惑时，既手脚麻利，又头脑机敏：巨人想骗他上当，却偷鸡不成蚀把米，被比萨特骗走了宝贝。我们一般不会觉得这个故事有问题，除非我们看了很多其他的含有戒指开口说话母题的故事。在德佩·戈兹故事中，有一个特殊的情节，即脱下戒指，是其他同类故事中看不到的。故事已经告诉我们，正是这枚戒指让巨人的身体刀枪不入，看来正是脱下戒指这个情节，最终导致巨人丢了性命。

在《奥德赛》第九章中，奥德修斯决定待在巨人的洞穴中，看看能否有意外的收获，乍看起来，这个情节很不可信，因为我们已经被告知，那个野蛮家伙的洞窟里，除了山羊和奶酪之外，一无所有。跟弗雷泽收集的其他故事对比一下，可以发现，有些故事中，主人公是在试图劫掠巨人的财产时被逮住的（例如，在科纳尔故事中，就暗示洞中藏有金银）。还有的故事主人公染指巨人的财产是因为他们穷得叮当响，因此前去求巨人施舍自己。对这些故事的比较研究，会促使我们认为在原型神话中，故事的主人公走进巨人的洞穴是为了寻找食物或住处，却被回来的巨人逮住了。但是，如果我们假设真正的故事本来是这样讲的，而荷马史诗中的故事仅仅是其退化的形式，我们就会错失荷马故事中的某些独具特色的环节：例如，奥德修斯的英雄主义，他对于荣誉、名声、战功的渴望，礼尚往来和好客的主题，独目巨人对宙斯大神的冒犯（宙斯是所有外乡人、旅客和东道主的保护神），如此等等。比较研究究竟是有助于我们更好地解释了一个神话，还是诱使我们将一些毫不相干的、其本身并不难理解的母题混为一谈？究竟是谁破坏了神话的逻辑，是愚昧无知的乌古斯讲述人，还是比较神话学家？我们这样做，是否是用一个神话替换了另一个原本不同的神话？如果不是牵扯那么多异文，奥德修斯对独目巨人的嘲骂，也许可以用一种完全不同的方式给予解释。例如，在第34个故事中，巨人就因为受到嘲骂，竟至于郁郁而死，因为这个故事的上文讲到过，当这个巨人被弄瞎眼时，他十分恼怒竟至于咬下了自己的手指头，这足以证明他的承受打击的能力很低。

唱歌的戒指等母题，出现于大部分的异文之中，《奥德赛》的故事却未见与之类似的母题，弗雷泽据此断定，这一母题可能是这个故事原始版本的一部分，而《奥德赛》中奥德修斯遭遇独目巨人的故事则是另一个更古老的故事的变体。但是，戒指的母题也很有可能是后来才加上去的，甚至是为了适应时代而做的改编。或许当我们认为这些故事在某种意义上只是"同一个"故事，而不是只不过有些相似的不同故事，认为它们都是源于一个共同的源头，其中所暴露出来的那些扞格之处，只是原初的故事逻辑退化的结果，我们就已经被引入歧途了。

第六节　希腊和赫梯神族谱系神话之比较

尽管在上面我们对比较方法多有微词和保留，但是，确实有些故事，其关系是毋庸置疑的，比较研究会提供确实具有启发性的成果。一个著名的例子就是希腊和赫梯的神族谱系（divine succession）神话，下面我们将对这一实例详加讨论，既是为了表明比较方法的优点，也是为了从这些比较材料的性质和意义中发现一些有意义的问题。

希腊的神界王族谱系神话

希腊的最初几代天国神王的神话因为被赫西俄德（约公元前700年）载于《神谱》而众所周知。根据《神谱》记载，大地生出了天空（乌拉诺斯，Ouranos，又作 Uranus）作为她的"同伴"，如此一来，他就可以"完全将她覆盖，给可敬的诸神以庇护"（126-7）。他们生了为数众多的孩子，很多都是力大无穷，长相怪异，并且恣意妄为，其中包括众位泰坦、独目巨人和百手巨人（hundred-hander）。天空痛恨这些孩子，因此"当他们一出生就把他们藏到大地深处，不让他们见到光明"（156-9）。这似乎意味着由于天空"没完没了的交媾",这些孩子被滞留到了大地的子宫里。大地不喜欢这个样子,"她怀恨在心,暗中设计了一个狡诈而邪恶的阴谋"(159-60),她用灰燧石打造了一把巨大的镰刀,给了他的儿子克洛诺斯,命他报复他的父亲这种"可耻的行为"(166,172)。克洛诺斯被说成是"众泰坦中最年轻的,既狡诈又可怕,痛恨他贪婪的父亲"(137-8)。

到了晚上,当天空降落到大地身上再次跟她交媾(尽管这听起来似乎与上面提到的天空没完没了的交媾有些矛盾),克洛诺斯从大地的子宫中攫住天空插进大地身体中的生殖器,割了下来,远远地抛开。天空的生殖器落在大地的身体上,结果让她怀了更多的孩子。从天空的血液里,生出了复仇女神厄里倪厄斯、巨人和米洛斯岛的山林水泽仙女,天空的生殖器溅出的精液落入大海里,生出了爱神阿芙洛狄忒。至此,天空之神乌拉诺斯基本上退出了故事,但是,在他彻底退场之前,他警告克洛诺斯,他注定也会被他自己的儿子推翻(463-5)。随后,克洛诺斯选择了他的一个妹妹瑞亚为妻,加冕称王。

克洛诺斯和瑞亚生育了奥林匹斯诸神,结果表明,有其父必有其子,克洛诺斯倒并未像他父亲那样把孩子都禁闭在母亲的子宫中,相反,他把他们都禁闭在自己的身体里,每当孩子出生,他就把孩子一口吞掉,不让他们出世,因为他牢记着父亲的预言。

赫西俄德写道(467-73):

> 瑞亚陷入深深的、长久的悲伤之中,在她的孩子宙斯即将出生之前,……她去恳求自己的父母,大地和天空,请他们告诉自己,如何偷偷地把孩子生下来而不被发现,她父亲天空的复仇怒火(厄里倪厄斯)以及她那些被诡计多端的克洛诺斯吞噬的孩子,该如何复仇。他们清楚地听到了他们亲爱的女儿的哀求,告诉她该怎么办,他们把所有注定将要发生的事情都告诉了她。

他们劝告瑞亚回到克里特生下宙斯,大地之神盖亚把孩子藏了起来,瑞亚交给克洛诺斯一块伪装成孩子的石头，让他吞了下去。

宙斯很快就长大成人，迫于大地的计谋和宙斯的威力，克洛诺斯不得不吐出他吞噬的孩子，即宙斯的兄弟姐妹们，这些孩子按照与他们被吞时相反的顺序一个接一个地被呕吐出来，最先出来的是那块代替宙斯的石头（这块石头后来被安置在德尔菲，成了膜拜的对象）。赫西俄德没有说克洛诺斯具体是如何被制服的。按照阿波罗多洛斯的说法，泰坦一族的墨提斯（Metis）给克洛诺斯吃下一种催吐药（1.2.1），而一则源于俄耳甫斯秘教的资料则声称，在夜晚的提议下，克洛诺斯先是被用蜂蜜灌醉，然后被五花大绑，被人用他当初阉割天空的同一把镰刀割下生殖器。宙斯在其兄弟姐妹的辅佐下，赢得了与克洛诺斯的兄弟姐妹泰坦一族之间的战争（"Titanomachy"），宙斯把泰坦族统统囚禁到了大地深处的塔耳塔洛斯（Tartaros），随后，他与墨提斯结婚，成为众神之王。

宙斯的江山是稳固的，但是他也并不是没有挑战者。威胁来自不同的方面，而且这些威胁究竟何时发生却并不明朗。有几个故事再现了早先王位继承神话中的故事模式。按照赫西俄德《神谱》（886-900）的说法，大地和天空曾警告宙斯，他的妻子墨提斯将会生下强而有力的孩子，第一个将会是女儿，她拥有跟宙斯一样的力量和智慧，随后出生的将是一个儿子，他将取代宙斯成为神界和凡界之王。为了阻止这一切发生，宙斯吞下了墨提斯，但是，这个时候墨提斯已经怀上了雅典娜。如此一来，宙斯就不得不担负起生育这个孩子的责任。孕月期满，雅典娜全副武装地从宙斯的脑袋里跳了出来。铁匠神赫菲斯托斯用斧头劈开宙斯的头颅，才帮他把雅典娜生出来。事后表明，这个女孩子对宙斯毫无威胁，雅典娜对其父亲的事业忠心耿耿，那个据说将会取代宙斯的祸胎则被消灭于未萌之中。

另外的威胁则来自大地和她的儿孙。大地开始对奥林匹斯诸神很生气，既是因为他们对待泰坦的态度，也是因为一些别的缘由，她因此挑动他的孩子们，即巨人族，发动对奥林匹斯诸神的进攻，在这场战争中（"Gigantomachy"），奥林匹斯诸神一举消灭了巨人族。大地接着又生下一个名叫泰丰（Typhon 或称 Typhoeus）的孩子，她希望靠他向宙斯和奥林匹斯诸神报仇雪恨，至于泰丰的父系血统，则有两个说法，一个说他是塔耳塔洛斯的儿子，一个则说他是克洛诺斯的儿子。这个故事的最完全也最有趣的版本，见于阿波罗多洛斯的记载（1.6.3，弗雷泽的版本稍有改动）：

> 巨人被众神打败之后，大地变得越发怒不可遏，她跟塔耳塔洛斯交媾，在西里西亚（Cilicia）生下了泰丰，这是一个一半像人一半像野兽的怪胎，他身材高大，力大无穷，超过大地以前所生的所有孩子。他的身体只有大腿以上是人的样子，他的身材如此高大，超过了所有的山峰，脑袋常会碰到天上的星星。他的一只手伸向东方，一只手伸向西方，从他的两只手伸出一百只龙的脑袋。他的下半身自大腿以下，像毒蛇一样蜷曲着，只要他伸开下半身，尾巴会够到他自己的头顶，并且发出巨大的嘶嘶声。他全身长满羽毛，满头满脸的乱发随风乱舞，从他的双眼中喷出火苗。泰丰是如此势不可当，他一边发出可怕的嘶嘶声和吼叫声，一边抛出那些烧得发红的石头，巨大的嘴巴里喷出熊熊烈火。他冲向天界，众神见状，为了活命，纷纷逃往埃及，为了躲过追击，他们不得不变成各种动物的样子。但是，宙斯先是在远处用雷电给他迎头痛击，又在近处用一把锋利的镰刀将他击倒在地，泰丰逃走，宙斯穷追不舍，一直追到那座高高耸立于叙利亚的卡西乌斯山（Casius）。在这里，宙斯发现了因受伤而正在痛苦嚎叫的泰丰，再度交战。泰丰用尾巴缠住宙斯，让他动弹不得。泰丰从宙斯手里夺过镰刀，把他手脚的筋腱割断抽了出来，然后把他扛到肩上，一直渡过大海，来到西里西亚，把他放在科律寄昂洞（Corycian）的入口。他把宙斯的筋腱藏在一张熊皮里，交给母龙戴耳芬（Delphyne）看守，戴耳芬也是一个半人半兽的怪物。不过，赫尔墨斯和伊吉潘（Aegipan）偷走了这些筋腱，并趁宙斯不注意给他重新装上。宙斯恢复力量之后，乘着飞马

拉着的战车，突然从天而降，用闪电痛击泰丰，把他一直赶到了那座叫奈萨（Nysa）的高山。在那里，命运三女神正在纺织无常之线，她们给泰丰喝下朝生暮死之果的汁液，却骗他说喝了之后会力量大增。宙斯穷追不舍，他只好又逃到色雷斯（Thrace），大战于哈伊莫司（Mount Haemus）山，他搬起整座山头，欲砸向宙斯。但宙斯挥动雷电，使山头反向砸到他的身上，泰丰血如泉涌，染红了整座山，因此，人们就把这座山称为哈伊莫司（haima 在希腊语中表示"鲜血"）。他想从西西里海逃命，宙斯运起西西里的埃特纳山（Mount Etna）①，把他压在山下。此山十分巍峨高峻，直到今天，山上仍不断地喷出熊熊火焰，人们说那是当年宙斯的闪电。

赫梯的神界王位继承神话

我们掌握的泰丰神话的几乎所有异文，都将泰丰诞生之地置于西里西亚（Cilicia，位于今土耳其南部，毗邻地中海东南角），此地位于古风时期希腊人殖民地的最东端。故事中，很多重要的事件都发生于卡西乌斯山（Casius），这座山远离希腊领土，靠近奥龙特斯（Orontes）河的入海口。有鉴于此，人们不禁会想到，这一神话是源于近东地区。早在上个世纪，考古学家发现了一批赫梯语楔形文字泥板，对这些文件的释读，最终证明了上述推测。在后青铜时代的晚期（LBA III，约公元前 1460—前 1200 年），赫梯人是小亚细亚地区的统治者。在其最强盛的时期，势力范围几乎囊括今天整个土耳其和叙利亚（西里西亚和卡西乌斯山即在其疆域之内）。赫梯语是一种印欧语（参见图 1），由于这些故事的年代跟吠陀一样古老，人们自然能想到其内容会将我们带回印欧神话的源头，就像早期比较神话学家所相信的那样。但是，赫梯众神的名字并非吠陀的神名，而是闪语系的，显然是源于被赫梯人征服的胡利安人（Hurrian）②

---

① 埃特纳火山（Mount Etna），位于意大利西西里岛东岸的一座活火山，其名源自希腊语 Atine（燃烧），为欧洲最高活火山。——译者注
② 胡利安人，公元前 2000 至前 1000 年间居住在中东地区的非闪米特人。——译者注

和叙利亚人的神名。不过,这并不必然意味着,这些故事是源于前赫梯时期的,尽管很多学者根据其内容而坚持此说(同时也有学者力排此说)。这些泥板文书中,尤其令人感兴趣的是三首诗歌,即《天国的神话》(*The Myth of Kingdom of Heaven*)、《乌利库米之歌》(*The Song of Ullikummi*)和《伊鲁扬卡神话》(*The Myth of Illuyanka*),这几首诗歌正如赫西俄德的《神谱》一样,涵盖了赫梯众神的早期历史。这些故事中的主要人物是阿拉鲁(Alalu),以及他的儿子安努(Anu,苏美尔语中的"An"和阿卡德语、巴比伦语中的"Anus",意为"苍天")、库玛尔比(Kumarbi)、风暴神特舒卜(Teshub)和乌利库米(Ullikummi),后者的名字意为"库米亚的破坏者(Kummiya)",库米亚是特舒卜的城市。

《天国的神话》讲的是这样一个故事:

71　　　　　　很久以前,阿拉鲁是天界之王。无论何时,只要阿拉鲁坐在他的王座上,众神之首、强大有力的安努总会站在他的面前。他坐在阿拉鲁的脚下,亲手为他斟酒捧杯。

　　　　阿拉鲁当了九年的天国之王。到了第九个年头,安努发动了对阿拉鲁的战争,打败了他。阿拉鲁从他面前逃离,躲到了黑暗的大地深处,安努夺取了他的宝座。安努一旦坐上王位,强大有力的库玛尔比就给他送来食物。他坐在安努的脚下,亲手为他斟酒捧杯。

　　　　安努当了九年的天国之王。到了第九个年头,安努发动了针对库玛尔比的战争,就像当年阿拉鲁一样,而库玛尔比也发动了针对安努的战争。最后,安努再也无法抵挡库玛尔比的双眼,拼命挣扎,逃脱了库玛尔比的掌握,他像鸟儿一样逃上天,库玛尔比紧追不舍,用双脚夹住他,把他从天上拖了下来。

　　　　库玛尔比咬住安努的"膝盖"(有人翻译为"屁股"或"腰部",这个词显然是"生殖器"的委婉说法),他作为男人的精气(Manhood)传到了库玛尔比身体里面。库玛尔比吞噬了他的全部精气之后,他喜不自禁地大笑起来。安努转过身子,对库玛尔比说:

"你还在为你身体里面的东西而庆幸吧,因为你吞下了我全部的精气。不要为你身体里面的东西高兴得太早!因为我在你的身体里播下了沉重的负担。第一,我让你怀上了高贵的风暴神。第二,我让你怀上了底格里斯河,那是你无法承受的。第三,我让你怀上了高贵的 Tasmishu(风暴神的宠臣)。我把三位可怕的神的种子播入了你的肚子里,你最终将会走投无路,你的脑袋将会撞到你所拥有的山的石头上,你会自取灭亡。"

说完这番话之后,安努飞上天空,消失不见了。但是,库玛尔比,这位"睿智之王",开始拼命呕吐。他吐出安努的精气,这些精气一接触土地,就生出了各种各样的高山大川和众神。泥板文件在此处断裂了,详情未知,但是显然库玛尔比最后没能吐出风暴神以及其他一些神,因此不得不想办法生下他们。

这里出现了一个有趣的插曲。库玛尔比面临一个严重的问题,他是男的,但却怀了孩子,更严重的是,他怀上的是安努神的血肉,安努是被他推翻的,这个孩子出生后肯定会篡夺他的王位,为他父亲报仇。库玛尔比六神无主,求阿亚神(Aya)帮他出主意。这位阿亚对应于阿卡德语或巴比伦语的埃阿(Ea)或苏美尔语的恩基(Enki),是淡水和智慧之神,他像水一样,能够越过所有障碍物,同时还是艺术和工艺之神。因此,看起来他应该是处理诸如男人怀孕这种麻烦事的最佳人选。不巧的是,泥板文书在"库玛尔比走过来,坐在阿亚的面前,突然觉得头晕目眩,摇摇欲坠"这句意味深长的话后,损坏严重,无法卒读,接下来似乎是讨论如何分娩,最终,从似乎是库玛尔比脑袋的某个地方出来一位名叫卡扎尔(Kazal)的神。泥板文书接着说:"库玛尔比开始对阿亚说道:'把我的儿子给我,我想把他吞掉!我的那个配偶(?)……什么……给我风暴神,我要把他吃掉:我要像揉一根脆弱的芦苇一样把他揉得粉碎。'"接下来的文本破碎太甚,难以卒读,但似乎可以看出库玛尔比在吃一些坚硬之物,坚硬之物弄伤了他的嘴巴,那很可能是一块石头。似乎有人对他说："让他们将之称为……石头，把它放置在……"库玛尔比把石头放在指定位置，并且显然是对着石头说道："随他们去吧，随他们称你为……，让财主们和君主们为你宰杀牛羊，让穷人们为你奉献谷物。"因此，库玛尔比似乎是生了一个儿子，有人给他一块石头让他吃，可能是用来代替他想吃掉的儿子的，他将石头吐了出来，将之置为众人礼拜的对象。

这以后，阿亚像是一位好医生，向库玛尔比推荐了一位专家，奇怪的是，这位专家被称为"穷人"，他帮他治好了脑袋，或者别的什么被劈开的东西，并且建议他吃一些似乎是糊状的食物。同时，库玛尔比仍不死心，想方设法要把身体里面的风暴神打下来。与此同时，风暴神的胎儿则为另一件麻烦事跟他的父亲安努展开了讨论。因为库玛尔比是男人，所以没有天然的分娩通道，必须专门开辟一个。风暴神请教安努，最好应该从库玛尔比身上的何处开辟通道，库玛尔比给出了三个选项：他可以从库玛尔比的嘴巴出来，或者从他的 tarnassas（指的可能是肛门）出来，或者是从他的"好地方"（可能是阴茎的委婉说法）出来。风暴神对这三个通道都不满意，但最后同意冲开库玛尔比的 tarnassas 出来。但是，安努却希望他从"好地方"出来。最后，风暴神只好听从了安努的建议，因为库玛尔比的助手把"他的 tarnassas 收拾停当"。不巧的是，这一手术的细节却不得而知，可能是脱落了，也可能是根本就没有记下来。这首诗歌残片最后的描写表明，风暴神成功地从库玛尔比的身体中突围。接下来是风暴神与他的公牛舍利（Sheri）之间的对话，跟风暴神说话的这位好像告诉了他一些库玛尔比说过的充满敌意的言辞。风暴神自信他已经给了他的敌人以沉重的打击，却被告知万勿过于自信。他的话被传给阿亚，阿亚听罢大怒。泥板的其他部分损毁了，但有线索表明大地怀上了阿普索（Apsu，冥府）的两个孩子，阿亚闻讯后倍感欣悦。

《乌利库米之歌》让我们得以重拾赫梯人神谱的话头。这首诗一开始，风暴神特舒卜登上王位，库玛尔比决心复仇。库玛尔比策划发动一场规模巨大的叛乱，一举打垮风暴神，摧毁他的城市。为了做到这一点，他找来一块巨大的石头，这是一块性感的石头，让他春情勃发，显然也让讲述者激情澎湃："他跟她五度交欢，他跟她十度交欢。"但是，泥板在此精彩之处，却损毁了。在另外一块泥板文书中，描述了美善之女（Good-woman）和母亲之神分娩了一个孩子，这个孩子被放在库玛尔比的双膝之间，他爱抚这个孩子，看着他又蹦又跳。他决定给他取名乌利库米（Ullikummi），意为风暴神之城的毁灭者。但是，接着他开始担心儿子被太阳神或任何其他的神发现，"把他像柔软的芦苇一样碾为齑粉"。因此，他唤来几位关系疏远的女神，称为 Irsirra 神，请她们将儿子"带到黑暗的地下"养育。这个孩子是用花岗岩做成的，女神们带走他，将他安置在乌贝卢里（Ubelluri）的肩膀上，乌贝卢里是一位像阿特拉斯[①]一样的巨人，用自己的肩膀支撑着世界。这个孩子在乌贝卢里的肩膀上迅速生长，越长越高，长成了一座"方尖塔的样子"。出生的第十五天，他就长得如此高大，以至于大海只能淹到他的腰间。就在这天，太阳神看见了他，并报告给了风暴神。风暴神和他的宠臣 Tasmishu 登上卡西乌斯山（Casius）山顶，伊什塔尔（Ishtar，性欲与战争女神）也加入了他们。他们从山上俯察那位矗立于大海中的花岗岩男子，风暴神决定发起攻击。诗歌告诉我们，到这个时候，乌利库米已经长到高和宽都足有九千里格[②]了，他的头部已经高出了天上众神之城的大门。

一开始，战局对风暴神及其同盟十分不利，众神被赶出了他们的城市。风暴神向阿亚求助，于是，阿亚质问乌贝卢里：

"乌贝卢里，难道你不知道？难道没有一个人告诉你消息？难道你不知道库玛尔比创造的那位大力神跟众神作对吗？难道你不知道库玛尔比一心想置风暴神于死地而后快吗？他用花岗岩创造了一位风暴神的死敌，让他在大海里茁壮成长。难道你对他一无所知？他

[①] 阿特拉斯（Atlas），希腊神话中的泰坦神之一，因参与泰坦神反对奥林匹斯诸神的叛乱而被罚用双肩在支承天宇。——译者注
[②] 里格（league），长度单位，约合为3英里或3海里。——译者注

像一座巨塔般从大海中升起，直抵天庭上的众神和赫巴特（Hebat，风暴神之妻）所居的神圣之所。乌贝卢里，难道是因为你远离黑暗的大地，因此对这位大力神一无所知？"乌贝卢里（他尽管肌肉发达，但却头脑简单）回答阿亚说："当他们把天穹和大地都压在我的肩头时，我毫无所知，当他们用一把砍刀把天穹与大地一劈为二时，我仍然毫无所知。现在我右面的肩膀有点痛，但我不知道这位神究竟是何方神圣。"阿亚听到这一番话，转身去看乌贝卢里的肩膀，看到那位花岗岩神就像一座方尖塔立于乌贝卢里的右肩上。

阿亚心中顿生一计。他劝说众神打开储藏着祖先们旧物的宝库，找到他们当初"用来把天穹与大地一劈为二的青铜刀"，用它砍断了乌利库米的脚。这一招看来彻底瓦解了他的力量，风暴神一举将他击败。在这里，重要的看来是这一招切断了他与大地的联系，就像赫拉克勒斯（Heracles）打败大力神安泰俄斯（Antaeus）[1]和阿尔库俄纽斯（Alcyoneus）[2]的故事一样。

但是，风暴神的麻烦并未到此为止。在《伊鲁扬卡神话》中，一条名叫伊鲁扬卡的龙再次向他发起挑战，并一度打败了他，掳走了他的心脏和眼睛。风暴神遁走他乡，娶了一个穷人的女儿为妻，生下一个儿子，这个儿子长大后，娶了伊鲁扬卡龙的女儿为妻。风暴神让儿子帮他向其岳父讨还自己的心脏和眼睛，他儿子照办了，心脏和眼睛被无偿归还。他一旦重新得到心脏和眼睛，就在伊娜拉（Inara）女神的帮助下打败了伊鲁扬卡。他们邀请伊鲁扬卡赴宴，并把他灌得烂醉，在他酒醉饭饱后返回巢穴的路上，被英雄胡帕斯亚（Hupasiya）五花大绑起来，正当他要杀掉伊鲁扬卡之际，风暴神的儿子赶来，想插手调停，结果陪着伊鲁扬

---

[1] 安泰俄斯（Antaeus），希腊神话中的巨人，只要身体不离土地就能百战百胜，后被赫拉克勒斯识破，将之举在空中掐死。——译者注

[2] 阿尔库俄纽斯（Alcyoneus），亦为希腊神话中的大力神，只要不离开大地就不会被杀死，最后也是被赫拉克勒斯从地上举起来才被杀死。——译者注

卡一起被杀掉。

希腊和赫梯的神谱神话之间的相似性，可以归纳为下表：

希腊 （主要据赫西俄德的记载，约公元前700年）	赫梯人/胡利安人 （记载于约公元前1200年）
三神蝉联相继：乌拉诺斯（天空）、克洛诺斯（谷物之神？）、宙斯（风暴神）。	三神蝉联相继：安努（天空）、库玛尔比（谷物之神）、特舒卜（风暴神）。
胎胞内尚未降生之神（克洛诺斯）与胎胞外出谋划策者（大地，即盖亚）之对话。	*胎胞内尚未降生之神（风暴神）与胎胞外出谋划策者（安努）之对话。
乌拉诺斯被置身大地子宫内的克洛诺斯阉割；他警告泰坦神。	安努在逃往天空时，被库玛尔比阉割；他警告库玛尔比。
克洛诺斯把瑞亚生下的孩子一个接一个地吞噬；他将孩子囚禁于自己腹内。对比：雅典娜出身的神话：宙斯吞下墨提斯并生出她孕育的孩子。	库玛尔比吞下安努的生殖器，因此而怀孕，腹内有了胎儿。
乌拉诺斯被割下阴茎，四溅的精血让大地怀孕，生出众神。	库玛尔比吐出精气，让大地怀孕，生出众神。
生身父母（瑞亚）把婴儿（宙斯）托付给关系疏远的神，把他在一个隐秘的洞穴中抚养长大。	*生身父母（库玛尔比）把婴儿（乌利库米）托付给关系疏远的神，把他隐藏在大地中抚养长大。
克洛诺斯吞下一块代替宙斯的石头。石头被安置于德尔菲。	库玛尔比想吞噬他的儿子（？），却吞下了某种坚硬之物（石头？）。此物被树立为崇拜对象。
克洛诺斯从嘴巴吐出孩子。对比：雅典娜从宙斯的脑袋出生。	风暴神从"好地方"出生。另一位神可能是从库玛尔比的头颅中出生的。
宙斯称王。克洛诺斯来到塔塔罗斯。	风暴神称王。库玛尔比被推翻。
克洛诺斯（或塔塔罗斯）与大地媾和，生下泰丰，他反抗宙斯。	一开始，大地怀上了阿普索的两个孩子，后者挑战风暴神的王位，后来，库玛尔比与石头交合，生下乌利库米，他反抗风暴神。
泰丰和宙斯交战之地是位于小亚细亚东端的卡西乌斯山。	众神为应对乌利库米对风暴神的攻击，在卡西乌斯山紧急集结。
泰丰用克洛诺斯阉割乌拉诺斯的镰刀割断宙斯的筋腱。	风暴神用分开天和地的青铜刀打败乌利库米。
宙斯之子赫尔墨斯替他偷回了筋腱和力量。	风暴神之子从伊鲁扬卡那里骗回了父亲的心脏和眼睛。
命运女神骗泰丰吃下短命之果，这最终导致他被宙斯打败。	伊拉娜骗伊鲁扬卡在宴会上狂吃滥饮，这最终导致他被风暴神打败。

说明：标有*的事件不属于整体的叙事序列。

自从赫梯泥板文书重见天日，学者们就发现其中所记载的赫梯人神代神话与赫西俄德笔下的希腊神代神话之间众多的、并非仅仅是巧合的相似之处。1962 年在希腊北部的德维尼山口（Derveni Pass）发现的一份纸莎草古卷，更为两者之间的关系提供了强有力的证据。这份古卷严重风蚀，因此解读十分困难，其完整的释读文本直到最近才正式发布。这份献给秘教诗人俄耳甫斯的古卷，大约写于公元前 350 年前后，是关于一份神秘的神谱的评注，其中包含了某些可能是公元前 6 世纪的材料。这首诗提供了我们在赫西俄德《神谱》中读到的创世神话的另一个版本，在很多地方都不同于赫西俄德的记载。最引人注目的是，它再现了赫梯神谱中最精彩的那一部分场景，即库玛尔比吞下安努阴茎的故事。在这个俄耳甫斯教版本中，宙斯"吞下了那位大神的阴茎，苍穹上的群星正是这位大神射出的精液"。人们推断，宙斯吞下的是苍穹的阴茎（这有点奇怪，因为若果真如此，那么这个说法就遗漏了一代。按照我们的预想，吞下苍穹阴茎的不应该是宙斯，而应该是克洛诺斯）。如此一来，宙斯就怀上了孩子："从他的身体上，生长出所有的永生者、神圣的男神和女神、河流、泉源以及其他种种，以及所有随之而生的众生。"

分化还是趋同？

在希腊神话和赫梯神话之间存在着某种关联，这是毋庸置疑的。然而，这究竟是何种关联，却尚不明晰。大多数学者都认为希腊神谱和赫梯神谱是源于同一个原型。赫梯文献早于赫西俄德 500 年，而且它所记录的可能是一则更为古老的史诗。但是，两者之间的差异又是一目了然的。我们在赫西俄德笔下所看到的神话，渊源甚古，例如，柯克（Kirk 1970）就断定希腊人在公元前 1500 年前后就引进了这个神话。

如此一来，这些诗歌之间的关系通常就被构想为基因模式或者树形图模式，其中的所有变体都是源自同一原型。按照这一模式，所有影响都只在纵向发生，发生于最初的版本和后来的版本之间。正如我们已经看到的那样，最初，比较语言学正是用这一模式，将欧洲语言和梵语的词语追溯到共同的印欧语源头（参见图1），比较神话学从比较语言学继承了这一模型。但是，要说明神话之间的相似性乃至印度-欧洲语言中的词汇和句法的相似性，这并非是唯一可行的模型。布拉格结构主义者特鲁别茨柯伊（N. S. Trubetzkoy）在一篇发表于1939年的著名的论文中，提出了一个替代模型。不同的语言经过长期的接触会彼此借用对方的词汇和形式，这是一个显而易见的语言现象。尽管按照传统，这种现象一贯被视为例外和个别的现象，特鲁别茨柯伊却建议将此种现象视为一种惯例，并且将印欧语言之间相似性解释为两者历经数代的相互影响的结果。通过各种各样的文化交流途径，语言A影响了语言B，语言B又影响了语言C，语言C因而也间接地吸收了来自语言A的影响。反过来，语言A也接受了语言B的影响和语言C的影响，以此类推。按照这一模型，印欧语言之间的相似性可以解释为趋同（convergence）的结果，而不必像通常那样，解释为由同一元语言分化的结果。趋同模型较之分化模型的长处在于，它不仅能够说明相似性，而且也能说明差异性。但这并不意味着这两种模型是互不相容的，原则上讲，印欧语族作为一个长期发展过程的产物，趋同和分化都发挥了一定的作用。

如果我们单纯按照分化模型解释希腊和赫梯神谱神话这种显而易见的相似性，我们将会发现自己将面临一些同样显而易见的矛盾而无法自圆其说，分化模型会将这些矛盾仅仅视为蜕化变异的结果。但是，这两个故事之间的差别是如此巨大，很难令人相信它们是同一故事的不同变体。两个神话中确实出现了一些相同的人物类型和母题：两个神话的神界王权谱系存在着功能上的对应性，两个神话中都存在相似的挑战王权的巨人；两个神话中都有诸如阻止孩子出生、男人因吞噬精液而怀孕、因精液迸溅或劈开身体而生育诸神之类的母题。但是，如果我们更细致地对比这两个神话，就会发现，在不同的神话中，这些相似的母题往往是出现于不同的人物身上。我们还会发现，在赫梯神话中只是出现一两次的母题，在希腊的神谱神话中却以多种多样的变体出现于众多的人物身上和众多的场合之中。男性怀孕的主题，在赫梯神话中只是出现于库玛尔比的故事中,在希腊神话中则多次出现,不仅出现于克洛诺斯生育的神话,还出现于雅典娜诞生的神话、俄耳甫斯教的宙斯诞生神话,狄奥尼索斯从宙斯的大腿中诞生的故事也可以视为同类。阉割母题,在赫梯神话中见于安努与库玛尔比之战的故事,在希腊神话中不仅见于克洛诺斯被阉割的故事,也见于天空被阉割的故事,此外,泰丰用曾经阉割了天空的同一把镰刀割断了宙斯的筋腱,这个故事较之赫梯神话中特舒卜用青铜刀砍断乌利库米的脚的故事,更容易让人联想到阉割母题。不仅如此,尽管有人认为赫西俄德笔下的神话是从赫梯神话演变而来,有时它却较之赫梯神话更好地体现了所谓的"原逻辑"。在赫西俄德神话中,阉割母题具有宇宙论的意义,象征了天空与大地的分离,但是,在《天国的神话》(*The Myth of Kingdom of Heaven*)中,大地却从未被提及。只是通过与希腊神话的对比,后者中的阉割母题才被推断为和天空与大地的分离有关,这一推断只有参照《乌利库米之歌》(*The Song of Ullikummi*)中所提及的"那把用来分开天和地的古老的青铜刀",才得以证实。

当我们考察(非印欧语系的)近东传统时,基于分化模型的解释将会面临更加错综复杂的问题。有一个埃及神话,似乎也将大地(盖布,Geb)与天空(Nut,努特)之间的分离归结为一次旨在终止没完没了性交的阉割行动的结果。但是,在这个埃及神话中,角色发生了反转:天空之神是女性,她吃掉自己的孩子,正是这一点导致她跟大地之神之间的不和。腓尼基神话也是相似性和差异性相交织,同样令人感到莫名其妙。在这个神话中,因为大地之神嫉恨天空之神(Shamem)用情不专,这一对神界的配偶吵架了。在两人因为吵架而分居期间,天空之神会偶尔拜访大地之神,硬逼着她跟自己同房,然后又会离开。但是,当他们的儿子埃尔(El)长大成人之后,他准备了一把镰刀和一支长矛,发起了对天空之神的战争,并且推翻了他的王位。随后,两者之间的钩心斗角和战火一直持续了三十二年,最后,埃尔伏击了自己的父亲,并且阉割了他,"他阴茎里冒出来的血染红了泉水和河流"(Philo of Byblos

FGrH 790 F 2)。

更出奇的是，所有男性怀胎、阉割、子宫对话的母题，都出现在为争夺王位而发生战争的语境中，在埃及神话中则是荷鲁斯与塞特之战的故事（希腊人和埃及人都将荷鲁斯和塞特等同为宙斯和泰丰）。当荷鲁斯和塞特两人因为王位而争论不休之时，塞特企图趁荷鲁斯熟睡时强奸他，但荷鲁斯其实并未睡着，他合拢两只手放在胯间接住了赛特射出的精液。当荷鲁斯的母亲伊西斯知道这件事之后，就用一把青铜刀把荷鲁斯的双手割了下来，扔进河里。她让荷鲁斯把精液射倒在一片莴苣叶上，然后玩了一个花招欺骗塞特，把莴苣叶送给塞特让他吃下。塞特召集众神举行盛筵，声称自己羞辱了荷鲁斯，因此自己才有资格当众神之王。透特神请塞特的精子开腔发话，以证明它们确实进入了荷鲁斯的身体，却听到塞特的精子的声音是从沼泽地里传来的。然后透特要求荷鲁斯的精子也开腔发话，以求对证，却听到声音从塞特的肚子里传来。

"出来吧！荷鲁斯的种子们！"它对他说："我该从什么地方出去呢？"透特说："从塞特的耳朵眼出来吧？"它叫道："你是让我从他的耳朵眼出去吗？可你知道我是多么神圣的种子吗？"透特对它说："那就从他的头顶出来吧。"于是荷鲁斯的精液就像一道金色的太阳光轮一样，从塞特的头顶喷射而出。

与上述男性怀胎母题非常接近的一个变体出自埃德夫（Edfu）的敏神（Min）庙中的铭文，旁边的一块浮雕上刻着国王正在向敏神进献莴苣的情景，铭文写道："敬献莴苣。颂吟不忘。这美好的植物，本地土生土长的蔬菜，令你见而心喜。它令你的精液进入敌人的身体，令他怀胎，令他从额头生出你的儿子。"（trans. Griffiths 1960: 45）

尽管赫梯与希腊的神界谱系神话之间的相似性尤其引人注目，但是罗伯特·芒迪（Robert Mondi）进一步指出了它们与其他一些相邻文化在神话上的众多的相似性，其中包括巴比伦、腓尼基、埃及乃至印度。他极力反对任何单纯的传承说或变异说,不管其原型是印欧原型还是闪米特原型。芒迪认为,希腊神话和赫梯神话之间的相似性表明,存在着一个组织松散的母题和观念共同体,这个共同体不仅作为所有变体的"源头"而存在,而且其本身就是经久不衰的跨文化接触的产物。他指出,一般而言,传播并非以具体的、定型的故事的形式而进行的,而那些人物和母题只是在传播过程中从这个故事上不慎脱落的碎片,毋宁说,这些人物、母题、主题以及功能原本就是作为组织松散的"簇"而传播的,我们在大多时候所面对的是对变动不居的、众所共知的神话观念簇的创造性重构。

79　　分化模型促使学者对不同故事之间的差异视而不见,仅仅将之视为时过境迁之后的退化和变质。但是,这些故事中的差异是如此明显,仅仅将之视为同一个故事的"变体",或者认为这些差异只有与那个业已失落的源头相关时才有意义、才值得关注,这很难令人信服。如果不同故事之间的相似性有时可被比作从同一根树干长出来的树枝,它们有时候也可以被比作这些树枝随时都会发生的横向接触的产物。出于兼顾纵向关系和横向关系的需要,这种树形图确实暴露出了很大的局限和缺陷。对这样一幅树形图,我们应该用网络意象对之加以补充,而且还是一张不断变化的网。不过,我们最好不要诉诸视觉意象,而是将这些故事之间的关系想象为一个基因库,在一个相对封闭的社会中,这个基因库将会长期保持其自身的特点,但是,在基因密码经常发生交换的社会中,常见的乃至正常的情况是,不同社会的成员之间的关系会变得越来越紧密,而与其某位祖先的关系则变得越来越疏远。

第三章 精神分析神话学

"现实"只是一个我们借以掩盖自己真实欲望的白日梦。
——S.齐泽克:《意识形态的崇高课题》,第45页

第一节 弗洛伊德与无意识的发现

弗洛伊德、夏克特(Charcot)、布罗伊尔(Breuer)

或许,在对神话的解释上,最重要的贡献要归功于西格蒙德·弗洛伊德(Sigmund Freud, 1856—1939),即人类精神生活之无意识层面的发现以及无意识对于意识之重要性的阐明。尽管如此,弗洛伊德本人,跟他的很多学生不同,在缔造其精神分析学说时,并不太留意神话。弗洛伊德对于意识和无意识之间关系的分析,尤其是其对于象征化机制的影响,是所有现代精神分析学神话学的理论基础,这一学说同时也深深地影响了诸如仪式学派、结构主义和意识形态分析等后起的理论。

弗洛伊德年轻时在维也纳学习医学,立志专攻新兴的神经病领域。当时,维也纳在神经病研究方面还很落后,尽管它不久就成为这一领域的麦加圣地。"当时,维也纳的那些大专家们常常会将神经衰弱症诊断为脑瘤。"(Freud 1940-67.14:37)跟这个领域的其他初学者一样,弗洛伊德只好负笈巴黎,在那里,他参加了1885年由神经病学大师让·马丁·夏克特(Jean Martin Charcot, 1825—1893)主持的"星期二讲座"。尽管他仅仅在巴黎逗留了四个月,夏克特的讲座却给他留下了深刻的印象,影响了他的一生。

一个世纪之前，在弗洛伊德的家乡维也纳，弗兰茨·麦斯默尔（Franz Mesmer）就成功地运用催眠术治疗了精神病人。但是，他对其治疗术的解释，即声称是他"个人的磁力"控制了病人，却一直令他在医疗界声名狼藉。在维也纳，催眠术依然被视为故弄玄虚的骗人把戏、江湖郎中的歪门邪道。甚至连夏克特也只是欣赏其戏剧性效果。安德烈·布鲁伊莱（André Brouillet）的名画《临床课》（leçon clinique）向我们展现了一位晕厥过去的丰满美人，令人想起美丽的埃塞俄比亚公主安德洛墨达（画面中，病人对面墙上挂着的一幅画，画的是一位晕厥的妇人，就暗示出其中消息），双目圆睁的夏克特站在美人旁边，他们面前是正欲从座位上起身的满脸惊愕的观众。弗洛伊德在自己诊所的咨询室中一直挂着这幅画的复制品，它会让他记起夏克特那些讲座的"魔力"，每一场讲座就是"一件小小的艺术品"（Freud 1940-68. 1:26,28）。但是，他也跟布鲁伊莱一样，注意到这种场合中由医生和患者之间的互动所激起的那种暧昧气氛：按照夏克特的学生珍妮特（Janet）的说法，年轻的女性患者通常都会在催眠师面前表现出所谓"磁性激情"。（Janet 1911: 132-5）

夏克特运用催眠术治疗歇斯底里症，这种病自古以来就被视为纯粹的生理性疾病（它源于子宫的过度兴奋，因此人们认为只有女性才会得这种病）。夏克特则证明，歇斯底里症是一种神经紊乱症，男人和女人一样，都会患这种病。外伤性歇斯底里症（即由外伤所导致的歇斯底里症）的症状通常都对应于普通的身体概念：例如，腿部的瘫痪会导致某种歇斯底里症，所谓腿部，指的是从脚趾到臀部的肢体部位，这一部位并非属于同一个神经生理学组织。这暗示了，这种疾病是观念性的（由对于身体的心智观念所导致的），而不能直接归咎于生理创伤。可为此说提供证据的是，夏克特运用催眠暗示术在健康人身上产生了跟这种歇斯底里症一样的症状，还用催眠术治好或缓解了这种歇斯底里症的病情。

对于弗洛伊德职业生涯另一个决定性的影响，源自一位他的维也纳同事兼导师，即约瑟夫·布罗伊尔（Josef Breuer，1842—1925）。1880年起，21岁的病人波尔莎·帕潘海姆（Bertha Pappenheim）在布罗伊尔手下接受了一年半的治疗。弗洛伊德在布罗伊尔结束治疗之后数月获悉了这一病例，对它产生了强烈的兴趣，不过，直到1890年代，在弗洛伊德的极力要求下，他和布罗伊尔才整理出版了关于这一病例的介绍（论文《初级沟通》[Preliminary Communication]，1893，以及《歇斯底里研究》[Studies of Hysteria]，1895）。布罗伊尔称，安娜·欧（Anna O，这是波尔莎·帕潘海姆在书中的化名）"一直很健康""非常聪慧"，极具"诗歌天赋，富于想象力"，但是，却因为"她那个充满清教徒精神的家庭中极端单调乏味的生活"而深受折磨，同时，"她在性方面的发展极为迟缓"，她"从来没有恋爱过"，却对自己的父亲怀有"强烈的好感"（Freud 1953-74.2:21-2）。她常常做白日梦，不时地从单调苦闷的家庭生活中逃避到她自己所谓的"私人剧院"中，"别人以为她正在安心倾听，其实她正神游于自己想象的童话世界中"（22）。

1880年，安娜的父亲长期患病不起，最终死于脓肿。安娜在数个月中一直照料父亲，最后自己也累得一病不起。除了其他症状之外，她身体的右半身僵硬偏瘫，有严重的神经性咳嗽，厌恶饮食（除了水果什么都不吃），周期性的交流障碍，尤其是无法使用其母语德语进行交流（此时她不得不使用英语、法语、意大利语），经常头痛，斜视，视力不佳。在患病期间，她还体验到一种自我诱导的催眠状态。在很长的一段时期内，她的意识状态会按照一种有规律的模式转换。在白天，她通常会变得非常粗暴和执拗，断绝跟周围世界和人们的一切联系，变得自闭，陷入一种她自己称为"不在场"（absence）的状态。每当这个时候，她会体验到可怕的幻觉，有时会喃喃自语，好像正在跟谁说话。到了下午，她一般会陷入一种她称为"昏昏欲睡"的状态，随后，到了黄昏，她就进入一种她自己称之为"云"的催眠状态。假如布罗伊尔给她实施某种疗法的话，到了夜晚，她的精神会完全清醒过来，直到凌晨四点才会上床睡觉。她在夜晚的清醒和在下午的昏睡，再现了她在照料生病的父亲时养成的作息节律。

这种疗法，显然是安娜自己发现的，她用英语称之为"谈话疗法"（偶尔又称之为"清扫烟囱"）。在布罗伊尔例行性探视空档的某一天，有人向她复述了她在"不在场"期间念叨的话，作为回答，安娜讲述了一个故事，当她从"不在场"状态中恢复过来之后，她觉得自己好多了。从此以后，布罗伊尔会在每天傍晚她陷入"云"状态时探视她，听她讲故事。一开始，大都是些童话故事，故事很感伤，往往都是以一位满怀忧虑地守护在病床前的小姑娘开始，但是，渐渐地，就会出现一系列令人惊骇的幻觉。这一治疗让她变得平静、和蔼可亲，不过，如果偶尔出于某种原因而省略了这一节目的话，她却会显得越来越暴躁和执拗。

在她生病一年之后，她开始在催眠状态下重温前一年的生活，就像时光倒流一般。在她生病的周年纪念日，她自发地讲述了一件事，当时她回忆起她看到英国病友养的一条狗在一个杯子里喝水时她所感到的那种恶心之感，此后，她的一种症状，即无法饮食的症状，竟然消失了。布罗伊尔希望能够复制这一效果，开始在每天上午对她进行催眠，就她的某一种症状对她进行提问，让她回答，到傍晚，在他的记录的帮助下，促使她给出全面的说明。她的所有症状，一件接一件，都被追溯到了她在护理父亲时所经历的特殊事件或想象，当这些事件被讲述之后，所有这些症状都一件接一件地消失了。她的回忆与她的症状之间存在着相似性。例如，她右半身子的偏瘫和周期性的德语交流无能，被追溯到一个幻觉，她在这一幻觉中看到一条蛇朝父亲的病床爬去，但是，她却没法起身驱蛇，因为她的右臂搭在一把椅子的靠背上，睡着了，而当她试图祈祷，却发现自己除了一些英语儿歌中的句子外，什么也想不起来。

安娜·欧的病例，提供了经验证据，证明了心灵无意识生活的存在，而且这种无意识能够给意识生活带来深刻的影响。夏克特观察到，伤痛事件会导致歇斯底里症，但他的观察还不够深入。安娜·欧的个案表明，歇斯底里症的症状不是由创伤事件导致的，而是由对创伤事件的记忆导致的，这种记忆不会按照通常的方式消退（"消散"）。歇斯底里症压抑记忆，旨在试图忘记痛苦的经历，却反倒恰恰使记忆更加牢固，因为如此一来，就会迫使那些与创伤相联系的情绪依附于相关的记忆，而这些记忆是意识可以通达的。在安娜的案例中，歇斯底里症的诸症状是对与创伤事件相关的记忆的身体性重演：创伤事件是安娜父亲的生病和死亡，与之相关的记忆是一个与蛇有关的幻觉，以及目睹狗在杯子里喝水；身体性重演则体现为身体的偏瘫和对食物、饮料的厌恶。

尽管弗洛伊德和布罗伊尔在出版物中声称安娜·欧被治愈，但她其实只是部分痊愈。歇斯底里症的诸种症状确实"被通过谈话驱走了"，但是，歇斯底里症本身却并没有被驱走。为了避免让布罗伊尔丢脸，这一病例的真正结局被刻意隐瞒了，1932 年，弗洛伊德在写给斯蒂芬·茨威格（Stephan Zweig）的一封信件里，透露了实情。弗洛伊德写道，在安娜的所有症状最终都得到控制的那天傍晚，布罗伊尔突然惊恐万状地宣布终止对安娜的治疗。那天，布罗伊尔离开安娜后，又被叫了回去，却发现安娜正呻吟着躺在地板上，腹部剧烈痉挛。当被问起究竟发生了什么事情，她回答道："布医生的孩子要生了。"弗洛伊德记着，布罗伊尔"手握钥匙，……但是，出于一种习惯性的恐惧，他把病人甩给一位同事，拔腿就跑"（cited by Gay 1988: 67）。安娜后来被安全地送到瑞士一家偏远的疗养院。法国人夏克特将医-患关系动力学酝酿成富有色情暧昧色彩的剧场，维也纳人布罗伊尔则将这一暧昧色彩的哪怕一点点痕迹都掩盖得严严实实，使之远离科学之光，弗洛伊德为此深受打击。

精神分析学

弗洛伊德从 1886 年开始了自己的神经症治疗。刚开始时，他主要依赖于催眠术，但却发现并非对所有病人都有疗效。他实验其他方法以探索病人的无意识世界，结果证明有两种方法比催眠术更有效，即"自由联想"和"解梦"。这两种方法跟催眠术一样，都能够将病人的抗拒降到最低，使心理现象得以充分地释放。在自由联想中，他鼓励病人用一种轻松的方式谈论自己的症状。弗洛伊德认为，让病人坦承出现于其心头的所有事情，不管是多么琐屑和无意义，这是一条"最基本的原则"。在追溯将病人的症状与创伤记忆联系起来的无意识联想的过程中，尤其是当他试图探究隐藏在创伤背后、那些阻止创伤记忆正常消退的过度压抑的原因时，弗洛伊德常常遭遇病人的抗拒。有鉴于此，就必须在聆听病人之所说的同时，还要聆听病人的缄默。弗洛伊德跟布罗伊尔不同，他不是一个热忱的倾听者，而是一个敏锐的刺探者，对各种闪烁其词和故意省略保持着高度的警惕，时刻提醒他的病人回到他们试图回避的路径上来。甚至在病人自己能够对联想到的事情给出充分解释的那些案例中，如果没有分析师的帮助，他们也不知道究竟是什么过度压抑的原因迫使他们寻求此种隐晦的表达方式。

　　弗洛伊德对一个强迫症病例的治疗说明，就体现了这一过程（Freud 1940-68.11:269-71）。强迫性神经症跟创伤性歇斯底里症不同，在后者的情况下，创伤经历将自己转换为一种身体上的失序（行为的压抑），而强迫症则将创伤经历转换为一场"仪式"（行为的强制）。

　　　　一位年近三十岁的女士患有严重的强迫症。……在一天当中，除了干其他事情之外，她会三番五次地做出如下几种古怪的强迫性行为：从她的房间跑到毗邻的房间，在摆在房间中央的桌子边摆出一个特有的姿势，按铃叫来女仆，指派她干一些鸡毛蒜皮的事情，或者什么也没让她干，就把她支走，然后跑回自己的房间。……每次当我问她："你为什么要这样做？你这样做是什么意思？"她回答说："我不知道。"但是，一天当我终于成功地克服一个涉及原则问题的重大障碍之后，她突然想通了，并对自己这种强迫性行为的含义做出了解释。十多年前，她曾经跟一位年纪比她大很多的男子结婚，到了新婚之夜，那男子却无法勃起。整个晚上，他来来回回地不断从自己房间跑到她的房间，但都是白费力气。第二天早晨，他懊恼地说："如果让使女在整理床铺时看出蹊跷，那可太让人丢脸了。"说着，他抓起手边的一瓶红墨水，顺手倒在床单上，但是他倒的红墨水位置却偏离了那种痕迹应该在的位置。刚开始，我看不出这一回忆跟她的那些强迫行为之间有何关联，因为我看不出这两个场景之间的对应关系，除了不断地从一个房间跑到另一个房间这一行为，也许还可以算上女仆在场这一环节。于是这位病人让我来到另一个房间，指给我看房间中的那张桌子，以及桌布正中那团大大的污渍。她还对我解释说，她在召唤使女时，故意站在桌子边摆出一个特殊的姿势，以便让使女注意到这团污渍。如此一来，对于她最近的强迫症行为和她新婚之夜所发生的事情之间的密切关联，我没有丝毫怀疑了，但是，仍有几件事情需要澄清。

很明显，首先，病人将她自己等同于她的丈夫，她确实在扮演他的角色，从一个房间跑到另一个房间。为了支持这一等式，我们还必须承认她用桌子和桌布代替了床和床单。这样说看起来也许有些随意［但这显然是精心挑选出来的，由于床和桌子、床单和桌布之间的心理关联而成为一个象］。在梦境中，桌子经常会被用来代替床。"桌子和床"一起，意味着结婚，因此，其中的一方很容易用另一方来代替。［在德语中，*Trennung von Tisch und Bett*（与桌子和床分开）一语，就意味着"离婚"。］

在这个案例中，在创伤和床单之间存在着的关系，与安娜·欧的案例中存在于创伤和狗喝水的玻璃杯之间的关系相同。两者都是只有与创伤联系的记忆变成了创伤的象征（而创伤本身则受到了压抑）。但是，在一个案例中，被压抑的创伤通过对食物和饮料的厌恶而得到重演；在另一个案例中，则是通过针对沾有污渍的桌布的仪式而得到重演。

创伤	父亲的病	未果的婚姻
关联事件	喝水的狗	床单上的墨水渍
象征	喝水	桌布上的墨水渍
再现	避免喝水	呼唤女仆的仪式

不过，在这个强迫性神经症的病例中，分析师还必须进一步解释这种仪式何以通过对创伤的持续压抑而得以延续（270）：

> 我们已经给出证据说明强迫性行为是有特定含义的，它看起来是一个再现，是对那个最重要场景的重演。但是，我们不应该仅仅停留于表面的相似，如果我们能够更细致地审视这两种行为之间的关系，我们也许会了解到一些更加意味深长的东西，即强迫性行为的目的。关键环节显然是呼唤女仆这一行为，她还向女仆展示带污渍的桌布，这一做法跟她丈夫的想法恰好相反："那可太让人丢脸了。"通过这一方式，他（由她所扮演）并没有在女仆面前丢脸，因为她出示的污渍恰如其分地位于它应该在的位置上。因此，我们看到，她并非简单地重复那一场景，而且还扩展、纠正了那一场景，使它转变为它应该成为的样子。她还以此方式纠正了那天晚上令人痛苦的其他几个问题，而红墨水是必需的，因为它关乎性无能。这一强迫性行为似乎是在说："不，那不是真的！他没有在女仆面前丢脸，他不是性无能。"

换句话说，创伤的再现是为了消除创伤。这位女子的丈夫纠正婚床场面的做法，被她作为一种仪式，用以纠正痛苦的现实。在这个特殊的案例中，弗洛伊德指出，这位女子仍深深地爱着她的丈夫，当时正在很不情愿地做出向法院提出离婚申请的决定。因此，这一再现行为既含有希望自己的夫妻关系是正常的愿望，又含有希望保护自己的丈夫免受不适当的控告的愿望，既因为他的性无能，又因为他的离家出走，同时也是为了让她自己能够从申诉离婚这一更为合理的过程中解脱出来。

梦

弗洛伊德的另一种分析技术，即梦的解析，被他视为"通达无意识的康庄大道"。梦的解析对于精神分析学的发展特别重要，这不仅是因为它使弗洛伊德获得了对于无意识结构的最重要的洞见（他主要是依靠对自己的梦境的自我分析和解析做到这一点的），而且梦的解析还提供了一种中介，让他能够借以晓谕公众，通过治疗歇斯底里症和神经症所揭示出来的关于精神世界的一般性真理也适用于所有人，因为甚至连最健康的人也会做梦。对于精神分析学的神话解释而言，梦的分析提供了一个更加卓有成效的模型，因为一般而言神话分析者既无法对神话创造者进行催眠，也无法当面对之进行质询。

1900年，弗洛伊德的《梦的解析》一书出版，这本书后来被他视为自己最重要的著作。在这本书中，他将梦定义为"一个（遭受抑制或压制的）愿望的（伪装的）实现"。愿望的满足并不总是导致怀此愿望之人的满足。存在着两个精神空间，一个是意识，另一个是无意识，两者的欲望经常是相互歧异的。当意识和无意识的欲望是同一个的时候，"梦就是愿望的直接实现"。但是，当无意识的欲望跟意识的欲望相对立时，"梦就是一个受到压抑或抑制的欲望的伪装的实现"（1940-68.2/3：562）。

最安静的睡眠是那种精神活动最不活跃的睡眠。梦的功能就是对意识起到缓解作用，并保护睡眠（因此从一开始就具有抑制作用）。当我还是一个小学生时，每当闹钟响起来时，我不止一次地梦到我正躺在瑞士山区一片绿草如茵、阳光普照的草地上，微风送来远方的牛铃声轻抚着我，借此我可以对震耳欲聋的闹铃声置若罔闻（当时闹钟还有铃铛）。然而，如果闹铃依然响个不停，我就会梦到我已经把它关了，已经起床，穿衣洗漱完毕，正走在通往学校的路上。梦不仅在意识和外部刺激之间发挥着缓冲作用，而且还在意识和内部刺激之间发挥缓冲作用。在上述第一类梦中，闹钟的铃声是一个外部刺激，在第二类梦中，梦在睡眠和一个内部刺激即一种（并非十分强烈的）使命感之间设置了一个缓冲带以保护睡眠。但是，在这两个情况下，梦都直接实现了一个愿望：前者的愿望是闹钟不要打扰我睡觉，后者的愿望是我可以不必起床就把今天的功课做完。

当意识和无意识这两个精神空间的欲望相互歧异时，事态就会变得复杂。在这种情况下，梦的压抑机制会将无意识的欲望加以转换。弗洛伊德对这一过程有一个有趣的比喻，他将心理压抑比作遭遇奥地利官僚机构（1940-68.11:305-6）：

> 我将无意识系统比作一个宽敞的厅堂，其中充斥着各种各样的心理刺激，就像厅堂中的一干人众。跟这个房间相连的是另一个更小的等候室，意识驻守其中。两个房间之间的门户有专职的守门人把守，他监视着每一个心理刺激，对它们进行审查，假如它们令他感到不快，他就不会放他们进入等候室，这完全取决于他有多么警觉和敏锐。记住这一点，我们就可以继续提出更多的术语。在无意识的厅堂中的那些刺激，不受待在另一房间中的意识的监视，因此，一开始它们都以无意识的状态而存在。如果它们涌向门口，但却被守门人挡了回来，它们就无法变成意识，我们就称它们是"受抑制的"（repressed）。但是，即使那些有幸被守门人准许进入的刺激，也并不一定因此便成为意识。只有当它们成功地引起意识的注意时，才能变成意识。因此，我们就有充分的理由称这第二个房间为"前意识系统"（the preconscious system）。如此一来，转变为意识的过程就保持其纯粹的描述性含义。对任何一个单一的冲动而言，所谓压抑，指的就是它没有得到守门人的准许，因此不得离开无意识而进入前意识系统。

但是，有些被压抑的冲动却很执着，想方设法躲过警觉的看守人而蒙混过关。那些令人讨厌的欲望可能会假冒成获得通行证的旅客，或者藏身在那些获得通行证的旅客的行李箱里，又或者会托那些获得通行证的旅客替自己通风报信。当看门人或曰"检查哨"正在上岗值班时，梦就会以与其原本的欲望相比面目全非的样子从他的眼皮底下溜过。在此情形下，就必须将"显在的内容"（在梦中所呈现的样子）与"潜在的内容"（生成梦境的伪装的无意识）区分开来。

梦境审查机制（或曰"成梦机制"）的作用可以从弗洛伊德对一位"已婚多年的年轻女士"的梦的分析得以例证（1940-68.11:120）：

> 她梦到自己跟丈夫一道坐在剧院里的一个包厢里，包厢的另一边空荡荡的。她的丈夫告诉她说，爱丽丝·L和她的未婚夫也想来看戏，但却只能买得到一个半弗洛林的末等座位，他们当然没要那个座位。在她看来，这事确实算不上什么不幸。

分析只能依靠自由联想才能得以推进。弗洛伊德先是询问了这位女士梦中出现的场景，发现其中大部分都是近期活动的记忆（弗洛伊德称之为"残留物"）。她的丈夫在前一天确实告诉过她，一个跟她年龄相仿的熟人爱丽丝·L正在准备结婚。一个星期之前，她确曾跟丈夫一起去过剧院，而且她们所在包厢的另一边确实是空着的。她解释说，这一点并非无缘无故，因为她很着急，订票订得太早了，因此她不得不格外多花钱，此后就一直迫不及待地等待着新戏上演的那一天。事实上，她的丈夫就笑话她，说她太急性子了。这位做梦的女士还将一个半弗洛林的末等座位这一环节追溯到了前一天发生的另一件事情。有人送给她丈夫的妹妹150弗洛林作为礼物，"她没有什么东西要买的，就跑到珠宝店用这些钱买了一件首饰"。但是，关于两个人看戏却买了三张票这个荒谬的环节，除了爱丽丝只比她小三个月之外，她却想不起别的什么事情。

不过，对于弗洛伊德而言，这些信息已经足够了（121-2）：

> 她的联想为我们提供了丰富的资料，足以让我们据以发现其梦中潜在的思想。我们不会不注意到，在她关于梦境的叙述中，好几次提到时间，这为梦中出现的诸多事项提供了一个基本的内在连贯性。她戏票预订得"太早了"，"急不可待地"就付了款，为了不得不额外多花钱，她丈夫的妹妹也同样"急不可待"拿着钱跑到珠

宝店买了一件首饰，好像是怕去晚了就会"错过"什么似的。一旦把她刻意强调的"太早了""急不可待"与她做梦的时间点（即她听到消息说比她小三个月的朋友爱丽丝终于找到了一个如意郎君），以及她对小姑的抱怨联系起来的话，那么，这个梦潜在的意思立刻就昭然若揭了："我那样急不可待地嫁人，真是愚蠢！看看人家爱丽丝！我也可以找到一个爱丽丝那样的如意郎君。"她的梦象只是这种隐秘意思的扭曲的替代物而已。

假如弗洛伊德对这个梦的分析是正确的（病人否认她看不上自己的丈夫），那么，这个梦就可以作为一个很好的例子，用来说明弗洛伊德所谓的梦的四种形成机制，即压缩（condensation）、替代（displacement）、形象化（representation）和二度修正（secondary revision）。对于梦的分析而言，重要的是准确了解做梦对于潜在思想的扭曲过程，因为释梦活动无非就是对这一过程反其道而行之，通过全面揭露梦的扭曲，探究潜在于梦背后的隐秘的思想。

"压缩"即"以部分代替整体"，其结果就是"出现于梦中的内容少于潜在于其中的思想的内容"（1940-68.11:174）。当压缩作用很强大时，它可能会把某些潜在的因素全部删除。在上面这个梦中，所有涉及"急不可待"的要素，乃至所有涉及时间的要素，都被省略了。只有通过与空荡荡的包厢和戏票相关的自由联想，这一决定性要素才显示出来。不过，压缩作用通常都会从众多的相关要素中挑选个别要素（"在潜在的梦中的众多的情结中，只有一个碎片通过审查成为显性的梦中的内容"）。在上面这个梦中，看到"包厢的一边空荡荡的"就用一种缩写的形式表明，她对自己急不可待地购买戏票这一多余行为深感愧疚。压缩作用导致的第三个后果就是将"诸多具有相同特点的潜在因素"混合为"一个单一的整体"而呈现于显性的梦境中。在上面这个梦中，"1.5弗洛林"这个要素就同时包含了几个不同的概念：她的小姑这个傻瓜一甩手就花掉了150弗洛林；而她本人则可能把这笔钱分成100次花掉；她的小姑匆匆忙忙地买了一件完全无用的首饰；结婚就像进剧院；她急不可待地就把自己嫁给了丈夫，随带着自己的嫁妆；她的行为（两个人看戏却买了三张票）委实荒谬。这种压缩现象经常会出现于口误之中，例如，一个人会把"fertility rites are futile"（繁殖仪式是徒劳无益的）说成"futility rites"（徒劳无益的仪式）。

"替代"指"一个潜在的要素，不是被其自身的某一部分，而是被某种与之无关的东西、某个具有暗示性的东西所代替"。在上面提到的梦中，"走进剧院"和"买一件首饰"就代表"嫁给丈夫"。值得注意的是，用以替代的某些事项往往涉及某些方言俚语，以及大众话语中的其他一些语言现象。弗洛伊德断定，用走进剧院替代婚姻取决于做此梦者的一些极为个人化的因素（幼儿期窥视色情癖）。但是，购买首饰和嫁给丈夫之间的关联，则不仅取决于一般公众关于嫁妆的观念以及在维也纳资产阶级中嫁妆对于婚姻的重要意义，而且（我斗胆地指出）可能跟意第绪语中的 *Schmuck* 一词的含义有关，这个词同时具有"珠宝""银样镶枪头"和"龟头"几种意思。替代作用的另一种情形是，"着重点从一个重要的事项转移到了另一个无足轻重的事项"。在上面的例子中，着重点从无意识中"丈夫"这一重要事项转到了"着急"这一事项，尽管在梦境中后者只是停留在潜在的状态。替代的一个极端形式是彻底的反转，即代之以与原来事项完全相反的事项，例如，用衣冠楚楚象征赤身裸体，把这一点告诉做梦者，会让她吓一大跳。

"形象化"指用具体生动的东西表示抽象的意思。在这个梦中，通过将一个荒唐之事，即"两个人看戏却买三张票"一事（以及花一个半弗洛林买一张戏票这一荒唐做法）引入梦境，使过早嫁人"太荒谬了"这个意思得以形象化。"二度修正"这一成梦机制指的是，将刚刚做过的梦留下的印象组织为一个言之成理、内在连贯的单一叙事。

最后，应该指出，成梦机制所产生的诸种意象通常都被当成符号，这些符号可以分为两类：私人的和一般的。私人符号是一些只有做梦者本人才能给出说明的符号，相反，一般符号对于做梦者本人而言可能完全是一个谜，但却可以被经验丰富的精神分析师破解。下一节中，我们将考察几个一般性符号，眼下则指出如下一点足矣：3这个数字代表男性、男性生殖器，在上面这个梦中，则表示丈夫，买了三张票意味着（用嫁妆）买了一个丈夫。

弗洛伊德对意识审查官的作用的说法基本上是修辞学的，因此引起了后期结构主义的极大的兴趣，他们将心灵视为语言的建构物。结构主义精神分析学家雅克·拉康（Jacques Lacan，1901—1981）确实将压缩和替代等同为两种最重要的修辞手段，即转喻（邻近联想）和隐喻（相似联想）。弗洛伊德自己的区分并非很断然划一，但是，结构主义者已经充分地证明，被弗洛伊德视为压抑和无意识活动的精神机制，对于精神（不管是有意识还是无意识）的创造性活动而言，确实是不可或缺的。

第二节　精神分析和神话分析

心灵动力学（psychic dynamic）的起源

无意识的发现使弗洛伊德有可能将心理反常解释为无意识和意识相互冲突的结果。对正常而健康的个体而言，这一冲突不太激烈，因为在成长发育的过程中，婴儿期的欲望并非单纯受到压抑，其中很大一部分被转化为社会能够接受的欲望。但是，按照弗洛伊德的看法，由于无意识欲望与意识欲望之间反常的剧烈对抗作用，那些为心理失调所困扰的人却并非如此。在这种情形中，通常由于某些儿童期的创伤，正常的社会化进程和成长过程会受到阻碍，与意识格格不入的那些欲望被滞留于无意识中，结果就是对无意识的过度压抑。但是，无意识的能量就像一条流动的河流，把它在一个方向堵住，它就会从另一个地方绕过去。由于意识审查官的作用，潜意识不得不以扭曲的形式出现，将自身与一些关系松散的行为和观念联系起来，但它常常会借助诸如创造幻觉或强迫性仪式之类的形式开辟自己的道路。

人格的成熟过程取决于学会管理压抑机制并将受到压抑的能量导入

意识和无意识双方都能接受的目标。在弗洛伊德关于儿童如何学习控制自己的冲动和"快乐原则"的论述中，核心是"俄狄甫斯情结"。弗洛伊德拒绝维多利亚时代那种文质彬彬的观点，即认为儿童是对罪恶和性一无所知的纯洁的小天使（维多利亚时代认为，人只是随着年龄的增长才知道罪恶，而性则是一种堕落的嗜好）。他对于精神病和梦的研究促使他断定，人类从最早的婴儿期开始就有了性欲。他将正常的发育过程划分为四个主要阶段：

（1）自体性欲阶段：这个阶段完全被"快乐原则"所支配。婴儿在很大程度上是自我满足的，几乎意识不到他人的存在。他发现他的快感的中心就在他自己的身体上。他对压抑还一无所知，可以将其欲望称为多态的性欲倒错。这一阶段的孩子受所谓"本我"（Id）的支配，"本我"寻求对其冲动的当下直接的满足。

（2）俄狄甫斯阶段：在三到七岁之间，儿童将自己的母亲当成自己的色情对象。他希望独享母亲，这导致他将自己与父亲直接对立起来。由于对母亲的欲望和对父亲的敌意，孩子觉得自己受到父亲的威胁，有时，这种威胁会被他想象为阉割的威胁。但是，孩子同时还爱自己的父亲，他对父亲的恐惧同时还伴随着其对于自己对父亲的敌意的恐惧。因此，俄狄甫斯体验激发了两个内在压抑的源泉：恐惧和愧疚。如果没有成功地度过俄狄甫斯阶段，就会导致精神病。

（3）潜伏阶段："阉割情结"的出现标志着俄狄甫斯阶段的终结。儿童的左右为难的矛盾情感导致他彻底压制自己的性欲。这种内在的压抑，因感觉到来其父亲的外在威胁而加剧，处于"超我"（superaego）的监控之下，超我是心理中负责对本我的动物性冲动进行驯服和教化的构成部分。超我按照"现实原则"运作，而本我则按照"快乐原则"运作。（自我，作为心理中操控性的、审慎的和理性的组成部分——实际上也就是我们通常自己认同的部分——在弗洛伊德的著作中，它与超我的区别并不总是很清晰。为了简单起见，我们可以将超我视为伦理规范的储存库，而将自我视为水火不相容的本我和超我之间的调解人。）

(4) 青春期阶段：随着青春期的到来，潜伏阶段宣告结束。孩子离开母亲，跟父亲重归于好，试图寻找一个与其母亲相似的爱恋对象。

弗洛伊德的儿童发展学说因其明显的男性取向而深受诟病（我们将在第四节讨论这一问题）。

普遍性象征和神话

假如我们承认在个体的发展与社会整体的发展之间存在着某种类比关系，那么，将精神分析学的概念和方法转用于对神话的解释上就是可行的。用释梦的方法（针对个体的无意识）对神话（反映了集体的社会无意识）进行解析之所以是可行的，乃是基于如下观察，即正是通过社会化过程个体才学会压抑自己的欲望，因此，个体的成熟本身就是社会压抑的结果，公共活动和公共行为的规范被内在化为现实原则。但是，如果社会压抑不给某些行为保留一定的自由空间的话，即使对于健康的人而言，这种社会压抑也将会达到不可忍受的强度。主要是借助幻想和白日梦，普通的个体才得以从现实原则的束缚中解脱，精神的这种创造性活动通常会在文学艺术中得到社会性表达，文学艺术尽管也处于审查官的监视之下，但一般而言较之其他活动少受约束。简而言之，压抑是文化的代理人，它诉诸公共性行为，幻想则是个体的表达，它效忠于快乐原则。神话，以及一般意义上的艺术，属于集体幻想的领域，处于上述两个领域的中间。

不过，弗洛伊德认为在神话与幻想即个体的无意识之间存在着更为紧密的关联。假如我们将两者之间上述那种联系视为一种"转喻式"关联的话（也就是说，基于邻近性的关联，个体心灵的压抑只不过是整个社会压抑的延伸而已），那么，弗洛伊德在神话和无意识之间所建立的更进一步的联系则是"隐喻式"关系，这种关系基于个体成长过程与人类这个物种从野蛮状态到文明状态的进化过程之间的类比。在下一部分中，我将对这一类比作更深入的讨论，就眼下而言，指出弗洛伊德认为文明的习得是以压抑为代价这一点就足够了。因此，在不知压抑为何物方面，野蛮人和儿童是相似的。在《诗与白日梦之关系》(1908)一文中,弗洛伊德将神话视为"整个民族之梦想的变形遗迹——是人类童年的经久不息的梦想"(1940-68.7:222)。他指出,神话作为野蛮人梦想的产物,就像做梦一样,也寄托了其愿望,它们跟儿童的梦很相像:其内容也主要是象征性的,但是却体现出较之梦境更少的、由成梦机制导致的扭曲和掩饰,因此,通过比较研究,我们很容易就能够揭示出其潜在的含义。如此说来,双重因素决定了神话与梦之间的等同:就神话是梦想的产物而言,它们跟梦一样,是压抑松弛的结果;就神话是原始文化的产物而言,它们同时也是那些相对而言不受压抑的心灵的产物。因此,神话就是窥视无意识奥秘的得天独厚的资源。

正是因为这一缘由,对于神话研究而言,精神分析学就是不可或缺的,同时,神话分析对于精神分析学也十分重要。正是借助神话的启发,梦中出现的大量象征才不再是不解之谜。按照弗洛伊德的模式,在我们还是孩子时,我们的心灵生活都是大同小异的,因为它无非是由生物性的本能和冲动构成,正是随着压抑机制的发展,我们才变成了具有不同人格的个体。相似地,按照弗洛伊德构想,人类也曾经有过这样一个时代,那是所有文化都是相同的,后来,随着各种不同的社会压抑和控制机制的发展,各种文化才分道扬镳。弗洛伊德在其对于梦和精神病幻觉的分析中发现,尽管不同个体的梦境和幻觉千奇百怪,其中还是存在着一些他称之为"典型内容"的东西,这通常是一些象征,它们表达了一些共同的或相似的潜在意蕴。这些普遍内容大多源于人格形成之前的儿童早期,尤其是前俄狄甫斯和俄狄甫斯阶段的经验。与此类似,正如弗雷泽等比较人类学家指出的那样,不同地方、不同时期的"野蛮社会",其神话和信仰也有诸多相似之处。有鉴于此,弗洛伊德认为他就有充分的自由,用他解释梦中象征的方式,解释不同文化的神话和象征中那些显而易见的共同性:它们都是同一种精神活动的产物。因此,他毫不犹豫地将梦中的典型象征与神话的象征放在一起进行比较。弗雷泽为了证明将其时代的思想和实践与"野蛮人"相比较的做法是合理的，因此诉诸那些迷信的乡下人和底层阶级，将他们打扮成存在于文明内部的野蛮人。弗洛伊德则变本加厉，把内在的野蛮人直接植于其所有的文明人同胞的脑袋之中，不管他们是什么阶级、什么教育水平、声称有何种信仰。在文明的耀眼光环之下，现代人的心灵跟很多古人和原始人相比并无多大不同，导致古代神话产生的那些精神动力几乎原封不动地继续存在于现代人的心灵之中。弗洛伊德常喜欢用出自希腊神话的人名如俄狄甫斯、那喀索斯（Narcissus）、厄洛斯（Eros）、塔纳托斯（Thanatos）命名其同时代维也纳人的精神创伤、心理冲动和心理畸变，这绝非巧合。

如果我们承认存在着共同的人类心理，那么，按照释梦的相同方法分析神话，就是轻而易举的了。尽管我们没有机会像询问做梦者那样去询问那些神话创造者，但是，由于断定神话创造者也许比做梦者所受的压抑较轻（因此其潜在的思想就更少扭曲），这一不利条件即可得以弥补。如此一来，借助于"来自民俗学，例如来自关于各民族的风俗习惯、谚语、歌谣、俚语之类研究中所提到的那些民间故事和神话、笑话以及诙谐话"的帮助，弗洛伊德就可以列出一个"普遍"象征的清单，这个清单很像一个词汇表，当其他途径无能为力时，借助这张清单，精神分析学家就可以解开任何心灵密码（1940-68.11:154-60）。

对家庭成员而言，典型的象征是国王和王后，他们分别代表父亲和母亲，尤其在童话里更是如此，小动物则代表孩子。代表人的身体的象征在数量上很不成比例，可以想见，代表生殖器的象征为数尤众。女性身体通常体现为封闭的空间，如房子、城市、堡垒、城堡、要塞等，象征女性生殖器的则是门户、入口、窗户以及其他一些开放之物。此外还有炉子、锅灶、花瓶、各种各样的容器、帽子、鞋子、手套诸物，而且，从某种不同逻辑来看，还有土地、风景、马蹄铁、宝石形状的物件、亚麻织物等。以此类推，男性生殖器往往与上述诸物有着系统性的关联，常常体现为各种各样的棒状物，尤其是各种工具和器物，如犁头、火焰、脑袋、脚、手、手指头、舌头、树木、蛇、鸟、剑、刀、枪、大炮、数字3等。眼睛特别被用来象征睾丸。跌落水中或者从水中出来象征出生，旅行象征死亡，制服或普通的衣服（按照反转的逻辑）象征裸体，爬楼梯、登梯子、上台阶、扫烟囱、飞翔、骑马等则象征性交，野兽和怪兽象征邪恶的冲动或肉欲，玩游戏、弹乐器、滑行、滑翔、折断树枝象征手淫，敲掉一颗牙齿则象征阉割，这是对手淫的想象性惩戒。

在个人象征和普遍象征之间，我们还可以发现存在着一些中间类型的典型象征，尽管弗洛伊德并未对之专门指认。我们可以把这些象征泛称为"文化象征"，即在某种文化的范围内是普遍有效的。这些象征跟上面列出的那些普遍象征之间通常存在着密切的关系，但是也包含一些不具有普遍性的事物和观念，此类象征中，包括了现代技术的产物，例如，汽车、雪茄、手柄、反弹道导弹等，很容易被精神分析学家解读为现代全球性文化的典型的阴茎象征。

普罗米修斯盗火神话

尽管弗洛伊德指明了方向，但是，奇怪的是，他自己只对两则神话进行了分析（如果把俄狄甫斯神话也算上的话，就是三则）。这也许是因为他一直对那种不顾及做梦者本人的精神世界或者梦的具体语境，而对梦中象征进行生硬解读的做法不以为然。卡尔·荣格以及其他一些精神分析学者的做法，尤其令他越来越感到不安，这些学者过于强调普遍性，不管是对于梦的分析还是对于神话的分析都是如此。弗洛伊德认为，他们对于个体的具体心理和社会语境太过忽视了。

弗洛伊德唯一充分分析过的神话是普罗米修斯盗火的神话（1940-68.16:3-9），在某种意义上说，他关心这个神话，是情理之中的。火象征力比多，普罗米修斯用来盗火的茴香秆象征阴茎，他被父亲宙斯派来的雄鹰啄食肝脏象征阉割。但是，当弗洛伊德被问到，为什么原始人会对一位给他们带来火和文明的文化英雄想象出如此残酷的惩罚时，他的分析变得越来越古怪和妙趣横生。弗洛伊德指出，只有当男人用撒尿熄灭火种的本能冲动（这一点在精神分析的调查中得到了明确的证明）受到压抑时，火种的保存才有可能。在普罗米修斯身后，站着一位立法者，他禁止男人向火上撒尿。他遵守了这一禁令，这对于人们享受火带来的好处而言是值得感激的，但是，就他这一行为压抑了人们的力比多而言，又让人怀恨在心，因此，人们就想象他受到惩罚。这一象征中包含了火与水之间关系的反转：得到火种的功劳被归于普罗米修斯，但他同时又禁止浇水，茴香秆中藏着火种，但阴茎中藏着水。

在与此神话相关的赫拉克勒斯神话中，这一反转本身又遭到反转。赫拉克勒斯将普罗米修斯从宙斯的惩罚中救出，并杀死了那只鹰。赫拉克勒斯杀死了一个名叫海德拉（Hydra）的怪兽，这是一条水蛇，就像熊熊燃烧的火焰一样，长着好几个暴烈的脑袋（参见图2，欧弗洛尼奥斯［Euphronios］陶瓶上的海德拉）。这些脑袋跟火一样，也是力比多的象征，跟普罗米修斯的肝脏相似，海德拉的脑袋在被斩下之后，又会长出来。但是，这一条水蛇最终被火消灭，因为赫拉克勒斯，或者他的同伴伊俄拉俄斯（Iolaus）用火烧灼水蛇被斩下脑袋之后的伤口，如此一来它的脑袋就不会再长出来。神话中这被水浇灭的火，一方面象征被水熄灭的火种，一方面也象征由于普罗米修斯禁止男人用尿浇火而遭到压抑的力比多。说来奇怪，弗洛伊德认为这个神话背后有真人真事。普罗米修斯是一位立法者，他禁止人们用尿灭火，而赫拉克勒斯是一位法律破坏者，他如同在小人国的格列佛一样，用他的水浇灭了越来越危险的火，从而"搭救"了普罗米修斯。如此一来，第二位文化英雄的毋庸置疑的壮举，就补偿了第一位文化英雄的业绩的含混性。假如在火上撒尿的"自然本能"幸存到今天的话，这一分析将会更加有力，从而浇灭我们心中所有的怀疑，但是，对于弗洛伊德而言，这一解释的目的只不过是为了说明，文化的起点始于压抑行为而已。

图 2　欧弗洛尼奥斯双耳瓶颈部的红色纹饰，约公元前 510 年。
Hermitage, inv. B.2351（B610）

美杜莎

弗洛伊德分析过的第二个神话是蛇发女妖的故事，关于这一问题，他留下的只是一系列札记，直到他死后才得以出版（1940-68.17:47-8）：

> 我一般不会对个别的神话形象进行分析。这一解释是针对美

杜莎那可怕的、被割下的脑袋。斩首＝阉割。由美杜莎引发的恐惧因此就是对被阉割的恐惧，这一恐惧与亲眼目睹的某物有关。通过大量的分析，我们对此情境已经有充分的了解：一个男孩，原本并不相信有阉割其事，但当他看到女性生殖器时，这种恐惧就产生了。他看到的，也许是被阴毛遮盖的女性生殖器，主要是母亲的生殖器。

在艺术作品中，美杜莎的脑袋之所以常常被表现为蛇的样子，这同样也源于阉割情结，而且，令人感到吃惊的是，蛇尽管可怕，它们实际上发挥了缓解恐惧的作用，因为被割掉的不是阴茎而是蛇，阴茎如果被割掉的话，将会激发更大的恐惧。这就证明了一条技术性规则（称为"补偿"）：阴茎数量的增殖恰恰象征阉割。

目睹美杜莎的脑袋会让人因恐惧而僵住不动，将目睹者变成石头。这种情绪反应与阉割情结完全相同！身体变得僵硬意味着勃起，因此，在原初情境中这是对目睹者的慰藉。他的阴茎还在，它还能够勃起就是证明。

雅典娜，处女之神，将这个可怕的象征表现在自己的衣服上。完全正确，因为借助于这一标志，她变成了一个不可接近的女人，避开了所有与性相关之事。因此，她展示了母亲的可怕的生殖器官。女性对男性施以阉割的威胁，这种女性形象只能源于同性恋之风盛行的希腊。

以上所述，尽管轻描淡写，但却意味深长，其对这个神话以及相关的意象，道出甚多，甚至连弗洛伊德本人都未意识到。一只公元前7世纪晚期的拉科尼亚人物造型花瓶（见图3），瓶身就是蹲着的美杜莎形象，她那种蹲姿正好将其阴户显露出来。美杜莎被斩下的脑袋和母性生殖器之间的关系，还可以从如下事实得到支持，即美杜莎的孩子是从她被斩断的脖颈出生的。弗洛伊德本人已经注意到，美杜莎的脑袋作为辟邪符被用于盾牌和铠甲上，借以震慑敌人（参见图4，古代的护胸甲）。美

图 3　公元前 7 世纪晚期的拉科尼亚人物造型花瓶。Antikenmusem Basel und Sammlung Ludwig, inv. LU 89. Photo: Claire Niggli

杜莎的另外一些特征浓缩了阉割恐惧和补偿性的阴茎意象：请注意美杜莎的犬齿、野猪般的獠牙以及蛇发女妖总是将舌头伸出嘴巴这一事实。按照阿波罗多洛斯的说法，蛇发女妖长着青铜双臂和黄金羽毛：这两种金属保障了其坚不可摧和退不可挡的威胁性，因为金属是用来制造进攻武器的材料。但是，对阉割恐惧的补偿，借助阴茎象征的不断增生，在那些从美杜莎被斩断的颈腔里出生的孩子身上体现得尤其明显，这些孩子被称为克律萨俄耳（Chrysaor），在希腊语中意为"黄金宝剑"，可能被视为对此种婴儿期恐惧的安慰性的自我投射，因为宝剑是一种明显的阴茎象征，尤其是在女性遭受创伤的语境中更是如此，而宝剑的黄金质地则不仅暗示了它的宝贵，而且还暗示了它的不朽。从美杜莎的脖腔中，还生出了生翼的飞马珀伽索斯（Pegasus），它的身上浓缩了两种性活动象征，即马和飞翔。"珀伽索斯"这个名字源于希腊语中的动词 *pegazo*，

图 4 出土于库班（Kuban）的公元前 4 世纪斯基泰人墓中的青铜胸甲。Hermitage

后者意为"涌出"，暗示了这个野兽的生涯中一次重要经历，它用蹄子刨击赫利孔山（Helicon）的岩石，刨击之处水如泉涌，那个泉水就被称为"马跑泉"（Hippokrene）。美杜莎所生的第三种事物，即北非沙漠上的毒蛇，既象征阴茎又象征威胁，据说是由珀耳修斯携带着美杜莎的脑袋从天上飞过时落下的血滴变成的。

珀耳修斯

如果弗洛伊德关于美杜莎的脑袋的解释是正确的话，那么，珀耳修斯和美杜莎的神话所表达的，也必定主要是与俄狄甫斯情结相关的欲望和恐惧（阿波罗多洛斯所记载的珀耳修斯神话版本详见下文第五章第二节）。考德威尔（Caldwell）注意到在这个故事的人物构成中，存在着一种显著的对称性，这一特点体现了想象思维的"分解"机制，这一机制与"象征"机制相辅相成（1990:353）。象征机制通常是导致压缩，即将几种潜在思想凝聚为同一个意象，而分解机制则相反，是将一种潜在的人格分解为几个不同的人物。这一神话中与珀耳修斯有过纠葛的男性和女性主要人物，可以分为几个三人组：一组是女性，达娜厄（Danae）和安德洛墨达（Andromeda），两者之间存在着明显的平行关系，她们都被自己的叔叔纠缠不休，一个是普洛托斯（Proetus），一个是菲纽斯（Phineus），而且，两个女子都被其父亲囚禁起来。此外，两者都被珀耳修斯从她们自己不情愿的婚姻中搭救出来。如果说这两个人物代表母亲，那么，我们必须假定，由于孩子对母亲的暧昧情感，一方面是母子之爱，一方面是男女之爱，母亲的形象被一分为二了，母性的达娜厄象征母爱，而性感的安德洛墨达象征性爱。当然，除以上两位，还有第三个女性角色，即美杜莎所体现的令人恐惧的母亲。弗洛伊德已将蛇发女妖的形象与母亲所体现的阉割恐惧联系了起来。因此，美杜莎可能体现了那种促使孩子对其母亲敬而远之的畏惧情感。我们注意到，美杜莎与雅典娜关系十分密切，美杜莎有多么可怕和邪恶，雅典娜就有多么威严和仁慈，美杜莎象征由于孩子意识到自己对母亲的性欲而引起的恐惧，雅典娜则象征因与母亲疏远而获得的安全感。在美杜莎（Medusa）和安德洛墨达（Andromeda）这两个名字之间，可能也存在着交叉指涉的关系。

　　这个神话中父亲形象的分裂体现在一种更为引人注目的对称性。这个神话中出现了三对孪生兄弟，即阿克里西俄斯（Acrisius）和普洛托斯（Proetus）、波吕得克忒斯（Polydectes）和狄克堤斯（Dictys）、菲纽斯（Phineus）和克普斯（Cepheus）。每一对兄弟都是势不两立；每一对兄弟中都是一方是一位慈爱的父亲，另一方则是一位歹毒、可怕的父亲。在每一对中，那位歹毒的父亲最终都被珀耳修斯结果掉。弗洛伊德大概会说，他们被杀死是象征阉割，通过这一象征性阉割就将对阉割的恐惧转向了造成这种恐惧的人。菲纽斯和波吕得克忒斯都是被珀耳修斯用美杜莎的首级杀死的，阿克里西俄斯则是被珀耳修斯抛出的石环（quoit）砸在脚上而受伤身亡。前两者被变成了石头，而后者则被石头杀死。而且，值得注意的是，尽管一般而言脚上受伤并不足以致命，但是，在神话中，脚伤却往往是致命的，因为脚象征男人的生殖器。

　　将人物分为三人组，可能暗示了对由父、母和孩子三方构成的核心家庭的先入之见。实际上，这个神话中还存在着三组由三姐妹构成的人物，与其中每一组人物的相遇，都标志着珀耳修斯冒险历程的一个阶段，俄狄甫斯情结的欲望和恐惧在这些相遇事件中体现得尤为明显。蛇发女妖美杜莎是格赖埃（Graiae）三姐妹中的一位，她们又老又丑，她们共用一只眼睛、一个牙齿。上文提到，在弗洛伊德看来，拔牙是一个典型的阉割象征，挖掉眼睛亦然，因为眼睛象征睾丸。珀耳修斯凭借自己从她们那里搞到手的眼睛和牙齿，找到了山林水泽仙女（nymphs）三姐妹。从她们的芳名就可以看出，山林水泽仙女跟格赖埃三姐妹正好相反，既年轻又迷人，她们送给珀耳修斯三件宝贝而不要任何回报：飞鞋、隐身帽和皮袋子。在弗洛伊德的象征符号清单中，这三件东西都代表女阴。我们上面已经指出，蛇发女妖三姐妹都象征阉割。我们知道，蛇发女妖三姐妹中，只有一位，即美杜莎，会受到伤害。如此看来，上述两组三姐妹中的每一组，似乎各自关联于核心家庭中的某位成员。格赖埃对应于父亲，因为她们又老又丑，并且有着唤起恐惧感的名字：厄倪俄（Enyo）意为尖叫，佩佛瑞多（Pemphredo）意为嗡嗡叫，德伊诺（Deino）意为可怕。珀耳修斯以阉割威吓她们。山林水泽仙女则可能代表对母亲的性欲，格赖埃在受到威胁之后，就交代了接近山林水泽仙女的途径。蛇发女妖所引发的恐怖，当然是由孩子对自身的恐惧导致的，格赖埃姐妹中只有美杜莎一位能被伤害，这一点可能透露出如下的潜在思想：核心家庭的三位成员中，只有孩子自身最容易受到伤害。

这个故事中的另一个细节似乎也证实了这个神话与俄狄甫斯情结有关。赫尔墨斯交给珀耳修斯一把镰刀，希腊人并不用镰刀作武器，但是，镰刀在神话中却常常被作为武器。克洛诺斯用来阉割乌拉诺斯的凶器，就是镰刀，这把镰刀是大地之神打造并交给了克洛诺斯的；泰丰用来割断宙斯筋腱并让他变得浑身瘫软的凶器，也是镰刀。上一章曾提到，在胡利安传统中，镰刀既被用来将大地与天空分开，也被用来挖出风暴神的心脏和双眼，还被用来斩断乌利库米的双脚。埃及神话为这一故事提供了一种重要的异文。据说，塞特神（他被等同为泰丰）在跟霍尔（Hor）的战争中，被透特神（相当于希腊神话中的赫尔墨斯）割掉了筋腱。但是，这个故事的其他一些异文则说，被割掉的是塞特神的睾丸。赫拉克勒斯在斩断海德拉怪兽的脑袋时，用的就是镰刀（参见图5）。在希腊的献祭仪式上，镰刀被用来给用为牺牲的动物去势（Burkert 1983:68）。

总之，诸多迹象都证实了阉割情结在珀耳修斯和蛇发女妖的故事中的核心地位。但是，我们还可以在弗洛伊德的儿童发展阶段理论的背景上，对这个故事作更广泛的解读。这个叙事中开头的部分讲的是珀耳修斯娘俩被一起关在青铜打造的像子宫一样隐秘的地下密室中，后来又被关进箱子里投进大海随波逐流，这种母子生死相依的场景体现了对前俄狄甫斯阶段婴儿快感的想象。这一阶段的另一特征是对父亲的排斥，珀耳修斯的外公阿克里西俄斯（Acrisius）拒不相信孩子的父亲是宙斯以及他对达娜厄和珀耳修斯的放逐,就表明了这一点。一旦珀耳修斯被波吕得克忒斯视为威胁,父亲和儿子之间的俄狄甫斯关系就被激活了。珀耳修斯杀死了三位心怀歹意的父辈角色,就标志着这一敌意。波吕得克忒斯(Polydectes)这个名字本身,就表示嫉妒和怨恨:"一个得到太多东西的男人。"波吕得克忒斯命人将珀耳修斯与其母亲和家庭分开,并且派

图 5 柯林斯球形瓶,公元前 590 年。Antikenmuseum Basel und Sammlung Ludwig, inv. BS 425, Photo: Claire Niggli

遣他去挑战蛇发女妖，而蛇发女妖象征阉割的恐惧。母亲的角色转换为令人敬畏的圣处女雅典娜则标志着潜伏阶段的开始。珀耳修斯经过一番冒险历程之后归来，可以视为象征孩子与父母重归于好，与之共同归来的还有安德洛墨达，一位像他母亲但又不是其母亲的女性，取代母亲成为他性欲的诉求对象，而珀耳修斯跟慈父般的克普斯（Cepheus）和狄克堤斯（Dictys）握手言欢，则象征所有矛盾的最终解决。

俄狄甫斯

俄狄甫斯这个神话人物，正是因为弗洛伊德才变得众所周知，但是，弗洛伊德对于这个古代神话的参照极为草率，而且，他在《梦的解析》一书中所津津乐道的并非这个神话本身，而是索福克勒斯根据这个神话为题材创作的悲剧。索福克勒斯的悲剧之所以吸引弗洛伊德，是因为在剧中，俄狄甫斯尽管心怀极大的抵触，但还是义无反顾地走上了一条自我发现的道路，随着他将点点滴滴的信息拼凑起来，最终唤醒了对自己儿童时期的创伤记忆，发现了自己跟父亲、母亲之间关系的真相，这一荒唐的关系是为社会的伦理规范所不容的。正如弗洛伊德所云，这整个进程，"堪与精神分析的工作进程相比"（1940-68.2/3:268）。

在讨论各种典型梦象（即那些几乎人人都会做的梦）时，弗洛伊德问道：为什么索福克勒斯的悲剧对于观众具有经久不衰的魅力和震慑力，而那些现代人写的命运悲剧却只是让我们感到阵阵发冷而已？"一定是因为在我们的身体里面，有一个声音，一直在与俄狄甫斯的宿命中所蕴含的那种无可抵挡的力量遥相呼应，与之相比，格里尔帕策（Grillparzer）[①] 的《女祖先》（Ancestress）以及其他一些命运悲剧中的那些招式，在我们看来不过是浅薄的任意妄为而已。"他的解释是（269）：

俄狄甫斯的命运之所以令我们无法忘怀，恰恰是因为这可能正

[①] 格里尔帕策（Franz Grillparzer，1791—1872），奥地利剧作家、诗人。——译者注

是我们自己的命运，因为在我们呱呱坠地之前，命运的诅咒就已经降临我们头上，就像它降临在他头上一样。也许正是这一诅咒主宰我们将最初的性冲动指向母亲，将最初的歹意和暴虐指向父亲，我们的梦告诉我们，事情确实如此。

的确，弗洛伊德是在暗示，索福克勒斯本人可能就已经通过其对神话和梦的了解洞悉了俄狄甫斯情结的秘密，因为，在剧中，他借伊俄卡斯特（Jocasta）之口对俄狄甫斯说："别害怕你会玷污你母亲的婚姻；许多人曾在梦中娶过母亲；但是那些不以为意的人却安乐地生活。"（980—983 行，据罗念生译本）弗洛伊德认为这番话是这一悲剧的关键。俄狄甫斯故事是对两种典型梦境的幻想性反应：即弑父之梦和娶母之梦。由于这两种梦会引起强烈的厌恶之情，所以俄狄甫斯的故事必然以恐惧、自我惩罚和流放而告终。这个悲剧的所有其余环节，都被弗洛伊德置之不顾，被视为"仅仅是一些次要的无关宏旨的修正，旨在与道德教条达成妥协"(271)。正是普遍性的心理学内涵，才使这部悲剧显得非同凡响，而那些使这部悲剧成其为悲剧的东西，即"在神之全知全能与人的责任之间达成统一的努力"，"在这部戏里，跟在其他地方一样，是注定要失败的"(271)。

俄狄甫斯神话不仅被精神分析学当成神话学的利器，也成为弗洛伊德本人的神话的一部分。弗洛伊德跟俄狄甫斯一样，克服重重来自外部和内部的艰难险阻，顽强执着地追求事情的真相，致力于揭开其自我起源之谜和人类精神之谜。在他五十岁生日那天，弗洛伊德的学生和崇拜者献给他一枚大纪念章，纪念章的一面是他的肖像，另一面是一幅表现俄狄甫斯解开斯芬克斯之谜的画面，这一画面摹仿的是一幅雅典瓶画（参见图 6），纪念章上还镌刻着索福克勒斯的话："他破解了这个难解之谜，成了一位最强而有力的人。"其实，弗洛伊德的研究涉及俄狄甫斯的诸多形象，他的学生们在这里仅仅提供了其中的一个而已，除此之外，他的研究还涉及安格尔的油画《俄狄甫斯与斯芬克斯》（图 7）、一幅绘

第三章 精神分析神话学 | 133

图6 雅典瓶画。Vitticio Painter，School of Douris, c.470 BC. Museo Gregoriano Etruso 16541, Vatican. Photo: Alinari/Art Resoure, New York

有吉萨金字塔（Giza）前狮身人面像的古代玻璃匣子，以及众多关于俄狄甫斯的图书，尤其是路德维希·莱斯特纳（Ludwig Laistner）那本风靡一时的《斯芬克斯之谜》（1889）。

图7　J. A. D. 安格尔:《俄狄甫斯和斯芬克斯》(1864)。
Walters Art Museum, Baltimore, MD

考虑到弗洛伊德的思想倾向和职业属性,俄狄甫斯和斯芬克斯成为其最有力的个人象征,这并不值得奇怪。真正值得奇怪的是,尽管弗洛伊德对于这个神话一往情深,但是他从来也没有对这个神话做出全面系统的解释。这一事实也许恰恰表明,他对神话的分析并不是很感兴趣,尽管他经常很随意地引用神话作为其精神分析学观点的旁证。斯芬克斯的谱系学为弗洛伊德对美杜莎形象的见解提供了丰富的佐证。正如我们上文看到的那样,弗洛伊德将那些围绕着美杜莎而肆意滋生的阴茎象征,解释为一种"补偿"方式,旨在抵消由美杜莎所象征的阉割威胁而导致的恐惧。我们曾经指出,这种象征机制可以进一步扩展到美杜莎的后代身上,这些后代都无一例外地延续美杜莎在身体上的怪异性,这一点很能说明问题。他们都是些令人望而生畏的怪物,都被阴茎象征所包围。克律萨俄耳(Chrysaor)是从美杜莎被斩首的脖腔里生出来的,他生了革律翁(Geryon)和厄喀德那(Echidna)。革律翁是一个三体怪物,从同一个下身上长出三个上身。厄喀德那是一个半人半蛇的女怪,赫西俄德说她长着成百个蛇头、带刺的毒舌、凶相毕露的眼睛。她跟泰丰(即宙斯的敌人和"阉割者")结婚,生下冥府看门狗刻耳柏洛斯(Cerberus),它长着很多脑袋,据说从三个到十五个不等,下半身像龙,全身长满蛇鳞,脖颈之下只能像蛇一样蠕动。厄喀德那和泰丰的孩子还有:双头犬拉冬,它是一条长着一百个脑袋的恶龙,负责守护赫斯珀里得斯姐妹(Hesperides)的金苹果;那只不断啄食普罗米修斯肝脏的鹰;九头蛇海德拉,它的九个脑袋中,一个是不死的,另外八个被斩下后会再长出来,后来被赫拉克勒斯砍下了脑袋;喷火兽奇美拉(Chimaera),这是一个混合了狮子、山羊、蛇等身体的怪物;刀枪不入的涅墨亚(Nemean)雄狮;还有狮身人面的怪物斯芬克斯。

所有这些怪物,大都长着很多脑袋和蛇的身体,有些则长着三个身子,都具有阳具的特征,弗洛伊德在分析美杜莎的形象时也指出这一特征,并将之作为对由她所体现的阉割恐惧的补偿。但是,在这些怪物中,斯芬克斯却是特殊的一员,因为她不仅令人恐惧,而且还富于性的诱惑力,安格尔的绘画就很好地体现了这一点(参见图7),在这幅画中,俄狄甫斯直勾勾地看着斯芬克斯的乳头,她那丰满而圆润的乳房仿佛被聚光灯照亮而凸显出来,而她那畸形的身体则隐于黑暗的背景中依稀难辨。弗洛伊德之所以对这幅画着迷,肯定与这幅画所体现出来的这种交织着恐惧和嫌恶的暧昧的色情意味有关。在希腊艺术中,斯芬克斯常常被描绘为一个撩人情欲的女子，专门勾引和掳掠年轻男子，吸取他们的精血，然后把他们撕成碎片（参见图8）。不过，斯芬克斯之所以吸引弗洛伊德，也许还有另外一个原因。

　　斯芬克斯具有三重属性：女人的脸、狮子的身体、鸟的翅膀。因此，斯芬克斯的身体就体现了她的神话功能，即出谜语，其实，她本身就是一个谜。她的谜语同样指向一个三重的、令人困惑的怪物："什么生物在上午长着四条腿，下午长着两条腿，晚上长着三条腿，而且腿越多，越虚弱？"答案当然就是"人"，而这也正是弗洛伊德主义在斯芬克斯的谜一样的身体特征中所寻求的答案。斯芬克斯那与人类面孔结合在一起的兽性身体，被解读为一个譬喻：动物性的下半身代表情欲，不仅包括对文明构成威胁的野性兽欲，臀部以下的狮身就体现了这一点，而且还包括升华为色情的创造性情欲，飞翔的翅膀体现的就是这一点。这两者都代表力比多的生命力，它深陷于无意识，却借幻想和艺术得以释放。在这两者之上，则是由人的上半身所象征的超我，因为正是超我使人区别于野兽。"斯芬克斯"（Sphinx）这个词本身，在希腊语中就表示"扼杀者"，这一意义可以翻译为"压抑者"。因此，斯芬克斯的形象体现了人的成长，她试图控制她的动物本性，但是，这是一场并非势均力敌的战斗，因为她的身体中，两部分是动物，只有一部分是人类。其实，早在柏拉图关于人类灵魂的三重性的讨论中，就已经预示了弗洛伊德对斯芬克斯三合一长相的这一解释，柏拉图认为，人的灵魂包括三部分，即肉欲、激情和理智。在《理想国》第九卷（588c）中，柏拉图把人性的这种三重性跟斯芬克斯的同胞们进行了对比，其中包括奇美拉（Chimaera）、斯库拉（Scylla）、刻耳柏洛斯（Cerberus）（奇怪的是，他却没提到斯芬克斯，显然对于他的观点来说，斯芬克斯是一个更恰当的象征）。

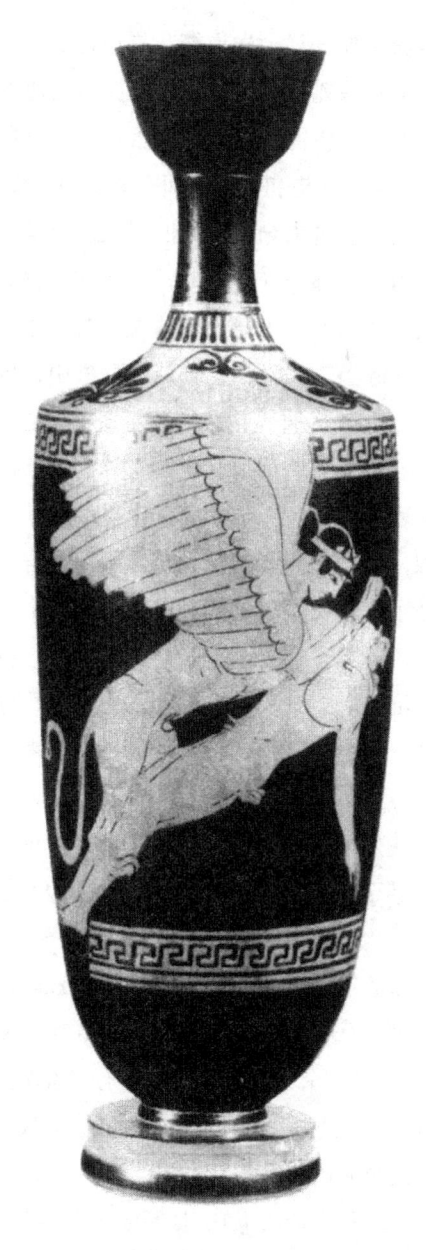

图 8　阿提卡红色人物长颈瓶，公元前 470 年。
Antikensammlung, Kunsthalle zu Kiel, inv. B 553

弗洛伊德跟俄狄甫斯一样，知道斯芬克斯之谜的答案。不过，与弗洛伊德不同，俄狄甫斯杀死了斯芬克斯，在弗洛伊德看来，他的这一行为象征着拒绝：不像弗洛伊德，俄狄甫斯否认斯芬克斯的动物本性，就像他否认他那些被压抑的欲望和仇恨，即对母亲的欲望和对父亲的嫉恨，正是这种压抑行为最终反过来导致了他的毁灭。但是，就俄狄甫斯也杀死了斯芬克斯身上的人类部分（"压抑者"）而言，我们可以将他视为一个摆脱了压抑的人。他的名字本身是"肿脚"的意思，就透露出强烈的男性性欲的意味。实际上，在索福克勒斯的悲剧中，自始至终，脚都是一个经常被提起的话题——脚是构成斯芬克斯之谜的关键，俄狄甫斯之得名，缘于他的脚被父亲拉伊俄斯刺伤，有神谕说，拉伊俄斯将会死于儿子之手，他为了逃避神谕，把孩子丢到山里。尤其值得注意的是，他受伤的部位是脚踝，而脚踝跟脚的关系相当于睾丸与阴茎的关系，不难看出，这一点象征了来自父亲的阉割威胁：按照弗洛伊德的说法，跛子或瘸脚通常作为阉割的象征出现于梦中。在神话中，我们会想到火神赫菲斯托斯（Hephaestus），当他父亲宙斯因为偷情而跟他的天后母亲吵架时，他替母亲说话，被宙斯摔下天庭跌成瘸腿，或者，相反的情况，比如《梨俱吠陀》（Rig Vega）中的因陀罗（Indra），他抓住并捏碎了父亲的脚，把他杀死，就像珀耳修斯用抛铁饼砸伤阿克里西俄斯的脚并因此要了他的命一样。甚至连俄狄甫斯的父亲和母亲的名字，也与这一象征机制有关：其父拉伊俄斯（Laius），意为"左撇子"，暗示了瘸子身体两边的力量是不均衡的；其母名为拉布达科斯（Labdacus），意为一只脚较短的人，或意为"软弱的人"（Limper）（希腊字母 λ，读为 lambda 或 labda，最早的写法是由一个长划和一个短划组成的倒立的 V）。在这个神话的后来的事件中也出现了阉割象征，例如，俄狄甫斯和拉伊俄斯在三岔口不期而遇，两个人用权杖击打对方的脑袋（在悲剧《俄狄甫斯王》中，拉伊俄斯痛击了俄狄甫斯两下）。按照欧里庇得斯的说法，两人之间的冲突始于拉伊俄斯的马踩伤了俄狄甫斯的脚踝！但是，最重要的阉割的象征，是俄狄甫斯的自我惩罚，他用针扎瞎自己双眼，而他的脚踝也是被自己父亲用针扎伤的（在这两个场景中，索福克勒斯不仅用同一个希腊词表示针，而且用同一个词表示被针扎坏的身体部位，他既用 arthra 一词表示脚踝，也用这个词表示眼睛，这个词意为"关节""凹穴""肢体"等。见717—718行、1032行、1270行。这个词在其他地方还用来表示阴茎）。弄瞎眼睛意味着阉割，弗洛伊德的学生们对此进行了广泛的研究，弗洛伊德自然也心知肚明（例如，他说："父亲在俄狄甫斯故事中跟在阉割情结中扮演着同样的角色，即作为孩子的性欲对象的对立面而存在。阉割以及用弄瞎双眼代替阉割，这正是父亲威胁着要给予孩子的惩罚。"见1940-68.9:158）。

俄狄甫斯的悲剧，尤其是经过索福克勒斯的改写，变成了一个自我拷问的故事，让美杜莎的后代们与拉布达科斯（Labdacus）的子孙们共处一堂，前者是阉割恐惧之无与伦比的象征，后者则是这种阉割恐惧之货真价实的牺牲者，这个悲剧还让"压抑者"与"无所忌惮的人"同时登场，借此，这个悲剧就成为在弗洛伊德看来最有力、最普遍的悲剧，因为它讲述的是我们每一个人注定会经历的悲惨故事，我们自己的生命故事。换个名字，把故事重新给你讲一遍。

第三节　弗洛伊德与人类学

弗洛伊德的批评者指责他是"泛性论"，即认为所有东西归根结底都跟性欲有关。针对此种指责，我们可以说，如果压抑理论确实是正确的，如果无意识确实是通过将受到意识压抑的冲动和欲望纳入自身之中而与意识划界而治，那么，就不得不承认性欲确实扮演着重要的角色。人类其他欲求，诸如饮食之欲、安居之欲，其受压制或不受压制的程度都很有限，相反，人类的性欲却极容易受到压抑，而且在某些情况下，对性欲的压抑几乎没有止境。不仅性冲动受到遏制，而且社会不加掩饰地为监控性欲投入了庞大的力量。

不过，说弗洛伊德主义将无意识中的所有东西都说成跟性欲有关，却也并不准确。在弗洛伊德看来，潜意识中，除了性欲之外，亦不乏涉及暴力的东西。按照弗洛伊德的学说，个体的无意识充满了歹意和怨恨（尽管其中很多情形可以被归因为由于性欲而引起的嫉恨、失意和怨恨）。只要个体想要成熟或者人性想要进步，暴力必须且能够像性欲那样彻底受到遏制。就个体而言，基本压抑机制的形成，即超我，离不开或者说受益于用一种冲动克制另一种冲动的能力，例如用爱克制恨、用恐惧遏制欲望的能力。在俄狄甫斯危机阶段，当对于父亲的敌意被对于父亲的爱所抵消、当对于母亲的性欲被由此导致的恐惧和厌恶所抵消，两难的情感得以释放，超我就开始形成了。在弗洛伊德看来，人类从野蛮向文明的进步，与此过程几乎有异曲同工之妙。

两难情感

两难的、矛盾的情感，尤其是爱恨交织的情感，是很多人都有的，尽管人们常常将这种两难情感中的一方抑制到无意识中去。两难情感存在于那些最重要的人类关系之中，尤其是儿童早期的关系，在我们还未来得及学会如何将这种情感的破坏力转换和导向对自身伤害较小的方向时，这些关系就已经形成了。不过，在两难情感的表象之下，依据压抑程度的不同，又存在着好几种不同的情境。

在《梦的解析》一书中，弗洛伊德叙述了一位被"女性俄狄甫斯情结"所困扰的女患者（1940-68.2/3:265-6）。她的病情发展有三个阶段：第一阶段，按照她的说法，她发病时常常会莫名其妙地大发脾气，对母亲怀有一种刻骨的仇恨。每次只要她母亲靠近她，她就会对母亲大打出手、破口大骂。与此同时，却对一位比她年龄大很多的姐姐表现出极大的柔情。第二阶段的特征是心智大体上清醒，交织着冷漠之情，睡眠时极度不平静，经常做梦，很多梦都跟想象中的母亲的死有关。例如，她曾梦到参加一位老妇人的葬礼，或者梦到自己跟姐姐身穿丧服孤独地坐在桌子前。第三个阶段，病情发展成歇斯底里恐惧症。最让她挥之不去的恐惧是唯恐母亲身遭不测，只要这个念头一出现，无论何时何地，她都会立刻跑回家，直到看到母亲安然无恙才放心。

这个病例表明，"精神对同一个刺激可以采取多种不同的反应方式，就像同一句话可以用多种语言翻译一样"。在第一阶段，这位女子的意识完全被无意识的情绪所淹没；第二阶段，意识监察机制的规则得以恢复，她对母亲的仇恨在希望她母亲死的梦中得以宣泄；第三阶段，压抑机制完全得以恢复，导致她对母亲安危的过度关切，这是一种歇斯底里式的反应，旨在预防其无意识中对于母亲的敌意。

在这一病例中，意识的监察机制在面对两难情感时，将敌意情绪予以排除，但是当它用一种过分夸大的关爱将这种情绪力行排斥之际，就未免矫枉过正。当需要被排除的情绪就是欲望的时候，就会出现此种情形。我们可以将上述动力机制图示如下表：

压抑	排除	低压抑	高压抑	极度压抑
敌意	暴力	象征性满足	犯罪感	恐惧或逃避
欲望	性诉求	象征性满足	羞耻感	拒斥或逃避

在这位俄狄甫斯女子的案例中，恐惧症体现为对其敌意目标的"恐惧"，然而，意识监察机制会通过对不被接受的情感进行替换而加以伪装。弗洛伊德讲述了另一位女性案例，她将对其丈夫的"恐惧"转向了一个另外的目标（1940-68.9:117-18）：

> 一天，她听到丈夫让仆人把他那把磨钝了的剃须刀拿到附近一家铺子去磨利。在一种奇怪念头的促使下，她尾随来到那家铺子。回家后，她立刻命令丈夫把这把剃须刀扔掉，因为她发现那家铺子正好毗邻一家卖棺材和丧葬用品的商店。剃须刀很容易让人联想到死亡。显然，在这位女士去那家商店之前，她在心中就已经建立了剃须刀和死亡之间的关联，在那家商店边上发现棺材铺，只是为她这种恐惧症提供了合理化证明而已。后来的分析证明，她一直有一

种无意识的欲望，希望丈夫在剃须时会突然用剃须刀割断自己的喉咙，这种隐忍未发的欲望让她怀有深深的罪恶感，她对剃须刀的禁忌正是源于其无意识中的欲望和罪恶感。

不仅仇恨或欲望能够被转移到某个对象身上，整个两难情结也可以用这种方式被掉包，在那个著名的鸡人（Chickenman）病例中就体现了这一点，这个病例是桑多尔·费伦齐（Sándor Ferenczi）报告的（Ferenczi 1913），下面是弗洛伊德对这个病例的介绍（1940-68.9:158-9）：

> 小阿尔帕德（Arpad）两岁半那年到乡下过暑假，一次当他对着鸡窝撒尿时，一只鸡被惹恼了，狠狠地啄了他的小鸡鸡几下。一年后，当他又来到这里时，他自己变成了一只小鸡，除了鸡窝和鸡窝里发生的一切之外，他对其他任何事情都不感兴趣。他放弃了人的语言，只会像鸡一样咯咯咕咕地叫。五岁的时候，他被送去看精神病科医生，尽管这时他已经恢复了说话，但是，他的话题总是离不开鸡和别的家禽。他没有其他玩具，只会唱一些赞美鸟类的歌曲。他针对鸡的行为自相矛盾，极度的怨恨和极度的爱恋相交织。他最喜欢的游戏是屠戮鸡形玩具，这对于他，就像过节一样，他会一连数小时围着鸡的尸体跳来跳去，但是，接着他就会亲吻和爱抚那些被他刚刚残暴地肢解的残骸。
>
> 小阿尔帕德自己小心翼翼地透露出他这种反常行为的真正含义。他将他的欲望从图腾主义翻译为日常语言。"我爸爸是一只公鸡，"他说，"现在，我还小，只是一只小鸡。等我长大了，我会长成一只大鸡。当我再长大一点，我会长成一只威风的大公鸡。"有的时候，他会突然想到吃"锅里的妈咪"（比喻"锅里的鸡蛋"）。他动不动就威胁说要割掉人家的小鸡鸡，就像大人们因为他手淫威胁要割他的小鸡鸡一样。

在这一案例中，由于在父亲对他发出的阉割威胁与公鸡伤害他的阴茎这两种行为之间发生联系，整个两难情感的情结就被从父亲身上转移到了鸡的身上。

图腾主义

有了这些对儿童精神活动和精神病患者的观察作为后盾，弗洛伊德觉得可以对比较人类学指出的"世界各地原始社会的神话和仪式根本的相似性"这一现象做出自己的解释。弗洛伊德最重要的人类学著作《图腾与禁忌》(1913)的理论基点就是野蛮人的思想类似于儿童和神经症患者的思想。野蛮人、儿童和精神病患者具有共同的未充分发育的压抑机制，他们都会相当直接地表达其无意识欲望和需求，这一点构成其思想的基本特征。基于这一信念，弗洛伊德将个体的心理发展阶段（个体发生学）与整个人类的心理进化阶段（物种发生学）等同起来。《图腾与禁忌》在内在压抑机制的发展与社会性压抑机制（如宗教、道德、法律、政治制度等等）的发展之间，建立了一个共生的、互为因果的关系，尽管他从未对这一学说做出充分而清晰的说明。这一学说使精神分析学获得一种独一无二的资格，使之能够对文化进化做出因果说明。

跟他那个时代的其他许多人一样，他坚信要说明一种文明的起源，必须勾勒出其整个漫长的发展轨迹。因此，他特别关注图腾制度，比较人类学家将之视为人类文明的最基本形式。弗雷泽的《图腾制度与异族婚姻》和施密斯的《闪米特宗教讲演录》两书中所勾勒的图腾制度是弗洛伊德的主要（也是方便的）理论依据。他们关于图腾制度的典型特征的看法，即使在当时也是很成问题的，不过，在这里我们并不关心其理论的细节。

一个"图腾"，是一种可以食用的动物，偶尔也会是一种植物或者自然现象，譬如说雨水。这个词也被用来表示一个图腾团（band），即由某个共同的图腾所标注和联系起来的一个社会群体。属于某一个图腾的成员的资格通常是由母亲那里继承而来的，但它不仅仅涉及血缘纽带（而且被视为较之血缘关系更紧密），也与某个特定的地点没有必然关联，因为不同图腾的成员常常会混居在同一个村庄中。图腾团将图腾视为其族群的父亲，视为保护神和大救星。他们拥有共同的膜拜仪式和共同的周期性节日聚会，遵守共同的禁忌。最严格的禁忌规定，图腾成员严禁猎杀和食用图腾动物。不过，有时候，图腾成员会在节日聚会上将图腾动物奉献为牺牲，并且食用之。在这种情形下，就像在上述鸡人的案例中，野蛮人展现出针对图腾的矛盾情感。

在图腾社会中，人际关系不是取决于个人，而是取决于代际，每一个达到做父亲或母亲年龄的人都会被称为"父亲"或"母亲"，同一图腾中同代人都被称为"兄弟"或"姐妹"。如此一来，一个严格的乱伦禁忌就会扩展到所有的图腾成员，即使其相互之间的血亲关系非常疏远。图腾社会这种对乱伦的严厉禁止又因为同样严厉的"避讳"仪式而得到加强。在新赫布里底群岛（New Hebrides）的莱波斯岛（Lepers Island），男孩一到该举行成年礼的年龄就离开家庭住进"男人屋"中，从此以后，他终其一生都不能跟自己的姐妹碰面，他可以回家并在家里吃饭，但是，假如他的姐妹在家中，他就不能回家，或者如果他姐妹回来了，他就必须马上离开。如果男人在外面与自己的姐妹不期而遇，他会立刻跑开，或者躲进灌木丛中。一个男孩不仅禁止说他姐妹的名字，甚至不能在说话时涉及她名字中的任何一个字眼。虽说在莱波斯岛上，只有嫡系兄弟姐妹之间才存在这种禁忌，但是，在另外一些社会中，例如在斐济岛，严厉的避讳制度被推行到同一图腾群体中所有的兄弟姐妹关系之间。或者，像在苏门答腊岛，这种制度被推广到包括父母和孩子之间关系的所有家庭关系中。这种严厉的避讳制度可以跟神经症所体现出的过度避讳的情形相比。

禁忌

两难情感不仅体现于那些支配着人与图腾动物之间关系的禁忌中，以及那些支配着同一图腾的成员之间关系的禁忌中，更体现于"图腾"

的性质本身。人类学家将禁忌视为人类法律的最原始形式，它与更发达社会的法律的差别体现于其权威的形式和实施的途径。它们不是基于任何外在的来源，不像宗教那样基于上帝的威能，也不像民法那样依赖国会、警察、法庭和监狱。在图腾社会中，禁忌被视为自然的、自明的、自发的，对于那些相信其威力的人而言，它们的确如此。

直接禁忌与社区中具体的个人、地方或事物密不可分，它是一种神圣性避讳形式，涉及诸如酋长、祭司等权威性人物，也涉及尸体、生育、成人礼、婚姻、性活动、经期妇女、即将奔赴战场或打仗归来的战士、特定的食物品种等事物。似乎这些人物、地方和事物散发出一种超自然的力量（"玛哪"，mana），凡夫俗子和整个社会必须对它们敬而远之以免受到伤害。可以将这种超自然力量比作强大的电击，它能够安然无恙地通过酋长的身体，但却会烧坏凡人之体，因为后者的电路只是为较低的电压设计的。通过举行特定的仪式可以保护一个人免受玛哪的伤害，例如努巴人（Nuba）的宫廷礼仪。努巴人在刚进入酋长的木屋时，要袒裸左肩膀，直到酋长触摸了它为止，就好像经此一触，将他身体中的电流接地排出了一样。

就像电流一样，玛哪也可以通过接触将自己传导到其他事物上，这些被传染的事物因此就被间接的禁忌所笼罩。例如，一位在新西兰旅行的旅行家所报道的例子，有位年轻而健康的奴隶在路边发现了一些食物并且把它吃掉，一位目击者惊恐万状地告诉他，那些食物是一位毛利人酋长留下的，他听罢立刻身体痉挛，一命呜呼。因为害怕被传染，所以一个社区会采取措施消除由于有人触犯禁忌而导致的威胁，比如将他逐出教门或者流放出境。

禁忌体现了与恐惧症相同的特征。对于涉及某个人物尤其是权威人物的忌讳和保护的过度担忧，流露出类似于恐惧症患者对于他所欲望或所怨恨对象的过度补偿的心情。与禁忌的情况相似，这些被压抑的情感很容易被转移到相关的事物或地点，就像我们在上面提到的那位女士或者安娜·欧的例子所表现的那样，那位女士将丈夫的剃须刀视为禁忌，安娜·欧则将喝水视为禁忌。正如我们在本章第一节中提到的那样，神经症患者的两难情感可以表现为一种仪式性的痴迷情感。原始人也像神经症患者一样，借非理性的禁忌或仪式给予其心中被压抑的怨恨或欲望以无意识的表达。可以认为，野蛮人就像神经症患者一样，需要禁忌和仪式，以缓解因为过度压抑导致的紧张。尽管野蛮人的禁忌对象或者仪式活动的内容是继承自他们的前辈，这些忌讳和仪式的有效性表明，其所由之产生的那些怨恨情感或欲望依然如故地存在着。

原罪

弗洛伊德问道：为什么图腾制度的两个基本特征，即过度的乱伦禁忌和宰杀（食用）图腾动物的禁忌，是相互一致的？弗洛伊德为了回答这一问题，回到了文明诞生和图腾制度之前，从尚处于自然状态的人类社会形态入手进行解释。达尔文基于其对于高级类人猿的极为有限的观察，在其《人类的起源》(1871)一书已经勾勒出了一种原人状态的画面，这是一种"原始的群落"，由一个占据统治地位的雄性和几个雌性构成的小型家庭族群。在其中，那位雄性头领将所有雌性都据为己有，而禁止其他雄性染指。每当有男孩子长大成人，他的父亲就会把他赶走，或者干脆在角斗中杀死他。这种父权制群落跟图腾制度形成鲜明对比，在弗洛伊德看来，图腾制群体中，所有男人都享有相同的权力，不过，另一方面，其中所有男人也都同样无法享有女性。此种彻头彻尾的逆转，从权力原则转变为权利原则，从为所欲为的性放纵到彻底的性压抑，暗示出，要将自然如此这般地彻底颠倒过来，需要的不是一个渐进式的进化过程，而是一次猛烈的、突然的爆发过程。

图腾社会本身就为精神分析学提供了两个基本线索。其一，在所有图腾社会中，同一图腾的成员都将图腾动物视为其群体最初的父亲。其二，图腾主义对于图腾动物的感情，体现出跟儿子和精神病人对于其父亲相同的两难情感。弗洛伊德诉诸施密斯关于图腾盛宴耸人听闻的解释（而且他的这一解释纯属向壁虚构）：氏族成员在周期性的（往往是一年一度的)盛筵上,打扮成其图腾动物的样子,模仿图腾动物的样子载歌载舞,借以展现自己与图腾动物的同一性,随后,他们一起动手,隆重地宰杀一只图腾动物,生吞活剥地吃掉,"血,肉,乃至骨头!"(1940-68.9:169)在把牺牲一扫而光之后,随之而来的是一场放荡恣肆的狂欢,所有的禁忌都一扫而光(甚至乱伦滥交都有可能)。弗洛伊德说:"平时遭到压抑的本能得到释放,形成了这种狂欢节气氛。"(170)

这些线索足以让精神分析学将其从现代儿童的父亲情结中获得的启示应用到史前历史。一桩实际发生过的犯罪事件促进了从原初帮伙到图腾团体的转变,此种罪恶,现在则只是出现在儿童和精神病人的梦中(172-3):

> 一天[让我们穿越到原初帮伙的时代],那些被放逐和压迫的儿子们串通一气,打死了他们的父亲,吃了他的肉,因此导致了这种父权制帮伙的终结。他们联合了起来,因此敢于实施以前他们个人所无法实施的行为。(或许,在文化上已经有了某些发展,例如掌握了一种新的武器,让他们有了一种必胜的信心。)这一点在那些杀人为食的野蛮食人族那里是不言而喻的。对于这种兄弟群体而言,这位专横强大的原初父亲肯定是嫉妒和恐惧的对象,现在,他们吃了他的肉,借此,他们就证明了自己与他的同一性,并且获得了曾经属于他的力量。图腾餐,或许是人类最原始的节日,可能就是对此一令人难忘的犯罪事件的再现和纪念,社会组织、习惯法规、宗教等,都植根于此。

由此假设出发,要证明上述结论的可靠性,只需说明一点,即那些串通一气的兄弟们被对于父亲的两难情感所困扰,我们能够证明,这种两难情感是所有儿童和精神病人之弑父情结的主要内容。他们嫉恨父亲,因为他专横、强大,妨碍了他们满足自己权力欲和性欲,但是,他们同时又对父亲充满爱戴和崇敬之情。在他们把父亲干掉从而报仇雪恨之后,他们还必须为郁结于心的伤感寻找出路,于是，这种情感以忏悔的形式体现出来，一种愧疚之情油然而生，这种感情与他们所共同具有的忏悔之情交织在一起。那位被杀害的父亲现在变得较之他活着的时候更为强大有力，我们今天不难从人之常情中看出这一点。当初，他活着的时候，对他们严令禁止，现在，他们自觉地自我约束，精神分析学很了解这种精神状态，即所谓"迟来的顺从"。他们试图弥补所犯之罪，因此禁止猎杀父亲的代替物，即图腾动物，也放弃了因弑父之罪而获得的胜利成果，即女人，即使他们现在终于可以享用这些女人了。如此一来，儿子们因犯罪而生出的道德感形成了图腾社会两个基本的禁忌（即禁止吃图腾和禁止同族婚姻）——而且，正是出于这一理由，他们与俄狄甫斯情结中的两种被压抑的欲望（即弑父和娶母）是一致的。

这一精妙绝伦的理论表明，俄狄甫斯情结不仅开启了人类个体的心理发展历程，而且还奠定了人类文明。兄弟们摈弃了其父亲的自我中心主义，这既是超我的源头，也是社会秩序的源头。他们的弑父之罪，以及他们庆典般的犯罪行为背后的冲动，还导致了膜拜行为，并间接地导致了宗教、艺术和文化的产生。

从野蛮到宗教

弗洛伊德声称，所有宗教都植根于这种对于父亲的怀念之情。确实，几乎所有宗教中的主神都被称为"父亲"。不仅如此，在一些历史化的宗教体系中，依然能够发现将图腾动物与父亲等同起来的蛛丝马迹。在很多古代宗教中，每一位神往往都有一种属于他的神圣动物，"在某些特定的神圣献祭活动中，在圣餐礼中，这种动物被祭献给此神"（178）。神灵往往化身为动物的形状接受人们的膜拜，在神话中，神经常会变形为动物，尤其是独属于他的那种神圣动物。

然而，这种对于父亲的怀念之情，也不是没有矛盾。社会和宗教的进化首先体现为对于父亲角色的爱恨交织之情的变异，尤其是体现为随着对父亲的敬爱之情的增长，对他的敌意的逐渐缓和。在个体发育的层面上，俄狄甫斯情结所引起的愧疚感、羞耻感和恐惧感，导致超我的形成，这标志着潜伏期的开始，当超我变得日益强大，就会压制力比多，或为之重新定向。同样，在系统发展的层面上，由于弑父而导致的愧疚感和羞耻感，加上担心某位兄弟也许会接替父亲的角色的恐惧，造成了以图腾制度为特点的社会秩序。但是，随着时间的流逝，对父亲的嫉恨逐渐缓和，取而代之的是对他的敬爱和效法。社会因此变得越来越父权化和等级化，个体为了实现自己的理想自我而奋斗，但只有少数人能如愿以偿。弗洛伊德的图腾社会中众生平等的兄弟情谊，不可避免地演变为某种与弗雷泽的巫术时代高度相似的社会，在其中，巫师、祭司以及祭司王们拥有越来越接近神的权力。随着其权力的膨胀，图腾动物或神越来越人格化，其形象被重塑，越来越像那位原初的父亲。宗教越来越不是一种集体性的事业，而是变成了一种个人化的、对于一个更为人性化的父性人物的恭敬和顺从。在某种意义上，那些崇拜和顺从祭司王及神王的人们，从这种新关系中得到益处，他们通过想象那些献祭是出于神自己的旨意，从而进一步缓解了其心中的愧疚感（正是在这一阶段，出现了那些提到神杀死其自己的神圣动物的神话）。如上所述的过程，可以跟个体最终与父亲达成心理上的妥协这一个体成长过程相比，但是，情感中的两难处境却并未得到摆脱，毕竟，这是弗雷泽所谓注定会死的神或神王的阶段，人们崇拜他们，但也会把他们杀死献祭，甚至吃掉。

最终，这种基于对父亲的愧疚和怀念之情的宗教，由一种随后出现的母性崇拜而得到补充。随着青春期的到来，潜伏期宣告终结，弗洛伊德试图将青春期萌动比附于新石器时期的农业革命。在个体发生的意义上，青春期的性欲萌动重新唤醒了曾经受到压抑的对于母亲的性欲，并且使青少年再一次陷入与父亲的冲突之中（尽管就个体而言，这一境况最终让他找到了一个较之母亲更让他称心如意的女性，并且彻底摆脱了俄狄甫斯情结）。在系统发生的意义上，农业革命为人类社会与文化带来了巨大的改变。但是，农业革命同时也导致了一定的心理效应，"随着农业的发展，大地母亲的劳作、儿子们的乱伦本能获得了新的刺激"（183）。人类青春期被唤醒的力比多导致了对于母神的崇拜。实际上，在欧洲、亚洲的考古遗迹中，普遍存在着一种丰乳肥臀的"维纳斯小雕像"，这是一个裸体的生育女神。在希腊、小亚细亚、中东等地的历史宗教中，女神崇拜的遗风也清晰可辨，这些宗教的特点之一就是对一位女神及其圣子的崇拜，"这位一心想取父亲的位置而代之的儿子，横空出世，面目一新"（185）。

如果说父亲的形象凝结了早期部落时代的犯罪感，那么，母亲的形象则凝结了新石器时代的性幻想。各民族神话中诸如伊南娜（Inanna）、伊西斯（Isis）、维纳斯（Venus）、西布莉（Cybele）等伟大的女神都有一位短命的情郎，如杜穆兹（Dumuzi）、奥西利斯（Osiris）、阿多尼斯（Adonis）、阿提斯（Attis），弗雷泽业已证明，这些遍布世界各地的短命男神都是年轻的植物精灵。在弗洛伊德看来，这些年轻的恋人是那些经过漫长的农事劳作之后性欲极度亢奋的年轻农民的自我象征。尽管弗洛伊德过于夸大了农事劳作带来的乐趣，但是，这些神话确实对他的如下观点提供了一些令人印象深刻的支持：恋母性欲的想象性满足引发犯罪感，并且这种性欲通常会被想象性的惩罚所败坏。在这些神话中，母神的那些年轻恋人无一例外都下场很惨，经典的例子是奥西利斯、阿提斯和阿多尼斯，他们的下场都是被阉割。就阿多尼斯而言，对他的阉割是由一头野公猪实施的，这是阿芙洛狄忒的圣牲，而在另一个版本的故事中，动手对他进行阉割的则是战神阿瑞斯，他是阿芙洛狄忒的情郎，他满怀妒忌，象征伪装的父亲的形象。

宗教思想的关注焦点从父亲到儿子（从对手到自我）的转移也可以以扎格列欧斯（Zagreus）的神话为例证。事实上，扎格列欧斯后来被等同为"父亲"之神宙斯和狄奥尼索斯，但是，在俄耳甫斯教秘教所流传的神话中，他是一个年轻的孩子，被泰坦神撕碎并生生吃掉。尽管从父亲变成了孩子，这个故事还是充斥着愧疚和懊悔之感。宙斯用霹雳烧死了泰坦神，作为对他们的惩罚。随后，普罗米修斯将泰坦的骨灰与泥土混合，他用这种泥土造出人类，人类的这一来源解释了人类的堕落，人性中混有泰坦的品性。人类跟野兽不同，他一半是神性，一半是泰坦，从一开始就因为原罪而被宣判为有罪，因此必须忍受尘世的存在，用周而复始的再度降生为泰坦赎罪。对于扎格列欧斯的野蛮虐杀，再现了一个在狄奥尼索斯神话中众所共知的母题，这一母题长久以来被认为是反映了某些秘教仪式上实施的动物献祭活动（正鉴于此，弗洛伊德特别重视秘教的献祭仪式）。

个体心智发育和种族心智发育两者之间的对应关系，可以图示如下：

[个体发育]
　　　　　　　　　阉割情结　　初情期
自体性欲期　　恋母期↓潜伏期　　↓青春期 ‖ 成熟期
―――――――――――――――――――――――――――
原始人群　　　　　↑图腾/巫术↑宗教　‖ 科学
　　　　　　　　杀死父亲　　　农业
[种族发育]

毋庸深论，在个体发育过程中，并不存在一个跟"宗教"相对应的时期。弗洛伊德终其一生都是一位傲慢而好斗的无神论者。早在1907年，他曾就"强迫性神经症患者与宗教实践"之间的关系提交了一篇论文，在这篇文章中，他得出结论认为，神经症是"一种个体的宗教"，而宗教是"一种群体强迫性神经症患者"（1940-68.7:139）。在《图腾与禁忌》一书中，他洋洋得意地对宗教大加鞭挞，将其起源归结于人类所能想象的最野蛮最丑恶的罪行，并认为宗教之所以能够流传不衰，是由于成千上万被压抑者心中烈焰焚身般的乱伦和复仇想象。如同弗雷泽，弗洛伊德也认为宗教是一种危险的幻觉，必须用科学和理性取而代之。不过，弗洛伊德不像弗雷泽那样伪善，他公然抨击和揭露基督教尤其是天主教的仪式和教条，认为没有哪种宗教像基督教这样赤裸裸地体现出本我被压抑的渴望。基督教神话将人类与生俱来的罪恶感归咎于其对抗天父上帝的原罪,"如果说基督为了将人类从其沉重的原罪中解脱出来而牺牲自身,我们将不得不由此得出结论:原罪是一次谋杀事件,……(在原始社会)自我牺牲涉及杀人罪。如果说基督的自我牺牲是对天父上帝的补偿,那么,这次杀人事件中被杀的就只能是父亲。"(1940-58.9:185)尤其耸人听闻的是,弗洛伊德认为,基督教的圣餐仪式象征性地食用被牺牲的儿子/父亲/羔羊/上帝的血和肉,其实是对图腾盛宴的直截了当的追忆。

第四节 社会和理论语境中的弗洛伊德

内在的野蛮人

何以众多的互不相干的文化却有着相同的神话或神话母题?维多利亚时代的科学对于这一问题主要有两种回答。其一可以缪勒为例(见第二章第二节),他持一种退化论的、保守主义的观点,从其高贵的基督教理想出发,将遥远的过去理想化。其二则可以弗雷泽为例(第二章第三节),他持一种进化论的、自由主义的观点,他信仰进步,相信理性与科学具有将人类从其野蛮的宗教和社会状况中拯救出来的力量。这两种观点之间表面的对立却掩盖了它们基本的共识,即西方是世界上最发达的文明,要造福于世界的其他部分,只有借助于殖民事业。社会进化论的比较理论也同样引进了一个相对于维多利亚理论精英的"他者",即牧师、庄稼汉和劳动阶级,我在上文将这些人称为"内在的野蛮人"。对内,他们被用来为欧洲精英的霸权辩护;对外,按照同样的逻辑,则被用来为欧洲国家的霸权辩护。尽管在比较人类学中此种"他者"的轮廓显得益发清晰,但仍被笼罩于野蛮人的阴影中。弗洛伊德不假思索地从比较人类学那里借用了此种进化论框架,并且将我们注视的目光引向内部。野蛮人被带回本土,不仅住在贫民窟中,而且就住在那些一度令人肃然起敬的市民的脑袋里。对于弗雷泽而言,内在的野蛮人主要是用来证明反对外在野蛮人的合法性；而对于弗洛伊德而言，史前野蛮人和图腾主要是被当作一束光线借以照亮当代欧洲精神和文化的内在心智。毕竟，弗洛伊德不是一位人类学家，况且，奥地利也没有海外殖民地，不过，跟大不列颠帝国一样，它的内部也存在众多的不安因素。

比较人类学的进化论模式很容易融入弗洛伊德的精神分析历史：至少，弗洛伊德大致勾勒了一个典型的比较研究的心理演进阶段理论，但是，他并不满足于仅仅将野蛮人心智与儿童心智相互比附，而是在个体发展与系统发展之间建立了一种精致的平行关系。为了实现这一点，他主要不是求助于弗雷泽的观念，即认为野蛮人的心灵即使非常幼稚，也受理性的支配，而主要是求助于一种更为常见的观念。这种观念是弗雷泽的同事们提出来的，即认为野蛮人根本不具有理性能力，即使有也很少使用，野蛮人是本能、激情和冲动的奴隶，只有在逐渐开化之后，才会获得使用理性的能力。为了适应于这一理论模式，弗洛伊德更加强调的是理性作为自我控制机制的一面，而不是其作为认知手段的一面。实际上，在弗洛伊德的进化论叙事中，理性已经被贬为次要的角色，真正的主角是力比多和自我-本能（或者用晚期的术语说，就是本我与自我），以及相辅相成、密不可分的快乐原则和现实原则。自我在其"导师"，即粗鄙的"需要"的训诫之下，通过给追求满足的冲动戴上枷锁而驯服了力比多。尽管自我在决定如何使力比多顺应现实原则时，运用的是理性，但是，正如弗雷泽指出的那样，这一理性与其说是抽象的科学精神，还不如说是服务于个体的情感满足。确实，自我最终就像力比多一样服务于快感原则：它之诉诸理性，只是为了避免挫败或者痛苦，假如任凭顾现实原则的力比多横冲直撞的话，就很可能会导致此类挫败或痛苦。

首先，力比多的能量是变动不居、放肆无忌的。成熟意味着自我对力比多的控制和管束，在这一并非势均力敌的任务中，自我不仅遭受到来自外在现实世界的、以现实性的冷酷面目出现的必然性的抵制，而且还遭受到源于内部想象世界的力量的威胁。这一个内在的幽灵，即害怕被阉割的俄狄甫斯式恐惧,如上所述,正是基于这种恐惧,确立了个体对于外在的压制性规范的最初顺从。这种阉割恐惧自始至终、彻头彻尾是一种想象的产物,但是,弗洛伊德似乎觉得有必要为之提供一个真实的历史基础,他说:"这种内在的困扰或许是源于人类在其早期的进化历史中所遭遇到的真实困难。"(1940-68.11:363)

出于这一古怪的念头,弗洛伊德发现斯宾塞的观点与自己不谋而合,斯宾塞认为前人的生活经验会经由遗传机制被后代所继承。(这一理论通常被称为拉马克主义,它源于拉马克《无脊椎动物的自然史》[1815]一书中的第四定律:"个体组织在其生命历程中所习得、积累或改变的所有事物,都会经由遗传得到保存并传给其随后的下一代。")对于弗洛伊德而言,经验遗传的学说不仅为他追逐考古学的旋转木马提供了一个借口,而且,这一学说还解释了,为什么所有人类,不管其文化背景和教育背景如何,都会对那些出现于神话和梦中的象征有相同的理解。即使我们不这么认为,至少对弗洛伊德而言,更重要的是,这种学说解释了,某些主要是在维多利亚时代精神病患者的狂野想象中发现的想象之物,何以也会随时随地、一模一样地出现于其他人的心灵之中:经验遗传的理论为诸如此类的想象建构提供了一个基础,如阉割恐惧、俄狄甫斯情结的形成机制,这一机制在儿童成长过程中发挥着重要的作用,就像众多的其他"原初幻想"(primal fantasies)也是基于这一基础一样,这些"原初幻想"打断了正常成长的进程,并且"反复出现于精神病患者的童年故事中,似乎永远也不会消失不见",但是,它们并不像报道的那样频繁出现(1940-68.11:383-6):

> 我相信这些原初幻想……是人类物种遗传的产物。借助它们,人类个体能够追溯到超出其个人经历的遥远过去年代的人类经验,那是一个他的个人经验无能为力的时期。在我看来,当今的精神分析师所听到的一切,包括白日梦、童年的诱惑、因为目睹父母亲性事而导致的性欲唤醒、阉割恐惧——乃至真正的阉割,在史前时期

的人类家庭中很有可能都曾经实实在在地发生过。在白日梦中想入非非的儿童,只不过是在用史前的真实填补其个人真实经验的空白而已。人们也许不太相信,精神病心理较之所有其他途径保存了更多的人类进化的痕迹。

精神病确实提供了一条通向人类史前历史的康庄大道,对于大多数人而言,幼儿期之后,这种世代相传的知识就被埋葬于无意识之中了,但是精神病人或者是仍保存着此种知识的痕迹,或者是将之重新唤醒:在儿童时期,力比多通常会固着于某些对象上,自我最终也很难从这些对象上得以解脱,或者自我会出现"退化",就像在个体发育历程中走回头路一样,回到婴儿期,追求失去的快乐。这种在个体发育时序上的倒退过程,可能同时也是人类物种发展进程中的倒退。在一篇写于 1915 年的未完成的论文中,弗洛伊德甚至遐想,如果将现代的各种精神病按照这些精神病患者的平均年龄的顺序排列起来,就会得到人类在其史前时期所经历的各种精神创伤的前后顺序(Freud 1985[1987])。在前面,我们已经从弗洛伊德力主普罗米修斯和赫拉克勒斯的历史真实性(第二节)或者原初父亲的历史真实性(第三节)的观点中,看到了他试图将集体幻想置于史前历史的物质现实之上的思辨冲动。拉马克的假说,在达尔文之后尽管已被证明不能成立,但却成为弗洛伊德野心勃勃、包罗万有的理论系统之不可或缺的基石:它使精神分析学能够跨越现在与过去、个体无意识与集体无意识之间的鸿沟,并最终自我扩张到将人类学和社会学也囊括其中。

弗洛伊德的野蛮人是名副其实的"内在的"野蛮人:在每一位欧洲人的大脑皮层下都潜伏着一个骚动不安的野蛮人的大脑,其中的古老内容原封未动,而且,拜压抑机制所赐,这个大脑尚处于完美的正常运转状态。不仅如此,这是一个与众不同的内在野蛮人:与弗雷泽的野蛮人不同,这个野蛮人不会轻易地就被外力所同化,或者被一种良好的教育所拒斥。在何种程度上,心灵中野蛮的部分能够被压抑或被忽视,是有一定的限度的。较之自我，本我对于文明生活所做出的贡献更是不可或缺。尽管本我中可能充斥着令人厌恶的欲望，但它同时也是精神能量的活力之源。至于自我，除却它从本我中汲取的能量之外，则是缺乏活力的，它最多能发挥操控这一能量的作用，将之导入合乎其目标的方向。在《自我与本我》一书中，弗洛伊德将自我比作骑手，"骑手的作用是驾驭骏马狂野的力量，不同之处在于，骑手依靠的是自己的力量，而自我则是依靠借来的力量"（1940-68.13:253）。不仅是人类的进步，甚至连人类文明的延续本身，都离不开这种"内在的野性"向生产性劳动的转化。

弗洛伊德的社会理论不仅与弗雷泽的进化论有相似之处，也跟缪勒关于神话学起源的语言学理论有相同之处。人性中源于物种遗传性的因素包含一种原始的语言，实际上，这也是最原始的人类语言，其原始性不亚于早期灵长类动物的象征性"语言"。此种语言凭遗传的作用而得以世代传承，后来，当人的心灵分裂为意识和无意识两部分，当人类这种动物拥有了我们现在所熟知的语言，这种原始语言依然残留在无意识中。这种语言尽管被掩埋于无意识之中，却从来没有失落，每个人在幼儿时期，当他尚未学会口头语言，都是用这种原始语言进行思考的，每个人在他的白天的白日梦中，或者在晚上的睡梦中，都会重新回归此种原始语言。

不过，出现于梦和神话中的那些共同的象征并非是原始语言唯一的遗迹。弗洛伊德被语言学家卡尔·阿贝尔（Karl Abel）的《原始词语的矛盾含义》（*Contradictory Meaning of Primitive Words*，1884）一书深深吸引，阿贝尔在这本书中考察了大量源于古代语言和现代语言的词语，在他看来，这些词都包含着自相矛盾的含义。他认为这些词是原始语言的遗留物，因为他认为任何违背矛盾律这条最基本的逻辑法则的语言，必定是源于人类尚未具备理性能力之前的时期。实际上，阿贝尔的很多例证都是基于对词源的误解（例如，他将古英语中表示"好，较好"的"bat"一词与现代英语的"bad"联系起来，其实这两个词的词根完全不同），同时，某些词的所谓"矛盾的含义"仅仅是翻译所导致的（例如，拉丁语中"altus"一词可以译为"高"或"低"两个相反的意思，但是，在拉丁语中，这个词的两个意思并不矛盾，因为它指的是某个事物"从底部到顶部的距离"，不管这个事物是一棵树，还是一口井）。阿贝尔的理论证明了弗洛伊德的观点，即梦的象征是人类早期元语言的遗留物，因为梦的象征体现了同样的典型特点：它们"表现出一种明显的倾向，即用同一个东西将截然相反的两个东西联系起来或者表现出来"，或者"不加掩饰地将某种东西的对立性呈现出来，以至于人们不知道该从积极的角度还是从消极的角度解读模棱两可的梦中象征"（1940-68.2/3:323）。然而，弗洛伊德对于矛盾含义的解释，与其说关乎理性，不如说更关乎内在的"精神冲突"：无意识的愿望受到意识的压抑机制的抵制，并因此改头换面，但是，压抑机制并没有强大到能够将所有矛盾一笔勾销。后来，在自我的怂恿下，意识的审查机制越来越有效地抑制了矛盾，从而使词语的含义越来越明确划一，这就是我们通常所理解的语言的含义。

这里有一个基本的假设，即所有的语言和思想都是由力比多发动的："思想无非是用来代替虚幻的愿望的替代物，……无非是一种愿望，它促使我们的心智机能正常运作。"（1940-68.2/3:572）另一个基本假设是，最原始状态的语言所表达的无非是力比多欲望，不过，随着个体的发育和物种的进化，随着自我和超我的压抑机制的发展，欲望的表达逐渐被过滤掉。因此，在思想和语言的高级状态下，随着逻辑论辩和科学话语的出现，语言和思想中的欲望因素越来越少。正是出于这一原因，科学成为人类把握现实和必然性的最大的希望，同时，宗教成为一种纯粹的实现愿望的幻觉。因此，象征与理智二者，正好各自处于进化标尺的两端，跟野蛮与科学的二元对立如出一辙，前者只是后者在语言层面的体现。

阿贝尔的意义自相矛盾的原始语言，已经暗示了一个强大的、尽管可能是早期的压抑机制的存在，因为这种语言中的自相矛盾植根于意识与无意识的对立。梦中象征的另一个特点，即所有的梦中象征都与性有关，不是指向生殖器，就是指向性交，则暗示了语言发展的一个更为原始（因为更少压抑）的阶段。为了解释这一现象，弗洛伊德进而诉诸另一位历史语言学家汉斯·史珀博（Hans Sperber）的理论。史珀博注意到，在很多语言中，大量词语用于俚语或双关语时，都可以暗指性交或性器官。他认为，这一现象的原因在于人类最早的语言源于求偶的叫声，就像鸟儿的鸣啭也是为了求偶一样。最初，所有的词语都明确地表示性交或性器官，不过，随着人们越来越屈从于生存的需要，早期人类不得不将其注意力转向了劳动，原始人为了在劳动中齐心协力，就一齐重复呼喊一些词语作为劳动号子，所有的劳动号子都有"性"意味，因为其中所有的词语都意味"性"。"如此一来，对于性的兴趣就被转向了劳动，早期人类共同劳动，将劳动作为性活动的替代物和等价物。"（Freud 1940-68.11:169-70）曾有一度，同一个词既表示性，又表示劳动，但是，随着时间的推移，性的含义逐渐丧失，只剩下了劳动和工具的含义了。这一理论对弗洛伊德有莫大的吸引力：它与其关于原始语言的看法不谋而合；它说明了为什么作为元语言的遗留物的梦象，都指向性或生殖器官；它将鸟鸣比作语言，这种语言被视为彻头彻尾先天的，不过，最重要的是，这一野性语言的历史为弗洛伊德的人类物种社会进化模式提供了绝妙的开端，而且为一个理论问题提供了某种答案。按照弗洛伊德的模式，人性在文明开启之际还不知道压抑为何物，但是，离开生产劳动，文明显然无法延续。不过，按照弗洛伊德的理论，力比多和劳动是不共戴天的：一方面，力比多要求即刻的快感，它是彻头彻尾的利己主义，一味按照快乐原则行事；另一方面，生产劳动则要求延宕快感的实现，将力比多能量重新定向，它在某种意义上是社会性的、利他主义的，并且完全是现实原则的产物。史珀博的理论弥合了力比多和劳动之间的分裂，它暗示了一个"力比多劳动"的概念，它意味着感官享乐的力比多与自我约束的劳动之间完美的联合，而完全置原始人那种"杭育杭育"的劳作与性行为之间显而易见的差异于不顾。这一理论同时还解释了，随着意识和语言的发展，语言的性意味会逐渐湮没，却并未消失，因为它只是被驱逐到了无意识之中，而且，在许多词语中性意味仍显而易见，例如那些常见的俚语，仍被用来表示性交行为（如"bang""screw""nail"等词）①。这种失落了的原初语言的理论，在某些方面很像缪勒的学说，只不过是将前者的那位只知道悲叹夕阳无限好的雅利安人，换成了同样是一根筋的整天到晚满口污言秽语的野蛮人。

劳动阶级

史珀博的理论与弗洛伊德在社会学方面的理论同样也是一拍即合。文明的进程开始于对力比多快感的放弃，而这种放弃在很大程度上是为了生产劳动的目的。这种将力比多能力转化为生产劳动的过程，即"性的本能力量转向高级的文化目的"的过程，被弗洛伊德称为"升华"（sublimation）："它指的是性冲动放弃了那些偶然的愉悦对象，而代之以再生产活动，或者那些构成再生产活动之一部分的愉悦，性冲动转向新的对象，这个对象与被抛弃的对象之间尽管一脉相承，但是却不复能够被视为性欲的，而必须被视为社会的。"（1940-68.7:156, 11:385）但是，并非所有人都有相同的升华能力，正如文明人获得快感的能力远远高于野蛮人一样，"只有极少数人能借由升华而出类拔萃"（1940-68.7:156），而且，这极少数人在社会中的分布也并非均匀的。在最高的宝塔尖上，是艺术家，"他们将所有的兴趣、所有的力比多都转化为白日梦的创造"（1940-68.11:390），尽管艺术家最靠近宝塔尖，但是，由于他们承受了极端的压抑，因此也可能最容易患精神病。紧随艺术家之后，但与之保持了一定的安全距离的，是科学家，相较艺术家，他们的贡献主要涉及理性和现实原则（弗洛伊德似乎对自己在性方面的节制深感自豪）。在科学家之下，但仍然处于升华能力标杆的上端的，是中产阶级，其阶级文化的特征是较强的自律性和内在压抑（弗洛伊德及其同行的精神病病人

---

① 英语中的"bang""screw""nail"分别意为"撞击""上螺丝""钉入"的意思，在俚语中都有暗指"性交"的意思。——译者注

几乎全部来自这个阶级）。处于升华能力的社会标杆最低端的当然是未受过教育的、最不开化的底层阶级。弗洛伊德关于个体成长和人类物种进化的模式本来就充满阶级偏见，它需要这套关于升华能力的等级标杆。然而，有目共睹的是，这个底层阶级几乎提供了欧洲全部的生产力，要证明这个阶级完全缺乏升华的能力，看起来并非易事。为解决这一难题，一个办法是，将"升华"一词狭义化，只有那些"高级文化"才称得上"升华"，弗洛伊德有时候会采取这种办法，但仅仅是作为回避问题的手段。第二个办法是，否认劳动阶级的生产劳动属于真正的内在自律，而毋宁说是源于外在的强制。为了证明对劳动阶级进行压迫的必要性，弗洛伊德声称："不能没有少数人对于群众的统治，就像要让劳工工作就离不开外在的强制力一样，因为群众天生懒惰、没有理性，他们纯任冲动而行，听不进道理，无法被说服，他们相互勾结，狼狈为奸，冥顽不化，无法无天。"（1940-68.14:128）不过，这一理论却与经验事实相冲突，因为即使在维多利亚时代的血汗工厂中，鞭子和棍棒也越来越罕见了。史珀博的理论有个好处，就是它能够解释工人阶级的内在动机，而无需直接诉诸任何可能会玷污弗洛伊德的逻辑明晰性的内在自律和合理性的观念：体力劳动，一个社会的齐心协力的集体劳动是一种"力比多"劳动形式，因此不需要那些实际上提供这种劳动的野蛮人受到多少压抑，也不需要他们有多么文明（这种说法与其说适合原始劳动，还不如说更适合工厂劳动）。

　　弗洛伊德对于压抑的必要性毫不怀疑，没有压抑，人类文明势必迅速滑入野蛮和无法无天的境地。由于即使在最开化的社会中，大多数人都很少有能力忍受内在的压抑，因此，弗洛伊德毫不怀疑外在压抑的必要性。社会也有其超我，它体现为法律、制度以及警察、法庭、监狱等暴力机构的形式。像弗洛伊德这样一位系统的思想家，不可避免地会在心理等级和社会等级之间进行类比：上层阶级和下层阶级就像自我与本我，前者掌控着文明及其压抑的力量，后者提供着维系文明存在的能量，这两者的协同工作形成了生产性劳动。因此，下面的说法并不太过分:"弗洛伊德的有意识自我的概念自始至终处于无政府主义的本我的威胁之下,就像资本主义一直恐惧文明会被工人阶级的激进运动一扫而光一样。……在19世纪的历史进程中,似乎阶级冲突逐渐内化成了自我的两个不同部分的内在冲突。"(Day 2001: 141-2)不过,弗洛伊德对于压迫的诉求是有限度的,他深深明白过度压抑的危险。野性的威胁既来自下层,也来自上层。过度的压迫会导致文化疯狂,后者会引发文化结构的总体崩溃,就像第一次世界大战和布尔什维克党运动。奇怪的是,最后为此教训付出代价的是压抑:到20世纪,正是突如其来的"受压迫者的造反运动",使弗洛伊德的心理学引起了左翼社会理论家的关注,这一以瓦尔特·本雅明和"法兰克福学派"打头的名单很长(其中杰出的例子是赫伯特·马尔库塞,他在《爱欲与文明》[1955]一书中指出,资本主义在生产过剩的同时,也生产了"过剩的压抑")。弗洛伊德心理学似乎预示了工人阶级革命。然而,荒诞的是,"弗洛伊德主义左派"颠倒了弗洛伊德发自本能的同情感:他们宁愿认同本我,而不是自我。另一方面,右翼则认为,无意识也可以以牺牲意识为代价而保持其自身的稳定:它是创造性和生命活力的源泉,但同时也是传统和精神智慧的源泉,荣格正是按照这一方向,将缪勒与弗洛伊德相互糅合。自我似乎代表了军事-工业联合体(military-industrial complex)的现实状况,一种摆脱了控制的异化了的强横力量,咄咄逼人地要剥夺人类所有快乐和幸福的源泉,最终走向疯狂和自我毁灭。

女人

弗洛伊德心理学理论最严重的问题是它彻头彻尾的阳物中心主义(phallocentric)倾向。弗洛伊德认为男孩的成长可以作为女性成长经历的参照模式,但是,究竟如何才能做到这一点,却是一个难题。一开始,他认为女性的成长经历跟男性的成长经历亦步亦趋,毫无二致,只是将父亲换成母亲而已。但是,后来他采取了一个更为复杂的成长模式,其中,最初的性欲对象是母亲,后来代之以父亲。不过,直到1928

年，他在给欧内斯特·琼斯（Ernest Jones）的一封信中不得不承认，"在我看来，我们对于女性早期成长的了解，既不充分，又不确定"（Gay 1988:501）。

其中，最成问题的是他对女性俄狄甫斯情结（即恋父情结）形成时期的想当然之见。在1925年的一篇题为"两性解剖学差异的一些心理学推论"的论文中，他认为男孩和女孩在大约三岁之前的发育是一模一样的，实际上，这个时期的男孩女孩都具有某些被弗洛伊德称为雌雄同体的特征。到三岁的时候，父亲的出现对孩子的心智的影响，导致了男孩心理形成了俄狄甫斯情结，当残存的源自遗传的阉割记忆被唤醒，此种情结继续发展，这通常是发生于男孩第一次目睹女性生殖器之际，这让他想到阉割的威胁。这种阉割恐惧延续到所谓的潜伏阶段，并导致了为心理成熟所不可或缺的压抑机制的正常发展。然而，女性不会有这种阉割恐惧，尽管古老的遗迹犹存。弗洛伊德推测，当女孩了解了男性的生殖器，她们大概会认为这才是正常的，因而会对自己的兄弟和男性朋友产生嫉妒心。由此引起了女性的自卑感和嫉妒心理的形成，这就是声名狼藉的所谓"阴茎嫉妒"。至于小女孩为什么会嫉妒男人的阴茎，这在弗洛伊德那里一直是一个未得到充分解答的未解之谜；或者是弗洛伊德确实认为阴茎的优越性是不言而喻、毋庸置疑的，或者是他觉得只要提一下阴茎在撒尿方面引人注目的优势就可以把这个问题打发过去，似乎尿液划出的那条优雅的抛物线轨迹就足以回答所有质疑。不管怎样，在弗洛伊德看来，身体上的残缺状态所导致的自卑感引起女孩对母亲的抱怨，从而不再把她作为爱的首要对象，这或者是因为她认为母亲应该为其身体上天生的缺陷负责，或者是因为她认为正是母亲阉割了自己。这两个选择都存在问题，弗洛伊德同样回避了这些问题：前者假设小孩子具有关于生育的知识，而弗洛伊德在其他地方对此是否认的；后者则显然纯属主观臆说，因为人们会问：为什么是母亲？为什么不会是父亲？就像在男孩的情况中那样，对于孩子的意识而言，父亲才是最新出现的"外来入侵者"。但是，简而言之，一旦女孩拒斥了母亲，她就将感情转向父亲，并用对于生儿育女的向往代替了原本对于阴茎的向往。

在这一点上，弗洛伊德一开始草率地将男、女两性的成长视为两个对称的进程，到头来却导致了不平等的加剧。"当男孩的恋母情结遭到阉割情结的破坏，女孩的恋父情结却因此变得可能，并由阉割情结生发出来。"（1940-68.14:28）这意味着，当男性形成了超我，而女性却仍停留于早期的力比多阶段。对于女性而言，存在一个类似于潜伏期的成长阶段，这一阶段的出现，是因为女孩害怕遭到父母亲的抛弃，但是，这种恐惧显然不像男孩害怕被阉割的恐惧那样，具有咄咄逼人的力量。此外，它不会增加新的恐惧，就像在男性正常发育过程中被认为会增加对阉割的恐惧那样。因此，对于女性而言，恐惧感发生的较晚，并且强度较低，压抑机制的形成离不开此种恐惧感，而此种压抑机制又是人格成熟所不可或缺的。弗洛伊德写道（29-30）：

> 人们一开始或许会有所迟疑而不敢大声说出，但最终会不得不承认，男女两性的伦理水准是不同的。女性的超我从来不像我们在男性的情况下看到的那样冷酷无情，那样与其情感渊源一刀两断。在此得出的关于超我形成的经过修正的理论，将会为批评家们早已指出的那些归于女性的特点提供充分的证明：她们不像男人那样有正义感，她们不会像男人那样倾向于使自己服从于生活中强大的必然性，她们更容易任凭自己受温情或嫉恨的感情所驱使。

因此，女性更少压抑，故更不成熟，更情绪化，其实也就是较之男人更少理性、更不开化。在此，我们发现，在弗洛伊德眼里，女性成了其常态（normal=male）心理发展理论的某种意识形态赘疣，他宁愿把这个赘疣切除掉（因此，在弗洛伊德的理论中，受到阉割威胁的，不是男人，而是女人）：弗洛伊德笔下的女人只不过原始人性在现代社会中的遗留物。

欧洲的女性主义运动给男性的支配地位带来威胁，弗洛伊德的学说可能是对这种威胁的一种无意识反应。可以肯定地说，这一学说正是在这一语境中被接受的，并被用来为性别不平等确立一个"科学的"基础。其在自我定义的广泛对话中所发挥的作用，是将关于野蛮人的比较神话学建议修正，以应对女性主义带来的挑战（就像弗洛伊德为了应对劳工运动带来的挑战所做过的那样）。时至今日，即使在精神分析学家中也极少有人会维护弗洛伊德的女性发展理论：这种理论本身只不过是一种神话，因此应该把它作为神话来分析。

131 　　个体发展学与人类进化论一样，都是一个彻头彻尾的价值标尺。只要涉及其他文化和种族，总是会把欧洲人置于中心；只要涉及其他阶级，总是会把资产阶级置于中心；只要涉及女性，总是会把阴茎置于中心。女性被按照错误的尺度加以度量，这一点也不令人惊讶。在《两性解剖学差异的一些心理学推论》一文中，我们看到，弗洛伊德确实正是依据男性的"标准"测量女性生殖器，测量的结果是意料之中的。首先，女性外阴被视为只不过是男性阴茎的缺失状态；其次，用来对其进行描述的也是类比的和低级的术语。也就是说，在青春期里存在一个奇怪的逆向的移情母题：就像女孩因为想要一个孩子而不得不摈弃阴茎妒忌一样，在青春期，她必须将阴道视为主要的性快感带，而拒绝将阴蒂视为主要的性快感带（弗洛伊德认为阴蒂只不过是阴茎的低级替代品）。在这两种情形下，都因为男性生殖器具有明显的优越性而使女性放弃了与之一决雌雄的欲望，并进而接受了其与世无争的、被动雌伏的角色，将自己作为容受与生俱来就高人一等的男人的容器。

　　弗洛伊德将其对普遍人性的描述寄托于即使在他的时代就已趋于穷途末路的趋势之上，这是一个可悲的讽刺。维多利亚时代资产阶级社会过度的性压抑在今天早已成为历史陈迹，同时归于消逝的还有弗洛伊德在其年轻时所经历的父权制压迫。在距离弗洛伊德之死十五年之后，马尔库塞即宣称，俄狄甫斯情结已成陈词滥调，又过了几年，出自社会心理学家笔下的《通往无父社会之路》（Mitscherlich, 1963）一书问世，此书的出现，不过是迎合了一种已见端倪的趋势。七年之后，这本书的英文版问世，书名改为更直截了当的《无父社会》。世事无常，现在我们大部分人再也不会相信有什么普遍人性或人类本性了。不过，专横的父亲从来就不是什么普遍性，就在弗洛伊德的时代，马林诺夫斯基已经指出，在有些社会中，负责培养小孩子的是舅父，舅父因此同时也就成了那些被压抑者的仇视对象，而孩子与父亲的关系反倒充满温情和友谊（参见第四章第一节和第五章第四节）。当然，现在依然存在压抑，正如我们在西方社会看到的那样，但是，即使在西方社会，形形色色的社会压抑形式也变得日益漫散和微妙。现在，问题不在于人们何以喜欢从性的角度解释精神动力学，对于弗洛伊德的现代解读倾向于撇开诸如"健康"和"病态"、"自然"（nature）与"不成熟"（immature）、"男性"与"女性"之类的说法，而将"阉割情结"转换为纯粹的"权力关系"，将精神动力转换为"能量流"。

第四章 仪式理论

[在19世纪]"自立自助"是社会各界领袖人物共同赞同的座右铭，相反，到了20世纪，自律和自信却变得不再那样不言而喻了，一种依靠国家行为进行社会救赎的伪宗教诉求，取代了那些陈旧的、更具个人色彩的教条。

——特里维利安（G. M. Trevelyan）：《英国社会史》，第523页

第一节 社会人类学

神话与社会

随着20世纪的到来，有两种主要趋势从根本上并且是不可逆转地改变了我们对于神话的理解，其一是弗洛伊德及其同行对于人类无意识的发现，其二是人们认识到神话具有一种基本的社会属性。这两个发现最终将会瓦解维多利亚时代人类学关于文化进化的信念。

文化进化论对于欧洲帝国主义的商业利益和工业利益的好处是不言而喻的。它造成了一种野蛮人形象，这一形象奠定了维多利亚时代对于人性的理性主义和经济主义理解的基础。不仅如此，这一野蛮人形象还在主张人类具有共同本性的同时，维护了欧洲人所声称的其在追求科学、技术和经济扩张等方面所具有的优越性，据说追求这些东西是每一个人的天性。欧洲人相信，其他民族跟欧洲人有着相同的需求，其区别只在于实现这些需求的能力不同，这一信念有力地促进了殖民地的经济发展，让欧洲获利，因为这一神话为殖民地的开发披上了国际合作开发和经济

援助的外衣，好像欧洲人的殖民事业主要是为了与殖民地人民分享先进的科学技术，科学技术将会给一直处于饥饿边缘的野蛮人带来福祉。既然先吃饱肚子才会有哲学，那么，其他所有的文化进步，尤其是理性、德性、好政府也自然只有在吃饱肚子之后才谈得上。

在这种经济主义和科学主义想象下的野蛮人形象，与其创造者那种粗鄙的个人主义几乎如出一辙。维多利亚科学之所以将食欲而不是将诸如性欲、贪婪、嫉妒或者权力欲等视为一种普遍的冲动，在很大程度上是因为食欲是个人的体验，满足食欲也只能靠自己动手，就像孤岛上的鲁滨逊·克鲁索那样，而无需涉及任何其他人，也无需涉及整个社会。按照理性主义似是而非的信条，个体而非社会，才具有创造精神，才是整个人类的物质进步和精神进步背后的动力所在。相反，所谓整体的社会群体，则是愚蠢、僵化、迟钝的。正是这种个人主义的偏见导致弗雷泽一而再、再而三地对一些文化现象的产生作出荒谬可笑的解释。例如，上文曾经提到，弗雷泽将图腾制度的起源归因于一个怀孕的妇女与某个动物的偶然邂逅，她误认为自己的怀孕是由这只动物引起的，其实，这种解释将需要说明的范畴预先设定为前提了（参加第二章第四节）。与此类似的循环论证也存在于弗洛伊德对图腾主义和人类文化的解释之中。最初的儿子杀害最初的父亲的神话不可能是愧疚感和忏悔心的起源，因此也不可能导致超我的产生。除非内在压抑的机制预先已经存在了，否则根本就不会有什么愧疚感和忏悔心。但是，弗雷泽和弗洛伊德为什么会编造一些如此这般的在逻辑上无穷循环的故事呢？这是因为他们都采取了从个体意识的经验出发解释历史发展的路数。

思维的范畴并非源于个体意识处理新信息的过程，图腾和宗教并非是那些具有异禀的原始人在看到袋鼠或野猪的时候想出来的，这些范畴的形成是社会思维的结果，而非个人冥想的产物。在科学观察和推理之前的心灵并非是一块一尘不染的白板（*Tabula rasa*），最多可以说，心灵在习得语言并借以习得社会思想之前，才是一块真正的白板，如果这种情况曾经存在过的话。如果个体的心灵能够理解新的范畴和组合，那也只是因为语言已经预先为此做好了准备，社会话语为其产生提供了动因。

即使我们相信图腾制度和宗教的创造是某些个体的功劳，这种解释也很难令人满意。图腾和宗教显然是社会现象，任何恰当的解释都必须说明这些新观念是如何从某些个体的脑袋中传播到整个社会的（更不要说从个体传给所有处于相同发展阶段的社会了）。弗雷泽认为单靠群众的驯顺性就能够解释这一切，天才在前领路，而群众紧随其后。但是，他从来也没想到要证明他的这种关于群众行为的精英主义理论，相反，有时候他为了能够自圆其说，甚至不惜违背这种理论：弗雷泽时代的欧洲农民和城市大众是顽冥不化的，浑然不为科学精英们的进步思想所动，以至于他们仍然处于一种野蛮的、巫术的境地，如果不被严加管束的话，随时会倒退到人祭和食人的原始状态。

一个个体作为个体的思想跟神话研究是否有关系，是很值得怀疑的。一个叙事在它第一次被讲述的时候，还算不上是一个神话，而只能算是一个故事或者讲述。只有当一个故事被某个社会所共同接受和传承，这个故事才成其为神话。要确定一个故事何时变成神话，自然是很困难的，但是，毋庸置疑的一点是，按照那些迄今为止得到公认的神话定义，一个故事，当它第一次被讲述的时候，还不是神话。当然，第一个讲述者和第 N 个讲述者的意向也许并无不同，但是，即使如此，也并没有赋予神话的创造者任何特殊的地位。尤其重要的是，要认识到，某个社会传承一种叙事的意向可能跟这个叙事的原创者的意向毫不相干。因此，在理论和实践两方面，我们都不能将某个个人视为神话的创造者。只要神话被定义为集体叙事，唯一需要关注的就是那个将一个神话视为神话的社会以及它的心智和旨趣。

爱弥儿·涂尔干

从理论和方法两方面彻底拒斥维多利亚人类学的个人主义、功利主义和唯物主义偏见，最初是由爱弥儿·涂尔干（1858—1917）明确提出来的。他用一个新的"社会"概念横扫一切陈旧观念。涂尔干的著述肯定了社会在历史和个体意识发展过程中的重要性。他是现代社会科学的奠基人，也是法国社会党（French Socialist Party）发展史上的重要人物。

在哲学上和政治倾向上，涂尔干是一位唯心主义者。跟大多数同时代人不同，他拒绝将个体作为出发点。"社会并非是众多个体的简单组合，毋宁说，它是一个由个体联合而成的系统，反映了一个独特的具有其自身品格的真实存在物。"（Durkheim 1938:103）这个独特的真实存在物亦即社会的主要品格之一，是一种意识的形态，他称之为"集体意识"。一个社会组织的集体意识与其成员的个体意识迥然不同。它有其自己的客观存在，通过其对于社会成员的个体意识的影响，人们可以切身感觉到它的存在。社会和文化并非是个体心灵的创造，恰恰相反，社会和文化创造了个体意识的内容和能力。

在《社会分工论》（1893）一书中，涂尔干对维多利亚时代个人主义、理性主义和功利主义的三位一体发起了也许是最有效的攻击。这本书勾勒了一个社会进化的理论，将维多利亚时代的经济学彻底颠倒了过来，而他是通过分析劳动分工这一貌似最为稳妥的经济领域做到这一点的。

像斯宾塞这样的人类学家把劳动分工视为追求幸福的直接结果，而追求幸福无疑是所有人类所共有的本性。但是，在这个例子中，所谓"幸福"指的是物质财富的积累，而专业化劳动由于具有更高的效率和生产能力，因此会促进物质财富的积累。如果将这种粗糙的逻辑推到极致，人们也许会认为，正是专业化生产的需要促使了商品交换的产生，商品交换又反过来促进了社会结构的产生，而社会结构最终导致了人类文明的产生。在涂尔干看来，这种观点颠倒了原因和结果。他指出，更大的生产能力只是劳动分工的偶然产物而非原因，"如果我们专守一技，那并不是为了生产更多，而是为了能够在变化了的存在状况下继续维持生存。"（1986:259）涂尔干的解释从社会开始（没有社会，也就谈不上分工），也以社会结束：最终极的"新状况"是社会维持其自身的需要。

因此，他指出，不能想当然地认为原始人追求物质丰裕。原始人的生活条件简单，需求极少，易于满足，技术发展缓慢，劳动分工不发达，因此社会差别很小。不仅如此，原始社会具有涂尔干所谓"刚性团结"（mechanical solidarity）属性，由于原始人相互之间差别不大，就像同一个豆荚中的豌豆一样，他们都具有相同的心智模式和共同的兴趣，原始人与他的社会群体心往一处想，劲往一处使，就像同一个人一样。随着社会规模的增长（这是人类历史中最基本的真正的动因），这种情况才发生改变。随着时间的推移，成功的社会变得规模越来越大，人口越来越集中（涂尔干称之为"社会浓缩"[social condensation]），人们相互之间出现分化。涂尔干认为，劳动分工不是社会分化的原因，而是其结果。针对"刚性团结"的瓦解，社会通过劳动分工，代之以"有机团结"（organic solidarity）。劳动分工能够在一个社会系统中容忍更大的异质性，同时也创造了相互依赖的经济纽带。

发达社会是社会增长过程的最终结果。社会群体越大，劳动分工越发达，社会群体中不同成员的利益和生活经验也就越来越多样化。集体意识日益弱化，个体意识日益强化。只有到了这个时候，才能谈得上"真正的个体"，他存在于社会群体之内，或者疏离于社会群体之外。与这种相对于集体意识的独立性同时出现的，是越来越强的客观性、越来越强的理性能力等。涂尔干关于人类文明进程的叙事导致了对维多利亚时代主流价值观的彻底重估，这尤其体现于：（1）它将社会变迁置于经济变迁之前。——也就是说，社会变迁导致经济变迁。（2）它将社会置于个体之前。——也就是说，社会导致个体的存在，这既意味着在原始社会中，每一个部落成员都是群体人格的复制物（replica），也意味着在发达的、复杂的社会中，社会的变迁导致"真正的个体"的产生。（3）它将"理性"本身作为人类历史的晚近的产物，并否定其在社会进化中的作用，而且，理性的发展归根结底是社会的产物，即使在某种意义上是通过后者的缺席实现的。

尽管涂尔干对维多利亚科学进行了审慎而全面的清算，不幸的是，他对于维多利亚时代司空见惯的目的论仍牵扯不清。我们仍能在他那里看到朝向理性、科学、高级技术和经济的发展进化，正是这些东西使欧洲人获得了相对于其他社会的毋庸置疑的优越性（无论是在当代还是在历史上的优越性）。但是，应该指出，尽管对于劳动分工存有一种司空见惯的乐观心态，但是涂尔干的理论对于科学和技术所带来的进步远无其同时代人的那种信心。技术进步所释放出来的离心力，贪得无厌的个人主义的资本-工业崇拜所导致的更大的社会分化，迟早将彻底瓦解伦理和社会规范。他在另一本书《自杀论》（1897）中对这一问题做了进一步探讨，在这本书中，他证明在那些个体更好地融入其文化的社会中时，自杀现象（以及普遍的人类痛苦感）比较少见。

集体意识的基本功能与社会群体密不可分。因此，就文化源于集体意识而言，它是以个体存在为基础的，就文化以维护集体为目的而言，它又是超个体的。在这一框架内，个人主义只能具有否定的和被动的作用。集体意识通过其"集体表象"（collective representations）将个体整合到自身，"集体表象"包含了我们所谓文化中的大部分内容。这一点在宗教领域中体现得最为明显。涂尔干的《宗教生活的基本形式》（1912）指出，社会概念是宗教的源头和"灵魂"——因为，就像其他所有事物一样，"几乎所有伟大的社会制度都是诞生于宗教"（1991:697）。

这本书的宗旨不是仅限于解释人类文化的起源和发展，而是要说明集体意识的起源和性质。涂尔干极力主张社会学在人类科学中的基础地位，他认识到维护集体意识和集体表象的自主性很有必要，而完全不能将之简单地还原为社会的物质状态，更不能将之等同为组成社会的个体意识的总和。集体意识必定具有自己的生活和意志。涂尔干提到具体的意识综合体，此种综合体：

> 具有解散整个情绪、观念和想象的世界的效果，这个世界一旦产生，就有其自己独有的规则。它们相互吸引、相互排斥、相互联合又相互分化、繁衍，尽管它们的这种结合并非现实内在的条

件的必然要求。因此而得以存在的生活甚至会享受由独立自主所带来的巨大乐趣,这种生活有时会沉湎于无目的无功利的表现之中,不管是何种方式的表现,唯一的目的是获得自我肯定的乐趣。(1991: 704-5)

他断言:"仪式活动和神话思想的某些情形恰恰就是如此。"

在这里,集体意识体现为自发的、系统的和自主的。因此,涂尔干,跟索绪尔一样,常常被视为结构主义之父,也就不足为怪了(参见第五章第一节)。集体表象的自发性、系统性和自主性在《宗教生活的基本形式》一书开头论述神圣与世俗之区分的部分得到充分阐发。所有宗教体系都预设了一个涵盖所有事物的分类,不管是真实之物还是观念之物,所有事物都被分为相互对立的两个范畴,一类被称为"世俗的",一类被称为"神圣的"。这一分类不依赖任何自然原因,但是除此之外,人类思想未提供任何其他较之这一分类更绝对、更对立、更泾渭分明的范畴。认识不到这一区分,就无法正确理解宗教现象。一系列强有力的禁令使"神圣之物"得到孤立和保护,相同的禁令使"世俗之物"与"神圣之物"区别开来。宗教和巫术的区别在于,宗教是一个为一个共同体普遍持有的信仰体系或为之普遍遵行的实践方式,这些信仰和实践使人们凝聚为一个共同体。巫术(巫术并非先于宗教而存在,而是与宗教同时并存)则是个人为了其私人的目的而施行的。

由于比较学派没有认识到神圣与世俗之间的根本差异,所以他们认为凭借对经验事实的观察就可以导致宗教观念的形成。因此,泰勒、斯宾塞和万物有灵论者相信,自由变化的人格化精灵观念,源于有些人在梦中看到人或动物;马克斯·缪勒和自然学派认为个人凭借对自然现象的宏伟景象和巨大力量的沉思,就导致了对自然的人格化,并赋予自然以神的力量;弗雷泽、博厄斯以及其他一些人认为个体观察自然现象并对自然的因果律作出了错误的解释。但是,共同经验的事实不可能给予我们某种其基本特征完全超出共同经验世界之外的东西的概念。既然不管是人类个体还是自然界，就其自身而言都不具有神圣的属性，这种经验必定是来自其他地方，一个既非自然界也非人类个体的地方。

涂尔干到澳大利亚土著社会这种宗教生活的最基本的形态中寻求问题的答案，他正确地认识到，澳大利亚土著并非如弗雷泽所说的那样，是前宗教的，而是原宗教的。他同时也拒斥弗雷泽那种杂乱无章的比较研究。你不能仅仅因为两个不同社会的文化表现看起来相似就将它们等量齐观。只有两个社会具有结构上的相似性时，才能对它们进行比较。因此，他将自己的研究限制于对澳大利亚图腾群体的深入考察，不过，有时候他也会引用一些美洲印第安人的信仰和实践作为比较材料，因为尽管印第安社会更为发达，图腾的概念在它们那里较之在相对落后的澳大利亚社会那里，体现得更为清晰，后者只有一种原始的自我表达方式。

涂尔干从考察社会要素的向心力开始其分析。图腾不仅是一个信仰体系，它还是一个氏族系统，一种社会组织形式。神圣的概念不仅包含图腾动物或图腾植物，还囊括共同拥有这个图腾的氏族成员。并且，甚至宇宙中的其他部分也被囊括其中，尤其值得关注的是，所有其他动物和植物都被组织于氏族或氏族分支的体系之中，在这一方面它们跟部落成员并无二致。社会组织的原则被投射到整个宇宙，自然世界，就其共同参与了图腾象征而言，也是神圣的。

涂尔干指出，弗雷泽和其他一些学者认为宗教必然涉及人格化或兽形的神灵，实为谬见，真实的情况是，土著并无神的观念，但他们确实有更高的权力中心的观念。在神圣之域中，只存在数量的区别而非实质的区别。被不同的图腾社会称为玛哪（mana）、瓦坎（wakan）、奥兰达（orenda）的非人格力量，是这个世界所内在固有的，并且散布于世间所有的各种事物。信仰并非源于什么共同的经验，也跟对大自然的力（power）或威能（majesty）的经验性认知无关。被当成图腾的动物通常是诸如蛆虫、毛虫、青蛙之类并无强大力量也并不令人望而生畏的平凡之物。但是，这些平凡之物却激发了最强烈的宗教激情，并被赋予超自然的威能。其原因在于，这些事物作为象征，其威能另有渊源，此种威能之源并非别物，就是它所象征的氏族作为集体所具有的力量，宗教经验的根源不在别处，而正是社会自身。集体的力量和权威在物质和道德两方面都是超越于个体的，正是从它的身上，个体才体验到戒惧和敬畏之感。

在将神圣观念的起源归于社会之后，涂尔干认为必须进一步说明这种观念最初是如何生成的，因此他接着论述了宗教向"更高的形态"发展的问题。他在周期性的部落聚会中发现了神圣观念的起源，举行这种聚会的目的是维持部落的团结。在平时，人们分散各地，各自为政，从事生产劳作，只有到了节日，部落成员才汇聚一堂，这两种活动此起彼伏，交替出现，节日是激情澎湃和"集体欢腾"的时刻。此种集团欢腾让人们心醉神迷、由凡入圣，部落成员们亲身感到自己被改变和提升，他们试图为此种改变和提升寻求一个解释。聚会欢腾是此种改变和提升的根本原因，但是这一现象过于复杂，因此是这些原始的心灵所无法理解的。当此之际，他们环视四周所能看到的，触目皆是的部落象征物，并认为正是这些东西导致了自身脱胎换骨的改变。他们认为自己亲身感受到的那种神秘力量（mana）就是源于自己周围那些部落图腾雕像，而不知道它其实是源于部落的集体性本身。

最后，遵循一个大致相同的过程，逐渐产生了"灵魂"的观念。澳大利亚土著相信那些已故部落祖先的灵魂能够进入新生儿的身体，并因此而获得新生。灵魂是"个体的玛哪"，是部落集体的个体化表象。灵魂不死的信仰反映了个体虽死而社会永生的观念。

"灵魂"存在的信念一旦形成，原始人就会设想，存在着一些原初的灵魂，后来那些灵魂都是从其中繁衍而来。凭借这一逻辑，原始人又进一步得出了对精灵或始祖的信仰，这些始祖从时间一开始就已存在。同样的逻辑在其他一些更宏大的领域被不断重复，比如，当部落成员在庆典上欢聚一堂时，原始人就会为不同氏族的仪式的相似性和雷同化寻求解释，因此就相信存在着一个属于整个部落的"文化英雄"。

从玛哪的概念中逐渐形成了神（divinity）的概念。这一过程的催化剂是社会复杂性的增长，因此而导致了社会群体的分化，一些群体较之其他群体获得了更多的特权，最终导致社会等级制的建立，这种等级制赋予某些社会成员较之其他成员更多、更集中的玛哪，如此就引起了一种强化集体情感并将之集中投射到一个个象征物如祭司或国王身上的倾向。随着社会复杂性的增长，以及因此而引起的各个群体之间交流的增加，规模更大的社会实体于焉而生，由此又进一步导致玛哪的更大程度的集中，最终，这些群体的首领就被当成了神。

　　通过上面这一番简单的叙述，不难看出涂尔干的识见在多大程度上区别于或者沿袭了弗雷泽的识见。弗雷泽的经济动机，作为推动文化进化的动因，完全被涂尔干用"社会"取代了。但是，尽管他竭力摆脱弗雷泽诸辈的理性主义和个人主义，却仍饱受其困扰。尽管他强调思想和文化的社会起源，但是，他的体系中的每一个发展阶段仍然是在那些试图为其情感寻求解释的个体们的头脑中演进的，这些个体仍是通过经验观察和理性推论发明出一系列新观念的。此外，宗教概念，即使撇开仪式不谈的话，也仍然被视为这些个体错误应用因果律的产物。

　　涂尔干的理论，尤其是他对各种文化形式（特别是仪式、神话、宗教）的社会功能和社会起源的阐述，对于后来的仪式主义和结构主义的兴起产生了重要的影响。不过，受涂尔干影响最大的，还是后来以"功能主义"为人所知的学派。接下来的数十年间，功能主义在英国和美国人类学界一直处于支配地位，其主要成员是马林诺夫斯基（1884—1942）和 A. B. 拉德克里夫-布朗（1881—1955）。尽管他们关于"功能主义"的观念大相径庭，但他们的基本取向却如出一辙，并且都是源于涂尔干：他们对于神话（或者仪式、习俗、制度）的兴趣主要在于其与具体社会（与绝对的、普遍的语境相对）的关系；他们关心的是处于当下社会的关系中的神话及其在当下社会中的具体应用，而不是作为远古遗留物的神话；他们感兴趣的是神话的社会效应或社会功能；他们将文化视为一个整体的系统，文化活动或文化物品作为这一系统中的有机组成部分，旨在维护和延续这个社会系统。

马林诺夫斯基

马林诺夫斯基青年时代在克拉科夫（Cracow）[1]求学，希望将来可以成为一位科学家或化学工程师。据其自述，在一次养病期间，他读到了弗雷泽的《金枝》（他读的只是其三卷本），这本书改变了他的一生。大概是弗雷泽让他认识到了经济和实践活动的首要作用。对于他，更具决定影响的无疑是第一次世界大战，战争让他来到南太平洋，驻扎在敌国（澳大利亚）的土地上，并接受敌国（大不列颠）的研究经费资助，这种处境使他的活动范围受到限制，让他不得不将其在新几内亚东南方特罗布里恩群岛（Trobriand）的逗留时间延长为整整两年，即1916年到1918年。这两年可以说让他因祸得福，正是在此期间他发展并发表了自己的理论和方法。

马林诺夫斯基对于神话功能的经典表述发表在一本薄薄的小书中，即写于1926年的《原始人心理中的神话》（*Myth in Primitive Phychology*）。在这本书的开头，他宣布："在一个部族的话语、神话、神圣故事与其仪式活动、道德行为、社会组织甚至实践活动这两方面之间，存在着密切的关联。"（Malinowski 1954:96）虽然他把"实践活动"放在最后并加了个"甚至"，其实他所极力强调的正是实践。实践和辛勤工作既是野蛮人生活的主旋律，也是他心目中的神话的主旋律："事实上，神话并非是闲极无聊的奇思妙想，并非是漫无目的、徒劳无益地放纵想象力，而是一件辛勤的工作，一种极端重要的文化力。"他在其他地方，则说神话是一种"勤奋工作的能动力量"，是"为了满足实际需求而讲述的故事"，这种故事"蕴涵着指导人类的实际规则"，"它是人类与环境之间实际关系的强而有力的组成部分"（97, 101, 147）。如果说弗雷泽的野蛮人有的时候身上穿着的是实验室大褂的话，马林诺夫斯基的野蛮人则是头戴工装帽的。

勤奋工作和实践倒确实是这个男人及其方法的突出特点。为了发现

---

[1] 波兰城市。

野蛮人及其神话是如何运作以及如何辛勤工作的，你必须陪伴在他的左右。这一特点显示了马林诺夫斯基与上一代扶手椅上的理论家之间的巨大差异。甚至对于他同时代那些实际上从事过田野调查的同行，他也十分不屑，称他们在访谈的时候，"舒舒服服地坐在其传教士的洋房、公务所或种植园小木屋的游廊上，……手里捏着铅笔和笔记本，有时候还端着威士忌或苏打水"（146-7）。但是，马林诺夫斯基自己在特罗布里恩逗留的两年却并非养尊处优、无所事事，他极力强调田野作业方法的重要性，从他开始，这一方法业已成为人类学家的准则。他认为：

> （研究者）应该走出家门，深入村庄，观察正在园圃里、海滩上、丛林里劳动的当地人，他应该跟他们一道扬帆远航，到遥远的沙滩或者其他部落，看他们如何打鱼、交易，观察他们的典礼性的航海冒险。他必须依靠自己对本地生活的亲自观察获得原汁原味的信息，而不是依靠跟吞吞吐吐的信息提供者交谈来榨取只言片语（147）。

毕竟，人类学家：

> 拥有别人所没有的优势，即无论何时，只要他觉得他的理论遇到困难或者缺乏说服力，他随时可以回到野蛮人之中……神话的创造者近在咫尺。他不仅能够将一个文本，包括它所有的异文，原原本本地记录下来，而且可以一次又一次地进行核对，而且，他有大量有发言权的信息提供者可以求助，更重要的是，他拥有这些神话赖以产生的原汁原味的生活本身……这一活生生的语境为他理解神话提供了大量有益的信息（100）。

确实，随着涡轮蒸汽动力轮船时代的到来，马林诺夫斯基为田野研究赋予一个优先地位并不困难，但是，更重要的是，马林诺夫斯基的"实践"方法预设了社会语境和当下现实的重要性，而这对于弗雷泽之流的理论家们而言是无从谈起的。

在马林诺夫斯基笔下，神话确实劳苦功高。它为社会的秩序、制度、实践、习惯和道德规范提供证明，"当仪式、典礼或道德规范和社会规范需要辩护时，神话就会发挥作用，它是古老性、真实性和神圣性的见证"（107）。它提供了"一个原初的、伟大的、与真实攸关的陈述，它决定了人类的当下生活、命运和使命"（108）。换句话说，神话是集体意识的真切表达和传播途径。神话证实并维护那些构成了特定社会群体之具体心智的思维模式和行为模式，为其风俗和制度奠定基础、提供见证。它们为构成社会系统的个体构件提供"社会许可证"："简而言之，神话的功能在于巩固传统，通过将这些传统追溯到一个原初事件的更高、更好、更超自然的真实，赋予它更大的价值和威望。"（144, 146）因为涉及下面要谈到的问题，马林诺夫斯基对神话和仪式之间关系的强调尤其值得关注：

> 没有哪个重要的巫术、典礼或仪式不涉及信仰，信仰被编织为对具体的先例的说明。这一联系十分密切，因为神话不仅仅被视为一个解说或附加信息，而且是对与之相关的行为的一个见证、一个许可，通常甚或是一个实际的指南。（85）

马林诺夫斯基发明了"许可状神话"（charter myth）这个术语，后来的人类学家使用这个术语谈论那些按照马林诺夫斯基所描述的方式发挥作用的神话。毋庸讳言，很少有人同意马林诺夫斯基的观点，即认为所有神话都是如此。

最明显的一类许可状神话是起源神话。在很多社会中，包括我们自己的社会，起源并非是单纯的无意义的历史事件，而是被极其非理性地（神话性地）赋予了非同一般的意义。与其说起源神话是对事物之来历的解释，不如说它们是对事物应该如此或将来应该如此的思考。"起源"就其并非单纯的无意义的历史事实而言，实为当代文化价值向过去的投射。关于这一点，人们只要想想维多利亚理性主义者将其心智投射到野蛮人身上这一做法就不难理解了。神话被视为失败的科学观察和推理,这一观点不仅是西方科学和理性的许可状神话,同时也为帝国体系征服其他民族的利益提供了功能性辩护。

马林诺夫斯基对特罗布里恩岛民的如下神话进行了分析:

> 有一些特殊的地点——岩穴、树丛、石堆、泉水、珊瑚礁——被当地人称为"洞"或"房子"……四个主要氏族的象征动物一个接一个地……从靠近拉巴里村的一个洞中出现,……打头的是一只鬣蜥蜴,……它像普通的蜥蜴一样在地里钻行,然后爬上一棵树,并一直待在树上,作为后来发生的一系列事件的旁观者。接着出现的是一只狗,……第三个出现的是一头猪,……最后出来的是一条鳄鱼……。狗和猪兜着圈子跑,狗看到 noku 果,凑上去用鼻子嗅了嗅,然后吃了它。猪说:"你这个最东方的 noku,你这个最东方的臭狗屎,你是一个低血统的俗物,而我才是头领,才是 guya'u。"(112)

为了理解这个神话,首先要了解,这四种动物都是某个特定氏族的图腾动物,而这些氏族的每一个又都是一个种姓社会体系的一部分,其中,猪氏族的地位最高,然后依次是狗氏族、鬣蜥蜴氏族和鳄鱼氏族。此外,还必须知道在特罗布里恩社会中食物和等级之间的关系。每一个氏族都有其特有的食物禁忌,以及一些被赋予特殊含义的食物。因此,对于猪氏族而言,noku 果这种狗氏族的食物是十分令人讨厌的。还有,一个人的个人尊严与其所吃食物密不可分,你吃什么,你就是什么。另外,还有重要的一点需要了解,在这一领土范围内的某些地方,猪氏族的统治权尚待巩固。在这里,神话确实是一种"行之有效的力量"(在这一故事中,那些仅仅作为旁观者的其他氏族的动物,则可能代表被狗或猪氏族征服了的土著居民)。此外,值得注意的是,那些石头堆或洞穴是当地社区的重要地标:首领们通常是将其房子建在这些地标旁边,并将这些地点视为其祖先为村庄开基之地。以上数点关于语境的资料，就足以说明社会结构和神话内容之间的密切关联。

与前辈学者不同，马林诺夫斯基所感兴趣的，并非不同神话的共同点，而毋宁说是它们的独特性和差异性。对于功能主义而言，比较学派或心理分析学派将那些来自毫不相干的社会的神话母题和象征混为一谈进行比较的做法，是很荒唐的，这种做法跟单纯依靠汉语发音与英语单词发音之间的相似性来翻译汉语一样荒唐。一旦证明了神话是社会现象而不是个体现象，此种牵强附会的做法就显得毫无道理了。既然思想起源于社会，全部人类所共同具有的充其量也是非常基本性的硬件，而所有心智性的软件都是被文化决定的，并且与一个独一无二的情感和思维系统密不可分。

尽管很多拒绝进化论和传播论的学者同时也拒绝简单的跨文化比较，但大多数功能主义者还是认为比较功能主义是可能的。人们能够了解在一个特定社会中独一无二的东西，同时不必否认可能发现社会或社会结构的类型，或者可以进行形式和功能比较的神话类型（即使不必像比较神话学家那样对其内容进行对比）。比如说，可以将刚才提到的特罗布里恩神话与《旧约·创世纪》中挪亚诸子的故事相比较，这个故事讲的是，在大洪水消退之后：

> 出方舟挪亚的儿子就是闪、含、雅弗。含是迦南的父亲。这是挪亚的三个儿子，他们的后裔分散在全地。挪亚作起农夫来，栽了一个葡萄园。他喝了园中的酒便醉了，在帐篷里赤着身子。迦南的父亲含，看见他父亲赤身，就到外边告诉他两个弟兄。于是闪和雅弗，拿件衣服搭在肩上，倒退着进去，给他父亲盖上。他们背着脸就看不见父亲的赤身。挪亚醒了酒，知道小儿子向他所作的事，就说："迦南当受咒诅，必给他弟兄作奴仆的奴仆。"又说："耶和华闪的神，是应当称颂的，愿迦南作闪的奴仆。愿神使雅弗扩张，使他住在闪的帐篷里，又愿迦南作他的奴仆。"

这里我们所看到的是一个起源神话，说的是一个新秩序的来历。就像特罗布里恩神话中那个氏族动物故事的情况一样，我们必须知道，闪、含和雅弗是全世界人类所有种族的祖先：闪是闪米特人之祖，其中包括犹太人；含是含米特人、古代腓尼基人（因为居住于迦南地，故又称迦南人）、埃及人和黑人之祖。要理解含的罪过，必须了解古代犹太人对于裸体的禁忌。这一罪过可与特罗布里恩神话中狗吃了 noku 果相比，因为它作为一次违禁事件，反过来印证了一种种姓体系的存在，在这一体系中，犹太人居于等级制的顶端，而遭到唾弃的含族人则被作为奴隶。

第二节　简·哈里森和仪式主义

忒弥斯 (Themis)

任何一种理论，只要它认为在作为一般范畴的神话与仪式（无论是一种特殊的仪式还是一般的仪式）之间存在着意味深长的关系，都可以被视为"仪式主义"。最极端的仪式主义认为，所有神话都是从仪式演变而来，或者都与仪式有关。较为温和的仪式主义理论则可能将神话和仪式视为对同一种外部刺激的平行的反应。不过，一般情况下，仪式主义理论都会认为仪式较之神话更具优先性，不仅视仪式为神话的起源，还认为仪式比神话离它们共同的源头更近。仪式主义解释的一个典型特点是，它总是在一个神话与某种仪式的相互关系中解释其意义或功能。

简·哈里森（Jane Harrison，1850—1928）通常被视为神话-仪式理论的首要成员和奠基人。她是一个古典学群体的核心人物，这个群体以颇具怀旧意味的标签"剑桥学派"为标志，但这个标签容易引起误解。弗雷泽是这个群体主要的灵感源泉，他有时候被视为"同路人"。但是，仪式主义者所持有的价值观却与弗雷泽大相径庭。这个群体包括如下这样一些在政治上和社会上都很活跃的进步分子，如吉尔伯特·默雷（Gilbert Murray），他是一位妇女选举权和和平主义等政治运动的积极分子和"激进自由主义"支持者，又如弗朗西斯·康福德（Francis

Cornford），是一位费边社成员，积极为妇女和劳动阶级争取权利，反对帝国主义，反对教会对于教育的干预。对于这一新的理论取向，更具决定作用的是涂尔干的社会学理论。假如神话能够被视为个体思维的产物，仪式则具有更明显的也更具体的社会性。

乍看起来也许有点奇怪，哈里森的另外一个主要灵感源泉恰恰是反社会的弗里德里希·尼采的《悲剧的诞生》（1872）一书，这本书确实可以视为标志了"仪式理论的诞生"（Friedrich 1983:161），尽管如果没有哈里森的进一步阐发，尼采的影响不会有这么大。尼采揭示了两种普遍存在于希腊文化中的针锋相对的力量：一方面是集体的、原始的、激情洋溢的、仪式化的酒神精神，另一方面则是个体的、优雅的、明智的、艺术和审美的日神精神。正是日神精神导致了荷马笔下的奥林匹斯诸神的诞生，这种精神最终渗透到古典希腊精神的方方面面，但是，尼采所崇尚的是野性的、具有创造性和活力的酒神冲动。以"尼采门徒"（Harrison 1963b:viii）自命的哈里森在《希腊宗教研究导言》（初版于1903年）中，将古典希腊宗教描述为一个颓败的过程。在哈里森看来，对于奥林匹斯诸神的崇拜，称之为宗教并不恰当：对她来说，奥林匹斯诸神主要是艺术和文学的产物。奥林匹斯诸神只是一种真正的、存在于遥远史前时代的宗教颓败之后的残余之物。真正的宗教并非意味着故事、艺术、神学和对于自然或人类境况的神思妙想，而是意味着澎湃的激情和狂热的行动。我们将会看到，这种单纯的艺术与真正的宗教、知性与情感、玄想与行动之间的区别，最终将归结为神话与仪式之间的区别。仪式是本真的、原初的，但注定要跟神话结缘，并最终被神话所背叛。

哈里森在《忒弥斯》（1912）一书中阐述了她关于希腊宗教发展的学说。她的仪式取向在书的第一章关于幼年宙斯和扎格列欧斯[①]神话的论述中得到完美的体现。我们在上文已经提到过幼年宙斯的神话：瑞亚把婴儿宙斯藏起来以免被克洛诺斯看到，因为他一旦发现就会将之吞噬掉

[①] 扎格列欧斯（Zagreus），希腊神话中宙斯和女儿珀尔塞福涅所生的儿子。——译者注

（参见第二章第六节），瑞亚将婴儿交给库里特斯（Kouretes），这是一伙青年男子，他们将婴儿藏在狄刻特山（Dicte，又作 Ida）的一个山洞里，身穿甲胄，随着尖啸的笛声跳舞，用力跺脚，使劲敲打盾牌，弄出巨大的声响，借以盖过婴儿的哭泣声。按照这个神话标准的"奥林匹斯"版本的说法，他们的这一计策成功了，宙斯很快长大成人，并逼迫克诺洛斯吐出了他吞掉的其他孩子，成功地制止了他的暴行。他将使命、荣誉、特权分别指派给他"重获新生"的兄弟姐妹，最终建立了奥林匹斯的秩序。

另外一个流传到古典时期的克里特的"俄耳甫斯"神秘主义宗教神话，显然与上面这个神话有关。在这个神话中，扎格列欧斯，即克里特的狄奥尼索斯，是宙斯和珀尔塞福涅（Persephone）① 所生的儿子，扎格列欧斯也被托付给库里特斯，但是他却被宙斯的敌人泰坦杀害了（参见第三章第三节）。他们趁库里特斯睡觉的时候，用玩具诱骗走了扎格列欧斯，把他撕成碎片，生吃了他的肉。但是雅典娜设法救走了他的心脏，把它放在一个石膏的身体里，救活了他，宙斯降下霹雳打败了泰坦。克里特神话提到库里特斯为宙斯举行葬礼，克诺索斯（Knossos）附近甚至有一座宙斯之墓，受到克里特人的崇拜。这一点暗示，在克里特的宙斯背后和克里特的狄奥尼索斯背后，都有库里特斯的身影。

哈里森对这几个神话的解释，受到了 1904 年在克里特东部帕雷卡斯托（Palaikastro）遗址发现的一则铭文的启发。铭文中包含了一些抄写于罗马时期的赞美诗残句，其中保存了一些更早的资料。哈里森的译文如下（1963: 7-8）：

> 哦，最伟大的库罗斯（Kouros），我们向你欢呼！克洛诺斯之子，所有润泽和明慧之物的主人，你走在众神（Daimones）行列的上首。众神载歌载舞，欢欣上路，走向狄刻特山（Dikte），去迎接新一年的到来。

---

① 珀尔塞福涅（Persephone），希腊神话中的宙斯之女，被冥王劫持娶作冥后。——译者注

> 我们为你弹琴鼓笛，踏歌而行，即将肃立于你有美丽栏杆围护的祭坛周围。
>
> 哦……
>
> 你是瑞亚的长生之子，那些持盾牌的养育者将你藏身于此，他们踏地喧腾，为了掩饰你的存在。
>
> 哦……
>
> …………
>
> ……美好的曙光（？）
>
> 哦……
>
> 荷赖女神（季节）带来硕果，年复一年，狄刻女神君临人类，大地上芸芸众生皆归丰裕的和平女神统领。
>
> 哦……
>
> 跳吧！为了美酒满溢的酒罐，为了绒毛细软的羊群，为了硕果累累的大地，为了攘攘扰扰的蜂群。
>
> 哦……
>
> 跳吧！为了我们的城池。跳吧！为了我们扬帆远航的船队。跳吧！为了我们年轻的公民，为了美惠的忒弥斯女神。

因为这首赞美诗是在狄刻特山的宙斯圣所发现的，因此可以视之为对一种经常于此地举行的仪式的记录。赞美诗的歌者声称自己正在跳舞，然后环绕祭坛而立，在竖琴和笛子的伴奏下吟唱。他们呼请"伟大的库罗斯"莅临狄刻特山，统领其麾下的一干守护神（Daimones）队伍，这些守护神也在跳舞，其舞蹈具有巫术效果，将促进谷物的丰收和人类的昌盛。"库罗斯"是一位到了举行成年礼年纪的风华正茂的青年（这个词源于希腊词 keiro，意为剃头，指剪掉少年发绺的仪式，正式成为成人队伍中的一员）。"保护神"可以笼统地理解为"精灵"或"神灵"，指一些与奥林匹斯众神相比更具神秘性、更少人格化的神灵。赞美诗称伟大的库罗斯为克洛诺斯之子，接下来又讲到了瑞亚将婴儿宙斯交给库里特斯寻求庇护的神话，并称库里特斯为"持盾牌的养育者"（希腊原文的意思是"持盾牌的孩童养育者"），他们也是舞蹈者，可以推断其为陪伴宙斯的舞蹈保护神的替身。赞美诗最后提到"美惠的忒弥斯"。"忒弥斯"(*Themis*)意为"法度"或"习俗"，但哈里森认为，"忒弥斯"最初指的是社会秩序本身的投影：舞蹈（以及赞美诗和宗教本身）开始于社会秩序，也终结于社会秩序。

尽管最伟大的库罗斯在此被等同于宙斯，哈里森认为他比宙斯的来历更古老。就狄奥尼索斯总是被想象为诸如萨提尔这样一些通常以舞蹈者姿态出现的神之统领者而言，库罗斯和狄奥尼索斯或扎格列欧斯具有一些相同的特点，在一些更古老的资料中，萨提尔偶或会被与库罗斯相提并论。克里特神话中通常将以上诸神混为一谈，这一现象使哈里森推断，存在一个古老的克里特神，它是宙斯、扎格列欧斯和狄奥尼索斯这一组神的共同来源，有关他们的神话相互重叠，从古典时代起就为人所知，她的这一推断确有几分道理。她认为这个古老的神就是赞美诗中的库罗斯。

在亚瑟·伊文思爵士（Sir Arthur Evans）于克诺索斯（Knossos）遗址的全面考古发掘开始不久之后，哈里森就注意到了这一铭文，并深受后来陆续出土的材料的影响，这些材料足以证明在克里特曾经存在一个繁荣的青铜文化。哈里森推断，假如库罗斯比宙斯或狄奥尼索斯更古老，那么，帕雷卡斯托出土的赞美诗就必定包含着前希腊、前奥林匹斯的克里特宗教的残影，这一残影即赞美诗中隐约提到的膜拜仪式。赞美诗中提及克洛诺斯之子，以及那块题有铭文的石头在狄刻特山宙斯圣所所处的显要位置，表明了库罗斯在奥林匹斯宗教中所受到的喜爱程度。然而，为了作出进一步的推论，必须认识到"神话的变动不居、异态纷呈的特点"和"仪式的相对恒定不变的特点"(16)，这是仪式主义的第一个假设。尽管这些神话说的分别是扎格列欧斯、宙斯、狄奥尼索斯或最伟大的库罗斯，但是，在哈里森看来，同一种仪式将这些神话联系了起来。

哈里森面对的一个最大的问题是，在这首赞美诗中，除了只有一次道及那些站在祭坛前跳舞唱歌的崇拜者之外，赞美诗中没有提供任何其他关于存在某种仪式的证据。有鉴于此，为了得出进一步的结论，哈里森提出仪式主义的第二个主要假设：（或多或少令人费解的）神话是仪式的解释（即，神话是仪式的释源故事）。"崇拜者说他们吁请库罗斯，是因为这个神话的缘故"，因为正是在这里，库里特斯用跳舞造成的噪音遮盖了婴儿的哭声，但是"我们当然有充分的理由将整个事情的次序颠倒过来，这个神话是源于这个仪式，甚或就是这个仪式的组成部分，而并非仪式源于神话"(13)。凭借这两个假设，哈里森就能够利用这些神话重建这个克里特仪式，因为这些神话原本就是源于这个仪式的。她首先归纳出这些神话共有的母题，也就是说，首先确立一个元仪式（相当于比较神话学的元神话），然后即可依据这个元仪式对那些它由之而得以重建的神话进行解释。

上述宙斯神话、狄奥尼索斯神话、扎格列欧斯神话和库罗斯神话背后的"主要环节"是（15）：

（1）一个孩子被从他母亲的身边抱走，得到一群号称库里特斯的年轻人的细心呵护，为了保护他，他们围绕着他大跳甲胄舞……

（2）这个孩子被藏起来，却被一群又是号称泰坦的男人们掳走，被杀害、肢解……

（3）这个孩子重新出现，被救活，又是这些泰坦们造成的……

请注意，准确地说，死亡和再生的母题仅仅见于扎格列欧斯的神话。克洛诺斯吞掉然后吐出宙斯的兄弟姐妹的故事，被视为这一母题的变格。在此一主题上，哈里森增加了一些细节：例如，她相信，这一仪式中有一个假装生食小孩的环节。

尽管这些神话为仪式的重建提供了主要的轮廓，但是这些神话的共同母题凭其本身并不足以构成一个完整的或可信的仪式。为此，哈里森只好诉诸弗雷泽的比较人类学。民族志材料让她有可能将库里特斯仪式重构为成年礼或入会礼仪式。少年死去，然后作为一个成熟的男人或女人死而复生，这一点在入会礼中得到最典型的表现。弗雷泽本人就不遗余力地勾勒出了两者之间决定性的平行关系。在新南威尔士州的土著所举行的入会礼中，裹着毯子的男孩们坐在熊熊燃烧的篝火边，年长者则挥动牛吼器发出巨大的声响。与此仪式相关的神话提到杜拉莫兰（Dhuramoolan），他是一个精灵，其声音（像宙斯一样）如同霹雳，他的职责就是杀死这些男孩子，把他们切成碎片，烧成灰，然后重新将他们捏聚为人形，随后再将他们带到丛林中，传授给他们部族的法律、传统和风俗习惯。实际上，"泰坦"（Titans）这个名字自从古风时代就与希腊语中的"*titanos*"有关，后者意为"石膏"（gypsum），可以与年长者装扮成恶魔或鬼怪吓唬那些等待着被肢解的瑟缩成一团、惊恐万状的男孩子的仪式相比较。以此方式，男孩子们经历了一次二度诞生，这是一次文化上的诞生，他也因此变成了一个真正的部族成员。"自今而后，他就属于一个较之他的个体存在更强大、更有力、更悠长的存在，他变成了其图腾的生命长河中的一环，这一生命长河从遥远的过去延续到未来，源远而流长。"（19）这些仪式的相互比较显示库里特斯就是部族中表演入会礼的年轻人，他们把少年们从其父母身边偷走，把他们藏起来，用一种象征性的死亡终结他们以前的存在，然后让他们作为一个完整的社会成员再度出现。这里，就提出了仪式主义的第三个一般假设：全世界的仪式在其主要方面都是大同小异的，相对于神话而言，仪式的相似性更大。——如此一来，讲求实际的比较研究者不再需要像以前那样对神话本身进行比较，因为它们都跟仪式有关联，后者作为一个中介比较项（*tertium comparationis*），足以为所有范围广泛的比较研究奠定基础。

哈里森的进化理论

对这一特定神话的仪式解释形成了《忒弥斯》一书的开篇。接下来，哈里森继续论述了繁殖巫术的源头与库里特斯的渊源关系、库里特斯在酒神颂亦即狄奥尼索斯之舞的发展过程中发挥的作用、酒神以及其他一些希腊神祇与一年一度的年神（Eniautos Daimon）节之间的渊源关系（此说在很大程度上得归功于弗雷泽的谷魂或死而复生之神）、奥林匹斯诸神与岁时之神之间的渊源关系以及悲剧与酒神颂之间的渊源关系（吉尔伯特·默里为此作了一个补注）。对于我们而言，最重要的是书中时时出现的那些理论性和思辨性的片段：所有仪式或者至少是所有处于不同发展阶段的仪式都具有可比性的假设，使哈里森能够将其关于希腊宗教发展的观点，表现为一个关于人类仪式文化、神的观念、神话、宗教、艺术以及思想等诸般文化现象的起源和发展的宏大理论。

哈里森的进化论模式，以评注和例证的方式散漫地出现于其书的各个章节，概而言之，大致如下：最初出现的是一个野蛮群体，哈里森告诉我们，原始人是其情感的奴隶，身体是其得以表达的唯一途径。当他们聚集在一起时，只要一个小小的刺激，就能让他们兴奋得狂欢乱舞，这种狂乱的集体运动很快就会演变为有节律的、有规则的舞蹈。最初的舞蹈看来都是模仿性的，它们始于对真实生活行为的情感性再现。哈里森举狩猎者为例，满载而归的狩猎者，因打猎而激起的紧张感仍未完全消失，于是他们在本部落的妇孺面前手舞足蹈，用舞蹈动作表现他们打猎的经历，借以宣泄淤积于心中的情感。这种自发的、原仪式性的表演可能伴随着声音："这些一起跳舞的舞蹈者……用恐惧的、欢乐的或者是悲伤的喊叫、用战斗的吼声……道出他们共同的欲望、他们的欢乐、他们的恐惧。"（45）哈里森极具想象力地指出，或许"那兴之所至的感叹声 mu 就是最初的神话（muthos）"（330）。这种原仪式的发声被她视为某种意义上的原神话。

发展的第二阶段是从对具体狩猎事件的演示演变为抽象的、一般性的能够通用于所有狩猎活动的舞蹈。尽管集体舞蹈总是导致高度的激情，然而，随着从具体到一般的抽象，人类精神似乎获得了接受"情感观念"或曰想象的自由。正是在这一阶段，集体情感创造了一种神圣的"情感"，这种情感体现为超自然、全能、玛哪等形式，由舞蹈者的情感投射到整个世界之上，并且一视同仁、浑然不分地遍布所有事物：因为野蛮人觉得自己跟他的群体是浑然一体的，这种浑然一体的感觉蔓延无际，不受任何限制。

当在一个行动（例如狩猎或者战斗）开始之前举行舞蹈以释放预期的紧张情绪时，就发展到了第三个阶段。此时，舞蹈被用于表现所欲之物。舞蹈者相信他们能够操控玛哪。既然整个世界的玛哪是浑然一体的，那么，他们就相信，通过作用于这个浑然整体中可以被他们直接操控的部分，就能够作用于那个他们无法直接操控的部分。因此，通过用响声器（rattle）模仿下雨，或者用欢呼雀跃模仿战斗获胜，就能让天下雨或者获得胜利。在宗教的发展进程中，这是一个决定性的阶段：它标志着对于情感的单纯被动的反应与对于事件的主动操控之间的区分。巫术由此应运而生，"巫术首先是……一件先行举行的行动"，但是，哈里森仍然认为在巫术和情感之间存在着直接的关联，"欲望和事实浑然不分，……这在最简单形态的巫术中清晰可见"（82-3）。

第四个阶段，当最初的群体分裂为多个规模较小的群体之后，区分的意识开始萌动。野蛮人开始将自己的群体与其他人类群体区分开来，自然世界也随之发生分化，但是，并不是因此将人跟动物区别开来，而是导致了一种横跨不同物种边界的划分。出于某个无法解释的、某种跟食物构成相关的缘由，某种动物被挑选出来视为人类群体的亲缘，这就是图腾的起源。这一阶段的舞蹈也伴随着发声，后者表达了与舞蹈所表达的相同的一般观念。在此，哈里森举北美印第安人的灰熊之舞为例，"他们步履蹒跚、跟跟跄跄地模仿灰熊在洞中的动作"，同时还念念有词地说道："春天来了，我要动身了。我穿上袍子，我的神圣的袍子。夏天来了，我要到处走动走动。"这番话并非是对于舞蹈的解释，毋宁说，舞蹈者"只不过在用嘴说出他们用其蹒跚跟跄的双脚正在表现的事情，即他们体会到的、与灰熊有关的情感和感受"（329-30）。图腾群体在增殖巫仪中模仿其图腾动物而舞，借以促进其图腾（动物和群体）的繁殖。

第五个阶段至关重要，这个阶段，一位独具天赋的舞蹈者从群体中脱颖而出。他变成了人们关注的中心，而集体则退居次要。集体舞蹈的强烈情感都被聚集到了这位舞蹈领队身上,舞蹈者们将他称为"精灵"或"神"——"原始的神,在很大程度上,就是集体情感,被道出、被表述的集体情感"(46)。因此,伟大的库罗斯以及他的众神队伍,最初无非就是被其激情所鼓舞和圣化了的舞队及其领队。后来,"舞蹈队越来越认识不到其实神就是他们自己,神被彻底外化了,不复是给他们领头的保护神(daemon),而是一位独一无二的、高高在上的、完美无缺的神"(46)。由于"讲故事的本能",这位由内在情感投射而成的存在者拥有了生活史,但是,神的"经历"最初仍然是崇拜者的"经历"的投射(47)。当仪式不再作为一种社区的集体活动,并且丧失了其固有的意义和效果,甚至仪式本身已经瓦解之后,就达到了最后的阶段,此时,归因论神话(为仪式的表演提供一个理由或者说法)就应运而生了。

社会和情感

哈里森对于宗教起源的解释,很大程度上是直接源于涂尔干。《忒弥斯》的副标题"希腊宗教的社会起源研究",就摆明了它对于"社会事实"的高度重视。跟涂尔干一样,在哈里森看来,宗教滥觞于部落仪式,后者导致集体欢腾,并生发出最初的神圣感。总是以集体仪式的形式而存在的社会,毋宁说通常是以集体舞蹈的形式而出现,因此,所有重要的宗教概念都源于社会(28):"摆在我们面前的令人惊讶的事实是,这些宗教形象并非产生于什么'宗教本能',也并非产生于什么内在的祈祷和祝颂冲动,而是当社会痴迷于宗教之时,直接产生于社会习惯。"其实,她同样可以说,"当宗教痴迷于社会之时","与其说是个体,不如说是群体的社会生活,成为了宗教表象的对象"。(47)忒弥斯是狄刻的母亲,在哈里森看来,忒弥斯象征"社会秩序",而狄刻则表示"自然秩序"。

不过,哈里森与涂尔干之间还是存在着重要的分歧,尤其值得注意的是,其中有些观点预示了弗洛伊德主义人类学的一些重要主题(她很晚才读到弗洛伊德)。"情感",尤其是"欲望",在哈里森版本的部落宗教中较之在涂尔干那里扮演着一个更为重要的角色。涂尔干对于"神圣"

和"世俗"的过于僵硬的区分，迫使他即使在试图解释仪式的起源时，也不得不将仪式的存在预设为前提。确实，他认为群体聚集的集体欢腾激发人们又是动作又是喊叫，这种动作和喊叫"会自发地演变为合律中节的动作和喊叫，由此就产生了舞蹈和歌唱"（1991:380）。但是，在他看来，部族成员聚集在一起，最初的动机仅仅是为了举行仪式。

哈里森对于其中的因果关系的解释则更为合理。通过跳舞宣泄情感，是野蛮人日常生活的一个重要方面（他们对于神圣与世俗之间的界限则并不十分在意）。涂尔干给人的印象是，除了在节日之外，在通常的日子，野蛮人都是独处的，其生活是"单调的、无聊的、暗淡的"（1991:379），但是，在哈里森看来，野蛮人几乎从来不独处，对于他们来说，几乎从来没有什么暗淡的日子。野蛮人平常的活动就充满了紧张感，充满了诸如闪电霹雳、狩猎、战斗之类的可怕事件。不断郁积的情感总要爆发为行动。甚至在出发狩猎之前的跳舞中，"表演或者所行之事就已经是对某种欲望的预演，就是对郁积的情感的宣泄"（1963b:45）。甚至连巫术性舞蹈，哈里森也认为是源于欲望，"欲望是巫术之父"（83），哈里森不像弗洛伊德，她认为社会群体对于情感的仪式性宣泄是不可或缺的，就像对于社会群体而言情感的仪式性宣泄是不可或缺的一样，这种情感宣泄仪式最终塑造并协调了部落的情感生活，导致了情感的"社会化"（43）：

> 置身于社会中的感觉能够最大程度上激发和维持情绪的高度紧张感。野蛮部落中的个体性是十分薄弱、极度匮乏的。如果他只是一个人手舞足蹈，他跳不了很久，但是，如果他跟整个部落一起跳，他就会通宵达旦地跳，他的情绪就会极度高涨，变为激情，欣喜若狂。……社会化的、集体体验到的激情，是得到强化的、经久不衰的情感。理智的群体是脆弱的，……情感的群体才是牢固的。

哈里森跟弗洛伊德一样，将宗教史作为精神的考古学。宗教的发展进程和心智能力的进化进程并驾齐驱。但是，与弗洛伊德的人类学进程是从本我的统治发展到超我的统治不同，哈里森的人类学进程是从情感发展到理智。这一观点是《忒弥斯》一书中核心的人类学观点：每一发展阶段，都会产生一位与此一阶段的心智能力对应的神。哈里森认为希腊人与克里特人的差异反映了文明心智与原始心智的差异："甚至可以说奥林匹斯诸神代表了清明的意识，而岁时之神（Eniautos-daimon）则代表了潜意识。"（xxi）在发展的刺激因素方面，两者之间也存在对应关系：对于弗洛伊德，压抑的增长是人类进化尤其是文明进化背后主要的动力，因为压抑导致艺术和宗教等象征性满足方式的产生。对于哈里森，发挥这一作用的是冲动和行动之间的延宕。在《神话学》一书中，她将此视为人类赖以与其他物种区别的显著特征（1963a: xi-xii）：

> 动物依据本能而行动，对于它们而言，行动是感觉的机械反应，几乎就像化学反应一样迅速和准确。但是，人类的神经系统则复杂得多，感觉不会立刻转化为行动，两者之间似乎存在着一个间歇，供人深思熟虑。正是基于感觉和行动之间的这个稍纵即逝的停顿，才逐步形成了我们的心象（images），即想象、观念，乃至我们所有的心智生活。我们不是即刻反应，也就是说，我们不是想到什么就立刻得到它，如此一来，我们方能在心中构想它，我们创造了一个心象。如果立刻反应，我们就不会产生心象，也不会有表象、不会有艺术、不会有宗教信仰。

在《忒弥斯》一书中，造成压抑的停顿被称为"延宕"（deferral）（1963: 44）：

> 心理学家告诉我们，表象、观念、想象以及我们生活中所有的理智性、概念性因素，都主要归功于反应的延宕。如果一个冲动一产生就立刻得以满足，就不会形成表象。正是从这种延宕的间歇，

从冲动和反应之间的空当中，产生了我们的心智生活，我们的心象、观念、意识、意愿，以及宗教中的大部分内容。假如我们总是能立刻如愿以偿，假如我们只是一具设计完美的本能有机体，我们就不会有表象，不会有记忆，不会有模仿（mimesis），不会有"行事"（dromena），不会有戏剧。艺术和宗教一样，都是源于未得到满足的欲望。

但是，在一开始这种延宕是相当微弱的。准确地说来，最初的野蛮人并不思考。他的行动一任冲动的支配，而并不知道自己为什么而行动，他的行动并非出于谋划，而是出于自然本能。"万物的混沌之源"是一个纯粹的情感王国。至于在野蛮人的头脑中所实际发生的事情，则无关紧要。为什么图腾社会的野蛮人总是固执地断言自己就是袋鼠、负鼠或者木蠹蛾幼虫呢？而其实他们很清楚地知道他们并不是这些东西。这是因为"了解是一回事，而感觉则是另一回事"（121）：

> 因为了解首先和首要的是要区别、注意到差异，辨别属性，并因此对事物分门别类。头等重要的是认识到我和非我之间的差异。……图腾时代的人类几乎不会将他自己视为与其部族不同的乃至相对的个体，很少将自己视为与环绕着他的世界不同的乃至相对的人类。他还没有充分地把握自己的个体性或者他人的灵魂，还没有在他自己周围画一圈将自己与他人区别开来。这并非是因为他无法将自己跟袋鼠区别开来，而是因为他还没有划出一条清晰的界线将袋鼠的概念和人类的概念加以界定，并借以将两者永远区隔开来。他的心智生活主要被情感所占据，这种心智对于联系较之差异更敏感。

的确，哈里森认为，部族社会对于一体性的满怀情感的执着实实在在地妨碍了明晰的、个人的理性思维的发展（126）：

图腾群体在举行繁殖仪式的时候，确实表现出来某种差异意识的萌芽，但是，他们的情感所系，他们所执念的，主要是一体性，与其图腾的浑然一体，图腾群体的充满交感魅力的庆典仪式加强、促进并周而复始地强化了这种一体性。整个人类群体的行动和反应跟整个植物或动物群体息息相关，人类的玛哪和动物群体的玛哪声气相通、浑然一体。这是第一阶段。但是，随着理智的发展，随着个人真切的所见所闻逐渐代替集体的暗示，这种一体感变得日益淡薄。人们的注意力渐渐地从同一转向差异。尽管人依然穿戴得像个鸸鹋，但是却越来越清楚地意识到自己不是鸸鹋，而只是在模仿鸸鹋，模仿一个在很多方面跟自己大相径庭的东西，这个东西拥有大量的玛哪，但是它的玛哪是单独的，它是一个受人影响、被人操控的东西，而不是一个激发交感之物。

确实就像涂尔干所认为的那样，人类的历史是一个从浑融不分的整体性到明晰性、个体性和理性的渐变运动。但是，不管是哈里森，还是涂尔干，都没能对这种演变模式背后的根本动因给出令人满意的解释。他们两人的确都只是将进化视为不言而喻的，而没有对之进行说明。对于涂尔干而言，正如上文所述，自始至终都存在着一种朝向增长的运动。"社会集中"使事情变得日益庞大，也日益复杂。对于哈里森而言，历史背后真正的发动机是人类心智机能的成长，仿佛单靠达尔文的进化论就足以解释一切了：我们原本是动物，大脑越来越大，越来越高级，用这个总体进化模式，可以解释现代与克里特人的差异，也可以解释欧洲与非洲的差异。在哈里森看来，人类心智机能进化的典型特征体现于人类思维从个别到一般、从具体到抽象的发展（68）：

野蛮人就像孩子一样，从个别发展到一般，而对于成熟和文明的心灵而言，抽象性已经是现成的，因此他倾向于从一般性开始。对于野蛮人而言，这块石头或这棵树拥有玛哪或奥兰达（*orenda*），这是他所关心的。但是,逐渐地……随着拥有玛哪的事物越来越多,逐渐产生了一种"玛哪的连续体"的观念,在可见的宇宙背后存在着一个不可见的具有巨大威力的世界。……这个连续体观念……也许体现了原始人最早的一般化努力。

这一番话中,并未明言人类会变得越来越人类。但从这番话中不难引申出这样的论断,随着人类变得越来越人类,人类就日益摆脱情感,摆脱与世界的浑然不分的感觉,也日益摆脱他置身其中的社会群体,变得越来越理性,越来越富于个性,越来越自我主义。

神话与仪式

很久以来,仪式和神话的关系问题就被视为鸡生蛋还是蛋生鸡的问题而聚讼纷纭,而哈里森则以其旗帜鲜明的观点让自己成为众矢之的,这一点尤其体现于其早期的著述中,如在《神话学与雅典纪念碑》和《希腊宗教研究导论》等书中,她断言仪式一定是先于神话的。在《忒弥斯》一书中,当谈到两者之间的关系时,则显得较为审慎和含糊(16):

在关于希腊宗教的研究中,最重要的是要认识到,在其构成相对稳定的仪式与其特征变化多端的神话之间存在着明确的差异。就我们眼下所面对的这个例子而言,我们发现了一种千篇一律的仪式,我们将之分解为如下一些构成要素:围绕着孩子们的武装舞蹈、模拟性的死亡和再生。但是,神话却是变动不居的,神话中的主人公不一而足,或者是扎格列欧斯,或者是狄奥尼索斯,或者是宙斯,至于神话中的孩子是如何被模拟性杀死又是如何复活的,每一个神话中的细节更是各不相同。要理解这一切错综复杂的现象的宗教旨趣,首先应该把握其中稳定的仪式因素。

但是,这并不意味着仪式优先于神话,像人们有时所认为的那样。仪式和神话可能同时产生,仪式是用动作表现情感和感受,而神话则是用话语和思想表现同样的东西。它们本是同根而生（也就是说，肩并肩、手拉手地同时产生）。最初的神话并非是释因性的，它的产生并非是为了解释原因。神话是表现性的，是与仪式不同的另一种表达和表现方式。当最初导致仪式产生的那种情感逐渐枯竭时，仪式成为空洞的似乎是无意义的陈规旧习，这时候才需要为它找一个理由，于是，释因性的神话就应运而生了。

尽管哈里森言之凿凿，《忒弥斯》一书中，仪式与神话的区别依然缠夹不清。上面这番话尽管含糊其词地否认了仪式相对于神话具有任何时间上的或因果上的优先性，但仍赋予仪式以理论上的优先性（它是稳定不变的，是最初的原型，与之相关的神话则是变动不居、模糊不清的，唯有诉诸仪式，才能明确神话的意义）。但是，尽管哈里森口口声声地断言仪式和神话是同时产生的，她在《忒弥斯》一书中所勾画出来的宏大的进化论框架仍将优先性给予仪式，并且只是给予仪式，不管这种优先性是关乎解释还是原因，亦或是因果关系。哈里森在仪式理论中的意义也跟她将优先性赋予仪式的明确态度密不可分，尽管她的这种明确态度有时候因为她不是那么自信而显得有些含糊，就像上面这番话所表明的那样。

我怀疑哈里森在表述神话和仪式的关系时，心中是有所踌躇的，因为她觉察到了在她的简单明了的理论框架与她用以支持这一理论的经验证据之间，存在着一个问题，还是一个深刻的矛盾，而这一矛盾是她所无法解决的。哈里森的进化论框架既简单又优雅，它所关心的是人类如何从动物的、身体的、情感的和社会的状态进化为人类的、心智的、理性的和个人的状态。这一观念在她那个时代是一个根深蒂固、众所公认的偏见，几乎不需要任何解释。不过，她最具创造性的贡献体现于，她在仪式及其性质与神话及其性质这两个在其进化论路线图中各处一方的两翼之间建立了密切的关联。

行为和仪式并非完全是一回事。行为，即使是表现性行为，也可能是情感直接而自发的流露,就像狩猎者通过舞蹈再现其狩猎行为时的所作所为一样。但是,"仪式"必定涉及某种程度上的抽象和典型化,而不仅仅是单纯的情感反应,它必定包含心理表象和象征行为,仪式活动中也可能总是包含着旨在影响自然或者神意的意向,并且仪式活动不仅仅限于单纯的身体活动,也离不开语言和观念。考虑到这一切,要在冲动、行为、行事以及仪式与反思、概念、语言以及神话这两方面之间做出泾渭分明的区分是不可能的。确实,在哈里森的论述中,仪式与神话的差异常常被归结为所为与所思的差异,例如,在《神话学》(1963a: ix)一书中,在谈到动物和人类的差异之后(引见上文),哈里森接着说:"每一种宗教都包含两个要素,一是仪式,一是神话。仪式是一个人针对其宗教的所作所为,神话则是一个人针对其宗教的所思所想。"但是,语言、想象、象征,所有这些哈里森试图将之归于神话一边的东西,对于仪式而言也是不可或缺的要素,就像它们对于行为而言也是不可或缺的要素一样。

不仅如此,仪式不一定像哈里森所声称的那样直接与情感冲动有关,而心理表象和概念化跟情感的关系也不一定就比较疏远。假如哈里森读过弗洛伊德,她就更会进一步认识到她对于仪式和神话的区分是很成问题的。说强烈的情感激起剧烈的行动是一回事,而说仪式(更不必说表象活动)直接地、自发地源于情感冲动则是另一回事。弗洛伊德将仪式视为被严重压抑的情感的象征性表达,并将之与神经症仪式相提并论,在他看来,仪式远远不是什么自然情感冲动的直接流露。弗洛伊德会说,如果一种表达方式与其初始冲动关系密切,那么,它就是神话,它属于快乐原则,既是幻想的产物,也是相对而言未受压抑的野蛮心灵的产物。与无关痛痒的语言相比,行为更容易受到压抑,这恰恰是因为行为能够使愿望得到满足,而这些愿望恰恰是压抑的对象,至于语言、思想和想象,则只能通过一种相对无害的象征性方式做到这一点。

不管哈里森关于神话与仪式之间对立的说法对于仪式学派发挥了多么大的作用,要维持这一观点实属不易,为了避免它的崩溃,哈里森不得不充分发挥其能言善辩的修辞天赋。神话与仪式之间对立的观点所存在的问题通常被有意掩饰，她在谈到这一对立时的做法，也有意掩饰了其简单化和无效性。例如，哈里森经常使用希腊语术语，或者，更巧妙的做法是，在希腊语的意义上使用英文术语，以达到她用平常的英语所无法达到的效果。她宁愿使用希腊术语"*dromenon*"和"*drama*"，而不是直接使用"*ritual*"（仪式）这个术语，因为前两个术语能使行为和仪式之间的关系显得更为一目了然。在希腊语中，前两个词的词根的含义很简单，意为"所作所为"（doings），它们之所以很有用，在哈里森看来，乃是因为它们暗示了那些由简单的"所作所为"演变而来的文化行为，尤其是由宗教仪式（*dromenon*）和体现为戏剧形式的世俗的表达行为。按照这一方式，甚至连那些极其成熟的形式看起来都可以被归于情感和行为的范畴，而与神话、语言、想象、思想等对立起来（1963:42-3）："（情感的）张力在激烈的活动中寻求宣泄，你因为恐惧、狂喜而跳舞，以寻求彻底的心理解脱，处于 drama 和 dromenon 之核心的，正是这种激烈的活动，这种舞蹈。"哈里森将 legomenon 或 mythos（所言之事）置于 dromenon（所为之事）的对立面。正如她对于希腊语中表示行为的语词的运用一样，希腊语中表示言语的词语也使她能够将言语、思想和神话相提并论，似乎它们只是同一件事情的不同变体而已。哈里森自然知道言语通常就是仪式的组成部分，但是，她却将言语成分分离出来，似乎它就是萌芽状态的原神话。希腊语中的 legomenon 和 mythos 意为"所言之事"，但是，它们也意指或意味着"神话"。在对希腊语中 mythos 一词的意义解说了一番之后，她就能够谈论"仪式中的另一个要素——神话"（1963:330）了，尽管她所指的其实只是仪式中的所说的话。一方面，希腊语使她能够方便地将言语视为仪式的一部分，因为很明显，言语原本就是仪式的一部分；另一方面，这些希腊术语又使她能够将言语视为跟仪式不同甚至是对立的东西。

但是，这里涉及的并非仅仅是修辞上的问题。在上面的引文中，哈里森将神话置于跟仪式对等的地位上，但其前提是，只要神话仍保持其为"用语言或思想的方式……对情感的表达"，只要神话不是为仪式寻求某种理由或者某种动机。换句话说，只要神话仍保持其为情感性的表象，它就仍然跟情感性的行为具有相同的地位，但是，一旦神话羼杂了逻辑和知识，它就丧失本真性了。随着神话越来越远离仪式，越来越远离单纯的心理反应，越来越获得逻辑性和叙述性，它也就越来越远离其情感根源而变得日益抽象。在哈里森心目中能够跟仪式相提并论的神话，即作为"用语言或思想的方式……对情感的表达"的神话，就根本不是作为叙事的意义上的神话。哈里森发明了一个新范畴，即非叙事性的心理表现，并将之定义为某种意义上的原神话，借以挽救她过于简单的二元区分，而这一区分是其进化论框架赖以存在的基础。由此所导致的结果就是，相对于神话具有优先性的论断，仪式变得越发不明不白、令人费解。

假如神话和仪式果真是一回事，哈里森的宗教进化理论将会瓦解。这一学说，作为一个理论建构，作为一种神话，看起来确实很完美。她的宗教发展史，不仅向我们呈现了宗教思想的诞生。从"万物浑然一体的起点"，从原初的混沌，随着一声巨响，所有的事物就在瞬间创生（就像弗洛伊德把一切事物的创生都归结为俄狄甫斯情结一样）。对于哈里森而言，决定性的时刻是发生于舞蹈仪式本身的变化。舞蹈队挑选出一位领舞者，一位具有天赋的舞蹈者，他越来越变成人们注意的中心，而舞蹈集体本身则日益退居次要。随后到来的是一个涂尔干式的时刻，此时，群体体验到了强烈的舞蹈集体的激情，并且感觉这种激情较之任何个人体验都要强烈。但是，跟涂尔干笔下的野蛮人不同的是，在这一决定性的时刻，哈里森的野蛮人的意识全神贯注于舞蹈队的领队身上（45）："在集体中体验到的强烈激情导致了此种客观真实性的幻觉，每一个崇拜者都切身体验到某种不属于他自己的东西、某种比他强大的东西。他并不知道这是集体暗示的力量，而是将它称为神。"

哈里森在其书中引用了亚里士多德的一段文字，他声称悲剧是由酒神颂中的 *exarchos* 亦即酒神节的舞蹈歌发展而来的（exarchos 本义指即兴口占诗句、率领合唱队吟唱叠句的人，在狄奥尼索斯神话中，此人通常被视为酒神本人）。通过将 *exarchos* 引入她的历史图式，哈里森将所有的一切都压缩为一个核爆炸一般的单一瞬间的产物：原本牢不可破的集体分裂了（领舞 vs 合唱队），所有社会组织由此起源（等级制），心智开始产生分化，宗教产生（神的概念），艺术产生（原本浑然一体的群体分化为观众和演员）。所有这一切都在酒神狄奥尼索斯这位独一无二的集体欢腾之神的庇护下得以生成。到此为止，哈里森对仪式的命名，*dromenon*，如愿以偿，现在她可以用一个新名字 *drama*，代替这个旧名称，作为所有"高级文化"之卓越成就的新符号，而同时又保持某些源于其集体仪式源头的情感力量。

但是，这次大爆炸的最重要成果，乃是人类智识本身。它开始于第一个明晰的观念产生之时，后者同时也是第一个真正的"神话观念"。在逻辑和时间两方面，神话或原神话的发展都晚于仪式行为。仪式或多或少是对于集体情感的直接反应，而神话观念则是源于对于仪式的设身处地的感受，而且神话与直接的反应相去甚远，神话观念的形成是以抽象活动和象征活动为前提的，这进一步拉开了神话与原初的集体情感和仪式本身的距离。

正是因为她主张仪式相对于神话的优先性和优越性，导致简·哈里森被贴上"仪式主义"的标签。但是，在这方面，她并非首创者。她继承了很多比较神话学家的观点：例如，施密斯就认为："在几乎所有的情况下，神话都是从仪式衍生而来，而不是相反，因为仪式是恒定不变的，而神话则是灵活多变的，仪式是强制性的，而神话则取决于崇拜者个人的理智。"（1887:18）或者说，构成最初的宗教的是行为而非观念，观念是后来的附加物，是对行为的理性化（1894:18-22），在弗雷泽的书中如下的文字也流露出类似的消息（1922:477）：

他（希波吕托斯／威耳比俄斯[①]）被马杀死的神话可能是为了解释对其崇拜活动的某些方面而编造的，其中最显著的就是将马从他的墓地赶走的习俗。神话灵活多变，而人却依然如故，儿子继续做着父辈曾经做过的事情，尽管他们早已忘记了父亲之所以如此做的理由。宗教的历史长期以来就是一个试图调和旧习惯和新理性、为古怪的风俗寻找一个可靠理论的历史。

不过，在其他文章和信件中，弗雷泽却又断然拒斥仪式总是或者通常先于神话的观念。就其关于巫术和宗教的观点所体现出来的一般倾向而言，神话先于仪式的理论或者教条正是其所需要的：只要在他看来仪式行为有着理性的目的，就预设了一个自然因果关系的理论或者某种神学。但是，这为在真正的神话（作为叙事而非观念的神话）之性质方面的含糊其词预留了很大的空间。哈里森的新意不仅仅在于她认为神话对于仪式的排他的、近乎绝对的依赖性，不管赋予"神话"一词以何种意义（除了"那些与仪式相联系的故事"［1963b：331］之外，她的确不会称其他的东西为"神话"，或者至少是"真正的神话"），还在于她对仪式和神话之间关系的充分的、认真的而且是相当前后一贯的理论阐述。

更重要的是，在哈里森这里，仪式乃至神话是在一个全新的语境下被认识的。哈里森以及大多数20世纪的理论体现出一个共同的取向：肯定社会、情感和灵知，作为对19世纪的个人主义和理性主义的反应。但是，与很多现代理论家相比，哈里森跟理性主义和个人主义的关系要更密切一些。在哈里森的思想中，仍能发现维多利亚时代信念的遗迹，比如说，所有理性和创造性思想都必定是发生于个体的头脑之中。仪式体现了一个前理性乃至前知识的阶段。但是，神话关乎对世界的思考，而且，对于哈里森，几乎就像对于弗雷泽一样，神话是个人运用其羽翼未丰的理性机能的产物。她确实描述了某种形式的原神话思维，它几乎跟

[①] 威耳比俄斯（Virbius），古罗马神话中的森林和狩猎之神。——译者注

仪式行为同时发生，它跟仪式一样，植根于潜意识创造象征的能力，这种潜意识为情感尤其是集体情感而非个人情感所笼罩。但是，在这种心智表象与诉诸动机或理由的做法之间仍然存在着一条巨大的鸿沟，在她看来，这种诉诸动机或理由是成熟形态神话的基本功能。

使理论摆脱理性主义和个人主义的斗争是一个渐进的过程。很多理论家试图发现某种较之"观念"更深刻、更原始的东西，作为这一过程的中介。有人找到"体验"和"深层感觉"。但是，只要仍认为神话源于一脑门困惑的野蛮人为了给仪式及其情感效应或者其特殊形式寻求一个理性解释的企图，问题就依然如故。从这一观点看来，所有的神话本质上都是释因性的，而且必定是理性化的产物。

如果我们避免随心所欲地将仪式等同于行为、将神话等同于思想，以及因此而来的将仪式等同于灵知、将神话等同于理性，这一问题就会在很大程度上得到避免。仪式并非是单纯的行为，它是一种交流方式，一种用行为和象征交流的方式，就像神话是一种用语言和象征交流的方式一样。仪式和神话之间如果存在关联，也不是像实践和理论之间的那种关联。它们是作为交流信息的两种不同途径而相互关联的。

第三节　瓦尔特·伯克特（Walter Burkert）与社会生物学

生物决定论与建构论

在本章第一节中，我们比较了维多利亚时代从个人经验的角度解释神话与现代神话学强调神话的社会功能之间的差异。现代关于神话的定义一般都强调神话作为"传统"故事的特点。一旦理解了"传统"一词的含义，维多利亚时代理论的粗陋和空疏就一目了然了。弗雷泽笔下那些志大才疏的野蛮人科学家仅仅是故事最初的起点，而一个故事要变成传统，它就必须为社会群体所接受，并且作为社会文化传统的一部分而世代相传：需要解释的不是故事的起源，而是故事的传承。

所有关于神话的释因论神话背后都存在着这样的误区。起源并不能解释，一个特定的事件或经验何以被认为是有意义的，因此是值得被一次又一次地复述的。需要说明的，不是神话背后的事件，而是社会选择的准则，不是生成的瞬间，而是传承的过程。因此，当缪勒将神话归结为人们最初的、后来却被"遗忘"的对于自然现象的痴迷，这种"遗忘"就已经使这种理论丧失了全部解释力。只要一种文化已经忘记了其对于日落景象如痴如醉的迷恋，自然就不能用日落景象来解释为什么后来者依然还讲述神话。不能将一个故事的流传仅仅归因于文化的惰性就万事大吉，一个神话的创造和保存是大量的集体努力的结果。社会选择是一种能动性的力量。一个神话可能随时失落或者被抛弃，神话的传承时时刻刻都依赖于其对于传承它的社会所具有的经久不衰的重要性。

因此，现代的理论所关注的主要是对神话的社会意义和功能的阐释。但是，仍有一个小学派，与此潮流背道而驰，我们姑且可以将之称为"生物学派"。这个生物学派可以追溯到朱利安·赫胥黎（Julian Huxley, 1887—1975, T. H. 赫胥黎之子，后者被称为"达尔文的'斗牛犬'"），维多利亚比较神话学的很多方面在其中得以延续。这个学派主要关注神话与基础人类生物学的关系，主要从人类的普遍需求和本能方面解释神话的意义。它将达尔文的思想应用于社会，这决定了它所着重关心的主要是个体在生存竞争中的侵略本性和个体的"权力欲"。这个学派的成员一般都津津乐道于几个关于或多或少恒定不变的人类本性的概念，尽管他们有时候会自相矛盾地认为，有些社会形态较之其他社会更容易满足人类的这些本性。尽管这一学派仍然重视个体而轻视社会，但却并非对维多利亚时代的理论家亦步亦趋。生物学派从动物物种的角度看待个体性，只是从定量的而非从定性的意义上反对更大规模的集体性。但是，这一差别并未妨碍生物学分析的说教被用来抬高粗鄙的个人主义、挑战社会主义。生物主义对于自由放任主义者具有特殊的吸引力，他们将大多数社会规范都视为"社会管理"措施，指责它们侵犯了人类的基本生物需求，并认为它们只是一些注定会失败的危险的实验（例如，莱昂内尔·泰格［Lionel Tiger］，尤其是参见其 1970、1999 年著作）。但是，这并未妨碍其他一些生物决定论者（如莫里斯［Morris］）主张一种（相反的）他们自己的社会化事业，这些人认为社会变革已经走得太远。冥顽不化的"人类本性"通常表现出一种显著的对于自私自利的攻击性而非社会合作的嗜好，似乎大自然本身就支持一种牛仔式的资本主义。

另一种跟生物主义针锋相对的取向是所谓"建构主义"，此种取向近来日益占据上风，得到了充分的阐发，尤其是在社会学领域中更是如此。它认为个体完全是其社会环境的产物，当然，这并非意味着它否认人类与生俱来就禀有的某些基本的生物性硬件，它们为人赋予了某些与生俱来的生理需求和限制。毋宁说，在建构主义看来，那些普遍性的东西都是一些基本的、有目共睹的东西，它对这些东西没有多大兴趣。建构主义者会认为，只有经过社会的再创造，动物性的人才能成其为真正的人类。生物机制很像一台电脑裸机，在没有安装各种文化软件之前，一点用处都没有，各种文化软件中，最重要的也许要算语言和神话。这些文化软件对于人类社会的每一种功能都是至关重要的，但是，建构主义者所感兴趣的主要是语言和神话是如何界定和维系一个社会群体的。如此一来，近期关于神话的论著中，很多都是着眼于神话的社会规范和社会控制功能。按照这种观点，在一个社会的成员的需求、反射行为、欲望、情感、知觉、观念以及意愿的建构过程中，神话是一个能动性的因素。如此一来，神话就几乎不会关心人类生物机能中任何稳定和持久不变的东西，尤其是生物学派所津津乐道的那些普遍和恒定的生物本能和冲动。

对于建构主义者来说，通过提倡某些特定的行为模式和价值而摒弃其他一些同样可行的行为模式和价值，神话建构了社会身份。因此，一个神话的意义与其特定的文化背景密不可分。建构主义者总是乐于向人们证明，欲望、本能以及任何所谓深层的生理属性根本不是什么"生物性"，而是社会建构而成的精神倾向和观念。既然建构主义主要是作为对生物决定论和文化普遍主义的反动，它就必定会拒绝任何普遍性教条，正是依靠这些教条，不同的文化之间的定性比较才成为可能，它也毫不犹豫地拒绝任何按照同一个进化尺度对不同文化进行排列和比较的想法。一切差异都是文化的产物：智人属的面目混沌，还不如普罗米修斯用来造人的泥团更具特征，只是依靠文化的锻造，才形成了各具面目的个体。如此一来，建构主义跟生物主义一样，彻底地从个体身上剥夺了任何一点能被称为属于个体自己的东西。此种建构主义倾向在当前的后现代主义者、新马克思主义者以及很多女性主义者身上都清晰可见。

在生物主义和建构主义之间当然存在众多的中间层。神话与仪式的社会生物主义在瓦尔特·伯克特（1931—2015）的著作中体现得最为典型。顾名思义，社会生物主义学派采取的是上述两个极端立场之间的中间路线。伯克特的理论立足点是生物行为学（biological ethology，生物主义学派的一个分支）、仪式主义和句段结构主义（详见第五章）。他试图将生物主义、进化论、比较神话学与20世纪晚期对神话和仪式的社会属性的关注结合起来。就此而论，他为现代生物主义取向提供了一个绝佳的阐释，同时也对粗陋的生物决定论进行了批评性的评述，借此，他将把我们引向更加专注于社会取向的结构主义以及其他晚近的理论。

向动物学习

在《希腊神话和仪式中的结构与历史》一书中，伯克特指出我们能够通过研究动物的行为获得对人类的仪式（和神话）的某些理解（1979:35-58）。我们总是想当然地认为在人类和动物之间存在着一条巨大的鸿沟，人类生活完全是精神性的，而动物则仅仅靠冲动和本能而生活。但是，对于动物行为的研究将会迫使我们转变如下看法，即认为人类的行为是经由学习而来的，而动物的行为则是天生的，或者认为人类的交流是符号性的，而动物的交流是天然的、粗糙的。西方意识形态确实精心刻画了一系列人与动物的区别，而这些区别往往被夸大了，并且会使人误入歧途：

文化	自然
人类	动物
心理	生理
精神	机能
学习性行为	先天性行为
符号性交流	功能性交流

生物学的研究表明，动物拥有纯正的符号仪式。灰雁经常举行一种庆祝胜利的仪式，在其中，它们共同向一位假想的入侵者发起攻击，其攻击动作伴随着胜利的鸣叫，此种叫声既是符号性的又是功能性的，因为灰雁不仅借此演练了如何击退实际上的入侵者，而且同时也加强了群体中每一成员相互之间的友谊和团结。伯克特说，这种仪式植根于自然的行为模式（驱逐敌人），但是，在某种程度上也被重新定向，从而具有了展示（示威）的目的。这种行为脱离了实用的范畴而具有了符号性。

人类和动物都表现出与生俱来但后来又具有了展示性目的的行为。哭泣、微笑、大笑都是与生俱来的，但又都是重要的社会交流手段。猩猩也会哭泣和微笑，并且能将这两种与生俱来的行为与其他习得的行为结合起来。黑猩猩用相互拥抱、拍打彼此的肩膀和吻手的动作表现欢迎仪式。然而，在人类的仪式中，由于人们知道什么行为是被禁止的（比如在葬礼上咯咯笑），因此，与生俱来的行为既可以被肯定性地呈现，也可能被否定性地呈现，这样，仪式就可以被比作同时包含了强制性和禁忌性这两种行为（就像弗洛伊德对强迫症和歇斯底里症的研究）。仪式为了有效地发挥其功能，以某种方式对人的心理中基本的、原始的内容施加影响，有些人可能会认为它直接作用于人类大脑中的低级层面，但是，仪式却总能将这些内容重新定向于高级的社会目的（离开此种社会目的，一种行为都算不上是仪式，而仅仅是本能的或原始的功能性行为）。在伯克特看来，通过这种方式，仪式中必然既包含着生物因素又包含着社会因素。神话跟仪式一样，是"由某种基本的人类行为模式构成的"，并且往往跟仪式一样，同时也是由生物性行为模式构成的，另一方面，跟仪式一样，神话具有一种"对于某种集体意义的部分的、悬而未决的指涉"(57,23)。因此，神话和仪式两者源于共同的或相似的生物性基质（matrix），并且具有共同的社会功能，但是，它们并不一定是相互依赖的。不过，神话和仪式却可能形成某种相互支持的"共生关系"(57)：

> 人类社会中的仪式的缺点在于，它在行为的重新定向方面所固有的那种显而易见的无意义性，即其中那些"似是而非"的因素，而故事则可能为之提供一个貌似言之成理的语境，借以填补其中的意义真空。传统故事具有缺乏严肃性和稳定性的缺点，而仪式则可能为之提供一个可靠的基础，因为仪式中的严肃性赋予仪式以庄重的特点，明确的仪轨则更保证了仪式的稳定性。

赫尔墨斯

伯克特借助其从对动物行为的研究（生物行为学）中所获得的认识，对三种希腊宗教实践进行了分析，下面我将概述其中之一，这个例子再好不过地证明了伯克特关于神话的论断，即他认为神话像仪式一样，都是"植根于行为的生物模式和文化模式"(18)。

古风时期的希腊神赫尔墨斯通常体现为三种非人类的形象，即或者是一个石头界标，或者是一堆石头（希腊文称之为 herma），或者是一个阳具的形象。从公元前 6 世纪晚期开始，他一般体现为一根垂直竖立的柱子，柱子的顶端是人头的形状，或者整个柱子被雕成人形，柱子前面的中间位置有一个勃起的阳具。在现代的文学作品中，此物一般被称为"赫尔墨"(herm)。甚至在古代，这个阳物和柱子（因此它就具有了双重阳物的形式）就经常被提到，被视为繁殖力的象征。但是，它却既非被安置在人们通常会跟繁殖力联系起来的语境之中，也非出现于田野、羊圈、马厩或卧室等场合，而是竖立于大门口、房屋前、岔路口、集市、墓地、大道边和边境上。而且，并非所有的阳具雕塑都是赫尔墨，有时候，阳具雕塑就仅仅表示一个阳具而已，阳具经常被引人注目地画或雕刻在门口、城墙上或其他赫尔墨通常会出现的地点。这两者似乎都发挥着同一个功能：其出现的地点清楚地表明，它们是用来标志疆界的，或者是用来抵御外来的威胁的。在古风时期晚期，这种阳具雕塑被用来作为一种防御邪恶之眼的护身符（这种功能通常被称为"辟邪"）。就像现代在文物上面的那些胡乱涂鸦一样，此种器物触目惊心，自具吸引眼球的效果，但是，单靠这种视觉效果却无法解释它们何以如此流行，何以被当成行之有效的避邪符号。

伯克特写道（40）：

> 实际上，我一直不知道该如何解释这一现象，直到我在对几种猴子（quenons、狒狒以及其他几种善于在地面行走的猴子）进行了动物行为学的观察。这些猴子是群居的，其中的雄性担任守护者的角色：它们在哨位上席地而坐，面朝外，将其勃起的阴茎直竖竖地显摆出来。这是一种如上所述的"动物仪式"，性器官的生物功能被暂时悬置了，此时其所发挥的是交流功能：它一目了然地告诉试图靠近的外来者，这个群体中没有孤独无依的雌性，也没有孤苦伶仃的孩子，我们的雄性力量就足以满足她们、保护她们。
>
> 对于人类，至少是在进入历史时期的那些较为开化的地区，此种行为早已消失，只有人工制品存留了下来。但是，人们称之为"辟邪物"，表明其象征意义、符号功能仍保存在人们的记忆中。人们或者在意识中或者在潜意识中了解此种展示行为的意义：这是一种示威活动，它传达了双重意义上的权势的信息。

伯克特并非想暗示这种象征手段是人类以某种方式从其灵长类祖先那里继承下来的。毋宁说，在他看来，此种动物仪式作为具有指导意义的模型，对于理解那些令人困惑不解的人类仪式和象征具有"启发作用"。

普里阿普斯①

伯克特的例子有助于解释一个象征的意义，但是却并不能解释一个神话的意义。我不知道有哪个神话是直接用来说明赫尔墨斯是如何获得这一特殊形象的。不过，要检验伯克特对赫尔墨的这番分析是否可靠，只要将之与普里阿普斯的神话对比一番即可。普里阿普斯的形象跟赫尔墨很相像，唯一的区别是他的生殖器被夸张得更大。这种形象经常被放置在田园的交界、大门口、坟墓附近以及道侧路畔。在神话中，普里阿普斯是赫尔墨斯跟阿芙洛狄忒所生的儿子（尽管还有另外的说法称他的父亲是狄奥尼索斯或宙斯），这并不令人感到意外。就功能而言，它是稻草人和安全警告（我首先想到的是洛杉矶近郊草坪上大书"勿近，小心吃枪子"的告示牌）的古老结合物。普里阿普斯的形象并不总是单纯象征性的，它那巨大的阳具上通常还会悬挂着其他标示物，上面通常写着一首诗，警告人们谁若胆敢盗窃果园、房子或墓穴，必将受到神的惩罚。现存有好几则古风时期的此类诗文，马提雅尔②记下的一则就很有代表性（Ep.6.49）：

> 此物并非易朽的榆木斫成，休以为我只是一个僵硬的木头人，手中空把一根老木棍。
>
> 此物原是长青不凋的柏木，任凭日月流转，纵使海枯石烂，此物终不朽变。
>
> 汝等鼠辈，莫要近前。莫要将你的贼爪子伸进我的葡萄园，哪怕你糟蹋一个小花蕊，任你喜欢不喜欢，我都会把这根柏木杖，戳穿你的臭屁眼。

在诸多关于普里阿普斯的神话中，我们将着重分析几个明显具有释

---

① 普里阿普斯（Priapus），古希腊神话中的男性生殖力之神以及肉欲和淫乐之神。——译者注
② 马提雅尔（Martial），即马库斯·瓦勒里乌斯·马提亚利斯，公元1世纪的古罗马诗人。——译者注

因功能的神话。一个故事讲到,普里阿普斯跟狄奥尼索斯及其伙伴们参加一次狂欢盛宴,他暗中跟踪山泽仙女洛蒂丝(Lotis,意为"花朵"),发现她睡着了,于是蹑手蹑脚地逼近她,妄图施以强暴,恰在此时,西勒诺斯①(狄奥尼索斯的伙伴之一)的驴子突然大叫起来,洛蒂丝被惊醒并逃走。洛蒂丝把普里阿普斯的丑行告诉了她的同伴,她们看到他胯间的庞然大物,哄堂大笑,全场的人都跟着笑闹起来。丢尽脸面的普里阿普斯只好弄死那头讨厌的驴子以泄心头之恨。另一个关于普里阿普斯和赫斯提②(女灶神)的故事跟这个故事很相似。普里阿普斯试图趁赫斯提熟睡的时候调戏她,但是西勒诺斯的驴子的叫声将她惊醒,普里阿普斯赶紧溜走,以免被西勒诺斯的大呼小叫招来的同伴们会耻笑他。另一个故事讲到,被天后赫拉逼得发疯的狄奥尼索斯出发去多多纳③求先知给自己治病,路上被一片巨大的沼泽挡住去路,一头驴子自告奋勇将他驮过沼泽,并一直将他驮到多多纳城,为了报答驴子,狄奥尼索斯给了它说话的能力。后来,这头驴子和普里阿普斯之间爆发了一场"关于自然"的争吵(希吉努斯④[*poet.ast.* 2.23]说这场争吵是关于 *de natura*,但按拉克坦修斯⑤[*Inst.div.* 1.21.28]的解释,此只是婉辞,他们所争论的其实是谁的阴茎更茁大),最后,驴子占了上风,普里阿普斯在恼羞成怒之下宰了这混账畜生。

所有这些神话都把普里阿普斯跟驴子联系起来。驴子其实是与普里阿普斯崇拜有关的动物。小亚细亚的兰萨库斯(Lampsakos)地区是普里阿普斯崇拜的中心,在那里,人们将毛驴作为牺牲祭献给普里阿普斯。普里阿普斯与驴子的关系可以用两者都长相丑陋来解释,尤其是两者都有赤裸裸地暴露其性器官的恶习。上面提到的一个神话明确地将驴子之

---

① 西勒诺斯(Silenus),古希腊神话中的森林之神。——译者注
② 赫斯提(Hestia),希腊神话中的女灶神,罗马神话中称为维斯塔(Vesta)。——译者注
③ 多多纳(Dodona),希腊古城。——译者注
④ 希吉努斯(Hyginus),古希腊诗人。——译者注
⑤ 拉克坦修斯(Lactantius),古罗马哲学家和修辞学者。——译者注

死归咎于它这一众所周知的好色习性。在一些希腊花瓶上，狄奥尼索斯的驴子通常被描绘成长着一根赫然勃起的阳具。奇怪的是，在上述所有神话中，守卫功能都从普里阿普斯身上转移到了驴子身上：它保护旅行者（狄奥尼索斯）、守护家宅（灶神赫斯提）、看管花园（花神洛蒂丝），防御普里阿普斯的侵犯。驴子的叫声不知何故获得了跟普里阿普斯的阳物相同的功能（据说，在奥林匹斯诸神与巨人族的争斗中，正是狄奥尼索斯的驴子的叫声把巨人族吓得四散逃命）。这些神话不仅解释了以驴子为牺牲的原因，而且也解释了阳物勃然的普里阿普斯形象的来历，因为在所有神话中，最终倒霉的都是他。

要在这些神话与生物行为（展示生殖器的仪式）和文化行为（用生殖器符号表示恐吓）两者之间建立联系，尚需进一步的论证。的确，这些神话中，普里阿普斯性器官的生理功能被暂时悬置，这使他转变为一个被公开展示甚至是公众嘲弄的对象，借此，这些神话就道出了普里阿普斯的真正性质。用这种方式，这些神话至少是部分地解释了普里阿普斯乖张可笑的形象的来历。就这些神话与崇拜活动相关而言，它们又体现了神话的社会意义：它们为以毛驴为牺牲的祭献活动找到了一个理由，也为将普里阿普斯的雕像安置于果园、大门或路边的风俗找到了一个理由。

动物行为学与神话的分析

尽管伯克特从动物行为学的角度对神话的研究成果卓著、颇具启发性，但是，上面的例子就已经暴露出这种生物学取径的一些缺陷。其中，尤为重要的是比较的可行性问题。上文我曾批评过比较研究者眉毛胡子一把抓的弊病，他们将来源不同、毫不相干的一些神话和仪式不加分别地堆积到一起，好像它们有着共同的旨趣似的。但是，他们相比起将不同物种的仪式放在一起进行对比的鲁莽之举（伯克特甚至走得更远，他将奠酒礼比作狗在水龙头上撒尿，用鸟儿衔枝的习性解释祈愿者手持树枝的习俗），可谓小巫见大巫。认为动物的仪式较之人类的仪式更简单明了，认为这一比较研究是简单的、还原性的，这种认识中蕴含着很大的危险，它与其说给人带来启发，不如说会把人引入歧途。按照伯克特的说法，使动物的行为成其为仪式的，在于某些行为从单纯的生理机制被重新定向为交流手段。但是，不管生物学家关于动物仪式所获得的材料是多么令人耳目一新、多么具有启发性，毋庸置疑的是，人类的交流活动与动物的交流相比要复杂得多。

对于如此一些八竿子也打不着的材料，我们该如何衡量其与神话之间的关系？因为动物的仪式多种多样，那么，挑选某种而不是另一种动物仪式作为比较对象、作为依据的准则何在？尤其是当我们预先就被警告不应在两者之间寻求任何形式的遗传学关联时，就会更加令人无所适从。假如这种比较仅仅是权宜性的，那么，任何仪式，只要它在某一方面跟神话本身所业已表明的向度相吻合，就都不妨拿来作为比较的对象。在上面的例子中，与其说动物仪式被用来作为解释的依据，不如说是先有了结论然后再找证据。它的作用也许仅仅是强调说明，我们正在研究的现象是极为基本的，甚至是前人类的现象。

按照伯克特的说法，这种猿类仪式尽管解释了赫尔墨之所以采取那种形式，但是，"在历史时期的更为开化的地区"已不存在与之类似的仪式。只有当我们确实不得不回溯到如此久远的过去，此种猿类仪式的重要性才显示出来，这一例子的"深层生物学"意蕴也因此会显得饶有兴味。但是，假如我们按照不同的方式重新架构相关的动物"仪式"，情况会怎么样呢？上述猿类仪式只局限于小型的灵长类动物群体中，假如我们想到动物王国中寻求与之类似的现象，我们最好在一个更为广阔的基础上进行比较。例如，许多社会性动物，从狒狒到鸡，都拥有表现支配权的仪式，它们依靠这种仪式维护其在一个社会等级中的地位。公鸡，甚至母鸡，在实际的或模拟的交配活动中，都会踩到比自己地位低的成员身上，借以确立或维持其在同一个啄食群体中的统治地位。我觉得，对于研究仪式的"社会交流"功能而言，这种仪式展现了一个更有希望的前景。上述的狒狒仪式看起来只是此种行为的一种特殊类型而已，尽管它也许是一种特别有趣的类型。假如果真如此的话，那么，其所传达的信息，也许就不单纯是"这个地盘受到我们成年雄性的保护"，而是"别过来跟我们捣乱，否则我们会插爆你们"。悬挂在普里阿普斯阴茎上的告示就是这样写的。但是，这种解释对于喜欢生物学的理论家而言，可能缺少吸引力，因为这种解释没有将性活动重新定位、赋予新的意义，而只是将其固有的功能加以扩展而已。

如果我们（比如说）出于参照的目的观察某种动物仪式，它将性活动转化为某种不仅针对领土而且还针对也许可以称之为社会界限的交流手段，我们将会发现它只是动物行为系统中的一个环节而已。在动物界，涉及性行为的支配仪式是与服从仪式同时进行的。当发现雄性头领过来时，地位低的动物，不管是雄性还是雌性，都会翘起屁股，这是一个表示服从的信号。因此，讨论不应该仅仅局限于阳物展示，或者局限于领土边界上的阳物展示，而应该将大量的有着生殖器（包括雄性和雌性）展示仪式的动物都包含在讨论的范围之内。

但是，一旦我们断定一般性的生殖器展示是一个具有可比性的范畴，我们就会发现，对于我们的研究而言，动物仪式其实是无关紧要的。实际上，我们在人类文化中就发现了大量的生殖器展示仪式，包括真实的和象征性的，其中很多例子，无论按照什么标准而言，都应归于历史和文明时期。德勒夫·费林（Detlev Fehling）已经对希腊古风时期的此类仪式做了卓有成效的研究，并提供了大量来自其他文化的比较资料（1974）。忽视这些资料却转而去关注与之八竿子打不着的动物王国的对比，未免有些舍近求远。印度尼西亚亚利（Yali）部落的男子们在表演战争舞的时候，戴着阴茎鞘，这使他们的家伙看起来更坚硬、更挺拔、更壮硕，难道此种现象不是较之猿类的行为更值得关注吗？

如果我们像这样扩展比较的范围，我们将会发现动物仪式非但是无关紧要的，而且容易引人误入歧途。人类的生殖器展示仪式，既有男性的生殖器展示，也有女性的生殖器展示，既有女人的臀部展示，也有男人的臀部展示。这里所体现的信息显然并非意味着这个群体受到男性的充分保护。假如我们在解释的时候求助于相似的动物仪式的话，我们或许会断定这是一种表示顺从的仪式。但是，对这个例子而言，动物的符号交流活动显得过于低级了，它对我们理解人类交流提供不了任何帮助。每个人都知道在别人面前露出屁股是什么意思（这种粗俗的身体语言极具生命力，乃至于在我们"文明开化"的社会中仍保持活力）。此种行为的意义，对于人类而言，恰好跟其在动物交流活动中意义相反，露出屁股或者生殖器，不是表示顺从，而是表示轻蔑。显然，如果必须将这种身体语言翻译为大白话的话，它们其实表示交流活动的接受者在交流方面的无能，似乎是在说："来啊！有本事过来抓我啊！怕你的是孙子！"此种仪式当然也可能在领土边界上发生。但也不一定非在边界上不可，同一时期，在美国的青少年飞车族中，一边飞车一边晒屁股成为一时的时尚。社会边界的意义与领土边界的意义相比，一点也不小，你朝某位自以为比你强大的人亮出屁股，不是为了承认他的权力，而是否认他的权力。

人类仪式确实跟动物仪式不同，跟性活动之间并非密不可分，这一点又引出了另一个至关重要的理论问题。就动物的情况而言，要决定什么是生物性的或者是一种基本生物机能，什么则是被重新定向的，通常是非常困难的，甚至是随意的。动物为了确立其社会支配地位，有时要进行性交，而其相对的社会地位同时也得以互认：这既是一种生物性的行为模式，同时又是一种社会交流活动，但是却并没有重新定向。假如性交仅仅是模拟性的，或者仅仅摆出一副准备性交的姿势，这里确实存在着一种相对于生殖功能的"重新定向"，不过，这种行为与性活动的关系，看起来并不比（比如说）求偶或调情等行为与性活动的关系更疏远。我们凭什么就能否认，通过真正的或模拟的性交活动确立社会等级的做法，跟旨在生儿育女而进行的性交活动，都同样属于生物行为模式呢？假如我们能够依据某些客观准则将其中一种活动视为基本的，而将另一种活动视为次生的，但是既然两者都受生物性的决定，这种区别又有什么意义呢？狒狒看起来确实是从生理上就具有此种涉及"社会仪式"的行为习性，这一点甚至体现于其生理构造中。动物行为学的领军人物康拉德·洛伦兹（Kanrad Lorenz）指出（1981:170）：

在长尾黑颚猴和好几种狒狒中，雄性臀部的结构或者颜色具有模仿发情期雌性的外阴体征的特征，当它们向雄性头领示好的时候，就会将这种特征展示出来。在狒狒那里，……雄性的前胸表现出对于雌性下身细腻的模仿的特征，此种特征也在它做出顺从的姿势时展示出来。

这些动物展示支配和顺从的行为，看起来并非单单是为了生殖，同时还是一种生物行为模式。

动物行为对于神话研究究竟有何帮助？离开它，人们同样也可以解开赫尔墨之谜。我十分怀疑不管你选择什么样的动物仪式作为参照，它都会将你引入歧途。就以伯克特的猿类仪式为例，他被引导着将这种仪式视为某种形式的社会自我认同（"我们是一个受成年男性保护的共同体"）。其实，那只不过是一种对身体语言的应用，用羞辱和失败阻吓想象中的来犯者，它只是猿类日常交流活动的自然延伸，并非具有什么特殊的社会意义。当然，你可以说这种行为从客观上可以促进社会团结，而且，证明动物也会从事某种类似于仪式的活动肯定是一件很有趣的事情。但是，要理解某种人类仪式，用来比较的最好的参照物肯定是其他的人类仪式，而不是动物的仪式。如果你觉得这样做没有帮助，那肯定是你的路子不对。最理想的情况是，动物仪式有助于你了解那些由于对动物的行为和习性的观察而引起人们注意的神话和仪式，最糟糕的情况则可能是，动物仪式会让那些对之念念不忘的学者们确信，人们之所以举行一种仪式，目的在于满足最基本的人类需求，甚至是某些较之人类需求更基本的需求，仅此而已。

第四节　伯克特的《人：猎杀者》

生物进化还是文化进化？

上一节我通过检讨瓦尔特·伯克特的理论介绍了从生物学角度对仪

式和神话的研究。不过，作为一位理论家，伯克特的主要贡献与其说是在于他对生物学的强调，不如说是在于他对人类生物行为独特的社会学解读。他初版于1972年的名作 *Homo Necans* 就提倡一种"社会生物学"研究方法，主张对神话和仪式的社会功能与生物功能给予同等的关注。

"*Homo Necans*"（《人：猎杀者》，意为"作为猎杀者的人类"）认为，人类为了成为更成功的猎手而发展了进攻性。但是，这种发展不应像很多"社会达尔文主义者"通常认为的那样，完全从物种与个体互动的角度进行解释，仅仅将社会视为这一互动过程中的负面因素。比如说，达尔文（1976）就认为自然选择喜好"自私基因"，我们物种中的反社会成员在控制着经济的同时，也控制着基因库。这一"发现"的道德寓意使一个人对另一个人的无情剥削成为"人类本性"，而多愁善感的自由主义者和社会主义者试图改变粗鄙的、唯利是图的个人主义的任何努力，都势必威胁到整个物种的活力与生存。

伯克特的理论是一个同时既针对生物学派也针对社会学派的反应，他试图在两者之间做出调和。他说，自然选择喜欢社会群体胜过喜欢个体，喜欢利他主义基因胜过自私基因。在人类进化的一开始，就存在群体合作行为，它是人类进化的前提条件。只有当人类个体开始组织为群体来进行狩猎的时候，人类才开始告别类人猿。人类最早的狩猎对象是大型哺乳动物，而个体的人单靠自己的力量是无力跟它较量的。最初的社会为了狩猎的目的应运而生，所有那些将人与猿类区别开来的身体和心智特点都可以由此过程得以解释：直立的身体、修长的大腿利于奔跑，善于抓握的双手利于挥舞武器，语言能力则有利于复杂的社会组织。

文化进化和生物进化并驾齐驱。如果说有组织的狩猎需要生物方面的适应的话（用双腿奔跑、灵巧双手的形成），它同时也要求在文化方面的适应，在这一方面尤其明显的是男人和女人的分工。男人成为食物提供者，而女人则从繁重的劳动中解脱出来专事生儿育女。这一文化适应效应又反过来影响了生物属性，导致男人和女人在身体上逐渐适应其各自不同的新角色和环境（1983: 17-18）：

对于人类而言，与所有肉食动物相反，狩猎是男性的任务，狩猎既需要速度又需要膂力，因此，男性发展出修长的大腿。相反，由于女性必须养育脑容量越来越大的孩子，她们发展出了圆润、柔软的体型。男人的青春期即性发育期大大延长，这使他有可能通过学习和复杂文化的传承获得成熟的心智，因此需要一个漫长的受到保护的成长期，这主要由留守家宅的母亲为之提供。男人担任起了养家糊口的角色，这一制度是人类文明所共有的，与其他所有哺乳动物的状况形成鲜明对比。

文化进化和生物进化齐头并进，形成了男人和女人各自不同的特点。由于性别间的劳动分工，男人，尤其是作为狩猎者的男人，越来越具有攻击性，而女人则否，男人变得越来越强壮，越来越敏捷，女人则变得越来越柔软，越来越温和，越来越有护犊之情。这样一来，社会性实际上促进了生物性，就像生物性决定了、限定了或者预设了文化模式一样。或者，毋宁说，从社会生物学的观点看，不可能将生物事实和社会事实泾渭分明地区别开来。在伯克特的模式中，文化变迁引起身体变化，而身体变化又进一步引起社会和身体变化，两者形成了螺旋式的进化过程。社会化的烙印影响了身体性构造，就像身体性构造决定了社会化行为一样。

仪式与神话的文化调解作用

男性和女性之间的劳动分工强化了成年男性的嗜杀攻击性，因为整个群体的生存都依赖于狩猎的成功。与此同时，人类的性欲"也相应地明显增强，让男性和女性密不可分，以保证家庭得以维系"(Burkert, 1983: 20)。由此导致的结果就是人类雄性具有了较之其他任何动物都强烈的性欲冲动；他们的阴茎相对于其身体而言大得不成比例，交媾活动也不再像大多数哺乳动物那样受季节的限制。(生物学派对于阴茎测量有一种近乎恋物癖般的嗜好，但是，此种诉求与其说是与阴茎的生物特性有关，还不如说是源于对阴茎的迷信，就我所知，没有任何证据能够证明，此物件的大小跟性欲的强弱之间有直接的关系。)自然选择和文化选择两者都有利于那些其两性责任因为文化措施得以巩固,并受到强有力的社会惩戒措施控制的群体。

受到强化的性冲动将更多的生物能投入到文化活动中。由于男人之间的性竞争会使其作为狩猎者所具有的残忍攻击性转而指向社会自身,而他的职责原本是保护这个社会,文化因此发明了将性能量从社会内部转向外部的狩猎活动的渠道。文化将暴力性欲化,神话和仪式中都留下了与此相关的大量线索。大量的关于处女献祭的神话,经常伴随着性和婚姻意象,就为暴力性欲化提供了一个绝妙的例证。在现代文化中也不难发现与之相类似的实例。但是,在《人:猎杀者》一书所描写的世界中,从性欲到暴力的转化尤其便捷,在那里,性只不过是攻击性的一种初始表现形式,即原初的"性攻击性"。

因此,人类物种的生物和文化进化导致人类形成了高度的性和身体攻击性,这既是必需的,但同时也是危险的。如果说性欲必须接受文化的控制,即使当它被激发的时候也不例外,那么,显而易见的是,"嗜杀攻击性"也必须受到文化的控制。如果没有文化的干预,就很难在外向的攻击性(狩猎)和内向的攻击性之间确立一条清晰的界线:"杀人与杀一只夺路而逃的野兽一样容易,甚至更容易,因此,人类从一开始就不断地沦为食人族。"(1983:18)从一开始,社会的意识形态就被两种相互对立的行为规范和价值体系所困扰:攻击性和嗜杀本能对于狩猎是必要的,但是却存在着破坏社会秩序的危险,而这种秩序正是狩猎活动赖以进行的前提。因此,一方面,攻击性受到鼓励,但另一方面,沉稳、顺从等所有有利于社会安定团结的品质也同样应该受到鼓励。

文化的进化需要压制"自私基因"。如果不是因为文化采取种种措施,在遏制那些损害社会本身的攻击性的同时,又培育那些有利于社会的攻击性,人类社会就不会延续下来。仪式和神话被证明是社会用以遏制有害的生理和心理反射,而鼓励有益的生理和心理反射的最重要的工具。至少在狩猎社会,仪式和神话的主要职责是划界,仪式,尤其是献祭仪式，其作用就是将容许暴力的空间与禁止暴力的空间明确划分开来。确实，在伯克特看来，献牲仪式不仅是最古老的、最普遍的人类仪式形式，也是仪式的典范，是大多数其他仪式形式的原型或曰原仪式。

献祭

当然，献牲仪式还具有其他的功能，与涂尔干一样，伯克特也认为它的一个主要功能是其作为社会纽带的作用。参与共同的活动、持有共同的信仰、分享共同的食物，都促进社会团结，但是，任何神话或仪式都可以起到纽带的作用。参与一个仪式，或者相信一个神话，这种简单的行为本身，较之仪式或神话的象征性内容，更能发挥这一作用。对于献牲仪式的象征性解读，可以证明其更根本的旨趣是划界，不是像涂尔干所说的那样在神圣与世俗之间划界，而是在一个社会需要暴力的领域与禁止暴力的领域之间划界。

就其表面形式而言，献祭牺牲是一种食物共享活动，在伯克特看来，构成它的基本行为是给予。给予并非与生俱来的东西，甘愿为了他人的利益而放弃自我中心是一种惯习，必须从小就教给孩子，此种给予活动可以泛称为"牺牲"，它同时也是社会生活和文明的前提条件。人类进化开始于当个体学会为了社会的利益而压制其自私心之时。在此意义上说，牺牲并非单纯的利他主义，而更像是开化了的个人利益。一个人给予别人是期待接受别人的给予，一个人给予社会是为了得到社会中其他人的回报。随着时间的推移，不求报答的共同义务和共同期待进一步强化了社会的纽带。

不过，献祭也诉诸自然焦虑。按照伯克特的定义，"奉献礼物是在焦虑语境中的仪式化的给予活动"。这种焦虑植根于动物尤其是捕猎性动物的本能。每当杀死猎物，捕猎者最担心的是如何提防比它自己强大的野兽把猎物抢走，如愿以偿地享用自己的劳动成果。与此相似，当一起狩猎的伙伴们干掉了一头野兽，最让他们焦虑的是猎物的分配问题。如果大家因为瓜分劳动果实而发生内讧，攻击性就转向了社会自身的内部，社会的机体将会被撕裂，整个社会将会由于个体的自私自利而土崩瓦解。伯克特说，在献祭仪式中，文化以两种方式利用和发展狩猎者的生物性原质，一是通过否定性的仪式，借以禁止自私倾向；二是通过某种方式对嗜杀的焦虑进行疏导。献祭仪式作为食物共享活动，发生于将焦虑戏剧化的语境之中。

一个纯粹的功能主义者可能会将动物献祭活动，视为一种在尚无成熟的生肉保鲜技术的社会中消费大型驯养动物的手段。因为没有哪个人能够自己独吞一整头牛，所以整个社会就只好一齐动手。如此说来，献祭只是一种分食肉食的方便的制度安排。此说未免过于简单。实际上，要共享肉食，不一定非得需要大量的肉，不一定非得亲手屠牛。人们完全可以像我们的文化所做的那样，在远离城区的某些隐秘的、不招人注意的建筑物里面，用高效率的机械化手段屠宰动物，然后把肉用塑料袋包裹好，或者做成熏火腿摆在超市的货架上，而让消费者安心当其远庖厨的君子。但是，希腊人，跟大多数古代的和现代的文化一样，却没有采取这一做法。相反，他们将杀戮变成一种景观，呈现于整个社会面前、城市的中心、最神圣的广场上。此种景观，或可命名为"死亡戏剧"，因为在这里，屠杀被处心积虑地戏剧化了，唯恐不耸动视听。

在古代希腊献祭队伍的行列中，或者在这一行列的近畔，总会有一位少女，头上顶着一个篮子。她必须是处女且"双亲完美无瑕"（即贵族血统，双亲俱全，俱为城邦公民，名声无瑕）。这个女孩被称为 *kanephoro* 或"持篮者"。她头顶的篮子上遮着布，布下盖着已经去壳的大麦（即处于自然状态的大麦，尚未磨成面粉以供人食用），去壳的大麦下埋着一把刀，过一会儿，人们就会用这把刀割断献祭动物的喉咙。牺牛通常会若即若离地跟在她的后面，在女孩和牺牛之间存在着好几处相似点。牺牛跟"持篮者"一样，也必须从其被开始饲养之日起就是"完美无瑕"的，跟这位少女尚未被婚姻轭束一样，牺牛也必须是未曾"佩轭"的雏牛。牺牛还跟持篮女一样，身穿"节日盛装"：头戴花冠，双角上通常缠满缎带，双角有时候还被涂成金色。那些通常也头戴花冠的仪式参与者，其与牺牲之间的可比性还体现在其他方面：用作牺牲的大多是高级哺乳动物，其热血和性器很像人类的血液和性器，另外，牺牲大多是像绵羊、山羊、猪和牛之类的家养动物，从名义上讲，它们也是社会中的一员。

紧跟在牺牲之后的是参加聚会的队伍。在离持篮女不远的地方，有一人拿着水罐，水罐是刚刚取自泉水源头的净水。走在这个行列前首的还有一位乐师，伴随着乐声，整个队伍边走边唱赞美诗。所有人都随着同一个韵律而行动，尤其重要的是，牺牲似乎也按照这同一个韵律行进，音乐将这群人凝聚为一体。巡游的队伍穿过城中央，行进到男神或女神的圣所。当他们接近神的祭坛或神龛时，在这非同寻常的音响和场面之上，祭坛上香烟缭绕的焚柴又为之平添了非同寻常的气味，这种香气掩盖了陈设于祭坛附近正在腐烂的旧日祭牲所散发出来的臭烘烘的、不祥的死亡气息，祭坛四壁沾满血垢、污渍斑斑。

祭牲被牵着围祭坛绕行，众人紧随其后，依然边走边随音乐吟唱，持罐者用罐中的泉水泼洒出一个象征性的经过净化的圆圈。这个圆圈被与整个社区及其日常生活区分开来，在其所环绕的空间中发生的事情，在日常生活中是不被允许发生的。随后，仪式队伍围绕圆环面朝内而立。接下来是进一步的净化活动，仪式参与者用泉水净手，并把泉水淋到祭牲的脑袋上，象征净化。被水淋湿的畜牲低下头甩水，它的低头，被认为是点头表示顺从的动作。

但是，即使祭牲已经表示了顺从，屠宰还不能立马举行。整个仪式要按照一系列规定好的步骤一步步推向高潮，在真正开刀宰牲之前，先要进行两次象征性的宰牲。祭牲被牵到人群的中央，装着大麦的篮子被人们依次传递，每个人都从中抓一把大麦粒。祭司要求大家安静，接下来他开始祈祷。祈祷完成后，所有人都将手中的大麦抛向祭牲和祭坛，这是对祭牲的第一次象征性的攻击，对它并无伤害（在有些仪式中，抛的不是大麦而是石头），这意味着整个社会都加入了这一攻击性活动。接下来，祭司走上前去，手持装有屠刀的篮子（但屠刀不再盖在大麦下面),拿出屠刀,挥手劈向祭牲的脑袋。但他只是从牲畜的额毛上割下一撮毛,并将之投进火中。在希腊语中,这被称为"开始"(Beginning),这一举动尽管触及祭牲的身体但却并未造成流血。

如果祭牲是大型动物,尤其是公牛,整个仪式的最后一幕会被大大延长。一人走上前去,用双刃斧猛斫牛的前额,将之击昏在地。一群人涌上去将牛抬到肩上,祭司狠狠地将屠刀戳进牛的喉咙。此刻,为了给这高潮时刻推波助澜,也为了掩盖因为死亡而引起的惊慌,女人们开始大放悲声(有韵律的哭号)。鲜血从牛喉咙上的刀口(此处的血液压力最高)迸溅而出,让整个场面显得更加惊心动魄。鲜血不能溅到地上,这一点很重要。人们用一个大盆接住鲜血,然后将之全部泼到祭坛上。如果是小型动物,人们会把它抬起来,让它的血直接流到祭坛上。在这一切都完成之后,牲体被剖开,露出内脏。尚在悸动的心脏被取出来,供到祭坛上。占卜师的出场顿时增加了整个场面的紧张气氛,他仔细查看牺牲的肝脏,如果肝脏的形状非同寻常,就预示着将有不祥之事降临到整个社区的头上。然后,牺牲的内脏被取出来,放在火上略微烧烤,分给站在最内一圈的参与者享用。肉被从骨头上剔下来,切成块,准备烹调。接下来的事情属于卡尔·缪利(Karl Meuli)所谓的"天真的喜剧"。人们将骨头按照原来的样子拼凑起来,将脑袋插到祭坛边上的一根柱子上。这样做的目的是让已经被剔出肉的动物复活,似乎是为了否认或者弥补屠杀之罪。在一种特别古老的涤罪祭中,用斧头击昏公牛的那人在祭祀结束后会逃跑。针对其逃跑,当场举行一场模拟性的审判,在审判中,持水罐者控告那些磨斧头的人,磨斧头的人则控告把斧头递给他的人,递斧头的人则转而控告打造斧头的人,打造斧头的人又控告杀牛刀,杀牛刀不能说话,因此就被判定有罪,被扔到了海里。屠宰之后,牛肉被煮熟或者烤熟,分给每一个到场者,宴飨于是开始,整个场面也从悲伤一变而为欢快的节日气氛。

这一切何以成为恐怖和焦虑的剧场?这一仪式,通过对恐惧、罪恶和焦虑情绪的操控,将适宜于社会之内的行为与适宜于社会之外的行为分离开来，将狩猎者的世界与家庭和友情的世界区分开来。这种献祭仪式表明，只有发生于一个固定语境、一个限定区域和特定仪式秩序之下的杀戮才是容许的。在神话的语言中，只有在神提出要求时，杀戮才是容许的。其他一些仪式也具备此种划分不同行为范畴的功能。过渡仪式，尤其是为青春期男子举行的过渡仪式，即具有此功能，通过这种仪式，青年人告别家庭和女人的世界，加入了狩猎团队和男人的世界。因此，仪式旨在调和和规范存在于狩猎社会中的核心矛盾：一方面，攻击性是必不可少的；另一方面，攻击性又是极度危险的。献祭仪式具有重要的社会功能，因为它提供了一种成规旧套，令整个社区的人们共同经历一种产生焦虑的情境并宣示胜利（在某种意义上，屠牲活动之后的宴飨令所有参与者体验到了对死亡的胜利）：胜利关乎整个社区的价值和团结。

伯克特对于献祭仪式的解释体现了他认为文化进化基于生物反应的理论。按照伯克特的观点，早期人类既具有攻击性，同时又对杀戮充满焦虑。献祭以及其他仪式正是基于此种攻击性和焦虑而建立，同时却将它们引入了新的渠道：文化在激发针对社会之外的攻击性的同时，也激发了针对社会之内的攻击性而引起的焦虑感。

但是，要说明献祭仪式，大可不必诉诸基础生物学，可以认为，即使我们把着眼点从生物学转向社会学，同样能够对希腊的献祭仪式做出透彻的解释。伯克特认为，人类这种动物在本性中就已经有了对于杀戮的深深的焦虑感，而在他看来，献祭其实就是用来帮助人们克服这种对于杀戮的焦虑感的。(1983:21)"亲眼目睹流血的场面让我们深受震撼，当此之际我们强烈地体会到了一种基于生物本性的、对于生命的愧疚之情。但是，恰恰是这种情感必须受到克制，因为，起码对于人类而言，'回避流血'是无法承受的，他们确实也是这样被教导的。"但是，对于这一问题，动物行为学帮不了什么忙，伯克特没能提供任何证据显示，在何种动物的行为习性中存在着对于杀戮的愧疚，说人类在其"自然"本性中就具有此种他在日后不得不学着加以克制的愧疚之情也大可质疑。

伯克特确实提到过猎食动物在其猎物被其他动物抢走时会感到"焦虑",还提到猎人在其猎物被自私的同伙据为己有时也会感到"焦虑",但是,这与对于杀戮的愧疚感毫不相干。

按照伯克特的描述,献祭似乎是围绕四个主题而精心安排的,即个体与牺牲的象征性认同、个体与社会的象征性认同、对杀戮的恐惧(通过在牺牲者与献祭仪式参与者之间创造一种象征性的同情而产生——在某种意义上,惨遭杀戮的牺牲者也就是你)、愧疚感和同情感——这一暴虐的杀戮的实施者也就是你。希腊的献祭仪式极力将宰牲展示为一种应受谴责的行为,既是应受谴责的,却又是必不可少的,因为它是众神所要求的。这是一场恐怖剧,它通过将参与者象征性地同化于牺牲者本身,激发人们的怜悯心和恐惧感,但它同时又是一场涤罪剧,它凭借其不厌其烦的清洁和净化行为,通过将杀戮的责任予以系统地扩散乃至否认,通过巧妙的托词和回避,使这一切就像杀戮之前的前戏一样,对杀戮之罪进行了辩护。

在所有这一切中,看不到什么能够为那位猎人提供道德辩护的东西,这位可怜的猎人需要克服那据说是与生俱来的对于杀戮的愧疚之心。恰恰相反,如果说献祭仪式展现出一种负罪之感,如果说它坚持其中的所有事物都必须是纯洁的,至少在表面上看来是无罪的,那么,那恰恰是因为它想给人们灌输一种不安情绪,即有些事物是有罪的。献祭仪式看起来确实像是一种文化进化的工具,借助于它,人类社会将对于杀戮的愧疚之心灌输给人们,与此同时又对杀戮予以辩护,但是,并没有任何有力的证据能够证明,这一文化机制是建立在任何自然的或本能的焦虑感或负罪感之上的。这里所提供的证据跟建构主义的观点并不冲突,即认为特定的人类的道德感并非基于动物的自然生物习性,或者是为了对抗动物的自然本能,相反,它只是文化创造的产物。

神话与仪式

使仪式主义者成其为仪式主义者的,是他们都相信在神话和仪式之间存在着一种密切的普遍的关联。但是，他们对于这种关联的解释却各有千秋。有些人主张所有神话都跟仪式有关，反之亦然（例如 Hyman 1962: 25）。另一些仪式主义者则仅仅限于指出一些神话与仪式相互对峙的例子，例如那些琐碎的释因神话，比如说公鸡为什么会叫、豹子为什么会长花斑之类。有许多学者追随哈里森，坚持仪式对于神话的优先性；对于拉格伦（Raglan）而言，则是唯一仪式的优先性，因为他将世界上所有神话都追溯到弗雷泽的国王人祭仪式（1936）。另有少数仪式主义者则将优先权赋予神话（Gaster 1945; Jensen 1963），其他学者则完全抛开优先性的问题，断言仪式和神话两者中，分不清何者在先，何者为因，何者决定另一方，因为两者只是同一件事情的不同方面。（Hooked 1933:3；Leach 1954:13 尤其力主此说："神话蕴涵了仪式，仪式蕴涵了神话，两者是一不是二。"）或者因为两者尽管功能各异，但却相互依赖，密不可分（Kluckhohn 1942）。这是哈里森《忒弥斯》一书的基本观点，即神话和仪式同步发生，但是，正如我们在上文所看到的，她的具体论述并未给这一观点提供支持，毋宁说反倒给它带来质疑。

为神话和仪式之间的密切关联提供一个自洽的理论说明，同时又避免从其中的一方引出另外一方，或者忽视两者相互之间的独立性，伯克特是第一位这样做的学者。神话和仪式看起来确实像是同步发生的，两者都为"行为的基本生物机制或文化机制"提供了象征性的表达（1979:18）。就其本身而论，神话和仪式通常是围绕着基本需求、共同危机，以及个体和社会所面临的交织着焦虑的困境（尤其是与杀戮、性、变迁和死亡有关的困境）等而共生的。仪式的功能是"将生命的秩序戏剧化，将之表现为基本的行为模式"，而神话的功能是"给生命的秩序提供说明"，而且它通常是通过为仪式的戏剧化秩序提供说明来做到这一点的（1983:33）。最重要的是，它们两者创造了为社会的延续所必不可少的区分，它们为能量制定方向，为行为确立规范。

对于伯克特而言，就其将一系列行为作为自己关注的焦点而言，神话跟仪式极为相似。神话最重要的方面是其情节，而情节最重要的方面是其表现基本的和原型性的生物行为模式的能力。伯克特对于神话中的原型性行为模式的兴趣,赋予其理论与普罗普的结构主义极大的相似性。因此,下面我们将转而关注结构主义,待到下一章第二节,我们将进一步讨论伯克特的生物主义神话学。

第五章　结构主义神话学

操劳给女人，爱给孩子，欢喜给甜瓜。

——土耳其谚语

第一节　索绪尔和结构主义语言学

关联性和相对性

诸如弗雷泽等 19 世纪的人类学家们，由其欧洲科学和价值的绝对优势地位出发看待"野蛮人"思想，完全认识不到野蛮人思想也可能固有其内在的条理和秩序。"野蛮社会"中的思想被视为充满虚假因果联想的大杂烩，由于野蛮社会中的生活和思想都极为简单，如此这般的错误因果联想在每一个社会中都存在。只是到了后来的发展阶段，随着物质方面的进步、经验的积累和理性能力的增强，个别文化才开始对其信仰去伪存真、去粗取精并将之系统化。但是，真正系统化的思想只有在理性取得胜利的文明最后发展阶段才有可能。没有谁真正对"野蛮"思想的内在关系进行过深入的探究，只要学者们认为它除了任性、混乱和矛盾之外一无所有，这样做自然就是毫无意义的。在他们看来，只有当神话能够被塞进一个进化框架中，并且与科学这种唯一的体系井然、条理分明、不存在任何矛盾的信念体系相对比时，神话才有意义或才会令人感兴趣。

20 世纪在很多方面都对这个观点提出挑战。从涂尔干以降，有一种观念越来越得势，即认为在其他社会包括那些最原始的社会中的思想，较之技术发达社会中的思想，在系统性和条理性方面并不差。对于涂尔干、马林诺夫斯基等人而言，某个社会的信仰的意义在于其与这个社会自身的实践和制度的关系，而并非在于其与某些绝对的或外在的标准之间的关系。神话的条理性源于其在整个社会体系的秩序中的位置。我们可以将主要关注点的转变列表如下：

19世纪	20世纪
个体	社会
离散单元	系统
理性	无意识/感情
历时/起源/原型	共时/当下现实
绝对实在	相对性
现实世界	精神世界

这些新的关注点远远超出了对神话或原始文化的兴趣，它们源于西方社会自身深刻的物质和文化变革。随着不断加剧的城市化，西方人普遍逐渐丧失固有的社会空间感，或曰对于一个恒久而可靠的社会秩序的归属感。在大城市中，生活日益碎片化，社会交往日益丧失切身感，而日益分化为职业、休闲和家庭以及其他一些互不相涉的关系。更糟糕的是，随着科学的觉醒，宗教、传统文化和价值的可靠性以及诸如真理、价值和实在等概念乃至科学本身，在20世纪都受到前所未有的质疑。消费资本主义借助时尚和广告，越来越把消费者和整个社会视为一块面目模糊的、可以任意揉搓捏造的泥巴。人们不仅觉得他们自己不再是社会体系的核心——而这曾经被视为不言而喻的，甚至觉得自己不再是其自身的核心。20世纪最初的几个年代的艺术、文学、哲学和科学中，都大量表现了此种对绝对秩序之信念的衰落。经验分解为一些互不相关的、相对的体系。人和客体甚至被剥夺了其绝对的个性或实在，而日益被从其置身其中的多元的、无中心的、通常是支离破碎的关系的角

度进行定义。绘画中的立体主义运动（1909—1910）随心所欲地游戏于部分与整体、色彩与形状、表象和对象之间的关系之中，这一运动的奠基者乔治·布拉克（Georges Braque）宣称：" 我不相信事物，我只相信关系。"（参见 Jakobson 1971:632）小说创作越来越关注人与人之间的亲密关系，而非个体或社会。福斯特的小说《霍华德庄园》（*Howard's End*）（1910）中，女主人公说英格兰的新都市文化是" 一种游牧文明，它深深地改变了人类的本性，它使人与人之间的关系绷得越来越紧，超过了以往他能够忍受的程度"（Forster 1997:227）。人类的形象被" 现代艺术"和" 现代主义文学"（它直接从弗雷泽和弗洛伊德两人那里获得灵感）去中心化、去人性化、抽象化和碎片化了，后来的后现代主义更将" 个人"降解为被一个无所不包的修辞网络所俘获的" 片断"或" 辞格"。奥特加·伊·加塞特（Ortega y Gasset）是最早对现代性之去人性化提出批评的思想家之一（1925），他自己却试图用一种" 生机勃勃的"" 历史性的"理性取代绝对理性，以便将" 真理"安置于历史的、文化的和个人的视野之中。在科学中，对此一趋势最流行的表达是爱因斯坦的相对论（1905），这一理论拒绝牛顿式的绝对，而代之以与特定的体系相关的相对空间和相对时间的观念。但是，对这种新范式做出最清晰最全面表达的，却是一位语言学家，即费尔迪南·德·索绪尔（Ferdinand de Saussure），他在1907年到1911年之间，在日内瓦就此做了一系列导论性的讲演，后来这些讲演以" 普通语言学教程"的书名结集出版。

索绪尔

在索绪尔之前，欧洲语言学主要关注的是追溯词语的历史根源（语源学）。印欧语的发现促成了现代语言科学的诞生，这一研究后来成为所有严肃的语言研究的典范。这种对于词语形式和语法形式演变史的研究传统，被索绪尔称为" 历时语言学"（diachronic，源于希腊语，意为" 经历时间"）。针对其同时代人的进化论偏见，索绪尔针锋相对地指出，语言中的历时性变化是偶然的、非系统的，就其本身而言并无多少意义。

与此种研究相反,可以对语言进行"共时研究"(synchronically,意为"同时在一起"),存在于任何给定时间的语言整体,构成了一个内在贯通、相互联系的体系。

与"历时/共时"这一二元对立相关的,还有另一个更重要的二元对立。索绪尔将语言系统视为一个抽象的规则体系,从概念上将之区别于在日常话语中对于语言的实际应用。他将此种抽象的语言体系称为"语言"(langue)①,而将具体的话语活动称为"言语"(parole)。他认为,两者之中,语言(langue)较之言语更重要,而言语则从属于语言(langue),因为言语只是语言(langue)的具体化和工具化。不仅如此,语言(langue)是一个完全自洽的、自我构成的逻辑系统,个别的言语活动对于它的影响,就像"一个拙劣的演奏者对于一首交响乐这样一个抽象实在的影响"一样,可以忽略不计。索绪尔试图借助这一区分,将自己的语言学研究提升到一个更高的层面。历史语言学主要关心言语,因为词语发音型式的变化只是偶然的话语失常现象,尽管语言系统固有其保守机制,此种失常现象仍会因为某种原因而在语言体系中得以留存,但是,此种现象既非有目的的,也非有意义的。与此相反,共时语言学的研究对象则是语言(langue),即语言的逻辑构成,它致力于阐明使语言交流成为可能的语言要素。不仅如此,对于作为一个系统的语言的研究,将会揭示使所有人类交流活动成为可能的内在机制,并将因此揭示思想本身的结构。索绪尔将其共时语言学视为一门新科学的开端,这门科学研究的是所有依赖于符号的交流系统,他将这门新科学称为符号学,不过,在 1970 年代之前,大多数运用索绪尔思想进行的研究都被称为结构主义。

索绪尔语言学说的核心问题是,意义是如何被系连于词语的。在索绪尔之前的很多语言学家都认为,在词语与其所表示的事物之间(即

---

① 译者按:为示区别,原文之 langue,译文皆于括弧中加注,写作"语言(langue)",而原文之 language,则径作"语言"。

符号与其指称之间）存在着相当直接的关联。意义是在与一个绝对值（absolute value）的关联中得以确立的。老派的语言学执着于经验主义的观念，即认为我们周围的世界是由离散性实体构成，在宇宙万物中，每一实体都具有为其所特有的固定的场所和关系，人们所知道的只是与这些固定不变的事物一一对应的名字——这种观点被称为"唯名论"。名词范畴（"苹果""梨子""橘子"）之所以存在于语言中，乃是因为这些东西存在于现实世界中。对于动词（"跑""蹒跚""蹦跳"）甚至抽象名称（"贪污""公正""善"），此说也同样适应，尽管不像名词那样明显。语言的结构（即其范畴和概念）和世界的绝对结构之间，存在着直接的对应关系。

假如有个学外语的人问你什么是"苹果"，你会觉得用手指着苹果就足够了。通过"当面指授法"（ostention）习得语言的理论最早可以追溯到圣奥古斯丁："当长辈们在说出某物的名字的同时指着此物，我看见此物，并且了解到此物的名称，就是当他们一边指着它一边说出来的声音。"（《忏悔录》，1.8）当这个外国人问你什么是"贪污"时，情况会稍微麻烦一些，不过，就此情况而言，人们通常会给出几个贪污的例证。宽泛地说来，唯名主义相信，尽管凡百名字各有不同，但它们都有与之相对应的意义：很多文化有苹果，同时也有专门指称苹果的词，绝大多数现代社会都是按照与我们的社会相同的方式建立起来的，同时也都拥有相同的"贪污"概念。

其实，我们只要设想一个外国人，他是来自这样一种文化，其中，并无用来专门指称上述事物的词，就不难发现词语和概念并非被系连于任何绝对实体的。比如说，古希腊语就按跟现代英语大相径庭的方式划分世界。希腊语中的"*melon*"一词可以翻译为"苹果"，但是，它也可以表示任何圆形的果实，这个词还经常被用来比喻像玫瑰般可爱的脸颊。在我们看来，这也许颇为古怪，但是，对于两百年前讲法语的人而言，却是显而易见的，他们用 *pomme* 一词表示各种各样圆形的果实和菜蔬，*pomme de terre*（土豆）不同于 *pomme de l'air*（苹果），而脸颊则被

称为 *pommettes*（小苹果）。显然，单靠对各种东西指指点点是不能向一个古希腊人解释明白"apple"一词的，因为当他下次看到一个梨子时，他会说这是一个"apple"，或者，当他心里想的是脸颊时，他仍会说"apple"。不同语言之间这些错综复杂的同义词只会让我们茫然无绪。

想象一下我们正在教一位火星人学说英语，也许会略窥此中奥秘。你一味指着一个苹果，无法让他明白"苹果"一词的意义，因为这位火星人根本不知道你所说的东西是你所指方向之何物，他对其形状、作用和性质没有任何概念。他很可能会认为"苹果"意味着舒展右臂并伸出食指这个动作。维特根斯坦指出："指授定义法可以随意地作各种各样的解释"（1958：14e，§27）。那么，设想一下，你为了克服上述困难，如何借助于话语解释。你一开始跟他解释什么是"水果"，在罗列了"水果"范畴所包含的所有项目之后，你会给他解释那些相反的范畴，如"蔬菜"和"野草"等，然后，沿着食物链不断向上，相继给他解释诸如与"植物"范畴相对的"动物"范畴、与"非食用品"相对的"可食用品"、与"无生物""死亡"相对的"生物"等。火星人会不厌其烦地问这是什么、那是什么，直到你翻遍整本词典从而遍及英语中的所有范畴，并将所有这些范畴都相互对比一番为止。索绪尔也许会说，只有当这位火星人了解了整个系统之后，他才知道当你指着苹果时，你指的是什么意思。

索绪尔拒斥那种占主导地位的关于语言、精神和外部世界之间关系的陈词滥调。词和概念并非是直接从自然界中派生出来的，而是由语言所创造的。世界是一个漫无边际、混沌一片的连续体，正是语言才将之捆扎打包并建立秩序。正是语言才将苹果与树区分开来，也将树与它生长于其中的花园区分开来。换句话说，并非是实在的结构将自身强加于语言，而是相反，是语言的结构将自身强加于实在。

为了将语言和思想从自然决定论解脱出来，索绪尔尤其强调词语或符号与其所指谓的客观事物即"指称物"（referent）之间的区别。但是，符号自身也可以从概念上分为两部分：能指（signifier）和所指（signified），前者是一个声象（a sound-image），后者是其所指的心象（a mental image），例如，发出"trī"这个声音就会激活一棵树的心象[①]。不管是能指还是所指，都根本不是由指称物所激活的。"apple"一词或"melon"一词的发音，就其自身而言，只是一些毫无意义的噪音，而不同的语言将它们用为能指。就像"apple"一例所表明的那样，一种文化只用它来表示一种我们所知且所爱的、圆形的、红色的、树上结的果子，而另一种文化则用它表示所有圆形的果实。因此，对于索绪尔而言，符号和指称物之间的关系纯粹是任意的，对于语言的研究意义不大，单靠符号本身的两部分之间的关系，即能指和所指之间的关系，就足以对语言活动做出解释。索绪尔提出指称物的概念，不为别的，只是为了将之作为某种外在于语言体系的东西排除出去。

这种观念体现出一种从传统经验主义和实证主义科学的客观现象界决定性的后撤。为了理解此一后撤的重要意义，不妨将索绪尔的立场与其同时代的经验主义语言观做一对比。两者涉及同一个三要素组合：观念（精神）、词语（语言）、事物（实在世界，或指称物）。但是，经验主义所关注的是后两个要素，却忽视了第一个要素（精神）；而索绪尔所关注的则是前两个要素，却对实在世界（事物）置之不论。一旦断绝了与外界实在的关联，语言就会被视为一个自我完满的、自我构成的体系。实际上，结构主义的"语言"概念介于经验主义和唯心主义这两极之间。它将主观概念或认知范畴置于一种物质性的、可观察的、经验的存在，亦即语言之中，而传统的欧洲唯心主义则将之置于纯精神的或形而上学的领域之中。语言和语言表达活动的所作所为，与涂尔干的集体意识和集体表象很相像，但却没有后者那种令人反感的神秘主义色彩。如此一来，就可以将语言视为一种具有社会性的实在。

对于索绪尔而言，语言的结构取决于语言内部各部分之间的相互关系。上文提到的那位火星来的包打听，只有在了解了整个英语词汇系统之后，才能理解"apple"一词的意义，就说明了这一点。在这个例子中，

[①] trī 是英文 tree（树）一词的读音。——译者注

"apple"一词的意义并非存在于这个词本身的某种肯定性的东西，而是在排除所有那些不是苹果的东西之后所剩下来的东西。"apple"仅仅意味着英语中其他所有词语所不意味的东西，一个词就是一个错综复杂的网栅上的一片空间，这片空间随着围绕着它的那些词语的伸缩而伸缩或漂移。

从纯粹关系的角度理解意义，就意味着自始至终从整体结构的角度着眼。语言是一个庞大的关系网络，其中每一个片段的价值都完全取决于整个的结构。索绪尔喜欢用下棋游戏作类比，这种游戏跟语言一样是一个限定的、封闭的系统，却较之语言更简单、更易于理解。在特定时刻某个棋子的价值，不是取决于这个棋子本身，而是取决于棋盘上所有其他棋子的位置。每走一步，全盘棋子的价值都会发生改变，仅仅因为一个棋子的走动，整个棋盘的配置就会为之一变。

另一个比喻也有助于理解这一观点。试将概念设想为一些画在一张空白纸张上的图形轮廓，轮廓中间是空白。每一个轮廓中的实际内容是一样的，都是白纸，正是那些将各个图形分隔开来的线条确定了这些图形的定义。现在设想这些空白图形是画在一种流体介质上，如此一来，每一线条的位置都取决于其彼此之间的吸力和斥力，就像一个由磁针组成的磁力线图形。增加或减少任何一根线条，都会导致所有形状重新排列，因为移除了让所有线条各就各位的磁力必然会引起一系列的连锁反应，并导致系统中所有要素的彻底重排。一位研究这些图形的科学家将会得出如下结论：第一，磁力线组织为一个确定的模式（我们将会称之为系统）；第二，这个系统是受一定规律支配的——人们能用一个数学公式对这些磁力线的构型做出说明；第三，这些数学公式将会得以保留，即使某些磁力线发生了移位，整个图形被重新排列；第四，可以从各要素之间的相互关系（即其相互吸引和相互排斥的关系）入手，对体系（按照数学公式所描述的样子）和图形两者给出有意义的描述。

结构主义语言学就是按照这种方式解释词语的意义的。概念并非是自然给定的，而是由语言系统通过各种要素之间的相互对立和同化机制所创造的。例如，"善"是通过与"恶"的相互排斥、通过与诸如

"美""宝贵""快乐"等一些与之相近或对应的比较项的相互吸引而获得其意义的,因此,所有的价值词语都与善/恶之差异相关。用索绪尔的话说:"各个概念之区分及界定,不是取决于其本身的肯定性内容,而是取决于其与系统内其他词项之间的否定性关系。一个概念之所是,就是其他概念之所非。"

以上所论仅在我们停留于有意识的对立和同一的层面上时,才是有效的,但是,事情远非如此简单。那位一门心思想了解"apple"一词意义的聪明的火星来客,单靠记住一大本《韦伯词典》是无法了解这个词对于一个土著英国人的意义的。除了各个词项之间能够被意识到的关系,还有很多关系是处于半意识或无意识的状态。这里,我们就触及了语言的隐含意义(connotation),而不再是其指称意义(denotation)。任何一位土生土长的英国人,当他得知"苹果"的一部分定义在于"它不是梨子"时都不会感到惊讶,但是当他得知男、女之别跟日、月之别或者火、水之别有一定的对应关系时,他就很可能会感到惊讶。正是这种微妙的交叉互涉的关系,使语言成为一个各部分相互依赖的整体系统。

由于结构主义证明人类的精神中存在着一个潜意识层面上的语义学结构,它的影响远远超出了语言学科,对文化研究的各个领域尤其是人类学和文学研究都发挥了深远的影响。简而言之,结构主义方法的基本观点可以归结为四个基本环节,按照特鲁别茨柯伊(Trubetzkoy 1933)的说法,结构主义方法:

(1) 从对于有意识语言现象的研究转移到对于无意识的基础结构的研究(即语法规则,任何语言的任何说话者都对此种规则了然于心,但是这些规则不会进入其意识,除非要对这些语法规则进行专门的研究)。

(2) 不是将词项作为各自独立的项目进行分析,而是将对于诸词项之间相互关系的分析作为词项研究的基础。

(3) 引入"系统"的概念。

(4) 旨在发现"一般规则",或者是通过归纳法,或者是通过逻辑推演,后一种方法会使这些规则具有绝对性的色彩。

对于结构主义而言,语言是一个包罗万象的架构,也是一个最基本的语义系统。与之相比,所有文化产物则仅是次一级的语义系统,但是,其功能则跟语言毫无二致,它们都是同一文化群体内部成员相互之间进行交流和不同文化之间进行交流的载体。这些各有千秋的文化系统,例如神话、亲属关系、食物、政治意识形态、婚礼、烹饪等,各自成为文化整体的局部的表达方式,并最终成为一个单一的、庞大的语言体系。人类精神自始至终都是一部创造既错综复杂又浑然一体的结构的机器。一切都可以归结于在某种整体意义系统中的位置,在一个由巨大的差异和同一网络构成的思想系统中,没有什么能够摆脱与其他部分的关系。所有事物都按照一定的规则在一个意义系统中拥有其位置,这些规则可以被视为任何给定事项与这个系统中其他任何或其他所有事项之间的关系。

人性何以需要将所有的经验系统化,并将之置于一个各种逻辑范畴错综关联、交叉互涉的符号空间中?因为这样一来可以让人们获得一种安全感,造成一个可以理解的、井然有序的、可以预期的甚至是可以控制的世界,若非如此,这将是一个混沌的、迷乱的、不可预期的、难以把握的世界。为了达到这一目的,重要的不是那些范畴和交叉互涉关系究竟是真实的,抑或纯属想象的,重要的是这些范畴要各就各位,并能够将所有经验囊括其中。

第二节 句段式结构主义

许多 20 世纪的理论家都步弗洛伊德后尘,相信神话在两个不同层面上发挥作用,在神话的表面的或外显的内容背后,还具有或多或少隐含的或潜在的意蕴。所有主要的现代理论都预设了隐含意义的存在,并且认为这种隐含意义在神话曾经流行的社会中是被普遍接受的,尽管被接受，但却不一定被明确意识到，而且通常确实是没有被意识到。不过，现代的各种关于无意识的观点，相互之间也存在着明显的差异。对于弗洛伊德来说，潜意识（或无意识）与意识通常是变动不居的，对于结构主义而言，潜意识与意识之间的关系是无意识的知识在意识层面的一种直接体现，这种无意识知识可能随之就被会视为是处于休眠状态，而不是被压抑的。它之所以休眠，是因为不被需要。假如意识要对其运作的每一个细节都毫无遗漏地加以注意，它会不堪重负，乃至崩溃。但是，无意识知识常常会以一种是非判断的直觉形式突然出现于意识层面，并且常常会对悄然接近的敌对的监察机制毫无戒心。

对于结构主义而言，语言学为所有社会科学确立了基本的模式。语言中的有意识表达和无意识知识之间的关系比较易于把握。即使一个人对于一门语言的语法知识并无明确的意识，他也会听和说这门语言。每一个说母语的人都能区别那些合乎语法的句子和那些不合语法的句子（"未受教育者的口音"并非特例，因为大多数语言学家，以及所有的结构主义者，都会将之视为一种与"官方语言"不同的方言或社会方言）。这一事实足以表明，语法规则被说话者内在化并不假思索地使用，而无需成为说话者意识的构成要素。语法学家通过仔细地研究话语型式，就能够阐明那些并未被说话者的意识觉察到的语法规则。

按照结构主义的术语，母语言说者所实际说出的话被称为"表层结构"，而那些使之能够说出有意义的句子的语法规则则被称为"深层结构"。例如，我们可以说，每种语言中的所有句子都必须由一个名词和一个动词搭配而成，而根据这一基本规则所造出的句子则是无穷无尽的，而如果没有这一搭配规则，任何句子都将是无意义的。除了搭配规则之外，语法学家还需要研究选择规则。"无色的绿色之梦正狂暴地睡着"这句话，尽管把一个名词和一个动词搭配在一起，但是，这个句子却是无意义的废话（除非这个句子出现于语言学文本中，旨在为"无意义的句子"提供一个例证）。把什么样的名词跟特定的动词相互搭配，是有一定的规则可循的。搭配规则关乎语言的句段（syntax）或组合结构（syntagmatic structure），而选择规则则关乎语言的聚合结构（paradigmatic structure）。

弗拉迪米尔·普罗普

可以说，关于叙事的结构主义研究肇始于弗拉迪米尔·普罗普的《故事形态学》（也译作《民间故事形态学》）一书，这本书的俄文版初版于 1928 年。普罗普（1895—1970）通常被归于形式主义者之列，形式主义是一个在 1915 年到 1920 年代晚期活跃于俄国的知识分子团体。形式主义的灵感直接来自索绪尔的语言学，而在西方，结构主义的影响在此很久之后仍一直未曾超出语言学的圈子。俄罗斯形式主义及其后继者布拉格结构主义的一个主要兴趣，就是发现支持着文学交流话语的规则或语法。因此，普罗普的书通常被解读为，试图说明俄罗斯民间故事中的一个特殊类型（他称之为"神奇故事"）背后的深层结构。他最主要的兴趣是如何为民间故事分类的问题，而不是如何解释民间故事的问题。普罗普自己是这样解释他写这本书的起因的（1984: 70）：

> 在十月革命前，俄国的大学很不重视对语文学者的文学教育，民间歌谣更是完全受到忽视。为了填补这一空白，我一毕业即致力于研究著名的阿法纳西耶夫（Afanasev）故事集。在一系列关于虐待继女的神奇故事中，我注意到一个有趣的事实：在《严寒老人》这个故事中，……继母指使继女到严寒老人的森林里去。严寒老人想冻死她，但是她对他说的话又甜蜜又谦卑，因此他放过了她，并且送给她一个礼物，然后就让她回家了。之后，那位老女人的女儿，没有通过考验，结果被冻死了。在另一个故事中，继女遇到的不是严寒老人，而是林妖。还有一个故事，遇到的则是一只熊。但是，这些其实都是同一个故事！严寒老人、林妖和熊各自以自己的方式考验和奖赏那位继女，而整个情节却未改变。难道以前就从来没有人注意到这一点吗？为什么阿法纳西耶夫会认为他们所看到的是一

些不同的故事？很明显，在这些故事中，严寒老人、林妖和熊采取的是相同的行动。在阿法纳西耶夫看来，因为这些故事中的人物是不一样的，所以它们是不同的故事。在我看来，因为故事中人物的行动是相同的，所以它们是同一个故事。这一发现看起来很有趣，因此我就着手从人物的行动的角度着眼重新审视其他一些神奇故事。通过对这些材料的研究（而不是通过抽象推理），我找到了一个很简单的分析神奇故事的方法，即按照人物的行动，而不管这些人物的具体形式。我用"功能"这个术语表示这些行动。

普罗普将某种特定类型的故事当成毋庸置疑的"事实"并将之作为出发点。"神奇故事"这一文类概念之所以能够成立，是因为神奇故事"具有一种极易觉察的特殊的结构，这一结构使它们归于一类，即使我们并没有意识到这一点"（1968:6）。这种直觉的分类将我们引向一种直觉的结构，或者我们可以称之为一系列无意识的规则，正是这些规则使我们认出这种叙事类型并将之与其他类型区分开来。一个具体的故事与我们赖以辨识某种文类的无意识规则之间的关系，类似于一个说出来的句子与语法之间的关系。这样一种文类概念的普遍存在这一事实，表明正是某种深层无意识结构才使我们能够将某些故事认定为民间故事，就像正是语法，才使人们能够将某些话语认定为断言、祈使或疑问等。但是，跟语法的情况一样，人们能够在并不了解文类分类标准的情况下认出文类。要通过对叙事本身的经验研究，才能重建叙事活动的语法。

首先需要将民间故事区分为表层结构和深层结构两个层面。普罗普之前的民俗学家只是根据表层结构对叙事文类进行划分。最通行的分类法是将故事分为幻想故事、日常故事、动物故事。但是，这种分类显然是不够充分的，因为动物故事常常具有幻想性的内容，或者，由于故事中那些通常会被认为无足轻重的细节差异，同一个故事常常可以归于不同的类别，例如，同一个故事，人们在其俄语版本中注意到的是其中的熊，而在其西欧版本里注意到的则是其中的恶魔。

普罗普认为此种细节差异是无关紧要的，即使替换了也不会影响整个故事。按照故事的深层结构，熊或者恶魔是可以替换的聚合项（Paradigmatic），并不能给整个深层结构带来任何改变。要对深层结构带来改变，一个替换项必须对整个叙事带来影响，而不仅仅是替换项本身。于是，普罗普试图发现那些只要被替换了就会改变整个故事的构成环节。为了便于分析，这些"构成单元"应该足够大，其缺省或者增加会给整个故事的性质带来根本性的影响，又应该足够小，用其他对等物对之进行替换不会给整个故事的性质带来根本性的影响。

普罗普考察了很多明显的故事实例，在其中，不同的内容体现了相同的功能，例如：

（1）沙皇送给英雄一只雄鹰，雄鹰将英雄送到了另一个王国。

（2）老人送给苏森科（Sucenko）一匹马，马将苏森科送到另一个王国。

（3）巫师送给伊万一只小船，小船将伊万送到另一个王国。

（4）公主送给哥哥伊万一个戒指，从戒指里面出来的年轻人把伊万送到另一个王国。

孤立地看，所有这些行动都是独一无二的，一个是关于伊万的，另一个则是关于苏森科的。然而，如果着眼于每一个故事的整体进程，它们的功能却同出一辙，即：一位恩主给了主人公一件法宝，这件法宝把主人公带到其目的地。重要的不是人物，而是行动，不是行动本身（"送给他一匹马""送给他一只戒指"等），而是行动与整个故事结构的关系。普罗普将故事深层结构的构成单元称为"功能"，它可以被定义为"人物的一个行动，就其对于整个故事的进程或发展的意义的角度而言"（Propp 1958:20，并参：1968:21 和 1984:74）。

值得注意的是，当从作为一个抽象体系的叙事的角度来看的时候，一个行动仅仅是一个"功能"。因此，功能关乎行动，叙事的深层结构关乎其表层结构。能够被引进一个故事中的行动是无限的，但是，"在一个故事中，功能作为一个稳定不变的要素发挥作用，不管这些功能是如何以及由谁完成的"（Propp 1968：21）。在行动和功能之间并无直接对应关系。如上所述，同一个功能可以由不同的行动实现，但是，除了性质上的不一致，功能与行动之间的差异也可能体现为数量上的不一致。理论上，一个单一的功能，如"恩主送给主人公一个法宝，这个法宝将主人公带到其目的地"这个功能，可以分解为无限的行动，例如，在托尔金的《指环王》中就是如此。反过来，一个单一的行动，也可以发挥担当任何一种功能，因为"功能的界定取决于其在叙事进程中的位置"。（Propp 1968:21）因此，"英雄建造一座城堡"这个行动，既可以担当"完成一个艰巨任务"的功能，也可以担当"保护英雄免遭坏人伤害"的功能，还可以担当"庆祝英雄与公主成婚"的功能，单看它在整个故事中的位置如何。

在这一理论的指导下，普罗普着手分析 100 个俄罗斯神奇故事的功能，并因此做出了两个重要的发现。首先，他发现这些功能的数量是有限的，不多不少正好有 31 个。并不是每个故事中都必定会出现这 31 个功能，有些故事会省略其中的几个功能，还有几个功能在他分析的 100 个故事中只出现了一两次，但是，所有的俄罗斯神奇故事都可以被归结为这一套数量有限的功能。其次，他的另一个同样令人惊讶的发现是，在所有的故事中，所有的功能都是按照同样的顺序排列。普罗普将它们排列如下：

> 故事的铺垫部分：
> β 一位家庭成员离家出走。定义：出走（1）。
> γ 对主人公下了一道禁令。定义：禁令（2）。
> δ 违背禁令。定义：违禁（3）。
> ε 对头企图刺探消息。定义：刺探（4）。
> ζ 对头获悉其受害者的消息。定义：获悉（5）

η 对头企图欺骗其受害者，以得到他或他的财物。定义：欺骗（6）。
θ 受害者上当并且无意间帮助了他的敌人。定义：共谋（7）。

"故事实际进程"的启动：
A 对头给一个家庭成员带来危害或损失。定义：加害（8）。
或者
a 一个家庭成员欠缺或希望得到某种东西。定义：缺乏（8a）。
B 不幸或欠缺被告知；主人公接到请求或命令；他获准启程或受到派遣。定义：中介，承上启下的事件（9）。
C 寻找者应允或决定反抗。定义：开始反抗（10）。
↑ 主人公离家。定义：出发（11）。
D 主人公经受考验，受到盘问，遭受攻击等等，为他得到法宝或助手的历程作铺垫。定义：恩主的第一项功能（12）。
E 主人公对未来的恩主的行动做出反应。定义：主人公的反应（13）。
F 主人公学会了法宝的用法。定义：法宝的授受（14）。
G 主人公被转移、运送或引领到其所需求之物的所在地。定义：在两个王国之间的空间移动；引路（15）。
H 主人公和对头正面交锋。定义：斗争（16）。
J 主人公被标识。定义：标识；做记号（17）。
I 对头被打败。定义：取胜（18）。
K 最初的不幸或欠缺得以消除。定义：欠缺消除（19）
↓ 主人公归来。定义：归来（20）。
Pr 英雄遭到追击。定义：追击；追赶（21）。
Rs 主人公从追击中获救。定义：获救（22）。
O 主人公回到家或来到另一个国度，未被别人认出。定义：悄然抵达（23）。
L 假冒的主人公提出非分的要求。定义：非分要求（24）。

M 给主人公出难题。定义：难题（25）。
N 解决了难题。定义：解题（26）。
Q 主人公被认出。定义：相认（27）。
Ex 假主人公或对头被识破。定义：识破（28）。
T 主人公获得一个新的外貌。定义：变形（29）。
U 对头受到惩罚。定义：惩罚（30）。
W 主人公成婚并登上王位。定义：婚礼（31）。[①]

珀耳修斯

普罗普并未说明这 31 个功能是如何结合并构成一个口头文学文类的，也许他觉得无此必要。尽管他对历史的和心理的解释皆有所暗示，实际上却仅仅证明了其结构主义的假设：在所有神奇故事的背后都存在一套数量有限的生成规则体系或曰语法体系，并借此暗示，其他类型的叙事的背后也存在类似的语法体系。普罗普跟他的许多追随者不同，他并不认为这 31 个功能能够推广到所有叙事，相反，我们很容易就能够觉察到，存在于民间故事与神话之间或者民间故事与小说之间的差别，因为不同的语法规则支配着这些不同的文类，即使我们很难说清楚这些规则究竟如何。果真如此的话，如果这 31 个功能也能在其他叙事类型中发现，那么，也就证明普罗普的假设即这些功能形成了神奇故事的深层结构之说不能成立，并且将证明这些功能并不能用来作为建立叙事分类体系的基础。

有鉴于此，当我们看到普罗普在后来宣布，诸如珀耳修斯（Perseus）、忒修斯（Theseus）或阿尔戈英雄（Argonauts）等几个神话"也基于跟神奇故事相同的形态学模式或构成模式"（1984:79）时，就难免会有些吃惊。由普罗普这一宣称所引出来的问题，且待稍后再作详论，这里我所关心的只是珀耳修斯的故事是否也能够被塞进普罗普的模子里面。下面

---

① 译者按：此处 31 个功能的翻译参考了贾放译《故事形态学》（中华书局 2006 年版）。

给出的是阿波罗多洛斯（Apllodorus）版的珀耳修斯神话（*Library* 2.4.1-4），其中表明了相应的功能编码。我们从也许可以称为达娜厄（Danae）故事的段落开始（这样做也许有些随意），但为免节外生枝，将这一故事片段撇开不谈。

> 阿克里西俄斯（Acrisius）为男性子孙之事咨询先知，神告诉他说他的女儿会有一个儿子，而这个儿子将会害死他。阿克里西俄斯很害怕，就命人在地下修建了一个青铜的密室，把达娜厄囚禁在里面。有人说普洛托斯（Proetus，阿克里西俄斯的兄弟）诱奸了达娜厄，阿克里西俄斯和普洛托斯因此兄弟反目。另外一种说法，则说其实是宙斯化作一阵黄金雨从屋顶流进密室，跟达娜厄幽会。后来，当阿克里西俄斯听说达娜厄生下了珀耳修斯，他不相信这是宙斯的种，因此就把女儿和他的孩子一道装进一个箱子，扔进了大海里。箱子漂到了西里福斯岛（Seriphos），狄克梯斯（Dictys）捡到箱子并收养了这个孩子。

为了证明普罗普之说，让我们从这里开始对珀耳修斯的神话详加分解：

> 狄克梯斯的兄弟波吕得克忒斯（Polydectes）爱上了达娜厄，但是因为珀耳修斯已经长大成人，因此他没法接近达娜厄（ε, ζ）。他向朋友们包括珀耳修斯发出邀请，谎称自己正为俄诺玛俄斯（Oenomaus）之女希波达墨娅（Hippodameia）准备结婚礼物（η）。珀耳修斯吹牛说即使他想要蛇发女妖戈耳工的脑袋，他也会帮他得到（θ）。波吕得克忒斯跟其他人要马作为礼物，但是，他跟珀耳修斯要的却不是马，而是蛇发女妖的脑袋（a, B）。珀耳修斯在赫尔墨斯、雅典娜的引领下，来到福耳库斯（Phorcus）的女儿们厄倪俄（Enyo）、珀福瑞多（Pephredo）和德诺（Deino）住的地方（C, ↑），她们是福耳库斯和刻托（Ceto）生的女儿，蛇发女妖的姐妹，

一出生就是老太婆的样子。她们三个人轮流使用同一只眼睛和同一颗牙。珀耳修斯抢走她们的眼睛和牙齿（D），她们求他把眼睛和牙齿还给她们，他说如果她们领他到宁芙们住的地方，他就还给她们。宁芙拥有一双会飞的鞋子、一个叫 kibisis 的神袋和一顶隐身帽。她们领他到宁芙的住地之后，他就把眼睛和牙齿还给了她们（E）。他见到宁芙，得到了他想要的东西，于是，他肩背神袋、脚蹬飞鞋、头戴隐身帽，登上征程。在隐身帽的掩护下，他能看到别人，但别人却看不到他。赫尔墨斯送给他一把锋利的镰刀（F）。他飞越大海，趁蛇发女妖睡觉的时候，接近她们（G）。蛇发女妖分别叫斯忒诺（Stheno）、欧律阿勒（Euryale）和美杜莎（Medusa），其中只有美杜莎能够被杀死，正因为这个原因，珀耳修斯才被派来取她的脑袋。蛇发女妖的脑袋是青铜的，脑袋上长满蛇，嘴巴里长着野猪一般锋利的獠牙，还生着黄金的翅膀，靠此金翅，她们时时鼓翼而飞。任何看到她们的人，都会立刻变成石头。在雅典娜的引领下，珀耳修斯在她们睡觉的时候悄悄接近她们，把眼睛转开避免看到她们，用一面青铜盾牌照出她们的影子（H），斩下了美杜莎的脑袋（I）。从美杜莎被斩断的脖子中跳出飞马珀伽索斯（Pegasus）和巨人克律萨俄耳（Chrysaor），后者是三头六臂的怪物革律翁（Geryon）的父亲。这几位蛇发女妖是从海神波塞冬的精液中生出来的。珀耳修斯把美杜莎的脑袋装进神袋中（K），开始返程（↓）。被惊醒的另外两位蛇发女妖追赶他（Pr），但却看不到他，因为他戴着隐身帽。

他来到埃塞俄比亚（O），克普斯（Cepheus）是这儿的国王。他看到克普斯的女儿安德洛墨达（Andromeda）正在被当成祭品献给海怪吃掉。因为克普斯的王后卡西俄珀亚（Cassiopea）跟海仙女涅瑞伊得斯（Nereids）打赌，声称她比所有的海仙女都漂亮，激怒了海仙女和海神波塞冬，海神激起巨浪和海怪攻击陆地。阿姆蒙（Ammon）的先知宣布，要想解除灾祸，必须把卡西俄珀亚的女儿安德洛墨达献给海怪吃掉。克普斯在埃塞俄比亚人的强烈要求下，把女儿绑在海边的岩石上，献给海怪。珀耳修斯一见到安德洛墨达就爱上了她，他向克普斯保证，只要他把女儿嫁给他，他就杀死海怪救出他女儿（M）。双方立誓为约，珀尔修斯打败并杀死海怪，解救了安德洛墨达（N）。但克普斯的兄弟菲纽斯（Phineus）已先跟安德洛墨达订婚，想设计害死珀耳修斯。珀耳修斯事前获悉他的阴谋（Ex？？），就给他和同伙看美杜莎的脑袋，一下子就把他们变成了石头（U?）。他终于回到西里福斯岛（O），却发现母亲为逃避波吕得克忒斯的强暴跟狄克梯斯一起躲进了圣坛（L? M?）。珀耳修斯走进王宫，波吕得克忒斯跟他的朋友都在那里，他避开自己的视线，把美杜莎的脑袋拿出来给他们看，在场的人一看到它，立刻就变成了石像，每个石像都保持着他们刚才的姿态（N? U）。珀耳修斯立狄克梯斯为西里福斯岛的国王，然后把飞靴、神袋和隐身帽交给赫尔墨斯，把美杜莎的脑袋献给雅典娜。赫尔墨斯将诸般法宝还给了宁芙，雅典娜则将美杜莎的脑袋嵌进盾牌的中央……珀耳修斯立刻动身，跟达娜厄和安德洛墨达回到阿尔戈斯（Argos）（↓），去见外公阿克里西俄斯。阿克里西俄斯听到这个消息，想起先知的预言（他会被达娜厄的儿子杀死），惊恐万状，慌忙离开阿尔戈斯，逃到佩拉吉奥蒂斯（Pelasgiotis）。拉里萨（Larissa）的国王透达弥得斯（Teutamides）为了纪念其已故的父亲，正在举行运动会。归途上的珀耳修斯正好赶上运动会，忍不住技痒，于是参加了五项全能的比赛（M?），他扔出的铁饼正好击中阿克里西俄斯的脚，后者立刻毙命（U）。那个预言终于应验了。珀耳修斯将外公埋在拉里萨的城外，回到阿尔戈斯，满怀愧疚地宣布他将从一位被他自己杀死的老人手中继承王位。他到提林斯（Tiryns）找到普洛托斯的儿子墨伽彭忒斯（Megapenthes），跟他交换地盘，让后者作阿尔戈斯的国王，而珀耳修斯则作提林斯的国王。他后来又成为米底亚（Midea）和迈锡尼（Mycenae）的保护人，跟安德洛墨达生了好几个孩子（W）。

请注意，普罗普体系中的功能是可以重复的，只要它们的前后顺序保持不变。拉长一个故事的最常见的方法，就是故事里面套故事，或者同样的序列不断重复。在神奇故事中，同一序列通常会重复出现三次，普罗普将这一现象称为"三重式"(1968:74-5)。因此，珀耳修斯神话中的埃塞俄比亚故事（我们可以将这一故事视为嵌套在蛇发女妖故事中的插段，而蛇发女妖故事又可以视为嵌套在阿克里西俄斯故事中的插段），这样就出现了功能 23—31 所构成序列（O—W）的三重式重复：第一次是安德洛墨达的故事，珀耳修斯杀死海怪，处置了"假冒的英雄"，即安德洛墨达早先的求婚者菲纽斯；第二次是珀耳修斯回归西里福斯岛，将向达娜厄求婚的波吕得克忒斯（又一位"假冒的英雄"或对头？）变成石头，从而搭救了达娜厄；第三次是珀耳修斯来到佩拉吉奥蒂斯，失手杀死了最后一位假冒的英雄或对头，即他的外祖父阿克里西俄斯。我们甚至可以在三组提供法宝的恩主，即赫尔墨斯和雅典娜、福耳库斯的女儿们、宁芙三者的故事中，看到功能 12—15 所构成序列的三重式。这一重复规则使整个故事显得极为灵活多变且枝蔓横生，而不是按照功能序列规则亦步亦趋地进行。对于功能序列规则的另一种微妙的偏离是来自情节和叙述（narration）之间的重要区别，情节是叙事的逻辑序列或因果序列，而叙述则是故事中的各个事件在故事讲述者那里实际呈现的先后顺序。叙述是故事讲述者对一个故事的具体表演，一次讲述只能算是一个言语（parole），而情节作为故事的结构，作为与言语相对的语言（langue），则是保持不变的。例如，在阿波罗多洛斯对于珀耳修斯故事的讲述中，伪装者或"假冒的英雄"菲纽斯是在安德洛墨达被救出之后方始出场，如此一来，功能 L 就出现于功能 M 之后了。但是，按照故事的逻辑，安德洛墨达与菲纽斯的订婚（这正是假英雄所主张的实质）应是在她被献给海怪之前的，因此，从情节的角度看，并未违背普罗普功能顺序的规则。

　　普罗普的功能规则能够如此容易地应用于珀耳修斯神话，委实令人瞩目，但是，珀耳修斯神话并非俄罗斯神奇故事，因此，任何严格的理论解释都会将这两者之间的若合符节视为偶然的巧合，甚至把它当成一个麻烦。除此之外，读者很可能会和我一样犹豫不决，不知道是否应该将普罗普的功能范畴套用于珀耳修斯故事中的行动，尤其是其中的埃塞俄比亚插段。如果你不是一门心思想拯救普罗普的理论，你就更会倾向于将这些巧合仅仅视为削足适履的结构。如上所述的这些规则的弹性可能会进一步增加这种不适感，因为普罗普的论断给人留下的印象恰恰在于这 31 个功能的序列规则的无一例外的严格性。一个学者在应用这个理论时，越是充满想象力，越是少刻板，这个理论的可靠性就越是依赖于他的良好意愿，而不是依赖于实证资料。例如，普罗普在《故事形态学》一书从头到尾都没有给故事中的角色做出一个恰如其分的界定。假如我们将阿尔戈斯的阿克里西俄斯作为故事的开端，那么，他究竟是英雄（主人公），还是假冒的英雄，亦或是对头？反之，如果我们将珀耳修斯视为英雄（主人公），可以备选作为其对头角色的人物仍有好几位：阿克里西俄斯、波吕得克忒斯、美杜莎或菲纽斯。那么，是否可以将阿克里西俄斯、波吕得克忒斯和菲纽斯都视为对头角色的各种化身，而将美杜莎视为恩主之一吗？——毕竟，在她身上没有体现出对珀耳修斯特别的敌意，除了她跟福耳库斯的其他几位女儿一样，生得极为丑陋可怕之外，毕竟她献出了自己的脑袋，珀耳修斯利用它将他的敌人变成了石头。不妨设想一下，有人会满怀对于美杜莎的同情讲述这个故事，将她视为雅典娜的狂怒的无辜的牺牲者凯黑尔（Cahill）确实就是这么做的，参见 Cahill 1995: 70-5, 223-5），整个故事的功能序列将因此彻底改观。但是，如此一来，这个故事不就变成另一个不同的故事了吗？不就会属于不同的文类了吗？若果如此，故事中的角色将会反转。尽管如此，我们也许依然会坚持普罗普的理论，但是，功能的划分将会大不相同，为此，看来将不得不为了保证分类体系的成立而牺牲其有效性。

问题不仅存在于这些功能的适用性，或者这个功能序列规则的严格性。问题可能还存在于这 31 个功能的排他性，而后者是普罗普的另一个引人注目的发现，我们就珀耳修斯神话对普罗普的结论的初步应用已表明了这一点（如上所述，普罗普本人就断言这个神话符合其神奇故事的结构）。在这个故事中，有些环节无法归结为他所列出的那些功能中的任何一个。我们也许可以对故事中关于蛇发女妖姊妹长篇大论的描述置之不顾，将之视为单纯的人物描写，而普罗普也承认只有行动才是稳定的结构要素。（尽管就此而论，我们也可以质疑"假如珀耳修斯斩下的不是美杜莎的脑袋而是一只魔法菠萝，这是否还是同一个故事？"）但是，对于飞马珀伽索斯和巨人克律萨俄耳的诞生这一环节，我们又该如何看待呢？这也仅仅是单纯的人物描写吗？或者仅仅是偶然从其他故事中渗入这个故事中的片段？如果是这样，我们又该如何看待珀耳修斯将各种法宝物归原主，而美杜莎的脑袋则被雅典娜嵌入盾牌这一环节呢？还有，阿克里西俄斯的葬礼又该如何解释呢？普罗普也许会辩解说，这些对于故事而言是无关宏旨的，可以置而不论，如果他果真这样认为，那么，这将进一步增加这一理论的主观随意性。假如只有重要的行动才值得关注，那么，这 31 个功能构成的序列将必定会大大缩减为一个十分简短的序列。

伯克特：少女的悲剧

让我们举一个将普罗普的方法而不是其功能结构应用于神话研究的实例。瓦尔特·伯克特在《希腊神话和仪式中的结构与历史》一书中，对一系列关于英雄之母的神话做了句段性的分析。为了节省篇幅，我在此只概述其中三个神话，接下来再介绍伯克特的结论。

吕卡翁（Lycaon）的女儿卡利斯托（Callisto）酷爱狩猎，离家参加了女猎神阿耳忒弥斯（Artemis）的少女狩猎队，终日游荡在阿卡狄亚的群山间。宙斯爱上了他，化身成阿耳忒弥斯的样子诱奸了她。她因此怀上了阿耳卡斯（Arcas），阿耳忒弥斯将她赶出狩猎队。她生下儿子之后，阿耳忒弥斯或赫拉将她变成了一头熊。她生下的儿子被遗弃，但是却被牧羊人发现并将他交给了吕卡翁。吕卡翁杀死了他并将他肢解,煮成一锅汤献给宙斯。宙斯将吕卡翁变成一只狼,并救活了阿耳卡斯。在这段时间内,变成熊的卡利斯托到处游荡,直到十五年后的一天,她跟正在狩猎的儿子遭遇,儿子不认识自己的母亲,准备把一支长矛向她射去。根据奥维德的说法,宙斯怜悯这对母子的遭遇,因此将他们变成了星星。(不过,最早的说法肯定有所不同,因为阿耳卡斯活了很长时间,生了三个儿子,他们是阿卡狄亚人的祖先。)

阿卡狄亚的忒革亚(Tegea)国王阿琉斯(Aleus)听到一个预言说,他的儿子们将来都会被他女儿奥革(Auge)的儿子杀掉。他因此让女儿作雅典娜的女祭司,因为身为女祭司必须发誓保持童贞。赫拉克勒斯(Heracles)恰巧在阿卡狄亚人举行一个专门献给雅典娜的通宵宴飨的时候,路经此地。他入席狂饮,最后喝得烂醉,强暴了正在参加庆祝仪式的奥革。她试图隐瞒丑事,因此偷偷地在雅典娜神庙中生下孩子,但是她的父亲知道了此事,将她卖身为奴,并将其儿子忒勒福斯(Telephus)遗弃到山坡上。一只鹿来给忒勒福斯喂奶,让他免于一死,故地重游的赫拉克勒斯发现了他,认出他是自己的儿子,因为他戴着的一枚戒指,正是赫拉克勒斯在酒醉强暴奥革时被后者从他手上扯下来的。忒勒福斯在邻国长大,最终杀了他的叔父们,逃到了米西亚(Mysia),他在那里找到了自己的母亲,并且成为米西亚的国王,建立了珀加蒙城(Pergamum)。

阿尔戈斯的国王伊那科斯(Inachus)的女儿伊俄(Io)是赫拉的女祭司。宙斯爱上了她,赫拉因此妒火中烧,因此宙斯只好将她变成一头小母牛,试图蒙骗赫拉。但赫拉并不上当,她跟宙斯要那头小母牛,宙斯唯恐露馅儿,因此不敢不给她。赫拉命浑身长眼的怪物阿尔戈斯(Argus)看管她。阿尔戈斯把她绑在一棵橄榄树上,时时刻刻监视着她。宙斯派赫尔墨斯杀死阿尔戈斯,劫走伊俄。赫拉派出一只牛虻，到处追赶着蜇她。她为了躲避牛虻，跑遍了整个大地。牛虻把她逼得发了疯，直到她来到埃及，在尼罗河边生下儿子厄帕福斯（Epaphus）方才恢复其原来人的面目。厄帕福斯是利比亚（Libya）的父亲，后者有三个儿子，分别叫阿革诺尔（Agenor）、卡德摩斯（Cadmus）和欧罗巴（Europa）。

伯克特指出，这三个故事有相同的句段结构，三个神话中的行动序列都可以归纳为如下由五个母题素（motifeme，相当于功能）构成的模式：

(1) 离开家园：少女脱离童年和家庭生活。
(2) 悠闲的隐居生活：卡利斯托加入少女狩猎队；达娜厄幽居地下密室；奥革和伊俄成为神庙祭司。
(3) 强暴：少女与一位神邂逅相遇，被神强暴并怀孕。
(4) 磨难：少女受到严惩，并受到死亡威胁。
(5) 解救：母亲在生下孩子之后，受到搭救，摆脱了痛苦和死亡的威胁，与此同时，孩子长大成人，取得命中注定该属于他的权力。

除此之外，所有这些神话还有一个叙事上的共同点：它们都是关于城邦奠基者的母亲或部族祖先的故事：卡利斯托是阿耳卡斯的母亲、阿卡狄亚人的祖先；达娜厄是迈锡尼城邦的奠基者珀耳修斯的母亲；奥革是忒勒福斯的母亲，而忒勒福斯的诸子则是几个国家的奠基人。伯克特在历述了其仪式主义-动物行为学分析的诸项目（参见第四章第四节）之后，断言说：

> 可以认为，这些少女的悲剧反映了成年仪式，但是，这种仪式反过来又取决于青春期、破处、怀孕、分娩这一个体成长的自然顺序。假如就像在某些部族中看到的那样，少女在月经初潮之后必须离开父母的房子，而只有在生下头子之后才获得真正的成人地位，

这一过程与上述故事之间的对应关系将显得更为若合符节。

但是，值得注意的是，较之普罗普，伯克特的分析更不全面。有几个事件，对于神话非常重要，在伯克特的列表中却无与之相对应的母题。例如，在奥革神话中，跟其他几个这里提到的神话一样，婴儿被遗弃，被动物哺育长大。在很多神话中，少女都被变形为动物（例如卡利斯托和伊俄就是如此），伯克特坚持说这些只是"陈规套话"，因此不予考虑，普罗普会觉得他这么说纯属托词。

普罗普理论的好几个特点与伯克特的仪式主义和社会生物学理论不谋而合。普罗普将神话归结为行动模式，而行动模式很容易与仪式相比拟。还有，在伯克特看来，仪式的一个典型特点就是，它是由一个恒定不变的行动序列构成的，在普罗普的理论中，神奇故事也具有同样的特点。伯克特所分析过的所有那些"少女悲剧"的高潮是分娩，而且生下来的都是男孩儿。既然如此，人们或许会希望伯克特在其列表中增添一项母题素标签"生下一个男孩"。但是，奇怪的是，伯克特并未这样做（他仅仅指出这一事件发生于母题素［5］之前）。难道是因为这一事件不符合整个母题素序列的顺序吗？奥革和达娜厄在遭受"磨难"之前分娩，伊俄和卡利斯托则是在"磨难"之后。要针对像这样四个密切相关的故事建立一个包揽无余的功能序列是非常困难的，由此更可见普罗普的成就是何等非同凡响。后来的任何一个随机挑选出来的规模足够大的故事集，都没能重复普罗普的发现。这一点既令人印象深刻，又令人深感不安，毕竟，一个不能重复的实验结果又有什么价值呢？

第三节　对句段式结构主义的批判

原神话（urmyths）、原型（archetypes）和原形式（urforms）

当读到普罗普关于功能的论述时，我们发现，将故事中的行动联系起来的，并不是一套规则或一个公式，而是一个抽象的故事，所有实际上的神奇故事都只不过"这个故事"的衍生物。就此而论，普罗普的功能相当于比较神话学的原神话和精神分析学的叙事原型。我们可以把普罗普的结论跟如下一些人的著作做一比较，比如弗洛伊德主义者奥托·兰克（Otto Rank）的《英雄诞生的神话》（1909），它试图将所有英雄神话视为俄狄甫斯情结的变体，又比如比较神话学家和仪式主义者洛德·拉格伦（Lord Raglan）的《英雄》（1936），将所有神话都视为死亡英雄原型的变体，或者荣格主义者约瑟夫·坎贝尔（Joseph Campbell）的《千面英雄》（1949），它将所有神话都视为"共同情节"的变形。坎贝尔在这本书中，将大量来自不同文化的神话、传说、梦境都归结为如下一个"元神话"（monomyth）（1949: 245-6）：

> 神话英雄从他平常居住的小屋或者城堡出发，被引导到（或者被带到，或者是自愿来到）冒险的阈限前。在这里，他遇到一个拦路的幽灵，英雄打败了幽灵，或者是说服了它，得以保住性命，来到黑暗王国（兄弟之战、屠龙之战；献祭、魔咒），或者被敌人杀死，进入死亡之域（被肢解、遭受酷刑）。跨越阈限之后，英雄之旅穿越一个充满了奇异的、既陌生又熟稔的力量的世界，这些力量中，有些对他构成严重威胁（考验），有些则用魔法助他一臂之力（帮手）。当他达到这个神话旅程的最低点时，会经受一次极端的考验，并得到报偿。胜利可能体现为英雄与世界的女神-母亲达成性联盟（神圣婚姻），或者是他终被其父亲-创造者相认（父子合好），或者是他自身的圣化（成神），或者，如果那种力量依然保持对他的敌意的话，他盗走了本该属于他的恩惠之物（抢婚、盗火），这实质上是一次意识的拓展以及因此而导致的存在的拓展（启迪、变形、自由）。最后的任务是回归。如果那种力量护佑着英雄，现在他会在他的保护下安然前行（使者），如果不是这样，他将逃跑，而这种力量则会追击他（化身逃跑、过关斩将）。在到达回归的阈限时，这种超越的力量将必定会被抛在后面，英雄从恐怖王国脱身，再度出现（回归、复

活）。他随身携回的福惠之物使世界恢复原状（长生不老药）。

但是，在普罗普与比较神话学家、精神分析学家之间有一个重大差异。比较神话学家和精神分析学家都试图在有待解释的那些故事之外，寻求或重构另一个故事，用以解释那些故事相互之间的关系，据说，所有这些故事都是从这另一个故事中衍生出来的。对于比较神话学而言，这些故事与原形式（Urform）之间的关系是发生性的：原形式是最初的故事，是意义的源泉，而其他所有故事则或多或少是其蜕化了的版本。精神分析学的原型叙事与此如出一辙：有些故事较之其他故事与原型叙事的关系更为密切。普罗普的原故事（Urtale）概念则与此大相径庭。

我们上面已经看到索绪尔结构主义语言学对于普罗普的方案的重要性。但是，普罗普的理论模式，却并非来自语言学，而是来自有机体，即"形态学"。形式主义是深奥的德国形态学诗学传统的继承者，这一传统最初的灵感是歌德关于动物、植物形态学的著述。1795 年，为了将形态学研究置于比解剖学和生理学更高的地位，歌德论述了这三门科学在观点和方法两方面的差异：解剖学和生理学试图用因果律解释生物现象，而形态学则用结构律解释生物现象（1926:59）。换句话说，解剖学和生理学从功能的或发生的角度解释特定生物形式的来历，而形态学则旨在对抽象的结构系统做比较研究，对这些结构系统的来历和目的则置而不论。歌德试图通过对类型学模型或原型（Urtype）的描述，对自然有机物做出说明，这被多勒泽尔（Dolezel）称为"建构一个恒定不变的图式，据以对变化多端的有机结构进行区分、比较、对照、归类"（1990:59）。原型只是一个用于对结构进行描述和叙述的工具，其本身只是一个理论建构物：不应将之混淆于任何具体的有机物。例如，考虑一下歌德如下的说法："所有高级的有机结构，包括鱼类、两栖类、鸟类、哺乳动物类，以及位于这一范畴顶端的人类，都是按照同一个原型（Urbild）形成的，这个原型的固定不变的组成部分只是在有限的范围内摇摆变化，借由生殖而日积月累地成形和变形。"（Dolezel 1990:59）但是，不应将歌德的脊椎动物模型误认为是对所有鱼类、两栖类、鸟类和哺乳动物类的实际存在的祖先的描述。同理，也不应该将我们在普罗普的功能表中所读到的"故事"，混同于任何实际存在的故事。

这是其与比较研究的一个主要区别：比较研究的原神话（Urmyth）是一个实际存在的历史实体，后来的所有神话都被视为由之衍生而来。同样，精神分析学的心理原型，不管是对弗洛伊德而言，还是对荣格而言，都有一个历史的指称，跟心理烙印或痕迹具有相同的"物质性"存在。与此相反，普罗普的故事是一个纯理论建构。它与比较神话学和精神分析学的差异，不仅在于比较神话学的原神话和精神分析学的原形式都是实在性结构，而且还在于其与异文之间的动力关系：对于比较神话学和精神分析学而言，所有异文的意义都取决于其与原神话或原形式之间的渊源关系；而对于形式主义而言，则恰恰相反，元形式从异文故事引出其意义和可靠性，各种异文的价值并无高低之分。

从结构主义角度对普罗普的批评

在关于神话和民间故事的理论思考的历史上，普罗普通常被视为一位里程碑式的人物。其《故事形态学》一书，则一般被视为结构主义叙事研究的第一个重要成果。但是，多勒泽尔（Dolezel）却称之为叙事学中"有机模式的天鹅绝唱"（1990: 146）。此说表明，普罗普与后来的结构主义之间仍有相当的距离。毋庸置疑，普罗普在很多方面都为后来的列维-斯特劳斯导夫先路，尤其是在一组故事背后存在着一个恒定不变的形式的概念，任何故事的显在内容都由此不变的形式转换而来的观念，以及一个故事的各个组成部分之间存在着系统的逻辑关联的观点。但是，两者之间的差异仍是非常明显的。尽管我在解说普罗普时，使用了诸如"表层结构"和"深层结构"这样的术语，为的是凸显普罗普方法的结构主义品格，但普罗普本人并未使用这些术语，而且这些术语很容易引起误解，因为这些术语掩盖了其学说中的前结构主义概念模式。尽管形式主义和结构主义在很多重要方面是一致的，但是在其对于故事的不变性和可变性之间的关系的认识方面，两者之间仍有着根本性的分歧。正如列维-斯特劳斯指出的，普罗普和其他形式主义一样，将"形式"与"内容"对立起来（1973: ch.8）。形式是抽象的，而内容是具体的，而且，两者之中，形式具有优先权。这种观点是一笔继承自索绪尔和比较神话学的双重遗产，它导致普罗普将抽象形式视为某种可理解的、有意义的、系统的和无时间性的东西，而将具体内容视为某种任意的、无意义的、偶然的沉积物，是一种暂时性的退化过程产物。相反，结构主义则将表层结构和深层结构相区分，这一区分，至少在理论上，并不含有互相排斥的意味，而是认为，其中一个是另一个的直接表现。表层结构和深层结构都是"结构"，都是真实的。在列维-斯特劳斯看来，"结构并无独特的内容，它就是被其逻辑组织捕获的内容，这种内容被视为实在之物的属性"（1973: 139）。

因此，普罗普的结构概念与列维-斯特劳斯的结构概念相比，就远为狭窄。对于列维-斯特劳斯，在一个故事中的所有东西都被囊括于结构的组织之中；而对于普罗普，内容与形式的对立，使之将一个故事的很大一部分归于单纯的内容。普罗普几乎将故事的逻辑组织仅仅限定于故事中的行动模式和线性的事件序列。

由于仅仅关注故事中的行动，普罗普就把大量内容排除在外了。这种做法在分析情节模式时也许是可行的，因为我们倾向于将故事情节等同于行动模式。但是，普罗普的断言却不限于此。他所关心的是形态学，"按照故事的组成部分及其相互之间的关系，以及各部分与整体之间的关系，对故事进行描述"（1968: 19）。普罗普的先驱者们通常将人物视为民间故事中基本的常量，并以其中的主要角色作为故事分类的依据，普罗普则与此不同，他认为行动才是故事中的常量，而人物是变动不居的（1968: 20；为统一术语起见，我将下面的译文中的"角色"改为"人物"）：

在神话中，一个神的性格和功能常常会被转嫁到另一神身上，最后甚至被转嫁到基督教的圣徒身上,同样地,民间故事中的某些人物的功能也常常会被转嫁到其他人物的身上。由此引申开来,人们可以说,尽管人物的数量极其众多,功能的数量却是极少。这一点说明了故事的双重品格:故事既千变万化、形象生动、多姿多彩,却又千篇一律、重复啰嗦。

普罗普如此重视行动的原因,并非单单由于故事各部分之间在数量上参差不齐,他相信,只有行动序列是受一个共时体系所支配,而故事中的其他成分不过是早已过时的社会和神话体系的历史残余,它能够得以流传纯属偶然。"在民间故事的研究中,唯一重要的问题是人物做什么,至于谁做和如何做,则只有次要的意义。"(1970:29——只有法语译本才真正保存了普罗普这一断言的力度)尽管功能可以定义为"人物的行动",其侧重点显然是在行动,而不在人物。

普罗普强调行动而无视所有其他因素,这一点鲜明地体现于他的表述方式中。在他的功能表中,普罗普为各个描述功能的句子加上一个极具科学意味的"定义"作为标签,这些作为标签的词都是无主体的动词,如"出走""标识"等,旨在强调行动的根本性和自足性。普罗普抬高行动、贬低人物的欲望如此强烈,以至于促使他甚至模糊了自己做出的理论区分。在上面这段引文中,普罗普论及行动数量之少与人物数量之多之间的不均衡性,借以论证行动的重要性,当他说"由此引申开来,人们可以说,尽管人物的数量极其众多,功能的数量却是极少",他显然忽视了具体层面和抽象层面之间的区别,而这对于他的方法来说至关重要,因为在他将功能与人物相比较时,他混淆了两个不同的范畴。比较不应该在极少的"功能"和众多的"人物"之间进行,而应该在具体内容的层面上比较"行动"的数量与"人物"的数量,或者在抽象形式的层面上比较"功能"的数量与"功能执行者"(即"主人公""对头""恩主""假冒的英雄"之类)的数量。假如我们把一个神奇故事中的可能的行动的数量与人物的数量做一比较,我们将会发现,两者的数量同样都是难以计数的。然而，如果我们把一个神奇故事中的功能的数量与功能执行者的数量做一比较，就会发现实际情况与普罗普的说法恰好相反，功能的数量远远大于功能执行者的数量，前者有31个，而后者只有7个。这一事实令人遗憾地推翻了普罗普极力主张的观点，那些内容空洞的功能看来根本不具备普罗普赋予它们的至高无上的重要性。

实际上，普罗普的方法将故事中的很多成分作为易变的、偶然的、非系统的东西给排除掉了，这些成分包括人物、同伙、地点，以及人物的品行、关系、感情、态度、意向、动机等。普罗普认为，对于故事的这些成分，不可能有理性的解释，而只能做出历史的解释。他这样做，就好像要制定一部英语语法，却认为只有动词的用法才有规可循，其他成分都是随意附加到动词之上的，目的只是使话语显得更丰富多彩。

普罗普只关注事件的线性序列而不涉及其他的做法，还有一个更严重的缺陷。我在前面曾经指出，一种全面的语法，不仅应该包括词语的搭配规则（句段语法），而且还应该包括词语的选择规则（聚合规则）。但是，普罗普却仅对句段语法感兴趣，即使在这一点上，他也只是给出了一个基本规则，即诸种功能应该按照一个预定的顺序一个跟在另一个之后。这一规则似乎由普罗普的结论得到了验证：他认为，功能序列规则是基于关于故事的经验证据而得出的，人们可以用任何一个故事对之进行验证。不幸的是，这里面存在着某种循环论证。人们甚至可以大胆地说，与其说是他的方法使他发现了这31个功能，毋宁说是他的方法创造了这31个功能。既然对一个功能的界定，"不能脱离其在整个叙述进程中的位置"，那么，看到这些功能各就各位而无一例外，就并没有什么值得大惊小怪的了，显而易见，它们的定义就已经决定了它们各自的位置。极端地说，这有点像有人宣称他能把所有叙事都归结为三个一般"功能"，三个功能都是由其在叙述进程的位置界定，可以分别将之标识为（1）"开始"、（2）"中间"、（3）"结束"，而且，值得注意的是，这一序列在任何故事中都保持不变！在普罗普的诸功能中，至少像"开始反抗"和"主人公的反应"这样的功能，必定会紧随它们前面的功能之后，就像一个被标识为"随后发生之事"的功能，必定会紧随其前面的功能之后一样。接下来，我们将会更具体地看到，诸功能如此这般的排列是如何取决于普罗普对这些功能的描述的。

普罗普证明神奇故事中存在着一个特定的逻辑，但是，这并无助于我们去发现这是一种什么样的逻辑。他所阐述的既不是使诸功能必然如此这般依次衔接的内在的必然性，也不是将各种各样的事件纳入其诸种功能标签之下的逻辑。他的方法尽管提供了使人们能够据以辨识两个故事的深层结构的同一性的规则，但却并没有提供说明表层结构差异的规则。他的方法是一种无法解释语句的生成转换机制的语法。

你可能会指责我对于普罗普过于挑剔，在要求他做他自己根本不想做的事情：他所想做的只是建立一个民间故事分类体系。但是，恰恰是由于他忽视了聚合规则，所以他的计划甚至在这一方面也失败了！他只是证明了神奇故事包含有31个功能和7个功能执行者，除此之外，普罗普的形态学并未提供任何能够将神奇故事跟其他故事区分开来的手段。不过，如果不是普罗普本人无意间透露这种方法的缺陷，一切本来都可能看起来完美无缺。"有些神话是建立在与神奇故事同样的形态学和结构体系之上的。例如，像阿尔戈英雄、珀耳修斯和安德洛墨达、忒修斯以及其他很多神话。有些神话甚至在最细微的细节上都与《故事形态学》一书中揭示的结构体系一一对应。"（1984: 79）我们在上文曾经表达了对他这一论断的讶异之感，但是尚未充分了然其暗含的意味。他的这一说法表明，当普罗普将某些故事称为"神话"，将另外一些称为"神奇故事"的时候，他显然并非单纯的人云亦云，较之他自己创造的那套分类标准，他其实还持有另一套分类标准！他知道神话不是神奇故事，但是他却未明言它们为什么不同。按照他自己的分类标准，这些神话也具有神奇故事的典型特征。

但是，神奇故事内部的分类又如何呢？我们能否利用功能将神奇故事进一步分为不同的类型？如果撇开聚合规则，这些功能过于狭窄，因此很难成为行之有效的划分依据。普罗普将每一功能划分为"属"和

"种","属"指那些功能标签或图表中的"功能"。但是,对于"属"的描述过于抽象,以至于它们无法被用为分类标准,例如,"出发"(功能11),是否存在"出发"和"非-出发"两类不同的神奇故事?若如此区分,贴着前一个标签的抽屉会满得装不下,而贴着后一个标签的抽屉将空空如也。幸好普罗普在每一个功能下面又给出了一系列的"种"(译者按:指次级标签),列出了实施了某个功能的各种行动。例如,功能8"加害"下共有17个"种",前五个是:

(1) 对头掠走一个人。
(2) 对头攫取或抢走一个法宝。
(3) 对头劫掠或毁坏了庄稼。
(4) 对头攫取了白昼。
(5) 对头以其他方式进行劫掠。

但是,对于一个分类体系而言,这里存在着一个巨大的悖论。在功能的抽象层面上,只有一个行动。在种的层面上,对于对头的类型的描述又过于具体,实际上已经无异于一个个具体的故事异文。如此一来,故事集中所有的具体行动纷纷卷土重来,让我们无所适从。在抽象的形式层面上,只存在唯一一个故事,在比它低的下一个层面上,几乎囊括了故事集中所有的故事。正如列维-斯特劳斯指出的(1973:159):

> 问题只是被转嫁到了其他地方。我们知道故事是什么。但是,既然我们通过观察所获得的并非一个原型故事,而是大量的具体故事,我们不再知道如何对它们进行分类。在形式主义之前,我们的确不知道这些故事有什么共同性,在形式主义之后,我们却不知道如何区别这些故事了。我们从具体上升到了抽象,但是却不能从抽象回到具体。

这就像为了给你提供一个对句子进行分类的方法，我给了你一个肯定句的深层结构，比如说："名词短语＋动词短语"这样一个搭配规则，然后在这一个大类之下，我列出一系列亚类标题，诸如"猫啃草垫""老鼠戴帽子"等，以至无穷。

普罗普似乎意识到了这一困难，因为他并没有诉诸功能下的次类作为分类依据，而是转而关注神奇故事功能体系的一个偶然发现的特点。在整个功能序列中存在两段不相容的功能序列，可以据以将神奇故事进一步划分为四种类型：在故事的同一部分中同时兼有"斗争序列"（功能 H、J）和"难题序列"（功能 M、N）的故事很少见，在两者同时出现的场合，两者在逻辑上则是各自独立、互不相干的行动（为了跟整个功能序列规则保持一致，难题序列总是在斗争序列之后）。于是，普罗普所谓的四种"行动"具有了重要意义：

$$A B C \uparrow D E F G \begin{matrix} H J I K \downarrow \text{Pr-Rs} \ O\ L \\ \text{\textemdash\textemdash\textemdash\textemdash\textemdash} \\ L M J N K \downarrow \text{Pr-Rs} \end{matrix} Q\ Ex\ T\ U\ W$$

据此，就形成了神奇故事的四个亚类：（1）斗争故事（首段—上段—末段；（2）难题故事（首段—下段—末段）；（3）斗争和难题故事（首段—上段—下段—末段）；（4）斗争和难题皆无的故事（首段—末段）。根据故事行动的开头是功能 A（加害）还是功能 a（缺乏），可以将故事进一步细分，因为这两个功能也是不相容的（功能 8 和功能 8a 也存在同样的情况）。

但是，这里出现了另外一个棘手的自相矛盾。普罗普是作为一种分类法提出其计划的，这种方法是基于如下假设：故事是由一个诸功能组成的系统形成的，其中各功能由其与其他功能的关系以及其与整个故事的关系所界定。作为系统的一部分，每一功能必定是借由叙事逻辑与其他所有功能相联系。然而，我们在这里却发现，有些功能是相互排斥的，而且正是因为这种不相容性,神奇故事的内部分类才成为可能。如果我们认为我们所面对的是不同类型故事的异文合并本,难道不是可以避免与普罗普关于其方法论的断言相冲突吗?如此一来不就可以将内在冲突变成外在矛盾了吗?

然而,即使凭借这些不相容因素,我们也不会在分类的道路上走多远。如此划分之后,每一类中所包含的故事仍然为数众多。为此,普罗普提出了一个最终分类方案,根据功能 A 和功能 a 的类型进行划分:"可以依据这些要素的变化类型进一步分类,如此一来,在每一大类的开头,就可以根据功能 A 的各种变体,将故事分为关于诱拐的故事、关于偷盗护身符的故事等。"(1968:102)于是,为了避免其学术实验在方法论上陷于失败,那一开始被拒绝作为分类依据的故事内容,现在悄悄地被从后门放了进来。

反思普罗普

普罗普对于俄罗斯神奇故事情节中常量因素的开创性研究,直到 30 多年之后才对西方世界发生影响,西方世界 1960 年代对于普罗普的"发现",对西方的结构主义诗学和正在蹒跚学步的叙事学产生了深远的影响。但是,不管《故事形态学》一书多么富于启发性,普罗普本人却是一位漫不经心的理论家。尽管他的结论令人振奋,他却并未成功地对之做出合乎逻辑的阐述。

人们对普罗普在当代理论中地位的认识通常与一个误解有关,人们误将普罗普的方法当成一种句段式结构主义。甚至连普罗普本人,在其后期的著述中,也欣然接受了这一标签。但是,此说既误解了其著述的形式主义品格,也忽视了其灵感和方法中存在的大量并非典型形式主义的东西:普罗普最初的灵感并非来自索绪尔或语言学,而是来自德国形态学诗学这一更为古老的传统。普罗普的分析并未产生一种恰当的语法,而是一个原型。(很难想象基于这一模式之上的语法看起来会是什么样子——是否存在"原句子"这种东西?)甚至是否存在完全抽象的形式这种东西都是大可质疑的。假如我们按照顺序阅读普罗普的功能序列,我们所看到的东西更像一个具体的故事，同类故事中的一个新异文，尽管这个异文显得很枯燥乏味。不单是其中的亚类型，甚至那些功能本身，都跟故事的表层结构太相像，因此很难体现出其内在的结构关系。因为不管是形式主义，还是结构主义，其目的都不是提供某种看来只不过是一个故事异文的东西，而是提供一套决定着故事生成机制的规则，或者至少是对联结故事各组成部分之间的关系做出描述。

因此，为了避免对普罗普求全责备，沿着列维-斯特劳斯在评论普罗普的著作时所提供的线索（1973: Ch.8），看一下一个结构主义者会如何改造普罗普的工作，仍是有益的。首先，普罗普认为，一个功能必须严格按照其在故事中的位置加以界定，这一前提过于僵化。例如，在普罗普的功能列表中，有些行动之所以被赋予某种特定的功能，除了其在功能序列中的位置，人们看不出任何其他的理由。由 O、L、M、N、T（悄然抵达、非分要求、难题、解题、变形）五个功能构成的功能段，看起来不过是 ↑、A、H、I、J（出发、加害、斗争、取胜、做记号）五个功能的变体，因此可以同样看待，尽管如此一来将会推翻普罗普的规则。而如果我们必须使自己的分析符合普罗普的假设，就应该将功能 A 和功能 L 区别对待。但是，为什么这一既刻板又繁琐的功能序列必须发挥句段规则的作用，普罗普没有给出任何说明。难道将由功能 H、J、I（斗争、做记号、取胜）构成的斗争功能段，和由功能 M、N、T（难题、解题、变形）构成的难题功能段，视为由同一套功能转化而来，不是更符合经济原则吗？（但是，如果我们这样做的话，普罗普的四分法就会崩溃。）

按照这一思路，我们发现在数个功能中都存在这种冗余现象：

B（"主人公接到请求或命令"）=M（"给主人公出难题"）

K（"最初的不幸或欠缺得以消除"）=N（"解决了难题"）

J（"主人公被标识"）=T（"主人公获得一个新的外貌"）

↑（"出发"）≈O（"主人公回到家或来到另一个国度，未被别人认出"）≈↓（"归来"）

在功能执行者的认定上也存在冗余现象：在"假冒的英雄"跟"对头"之间并无真正的区别。为什么不干脆就把"假冒的英雄"视为另一个"对头"呢？在功能 Ex 中，普罗普本人似乎也认为这两者具有相同的功能（"假主人公或对头被识破"）。假如说他们具有同样的功能，那么功能 L（"假冒的主人公提出非分的要求"）就仅仅是功能 A（"对头给一个家庭成员带来危害或损失"）和功能 η（"对头企图欺骗其受害者"）的一个变体，而揭露假冒的英雄（功能 Ex）则是打败对头（功能 I）的一个变体。

可见，只要摈弃刻板的顺序观念，就可发现某些功能只是同一功能的不同变体，除此之外，只要将时间关系视为逻辑关系，我们还会获得另外一个发现。我们在诸功能中发现了好几对逻辑蕴涵关系：

γ（禁令）	蕴涵	δ（违禁）
η（欺骗）	蕴涵	θ（共谋）
a（缺乏）	蕴涵	K（欠缺消除）
↑（出发）	蕴涵	↓（归来）
H（斗争）	蕴涵	I（取胜）
J（做记号）或O（悄然抵达）	蕴涵	Q（相认）
Pr（追赶）	蕴涵	Rs（获救）
M（难题）	蕴涵	N（解题）

绝大多数功能（如果不是全部的话）都可以照此方式配置为有逻辑关系的对子。普罗普也注意到这种逻辑对子的存在，但是，除此之外，他并未做更多。假如他对此略作追究的话，他将会发现一些有关叙事的聚合规则。例如，在某些对子中，逻辑蕴涵关系同时具有对立或矛盾关系：只要功能 C（"寻找者应允或决定反抗"）之所谓"应允"者仅仅指应允功能 B（"主人公接到请求或命令"）所蕴含的命令，那么功能 δ（"违禁"）和功能 C 之间就存在对立关系。同时，"违禁"又是功能 γ（"禁令"）的对立面，而"禁令"则是功能 B（"主人公接到请求或命

令")或功能 M("给主人公出难题")所蕴含的禁令的否定性变体。所有这些功能都可以视为,由相互之间简单的逻辑转换产生的变体。与此类似,"出发"(↑)可以被视为"归来"(↓)或"追赶"(Pr)的反面,而"出发"与"发现对头"(G)之间存在着逻辑关系,至少像珀耳修斯故事中那样,当出征的目的指向对头的时候是如此。同样,可以将"出发"(↑)视为逆向的"追赶"(Pr),而"追赶"又是"获救"(Rs)的反面。在"相认"(Q)和缺乏相认的"悄然抵达"(O)之间,也存在简单的对立关系,而这两者又都是"伪装"(J 或 T)和"识破"(Ex)的反转。一旦我们注意到如此这般的逻辑关联,我们就会看到,在句段链中,一个具体的功能的选择其实是受先行的选择所驱使或所排除的。这意味着,我们已经触及了支配着句段搭配的聚合规则。

第四节　聚合式结构主义

罗兰·雅各布森与音位结构

1930 年代,罗兰·雅各布森(1896—1982)在语音学领域做出的一些发现彻底改变了结构主义关于系统的概念。音位(Phoneme)作为词语的单独的语音构件,是构成语言的最小物质单元。如果索绪尔关于语言是一个整体系统的观点成立的话,那么,在任何语言中,就都应该能够发现一个统辖诸音位的逻辑系统。索绪尔本人断言:"语音要素尤应是相反的、相对的、否定性的。"(1972:164,466)但是,却未曾说明何以如此,其对于音位的总体态度正与此说背道而驰。

索绪尔理论的逻辑轮廓妨碍了他在语言系统中为音位赋予一个恰如其分的位置。他将语言与言语、共时与历时、聚合与组合、能指与所指等严格二分的作法,尤其妨碍了他做到这一点。在他看来,能指,作为话语的语音质料,只能在转瞬即逝的时间序列中生成和接受,具有跟时间一样的线性特点:"声学能指所能支配的只是时间线,其构成要素此消彼续,形成一条语音链。"(1972:103)换句话说,能指与句段性和历时性有着特殊的关系，构成言语的质料。相反，所指则纯粹是概念性的，其价值源于同时呈现于心智的语言体系。因此，所指就跟聚合性和共时秩序有着特殊的关系，它构成语言（langue）的质料。我们已经指出，索绪尔和普罗普二人，都将系统和意义仅仅归于共时性，而认为历时性是偶然的、无意义的（不过，普罗普不同于索绪尔，他将共时性和句段联系起来。）

索绪尔对音位的处理方式表明了能指、句段性和历时性是如何被作为言语排除在外的。在索绪尔看来，音位是能指的最纯粹的物质构件，它们就其自身而言，毫无逻辑和价值。逻辑和系统仅仅出现于它们的线性序列之中。当人们将不同的音位结合起来，才会发现其相互并置是受一定的规则支配的。例如，/b/ 这个音位，本身不属于任何逻辑体系，但是人们可以把它与某些特定的音位相搭配，而无法与另外一些音位搭配：bla 这个音节被英语欣然接受，而 sba 则否。系统和逻辑只存在于声音的结合之中（即使在这里，在声音的结合尚不具有足够的长度而因此足以构成词素之前，选择规则看起来也是微不足道、任意武断的）。

雅各布森不满如此对待音位。这体现了索绪尔按照他自己的结构主义原则描述语言的努力归于失败，因为他习惯性地优先将所指、聚合性、共时性和语言（langue）归于语言的逻辑和系统方面，而将与之对立的能指、句段性、历时性和言语视为偶然的、物质的和无意义的。索绪尔宣称结构主义将语言学设想为一个"整体的系统逻辑"，但是在这番豪言壮语的背后，其关于语言的描述却严格限于一半的内容，对于另一半则触及很少或者根本就无从触及。雅各布森从结构主义所主张的严格的相对逻辑的角度，成功地对音位做出描述，他之所以能够做到这一点，正是因为他拒绝了索绪尔关于语言的刻板的二元论。为此，他揭露了索绪尔语言描述中存在的根本缺陷。尽管雅各布森的批评是明确针对音位这一语言结构的最底层，却对于理解最复杂的语言结构即叙事具有重要的启发意义。

发现音位的逻辑构成的主要障碍在于，它们相互之间不具有我们在较大的话语单元中所看到的关系。假如你想到"big"（大）这个词，你立刻就会看出它具有跟"small"（小）这个词相反的意义。甚至像

"apple"（苹果）这样的并无严格对立面的词，也是通过与诸如"tomato"（番茄）、"plum"（李子）这样的词相对照获得其意义。"apple"的意义之所是取决于其他这些词之所非，此言大致不差。但是，音位并无所指，它们只是一些用以构成其他符号（即词）的符号，因此它们不能形成如此这般的相对关系。/b/ 这个音位的对立面是什么呢？就此而论，索绪尔一直倾向于将严格的系统逻辑，即所谓"相反的、相对的、否定性的"逻辑，仅仅归于所指而不是能指，可以说是言之成理的。

但是，雅各布森对能指仅仅体现了时间中的线性组合的观念提出质疑。他用索绪尔看待所指的方式看待音位，即将之视为一种秩序，它基于同时呈现的、内在于音位自身的、有意义的对立关系。尽管音位是语言的"原子"单元，不存在比它更小的物质单元，雅各布森仍然发现，像原子一样，音位也可以从概念上进一步细分。音位的构成部分关乎人类发音器官中的活动部位，在发音时，这些部位可能用，也可能不用。例如，你可以让声音畅通无阻地通过口腔，你也可以对之加以约束（元音/非元音），你也可以通过开、合扁桃体让声音在鼻腔共鸣或不共鸣（鼻腔音/口腔音），诸如此类。按照同样的方式，发音器官的某些运动蕴涵了另外一些与之相反的运动：收缩口腔边缘的发声与收缩口腔中央的发声相对（钝重音/尖重音）。雅各布森总共确定了12对二元对立的选项，它们解释了所有能够发出的音素。经验的证据表明，语音系统正是由这些二元对立构成的。例如，如果一门语言的语音系统中，使用了这些语音构件中的任何一个，则预示了具有与之相反的特征的那个也必定会同时存在。因此，如果一门语言使用了钝重音，这一体系中也必然存在尖重音。人类听觉对于绝对的声音刺激的感知能力极为低下，但对于声音之间关系的反应却极为敏感，而语音的关系是借由二元对立构成的，雅各布森称这种关系为"差异特征"（distinctive features）。图9显示的就是标准英语中使用的音位体系背后的差异特征系统。

The phonemic pattern of English broken down into inherent distinctive features	o	a	e	u	ə	i	ɪ	ŋ	ʃ	ĵ	k	ʒ	ȝ	g	m	f	p	v	b	n	s	θ	t	z	ð	d	h	ʔ
1. Vocalic/Non-vocalic	+	+	+	+	+	+	+	−	−	−	−	−	−	−	−	−	−	−	−	−	−	−	−	−	−	−	−	−
2. Consonantal/Non-consonantal	−	−	−	−	−	−	−	+	+	+	+	+	+	+	+	+	+	+	+	+	+	+	+	+	+	+	−	−
3. Compact/Diffuse	+	+	−	−		−	−	+	+	+	+	+	+	+	−	−	−	−	−	−	−	−	−	−	−	−		
4. Grave/Acute	+	+	−	+		−	−								+	+	+	+	+	−	−	−	−	−	−	−		
5. Flat/Plain	+	−		+		−																						
6. Nasal/Oral								+	−	−	−	−	−	−	+	−	−	−	−	+	−	−	−	−	−	−		
7. Tense/Lax									+	+	−	−				+	+	−	−		+	+	+	−	−	−		
8. Continuant/Interrupted									+	−	−	+		−		+	−	+	−		+	+	−	+	+	−		
9. Strident/Mellow									+			+									+	−		+	−			

Key to phonemic transcription: /o/ - pot, /a/ - pat; /e/ - pet, /u/ - put, /ə/ - putt, /i/ - pit, /ɪ/ - lull, /ŋ/ - lung, /ʃ/ - ship, /ĵ/ - chip, /k/ - kip, /ʒ/ - azure, /ȝ/ - juice, /g/ - goose, /m/ - mill, /f/ - fill, /p/ - pill, /v/ - vim, /b/ - bill, /n/ - nil, /s/ - sill, /θ/ - thill, /t/ - till, /z/ - zip, /ð/ - this, /d/ - dill, /h/ - hill, /#/ - ill. The prosodic opposition, stressed vs. unstressed, splits each of the vowel phonemes into two.

图 9　英语音位模式的内在差异特征。见 R. Jakobson, Selected Writings, vol. 8, Major Works, 1976—1980, ed. S. Rudy (Berlin: Mouton de Gruyter, 1988, p. 643)

值得注意的是，差异特征的发现让人们将音位设想为音乐中的"和声"（chords）或"特征束"（bundles of feature）。这些"和声"中的一些较之其他一些，相互之间的联系更为密切。例如，/p/ 仅仅借由一个单一的特征与 /f/、/v/、/b/ 相对。/p/ 和 /t/ 之间借由钝重音 / 尖重音的对立而确立了有意义的相互关系。差异特征使我们看清了一直隐藏在各个音位之间的逻辑关系。我们可以将这种逻辑关系用算法表示出来，例如 *m:p :: n:t*（体现了鼻腔 / 口腔之间的对立），或 *p:b :: t:d*（体现了收紧 / 松弛之间的对立）。

就我们的问题而言，雅各布森的差异特征理论的重要性在于，它揭露和解决索绪尔的系统概念中所存在的严重问题的方式。由于雅各布森证明，即使在最小的能指构件中也存在着聚合关系和共时系统，如此一来，上面提到的能指与语言的句段轴和历时性之间的关系就成了问题。一个更直接的问题是索绪尔语言模式的不切实际。他为我们提供了一个直接支配着系统内部各项目的抽象系统，但是，在单个项目和系统整体之间，却没有任何中介层面。为了理解一个词的意义，你必须掌握其在系统整体中的位置。对立性发挥着重要的作用，但是索绪尔给人的印象似乎是，对立性无差别地存在于所有方向上并因此囊括无遗地蕴涵了全部派生含义。这样一种语言观面临着严重的挑战。

从理论上讲，人们不知道该如何根据"X 的意义 = 语言中除 X 之外的所有词语-X"这样的公式中得到一个词的含义。假如一个词没有任何肯定性的内容，其意义完全取决于所有其他同时共存的词的意义，你将不得不无休止地从一个词跳到另一个词，而对其中任何一个词，你都不要抱任何理解的希望，但是，按照索绪尔的想法，当你在一片空地上经过了一番徒劳无益的收割之后，你的口袋里会不知何故突然装满相对性的意义。这就像你手握一本词典，其中的词条 X 下只是注明让你参见词条 Y，而 Y 则让你参见 Z，如此继续下去，直到你翻到最后一个词条，它却让你回头参见 X。直到旅程的终点，你却仍不知道归宿何在。德里达（1976）正是揪住这一点不放，声称语言中的意义是"无尽的延宕"，也就等于说，意义事实上是不可能的。更具实事求是精神的人将会断定，问题不在语言本身，而在于这种解释本身就是错误的。

这种将语言的组成部分的意义归结为其与整个系统的关系的观点，还让我们无法理解人们最初是如何掌握语言的。假如你不是渐进地、一点一点地掌握一门语言，你必定是在一瞬间就全部掌握了这门语言。但是，这种或者通盘全吃或者一无所有的语言习得观，并不符合我们习得语言的实际经验：小孩子和成年人都是一步一步地习得一门语言的，在他们最终完全掌握整个语言系统之前，他们就能进行有效的语言交流。

雅各布森证明，语言的整体系统被组织为一系列较小的、局部的系统，这些局部系统不需要参照整个语言系统就能有效地运作，借此认识，第一个问题就迎刃而解。如此一来，就根本不存在什么"意义的无尽延宕"。一个给定词语的意义直接关联于触手可及的由其他词语组成的词束，语言是一束一束地习得的。当然，随着一个人对整个系统的了解，其理解力也不断增强，但是，显而易见的是，为了理解"apple"（苹果）的意思，"peach"（桃子）、"plum"（李子）这些词较之"persnicketiness"（吹毛求疵）之类的词更重要。

雅各布森还证明，介于词语和系统整体之间的各个中间结构皆分层排列，底层的系统构成高层系统的一个单元，据此，语言习得的问题也迎刃而解。雅各布森揭示出，不管是何种语言，小孩子都是遵循相同的习得顺序渐进地掌握其音位的，而且，借助于差异特征，他还能够解释这些一般模式背后的逻辑（1971:491）：

> 一般而言，小孩子的语言开始于……精神病理学家所谓的"唇音期"。在这一时期，说话者只能发出一个音，这个音通常被写为 /pa/。从分节音的角度讲，这个发音中的两个成分体现了音束（vocal tract）的极性配置：在 /p/ 中，音束在末端是闭合的；而在 /a/ 中，音束的在开端尽量打开，在后面则逐渐收窄，以此形成一个喇叭形。这种两个对立极端相互搭配的情况也见于声学的层面：唇音的阻遏形成了一个瞬间的爆破音，未在特定的频带（frequency band）形成任何大的能量集中，而在元音 /a/ 中，则没有任何严格的时间限制，能量被集中于一个相当狭窄的听觉最为敏感的范围内。在第一个成分中，对于时间有严格的限制，对于频率则不存在任何显而易见的限制，而第二个成分则恰恰相反，对于时间没有任何明显的限制，对于频率则实现了最大程度的限制。如此一来，辅音阻遏所形成的能量输出的极度衰减急转直下地转为无声，而开放的元音则形成了人类的发音器官所能达到的最大能量输出。看来，这种最小能量和最大能量之间的两极性形成了两组连续单元——最佳辅音和最佳元音——之间的根本对立。

在接下来的阶段中，小孩子学会了第一对相反的辅音，即鼻腔音和口腔音，接着是钝重音和尖重音，使之能够区别开 /p/ 和 /m/、/p/ 和 /t/、/m/ 和 /n/。因此，几乎所有语言中的婴儿语都使用这几个差异称呼父亲和母亲。在"papa"和"mama"两个词中，最早的声音差异被整合为最早的语意差异。每一个新的二元对立都会导致小孩子的语音范围呈指数倍地增长。尽管据说当整个系统宣告落成之后，我们对于 /p/ 音的偏好微有增加，但是，不管怎样，它的二元对立已足以使之成为一个功能性的区分。

列维-斯特劳斯与结构人类学

1941—1945 年,当列维-斯特劳斯(1908—2009)在纽约的新社会研究学院(New School of Social Research)工作期间,结识了雅各布森。后来的事实表明,他们这次相识对于列维-斯特劳斯结构主义理论的形成发挥了独一无二的重要作用。雅各布森让他认识到一系列概念的重要性:二元对立、分层结构、作为"和声"或"要素束"(bundles of elements)的基本结构单元,让他相信结构主义能够揭示人类文化和人类思维的普遍真理,不仅像索绪尔所主张的和雅各布森借由普通语音学所显示的那样在结构的层面上,而且更进一步,在具体内容的层面上,譬如说,就像婴儿语言所体现出来的那种准普遍性。

在着手神话之前,首先看一下一般的文化系统是如何像语言一样运作,也许是有益的。亲属关系就是一个既充满悖论又饶有趣味的课题。亲属关系似乎是一个自然事实:父母亲、兄弟、姐妹都是天生就有的,而不是像故事那样是由人为塑造和构成的文化事物。兄弟姐妹无疑是自然的产物,但是构成一个亲属系统的却并非是生物学意义上的兄弟姐妹,而是被我们当成兄弟姐妹的人。"兄弟""姐妹"的意义并非基于这些术语本身的自然内容,而是基于家庭组织中各个成员之间的相互关系。自然仅仅提供了原材料,文化则将之制作成意义系统。

列维-斯特劳斯在《语言学和人类学中的结构方法》(1958 Ch.2)一文中探讨了一个十分特殊的问题:在很多原始社会中,在男孩子与其娘舅之间存在着一种特殊的亲属关系。问题在于,这种关系可能体现为两种正好相反的类型(1958:49):"在一种情形中,娘舅代表了家庭的权威,人们敬畏他、服从他,对于外甥,他拥有某些权利。在另一种情形中,外甥因为与娘舅的关系而在家庭中享有一定的特权,他在一定程度上可以将舅舅视为自己的牺牲品。"早期人类学家注意到,男孩和娘舅之间的关系总是与男孩与其父亲之间关系的反转:如果男孩跟娘舅之间的关系很疏远、不友善,他跟父亲的关系就会很亲密、很友善,如果男孩跟娘舅的关系很亲密、很友善,他跟父亲的关系就会疏远、不友善。

218　列维-斯特劳斯指出这个问题具有更广泛的基础：他通过对大量实例的分析证明，在所有社会中，夫妻之间的关系都跟兄妹之间的关系正好相反，也就是说，如果一个社会中夫妻之间的关系很温存亲密，兄妹之间的关系就很生分疏远，相反，如果夫妻之间的关系很疏远，兄妹之间的关系就很亲密。这两种关系，既相反又相成，实际上是一个更大系统的组成部分，这个系统决定了同一代人中，一种关系亲密，另一种关系就会疏远。

	姻亲关系	血亲关系
异代	娘舅/外甥	父亲/儿子
同代	丈夫/妻子	兄弟/姐妹

这些关系可以表达为如下的算式：

$$娘舅/外甥：兄弟/姐妹::父亲/儿子：丈夫/妻子$$

这个算式表明，对于每一对关系而言，假如代际关系是肯定的，那么代内关系必定是否定的，反之亦然，只要姻亲关系是肯定的，血亲关系就是否定的，反之亦然。每一对项目都按相同的方式相互对立。

$$\begin{array}{c}兄弟-姐妹+丈夫\\ +\quad / \\ 兄弟-姐妹+丈夫 \\ +\quad / \\ 兄弟-姐妹+丈夫\end{array}$$

或

```
兄弟 + 姐妹 - 丈夫
      \     +
         兄弟 + 姐妹 - 丈夫
               \     +
                  兄弟 + 姐妹 - 丈夫
```

　　这一结构的成因源于女性的交换。在所有的群体中，妇女都是一个交换对象，被男人用来交换。娘舅在这个系统中扮演着重要的角色，因为一个男人将他的姐妹或女儿"给予"另一个男人，这另一个男人的儿子也必须照此办理。友善与疏远之间的对立由乱伦禁忌和诚信禁忌加以维系，旨在保证不同群体之间的这套交换体系能够有效运转。为了理解这一点，我们不妨想象一下单系继嗣的可能性，即同一个群体中依靠血亲通婚生育后代。理论上，可以想象存在着一个在父母和孩子以及兄弟姐妹之间只存在亲密关系的社会。从理论上讲（？），这将会鼓励乱伦，并且导致相互交换女性的姻亲群体之间交流行为的终止。你也可以想象一个所有关系都极为疏远的社会，这也将导致所有交流行为的终止。对这一困境的结构性解决办法，就是在代际间和群体间建立一种亲密和疏离相反相成的关系。如果一个娘舅跟其姐妹关系疏远，他跟她的儿子的关系就会很亲密。如果一个妻子跟其丈夫的关系很疏远，她跟自己兄弟的关系就会很亲密。一个兼具疏离性和凝聚性的系统，将两个家庭集团联结起来，避免它们相互变得孤立、互不往来。你可以将这一系统想象为一个水泵，"它不断地将女人从其血亲家庭中'抽取'出去，为的是在众多的其他家庭（即姻亲）集团中再'分配'她们，这些家庭集团反过来再将女人'抽入'血亲家庭"，其功能是"通过将姻亲纽带和血亲纽带像织物一样交织在一起，确保社会集团能够持续下去"（Lévi-Strauss 1958: 342；水泵的比喻受到了雅各布森和斯科伊夫[Schoepf]的英译文的启发，列维-斯特劳斯的原文意为"提取"，意味较平淡）。但是，最重要的是，人们必须将这一系统理解为一种社会交流方式，即两个群体之间的持续"对话"，他们将自然的原材料重塑为一种语言，旨在将其家庭连结为一个社会单元。

神话的结构研究

列维-斯特劳斯的神话理论集中体现于《神话的结构研究》这篇出版于1955年的论文中（载于 Sebeok 1965:81-106；其增订版见 Lévi-Strauss 1958: Ch.11）。他在文章一开始提醒读者注意一个存在于所有神话理论中的基本矛盾：神话似乎包罗万象，什么事情都可能发生，其内容似乎完全无视逻辑规则和经验规范，然而，尽管神话表面上看起来可以随心所欲，充斥着相同特征和相同细节的神话却见于全世界各地。语言学也面临一个与比较神话学和精神分析学（尤其是荣格学派）神话学相同的问题，他们一味着眼于表面结构，试图发现将一个语音与其意义联系起来的内在必然性（例如，有人声称流音辅音［r、l］对应于自然中的流动现象：river、flow、flu）。在这一方面的研究一直徘徊不前，直到人们认识到言语符号是任意的、约定俗成的。解决意义问题的条件不在于符号的物质属性，而在于符号的相互联系的方式。

神话在两个方面与语言相关：神话像语言；神话又是语言的一部分。语言体现了一种分层结构：最小的语音单位音素，音素结合而成的词素（词或词的有意义的构成部分），词素又进一步构成义素，后者是句子的构成单位。但是，语言学分析可以继续推进到句子层面之外，将叙述纳入其中。列维-斯特劳斯设想存在着神话叙述的"总体构成单元"，他称之为"神话素"。语言的分层等级（音素→词素→义素）有其固有的逻辑：音素由一组语音的独特特征构成，一个音素与其他音素结合构成词素，一个词素与其他词素结合构成义素，一个义素与其他义素结合构成句子。以此类推，神话素将是由句子组成的。列维-斯特劳斯进一步指出，语言各层次的逻辑决定了每一个神话素的值都必定是理性构成的，就像音素、词素、义素是理性的一样。因此，每一神话素都可以被视为一个"关系束"，只有当这些束与其他的束相互搭配，它们才能获得意义。雅各布森的音位分析对于列维-斯特劳斯的影响于此清晰可辨。

神话还在另一方面跟语言相似。神话也涉及了语言时间性的两个维度，即历时性和共时性。讲述神话是一种言语（parole）活动，跟其他讲述活动一样，它是在不可逆的时间进程中进行的，对不同事件的描述按照线性顺序前后相续、依次呈现。但是，神话同时又像语言（langue），是一个同时呈现于心智之中的抽象系统，因此又具有无时间性或可逆时间的维度。神话与语言（langue）和共时性确实有着非同寻常的密切关联。这一点在神话的某些独有特点中体现得非常明显，正是这些特点将神话与其他类型的叙事区别开来。神话通常被置于时间的开端，在历史时间之外。不仅如此，神话的价值通常是来自其将过去、现在和未来联结于一体的永恒性，因此，神话的内容本身就表现了可逆性时间的理想。就此而论，神话跟政治意识形态很相像。人们书写历史，是为了将当前的价值投射到过去，为这种价值赋予一个非同凡响的系谱，并证明它们在所有即将到来的时间里也将传诸久远。或许，能够说明神话与时间的特殊关系的最有力的证据可以通过比较神话和诗歌两者看出。在所有的叙述方式中，神话受其传播介质和风格的影响最小，神话很容易翻译。在这一方面，它跟诗歌正好相反，诗中之物将会因为翻译而丧失殆尽。可以用两种方式表达这一区别：（1）神话代表了表达或者言语（parole）的零度，趋向于纯粹的系统，而诗歌则代表语言（langue）的绝对零度。（2）神话与所指关系密切，而诗歌则跟能指关系密切，或者换句话说，神话指向意义，而不是表达。神话和诗歌之间的这一对比，正好体现了语言中目前已为人们耳熟能详的一系列二元对立，对此，列维-斯特劳斯从索绪尔那里照单全收：

神话	诗歌
语言	言语
所指	能指
共时	历时
聚合	句段

神话，从一个方面看，似乎与音素一样，受言语（parole）、历时性和句段支配，但是，列维-斯特劳斯受雅各布森和他的音位学的影响，更倾向于从另一个方面看待神话，将之视为语言（langue）的、共时性的和聚合的。

在掌握这一套理论武器之后，下一步确定神话素的工作看起来就似乎是水到渠成的事情了。随便抓过一个神话；将其故事分解为最小的可能单位；将每一个句子记在索引卡片上，卡片编号对应于这个句子在故事的展开过程中的位置。普罗普在确定故事中的功能时，大致就是如法炮制的。但是，列维-斯特劳斯并不像普罗普那样赋予动词以优先权。每一个句子都是一个人物和一个行动之间的关联，而不是普罗普所想象的那种空洞无物的行动。其实，我们将会看到，有些卡片只包含名词、专名或者物品。

这些卡片仍不是神话素，而仅仅是神话素的构成单元。只要跟音素做一类比，就会明白这一点。就像音素的情况一样，有意义的差异并非源于音素的简单并列，而是源于它们的差异特征所造成的大量错综复杂的关系，因此，神话的意义单元并非单一的索引卡片，而是一束索引卡片。其次，这些卡片中的人物与行动之间的特定的关系并非是神话素，因为它们发生于时间脉络中，无法体现标志着神话特征的可逆时间性。一束索引卡片构成了一个神话素，这个神话素并非存在于句段轴，而是存在于聚合轴。它们相互之间的关系是概念性关系，而非实际的搭配关系。为了发现适合上述理论描述的神话素单元，列维-斯特劳斯邀请大家参与一场思想实验（1958:234）：

想象一下，在遥远的未来，当地球上的生命灭绝之后，其他行星上的考古学家来到地球，发掘一个图书馆遗址。这些考古学家对我们留下的文字材料一无所知，但会试图去解读它们。不久他们就会发现我们所印刷的文字是从左到右、从上到下阅读的，但是，仍然有一类文献无法按此方式解读，即收藏于音乐部门的乐谱。这些考古学家将毫不迟疑地也按照从左到右、从上到下的顺序阅读这些乐谱，他们很快就会发现有些成组的音符隔一段时间就会重复一次，或者是一字未改，或者是部分有所变动，还会发现某些显然是分开来的旋律轮廓，相互之间存在类似性。或许他们会因而自问，这些旋律轮廓，除了按照先后顺序阅读之外，是否应该被视为一个应该同时把握的整体中的构成要素。如此一来，他们将发现我们所谓的和声规则。对于一篇乐谱来说，除非我们在沿着一条轴（一页接一页地从左到右）历时地阅读的同时，又沿着另一条轴，从上到下地共时地阅读，否则它就是毫无意义的。换句话说，所有位于同一竖列中的音符，形成了一个大的构成单元，即一个关系束。

列维-斯特劳斯以俄狄甫斯神话为例运用了这一理论，他以卡德摩斯（Cadmus）和忒拜城的奠基作为这一故事起点，一直到俄狄甫斯的儿子们之间内讧并死于内战，以及安提戈涅（Antigone）的故事。在下表中，从左到右的顺序体现了故事中事件的顺序，"和声"或者神话素，则分为四栏排列。

I	II	III	IV
卡德摩斯寻找姐姐欧罗巴		卡德摩斯杀死巨蛇	
	土生子相互残杀		
			拉布达科斯(拉伊俄斯之父)="跛子"(？)
	俄狄甫斯杀死其父拉伊俄斯		拉伊俄斯(俄狄甫斯之父)=左撇子(？)
		俄狄甫斯杀死斯芬克斯	俄狄甫斯="肿脚"(？)
俄狄甫斯娶其母伊俄卡斯特为妻			
	厄忒俄克勒斯杀死其兄弟波吕尼刻斯		
安提戈涅不顾国王禁令葬其兄波吕尼刻斯			

竖向阅读，你会发现每一列都是一个共同的主题。第一列表示"血亲关系的高估"。第二列则相反，表示"血亲关系的低估"。第三列稍微有点费解。卡德摩斯杀死巨蛇，将它的牙齿种在土里，生出了最早的忒拜居民。狮身人面怪斯芬克斯是土地所生的怪物，它杀死了忒拜的居民。杀死这些怪物可视为同一类型的行动，其共同主题是"对土生的否定"，即对忒拜城居民最初是生自土地这一信念的否定。第四列不是表示行动，而是几个重要的名字，它们都与足病有关。为了解释这些名字，列维-斯特劳斯远远超出了忒拜神话的范围，甚至到北美土著神话中寻找旁证材料。"在神话中，讲到人类的诞生时有一个普遍的特点，即人类从深渊里出现，或者不会走路，或者只能蹒跚而行，在普韦布洛（Pueblo）人……和夸口特尔人（Kwakiutl）神话中，这是冥府中生命的特征。"这一系列表示足病的名字因此就被认为体现了"对土生的肯定"。如此一来，这一神话的深层结构可以归纳为一个逻辑算式，它表达了这四个神话素之间的关系，即实际上是两对异体同形的二元对立：

血亲关系的高估：血亲关系的低估：：土生的否定：土生的肯定

这究竟意味着什么呢？列维-斯特劳斯认为：

神话必须解决一个相信人类是从土地里生长出来的文化所面临的困惑，在这一理论和人类实际上是由男人和女人交媾而生的知识之间找到一个完满的变通。尽管这一问题显然是无法解决的，俄狄甫斯神话还是提供了一个逻辑工具，用以将最初的问题，即人是一个人所生还是两个人所生？转换为一个衍生性问题，即人是由差异者所生还是由同一者所生？

这里有些线索暗示，"血亲关系的高估"体现了"生于同一者"，因为高估血亲关系暗示了乱伦（如俄狄甫斯和伊俄卡斯特之间），因此就是为同一个家庭所生，而不是生于不同的家庭的联合。不幸的是，列维-斯特劳斯在这一点上说得十分含混。他对这个实例中的许多问题处理得确实有些漫不经心。这个神话逻辑算式的功能必须被更加认真地对待。按照列维-斯特劳斯的看法，神话的功能是解决文化矛盾，尤其是文化与自然之间的矛盾，或文化意识形态与关于自然的经验知识之间的矛盾（例如，土生子的理论就跟生育的事实相悖）。它并不能真正解决这些矛盾，但是却提供了一个伪逻辑的解决，从而有利于缓和焦虑。就像音乐一样，当人们心中狂野的情绪被集体无意识中的矛盾所激发时，音乐会给它带来迷醉和抚慰。就此而论，可以将神话与弗洛伊德讨论过的神经症仪式相对比，后者对于深层的焦虑提供了幻想性的纾解（参见第三章第一节）。很不幸，列维-斯特劳斯对于俄狄甫斯神话中逻辑机制的解释，是他这个实例分析中最欠缺的环节之一："通过断言由于矛盾关系都是以类似的方式自相矛盾的，因此矛盾关系都是相同的，由此就使两种关系之间的关联成为可能。"但这与其说解决了问题，还不如说只是调和了问题而已。

约翰·佩拉多托（John Peradotto 1977:91-2）为这一逻辑提供了一个更好的且更合乎列维-斯特劳斯的结构主义理论的解释。他指出，上表两组四列，事实上，"并非同一种类型的自相矛盾"，列 III 和列 IV 属于亚里士多德所谓的"矛盾命题"（contradictory），矛盾命题不容许任何中间项：一个人或者是土生子，或者不是，不存在模棱两可的情况。但是，列 I 和列 II 则属于"反对命题"（contrary），反对命题容许有一个中间项。只要对某物给予恰如其分的估价就不难解决高估和低估之间的矛盾：

III：土生的否定 ＼　　　／ I：血亲关系的高估
　　　　　　　　｜———→　正确估价血亲关系
IV：土生的肯定 ／　　　＼ II：血亲关系的低估

土生问题以此方式就获得了一个似是而非的解释。通过将矛盾命题等同于反对命题，这个神话实际上提供了如下的安慰性解决方案，即：A=B，既然 B 能够解决，则 A 也能够解决。若此说成立，则神话的作用就像一个骗子喋喋不休的哄骗，让那些满怀焦虑的野蛮心灵痴迷上当，偷偷地把矛盾命题换成反对命题，让人们在上当受骗的同时还自以为赚了便宜而洋洋得意。

列维-斯特劳斯结构主义的长处

在更详细地分析这些观点之前，我们不妨先稍作盘桓，将列维-斯特劳斯与其论敌做一比较。列维-斯特劳斯的方法较之迄今为止我们考察过的以前的神话分析方法更有包容性。他坚持解释必须巨细无遗。当然，忒拜神话圈中的很多事件都被他排除在分析之外了，不过，他这样做主要是出于简洁的考虑，他只把俄狄甫斯神话作为一个"演示性实例"。将其中的各个事件重新插入这一分析的四列栏目中，并不是困难的事情。例如，俄狄甫斯对儿子的诅咒，克瑞翁拒绝埋葬他的侄子波吕尼刻斯，相反，却将他的侄女安提戈涅活埋到了一个山洞中——所有这些都可以被当作"低估血亲关系"的情形。"肯定土生"的情形则见于如下几个事件：俄狄甫斯被从父母身边带走，被遗弃到大地上；卡德摩斯与其妻子哈耳摩尼亚被变成冥府中的龙；安提戈涅为年老体弱、双足有病的俄狄甫斯担任拐杖的角色。列维-斯特劳斯自己也曾提过一笔，伊俄卡斯特的自我毁灭可以归于"否定土生"之列，尽管他自己并未说明理由。大概是因为，用选择半空中的绳索上吊而死，可以视为从土地中出生的结构性的对立面吧。我们在这里大致可以把安提戈涅、海蒙（Haemon）、欧律狄克的自杀也算在内。列维-斯特劳斯还将俄狄甫斯弄瞎自己眼睛解释为"肯定土生"的行为，因为伤害头部是伤害双脚的变体（高处与低处相对）。

把列维-斯特劳斯的分析方法与普罗普的方法做一对比，其包容性更会一目了然。他对大量的可能被普罗普置之不顾的信息做了解释：人物之间的关系；他们的身体特征；他们的名称等。一般而言，聚合结构主义在收集材料进行解释时更少挑三拣四的做派。例如，在伯克特关于"少女的悲剧"的研究中，故事中的很多行动都被他忽略了，即使这些行动在所有这一类型的故事中都可见到（例如，男孩的诞生，在有些神话中，这发生于"受难"之前，在有些故事中，则发生在其后）。或者，像神或被强暴的受害者（她被作为人格形态遭到放逐）变形这一常见的功能，而他予以考虑的那些功能常常取决于特定的神话变体（奥维德版本中的卡利斯托和阿耳卡斯并没有得到儿子的拯救，而是被儿子杀害并升天变成了星星）。相反，列维-斯特劳斯兼顾一个神话的所有变体，并且声称，由于神话体现了言语（parole）的零度，因此所有的版本都揭示了同一个深层结构（1958:240）：

> 我们的解释应该虑及并且也肯定适应于弗洛伊德学派对于俄狄甫斯神话的利用，这一事实提供了一个令人印象深刻的实例。尽管弗洛伊德关心的问题不再是土生抑或双性生殖的问题，但这仍是理解人类何以能够由两个人所生时所涉及的问题：我们为什么不能只有一个母体，而必须有一个母亲加上一个父亲？因此，不仅索福克勒斯，就是弗洛伊德本人，也都应该被算作俄狄甫斯神话的不同版本，跟更古老的或者看起来更"真实可信"的版本同等对待。

列维-斯特劳斯甚至走得更远，他主张所有相关的神话都有相关的结构，因此原则上说，根本不需要划一条泾渭分明的线将俄狄甫斯神话和其他神话区分开来。其他方法会视乎便利而将其对于俄狄甫斯神话的分析开始于或终止于忒拜故事圈的某一点上，而列维-斯特劳斯则宣称，不管分界线画在何处，他的结构主义解释都是有效的。

第五节　中介（Mediation）

按照列维-斯特劳斯的观点，神话的功能是为文化中的矛盾提供解决方案。严格地说，这种解决方案从来就不是有逻辑的，但却模仿逻辑。如果问题能够单纯靠逻辑解决，就不需要诉诸神话了。但是，神话能够做到逻辑所做不到的事情，因此它发挥了某种文化故障排除装置的作用。与其将神话想象成为某种安慰剂，仅仅给人以问题得以解决的假象，不如将之视为一种焦虑缓解机制。

很多人都觉得列维-斯特劳斯学说的理智主义色彩有些古怪，很难与他们自己对神话的原始语境的观念相容。例如，我们很难想象，那些蓬头垢面、一贫如洗的野蛮人，辗转反侧于床上之际，在他的灵魂深处所正在发生的，却是如何调停土生子神话和他亲眼目睹的人类生儿育女这一事实之间的矛盾。我们总是情不自禁地以为野蛮人整天惦记着的都是害怕被阉割、担心饿肚皮。列维-斯特劳斯则会说，我们之所以不愿意承认野蛮人也有如此这般的理智上的关切，乃是继承了那个将野蛮人描绘为一味受其情感的驱动而活着，他的大脑除了到处找吃的之外什么都不想的维多利亚神话。他认为，野蛮人对于理智的运用并不亚于文明人，而且是为了相同的目的，即为周围世界赋予秩序，他这样做，既是为了情感上的慰藉，也是为了更好地管理其资源。野蛮人的心灵在品质上根本就不低下，其差异仅仅在于他们在建立其等式时所使用的不同的变量内容：不是逻辑的抽象，而是具体的意象、神话和象征，经验表明这些东西"更便于思考"。但是，即使依据这一定义，神话作品也不是纯粹知性的。表面上看来是纯粹理论性的观念，实际上却可能承载着深层的情感诉求。确实，如果追根究底的话，很多理论沉思与其说是理性能力的无所动心的应用，不如说是为了对情感进行操控。

中介者（Mediators）

并非所有的神话性解决方案都像我们在俄狄甫斯神话中所看到那样，都涉及明确地将矛盾命题转化为反对命题。很多神话结构只是简单地将极端对立转化为一种更柔和的对立（对比就是一种较柔和的对立）。我们可以把将大的矛盾转化为小的矛盾这种手法视为一种逻辑上的和稀泥手法，理论上讲，可以不断运用这种手段，直到大事化小、小事化了，将最初势如冰炭的两极似乎逐渐融合为一。小的对立可以视为大的对立的"中介"。另一种中介方式是通过那些含矛盾的双方于一身的象征、人物或者行动而实现的，这些象征、人物或行动就成为"中介者"。

列维-斯特劳斯在《神话的结构研究》一文中，列举了好几个实例，其中存在这种扮演中介者角色的人物或物件。有一类"阈限"人物，例如，常见于北美土著神话中的"恶作剧的精灵"（tricksters），就是生与死之间的中介。这类角色几乎总是一只乌鸦或一只郊狼。原因何在？因为它们都是食腐动物。试看下表中的对立：

初始对立	第一组三分法	第二组三分法
生		
	农业	
		食草动物
		食腐动物
	狩猎	
		食肉动物
	战争	
死亡		

初始对立生与死之间不容许任何中间项，但是，这一对立可以归结为以杀生为手段维持生命的经济活动，并位于初始对立的两个极端之间。农业通过生产植物生命维持生命，收割则杀死谷物，只是在此意义上，农业才与死亡相关涉。农业与狩猎相对，狩猎通过杀死并非人类亲手培育的生命来维持生命，而且动物显然拥有跟我们人类的生命相似的生命。狩猎与战争之间的对立进一步强化了对立。战争有点像狩猎，因为战争也是要追逐并杀生的，但是战争只是间接地维持生命，战争消灭人的生命，因此产生了更严重的死亡形式。可以将这一人类经济活动的三分法与动物的经济活动相对比。食草动物采集植物，其所从事的是某种类似于农业的活动，尽管它们自己并不培育植物的生命。食肉动物像狩猎者，它们也杀生并吃掉猎物，但是又有点像战争中的战士，因为它们也吃人。

位于这两极之间的是食腐动物，它们跟食肉动物一样，也吃肉，但是又跟食草动物一样，它们也不是靠杀生获得食物。

调和生与死之间对立的努力，不仅体现于北美土著神话中，也体现于他们的语言和仪式中。例如，在仪式中，剥头皮具有特定的巫术力量，因为在这同一个思想体系中，头皮也是一个中间项：它们是战争的成果，但是又像庄稼一样被收割。在特瓦人①（Tewa）的语言中，表示郊狼、头皮、雾气的词都源于同一个词根 pose，这可能是因为在观念里所有这些事物都作为对立物的中介而被联系起来：食腐动物在食草动物和食肉动物中间，头皮在农业和战争的中间，雾在天和地中间。它们都与生命与死亡的对立有关。

列维-斯特劳斯列举了中介者的实例，它们经常出现于一些毫不相干的文化中。（将之与我们在第三章第二节中讨论过的弗洛伊德列举的那些普遍象征对比一下，会很有启发性。）穿衣是文化与自然之间的中介：赤身裸体者是自然之子，衣冠楚楚者则是文化之果，一旦穿上衣服，我们就体现出所有的文化差异：地位、等级、民族、性别、职业等。鞋子是我们与土地之间、高处与低处之间的中介，它还是行之所履，因此又是此处和彼处的中介。垃圾是又一种文化和自然之间的中介，我们把垃圾这种东西从文明空间中扔进自然空间。与此类似，老鼠、虱子以及其他一些害人虫，在很多社会中也被视为文化和自然之间的中介，因为它们一方面是令人讨厌的自然产物，另一方面又在人类社会内部大量繁殖，人口越密集它们繁殖得越多。

天与地之间的中介者有雾气、灰烬（它来自火）、烟灰（它源于炉灶、爬上烟囱）等。因为它们是自然的高处与低处之间的中介，因此也就可以作为文化的高位与低位之间的中介，例如高贵的社会地位和卑下的社会地位之间的中介。在美洲土著和欧洲的思想中，灰烬、衣服、垃圾都是地位卑下与地位高贵之间的中介。列维-斯特劳斯认为，这正是在

---

① 译者注：特瓦人（Tewa），居住在美国新墨西哥州的印第安人的一支。

欧洲民俗中，人们会认为旧鞋子、炉灰、扫烟囱的扫把会带来好运的原因所在。在欧洲，人们常会为了求取好运而亲吻一把扫烟囱的扫把。每到复活节，德国人将一个沾着蜡烛灰烬的十字架插在家门口。意大利人则在平安夜将旧家具、旧衣物统统扔到大街上。此外，人们还将旧鞋子挂在魔力项链上，绑在婚礼汽车的保险杠上，直到不久之前，将鞋子或者靴子扔进正在缓缓离开的新郎新娘的马车里，仍是一种在欧洲广为流传的风俗。实际上，这些风俗习惯似乎把我们带回到了古典时期。在一个雅典红色人像陶瓶上的画面中，一双便鞋被朝着一场正在进行的婚礼聚会扔去（Boardman 1989: Fig. 295）。古希腊的图像学将便鞋当作象征繁殖的符号，经常与婚礼、色情场景和爱神阿芙洛狄忒一起出现。就此而论，便鞋不仅是高与低之间的中介，而且还是繁殖与不育、生命与死亡之间的中介。按照列维-斯特劳斯的说法，这些魔法巫术和仪式，与其说像弗洛伊德所称主要跟性象征有关，还不如说主要是跟其调和根本性对立的力量有关。

灰姑娘

在《结构与形式》（1958: Ch. 8）一文中，列维-斯特劳斯指出，神话和民间故事的主要差别在于它们所试图调和的对立的属性和强度。神话发挥着较为核心和严肃的文化功能，它所针对的是关键性的文化焦虑，因此神话对内在逻辑的一致性的要求更严格，与宗教的正统性、与维护文化价值和文化制度的迫切需要密不可分。民间故事则是在大众氛围中形成的，此种氛围常常把自己置于固有文化秩序的对立面，因此，神话与民间故事两者在意识形态上可能是相互对立的。但是，民间故事所承受的文化压力较小，因为，按照定义，民间故事的价值也较小。因此，民间故事中的二元对立要比神话中的相对缓和，其类型也与神话中的不同。神话中的二元对立往往关乎宇宙论、形而上学和自然界，而民间故事中的二元对立大都涉及地方、社会和道德。归根结底，神话与民间故事的区别跟自然与文化的对立有关，这一对立关系对于列维-斯特劳斯的神话概念是根本性的，两者之间的关系可以表示为：神话：民间故事：：自然：文化。

民间故事如何缓解人们在日常现实中的焦虑，灰姑娘的故事为此提供了一个绝佳的例证。人们对这个故事的了解大都是来自迪斯尼公司的动画片，我在下面提供的梗概是基于佩斯（Pace 1982:251），他的介绍为接下来的分析提供了很好的出发点：

> 父亲的死让美丽的灰姑娘沦为厨房里的洗碗女，家里的所有财富都被可恶的继母和继姊妹独占了。当咨啬的继母和继姊妹去参加皇家舞会时，留下灰姑娘一个人独自看家。但是，她的精灵神仙教母出手相助，她用魔法变出了一大堆东西：把破衣烂衫变成了华丽的晚礼服，把破靴子变成了玻璃鞋，把南瓜变成了马车，把老鼠变成了马车夫，一应俱全。灰姑娘浑身珠光宝气地来到舞会，但却受到警告，必须在午夜前返回。在舞会上，王子爱上了灰姑娘，但是当夜半钟声敲响的时候，她逃离了王宫，却将神仙教母为她变的一只玻璃鞋丢在身后。王子一心想娶这位神秘的女郎为妻，就在全国上下到处搜查，看谁能穿上这只小巧的鞋子。那对继姊妹为争穿这只鞋子打了起来，但是只有灰姑娘能穿上。灰姑娘嫁给了王子，继母和继姊妹受到惩罚，故事到此为止。

整个故事围绕着灰姑娘的身份转变而组织，而她的身份转变又是借助于一系列事物的转变才得以实现。灰姑娘的身份转变体现为一个历时性的对立，即从故事开头的地位卑下到故事结束时的地位高贵。但是，贯穿整个故事的始终，有一系列的共时性对立，这些对立强化了这一身份转变的重要性，而且这些共时性对立体现为女主角与故事中所有其他人物的关系。最明显的对立存在于灰姑娘与其继母的家人之间，这两者之间的对立可以表列如下：

灰姑娘	继母家庭
美丽	丑陋
勤奋	懒惰
谦卑	放肆
—	—
地位低	地位高
肮脏	洁净
为人所厌	人缘甚好

依据其为自然的还是文化的，上表中的对立品格可以分为两组：

	自然	文化
灰姑娘	高	低
继母家庭	低	高

很容易看出，自然与文化的差异说明了故事中所有人物的品格。一方面，与灰姑娘的自然家庭相对立的是继母家庭，它的存在完全是凭借民法，因此是一个文化家庭。另一方面，灰姑娘继母的家庭对立于一个依存于宗教法律的家庭，为上帝所眷顾的家庭，灰姑娘的神仙教母即为其代表。我们不妨称之为超自然家庭，因为"神仙教母"暗示了一个介于神与人之间的位置。故事本身也确实通过称之为"精灵神仙教母"而强调了其超自然地位。文化家庭与超自然家庭之间的对立是由中间项即灰姑娘的自然家庭的消失而造成的，故事不断地提醒我们注意这个自然家庭的缺席，因为正是生身父母的死亡导致灰姑娘落入了其继母的魔爪。跟文化家庭和超自然家庭相对，还有一个王子，他是来自另外一个家庭。我们可以大胆地推测，王子具有和灰姑娘一样的自然品格，如善良、英俊等，但是他却占据了文化上的高位，正与灰姑娘的文化低位形成对照。到故事的结尾，灰姑娘和王子结合为一个新的自然家庭，这一文化对立得以

解决。

值得注意的是，在男性与女性的对立之间存在着一种严格的对称性，随着句段层面的推进而逐渐呈现。故事的开始，父亲之死导致灰姑娘地位的降低；故事的最后，她由于获得了一个新的男性亲人，即他的未来王子丈夫，而得以提高地位。这两个时间分别形成了故事的开头和结局。这一对立构成了整个故事的框架，它由其内部出现于女性一方的对立所平衡，母亲去世、狠毒继母到来导致了灰姑娘地位的降低，父亲的去世使这一点终成事实，但是狠毒继母遇到善良的精灵神仙教母的对抗，她帮助灰姑娘获得了高贵的社会地位。

文化	自然	超自然
继母家庭	家庭	神仙教母
女性(三组)	男性一 男性二	女性

高地位与低地位之间的中介，是由一系列作为文化与自然之间的中介的物件充当的：灰姑娘的破衣烂衫变成了华美的夜礼服，她周围的害虫和垃圾（老鼠、虱子、南瓜等）变成了高贵地位的象征物（男仆、马匹、马车）。选中南瓜也许是因为它是一种园圃中的菜蔬，因此是文化的一部分，但是，至少在欧洲，南瓜被认为只有部分是可食用的，就此而言，它跟杂草关系很近，都属于自然出产的多余之物。南瓜被用作猪饲料，只有穷困潦倒的贫民才会吃。在欧洲的某些地方有一种风俗，女人送给求婚者南瓜，就表示拒绝求婚，这显然是意味着求婚者尚不具备足够的社会资格（直到 20 世纪，乌克兰还有这种风俗，直到现在，在乌克兰，"送南瓜"这个俗语，仍意味着拒绝求婚）。马车（婚礼的座驾）与南瓜形成了鲜明的对照（文化：自然：：高：低：：婚姻：独身）。

然而，最终的转变则是靠玻璃鞋实现的，玻璃鞋是神仙教母用原来的旧鞋子变成的。要理解玻璃鞋的结构意义，我们必须参考欧洲婚礼上把旧鞋子扔到正在离去的新郎新娘马车上的民间仪式。灰姑娘离开舞会是这种仪式的反转。在婚礼上，马车载着百年好合的新人，而在灰姑娘故事中，马车只承载着灰姑娘一个人，强行把她跟王子分开。在婚礼上，是别人把鞋子扔向正在离去的新人的马车，在灰姑娘故事中，则是新人中的一位离去时留下了鞋子。但是，最终新郎和鞋子还是找到了灰姑娘。一位比较神话学家或者仪式主义者也许会忍不住说灰姑娘故事是这种婚礼仪式的释因神话，但是，显而易见的是，这个故事只是体现了与这种仪式所表现的同样的无意识观念。我们可以说，这个故事在一定程度上是利用与婚礼中相同的社会编码而实现其中介功能的。

对于听众而言，文化与自然之间的中介是由灰姑娘自己实现的。灰姑娘的名字"辛德瑞拉"（Cinderella）来自"煤渣"（cinder），灰姑娘在所有欧洲语言中的名字都指煤渣或灰烬（法语作 *Cendrillon*，意大利语作 *Cenerentola*，德语作 *Aschputtel*，俄语作 *Zulushka*），而灰烬是低处与高处之间的中介，对此我们在前面已经提及。对于灰姑娘来说，她从低处向高处的攀升靠的是她的对立面，即一双玻璃鞋，玻璃与烟灰相对，正如透明与灰暗相对。玻璃跟烟灰一样，也是燃烧的产物，但是玻璃在火焰中融化，而烟灰在火焰中上升。位于灰姑娘与玻璃鞋之间的，是光明与黑暗的对立，这一对立与高与低的对立相呼应。在半夜这个阈限时刻，在白昼与黑暗、光明与黑暗的交界，玻璃鞋（光明）被灰姑娘（晦暗）留在身后。灰姑娘还具有其他一些中介者的特征：她是一个孤儿，因此是处在文化的边缘，但是，她不久成为王后，进入了文化的中心；她是一位正当婚龄的处女，正好处于贫瘠与繁殖、姑娘与妇人、娘家与婆家的半途。不仅如此，她纯洁却又肮脏，富有爱心却又受人嫉恨：她就是文化和自然之间因为缺乏通融而导致的矛盾的化身。

这个故事的根源在于由来已久的对于阶级区分的社会焦虑。上层社会为了为其特权辩护，声称他们天生优越，因此应该得到更多。在他们看来，阶级区分是植根于自然的。但是，底层社会立刻就会指出，"罪恶也像青翠树一样土生土长、枝繁叶茂"①乃是一个众所周知的事实。灰姑娘的故事体现了一种老百姓的普遍愿望：但愿社会特权确实是源于自然的美德，但愿那些人天然的品德能配得上他拥有的文化特权。当然，这一切确实在故事结尾的时候发生了：灰姑娘成了王后，继母得到应有的惩罚。在民间故事中，愿望的实现显得更直接也更率真，因为民间故事受的限制相对要小得多。不过，需要注意的一点是，愿望的实现与其说是通过想象直接地拥有欲望的对象，不如说是借由一个逻辑的操作，仿佛借此就可以将乌托邦愿景纳入事物的秩序而永远据有这一对象。

灰姑娘：卡里拉（Charila）∷民间故事：神话

下面一个对比研究，有助于我们进一步明白在上文曾经做出的区别，即神话与民间故事之间的区别，神话中宇宙和自然层面上的对立与民间故事中社会和道德层面上的对立之间的区别，以及神话与民间故事用以慰藉文化欲望的手段上的区别。愿望的实现，在民间故事中显得相当直接和率真，而在神话中则要隐晦和迂回得多，但是，另一方面，神话的逻辑操作却显得更为恢宏和繁缛。普鲁塔克记载了一个神话，这个神话与仪式有关，它们是在德尔菲神庙讲述和实践的，普鲁塔克本人在公元2世纪早期曾一度担任过这座神庙的祭司（*Moralia* 293B-F）：

> 时因旱魃为虐，德尔斐食尽粮绝，百姓携妻牵子，乞食于王宫门前。王食亦乏，不足以济众，因仅以菽麦若干，赐予国中贤明之士。时有一孤女，趋近王前，哀哀求食。王怒，脱履掷于其面。女虽贫且贱，然天性刚烈，不甘此辱。故决然而去，解其衣带，自经于树而亡。饥馑日甚，瘟疫又作，死者相枕藉，国人惶惶不可终日。王卜于女巫，巫云有女自戕，女名卡里拉，其灵为祟，必安抚之，

---

① 译者按：此语典出《旧约全书·诗篇》37:34："我看见恶人大有势力，好像一棵青翠树在本土生发。"此处转用此语，表示罪恶也是自然的产物。

祸始可解。王不明其故，命左右查访此女之事，经诸般周折，方知卡里拉者，即昔日受辱自尽之女也。王因献牺牲，祓禊祈祷于此女之灵。其俗至今相沿。每八载，国人例行祓禊。每至其日，国王御驾莅临，施舍菽麦，无论国人宾客，一视同仁。时有一卡里拉偶像，立于王座之前。迨之施舍已遍，王即脱履击之。群巫①随持神偶，载之于溪谷之侧，以绳束缚其颈，掘坎埋之。其址即此女昔日自经后埋尸之冢云。

这个故事中的对立较之灰姑娘故事更为彰显。大权在握的国王与孤苦无告的孤女当面对峙，这一对立体现于数个面向：社会的（高位与低位）、经济的（富有与贫困）、亲缘（国家之父与父母双亡的孩子）、生物学的（成年男子与柔弱少女）。卡里拉跟灰姑娘一样，都是一个中介角色，但是，在这个故事中，卡里拉不是处于高地位和低地位之间，而是置身于一个包罗更多、涉及更广的对立两极之间：她置身于生与死之间。这一仪式是为了纪念一个过去曾经发生的事件而举行的，当时，巨大的饥荒使整个社会的生存都面临威胁。卡里拉作为一个孤儿，一个死亡的孩子，一个尚无生育能力的少女，非常适合充当生与死之中介；作为一个游离于社区边缘的生命，她也非常适合充当社区与外部世界之间的中介。这一仪式在空间上从作为社区中心的王宫到城外郊野的移动，也表明了这种中介作用。其中甚至体现了神话与仪式之间的高低对立：在神话中，少女是在一棵树上上吊而死，而在仪式中，象征少女的偶像，脖子上被缠着绳子，被埋到了处于低处的溪谷边的墓穴中。这一神话显然是关于一种替罪羊仪式的释因神话。但是，这一神话的功效在很大程度上是源于它对于婚礼和献祭仪式的戏仿。国王把一只鞋子扔到女孩的脸上，可能意味着将死亡的威胁从社区转嫁到女孩身上，就像在婚礼上把鞋子扔到新人身上意味着把繁殖力转嫁到新娘身上。跟婚礼上新娘与新郎一起

---

① 译者序：群巫，原文作 Thyiads，译作提伊阿得斯，指古希腊酒神祭狂欢秘仪中的妇女。

离开相反，卡里拉是独自离开的，她解开自己的裤带，不是为了完成夫妻大礼，却是为了结束自己的生命——在希腊，"松开裤带"是一个表示夫妻圆房的通行的隐语。卡里拉也跟那位引导献祭队伍的"持篮者"女孩形成对照（参见第四章第四节）。按照礼仪的规定，持篮少女必须是一位父母双全的、来自贵族家庭的适婚少女，而卡里拉则是一个乞丐、一个孤儿、一个少艾女孩。还有，持篮少女拿着大麦，将之分给献祭仪式的参与者，这些大麦被扔到即将被宰杀的牺牲身上。在这个神话以及仪式中，国王顶替了持篮少女的角色，而卡里拉则扮演了牺牲的角色。被灾祸所威胁的社会拒绝把大麦施给卡里拉，却扔给她一只鞋子，从而将之变为牺牲品。

第六节　整体结构主义

列维-斯特劳斯与聚合性

通常所作的区分，即句段结构主义（以普罗普为代表）与聚合结构主义（以列维-斯特劳斯为代表）之间的区分，虽然广为流行，并且在一定程度上也是合理的，但是却仍容易引人误解。正如我们在第三节所述，结构主义需要对神话叙述的各个方面作出全面的解释。不像普罗普的形式主义，真正的结构主义不会容许自己将一个叙事中那些棘手的因素，皆以无关宏旨或无章可循为借口而予以随意处置。相反，结构主义是一个总体理论：除非一个叙事的所有环节皆得到解释，否则，分析就是不完备的。因此，如果说，"句段结构主义"和"聚合结构主义"之间的区分，意味着这两者是非此即彼而不是缺一不可，这一区分就难免会引人误解。尽管如此，普罗普和列维-斯特劳斯这两位结构分析的理论先驱，在句段轴和聚合轴之间仍是各有偏重。普罗普完全忽视了聚合轴，而列维-斯特劳斯则仅仅将聚合轴作为服务于建立聚合关系这一目的的手段。较之"旋律"，列维-斯特劳斯更重视"和声"，他愿意让我相信，旋律的作用仅仅是为了为和声提供节拍。这一点在其《神话的结构分析》

（详见本章第四节）一文关于结构方法的解说中，就已经清晰可见，那篇文章对于说明俄狄甫斯神话的线性进程没有丝毫兴趣。在《生食和熟食》一文中，这一点体现得尤为显豁（1964:313）：

> 如果仅仅着眼于每一个句段序列本身，则它必定是无从理解的，不管是因为不存在一目了然的意义，或者还是因为尽管我们自以为发现了其意义，其实却拿不准自己的理解是对是错。为了解决这一问题，有两个办法：一个是将句段序列分割为一个个片段，将它们一个排一个地摞起来，由此你就建立了同一个主题的变体列表（对俄狄甫斯神话的处理就是如此）。另一个办法，作为第一个办法的补充，是将一个处于其整体性中的句段序列，也就是说，即整个神话，置于另一些神话或处于其整体性中的句段片段之上。因此，每一种办法的实质，其实都是用聚合序列替换句段序列，不同只在于，在第一种办法中，聚合项被从句段链中提取出来，而在第二种办法中，则是整个句段链构成的序列被归并于其中。但是，不管整体是由序列的片段构成的，还是序列本身作为片段被包含于整体之中，道理都是一样的。两个句段序列，或者同一序列的各个片段，孤立地看，都没有意义，而将它们结合起来看，仅仅因为两者形成了对照这一事实，它们就有了意义。而且，因为恰恰就是在它们被结合起来的那一刻，意义才开始出现，显然，这意义在此之前并不存在，仿佛意义是一些处于沉寂状态的残渣，早已隐含在任何一个神话或神话的一个个孤立片段中一样。意义完全处于动态的关系之中，这一关系同时存在于数个神话或神话的数个片段之下，由此导致的结果是，这些神话，或者神话的片段，因此获得了一个相对的存在，作为同一套变体的对立面而得以确立成形。

通过将理性秩序和意义完全寄托于聚合轴，列维-斯特劳斯证明他比雅各布森更忠实地继承了索绪尔的衣钵。因为聚合性和句段性的区分依赖于共时性和历时性的区分，所以列维-斯特劳斯跟索绪尔一样，费尽心机地想贬低时间和时间进程在神话中的重要性。神话被他描述为一个无时间的系统，而且按他的说法，正是这种无时间性使神话具有了唯其所有的力和美。的确，不仅是被他用为演示实例的俄狄甫斯神话，所有神话都被列维-斯特劳斯与历史的、变动不居的、"热"的文化割裂开来，而仅仅关注于简单的、静止的、"冷"的文化，因为，在他看来，处于历史性文化中的神话，受到时间意识的玷污，导致神话的基本的无时间性的败坏。列维-斯特劳斯在其四卷本《神话学》（1964-71）一书的"终曲"中，甚至说神话具有用某种神秘的狂喜来"令时间废止"的力量（1971:542）：

> 于是，情况也许是，经过这场徒劳无益的探索之旅终于发现自己已经置身于（也就是说，我们未经上下求索，不期然而到达）那久已应许之地，在这里，我们对于"未来""现在"和"过去"的三重渴求，被无边的宁静所笼罩——"未来"是我们翘首以待的，"现在"正与我们擦身而过，渐行渐远的过往岁月欲壑难平，不断将未来瓦解、消磨为现在的碎片，这些碎片倏忽而逝，顷刻间混迹于"过去"而恍惚难辨。如果情况果真如此，我们的这番探究将不仅仅是为了找回失落的时间。追根究底，神话研究所揭示的时间范畴无非就是神话自身一直所梦想的东西，即较之失而复得、静止不动的时间更美好的东西，有些人确实体验到这种失而复得、静止不动的时间，尽管他们诞生于20世纪，随着老年时光冉冉而至，他们对于青春岁月的怀念之情将会日益强烈，他们相信自己在年轻时原本有机缘回到19世纪，与他们那些生活于19世纪的长辈共同生活，就像这些19世纪的人们也原本有机缘回到18世纪，通过亦步亦趋地了解那些旧时人物，就能回到过去。——但是，他们却都闭眼不看事实。因此，假如我们都参与到这根链条环环相扣的力量之中，把自己作为其中的一环，每一个时期，为了它后一个时期，都致力于

保持其前一个时期的活力，时间确实将会被废止。假使所有的人类从一开始就知道这一点，我们就能结成一个反对时间的联盟，人们对于书籍、博物馆的热衷，对于古风和古董的眷恋，都用一种间或琐屑不足道的方式证明，让时间止步并倒流的渴求，尽管终究是徒劳而绝望的，但却根深蒂固地盘踞于当代文明的内心。

我们自以为是对过去的兴趣，其骨子里其实只是对现在的兴趣，我们相信，只要将现在牢固地捆绑于过去，我们就能令现在经久不灭，我们就会将之固定下来，以免它分崩离析，变成过去的一部分。仿佛只要让过去与现在发生关联，过去就会通过一种奇迹般的渗透作用变成现在，而现在因此也就避免了其注定坠入过去的宿命。这的确是神话孜孜不倦地在做的事情，而且令人惊讶的是，凭着它自己的本事，它居然真的做到了。

至此，我们合乎逻辑地走到终点，神话的分析所抵达之处，即是历史自行废止之地。

神话本身就意味着"无时间性"。时间和历史的废止使生命和知觉超越现象世界的混沌而上升到纯粹逻辑关系的领域，这是柏拉图"理式"的世界，是宁静、安稳和意义丰盈的世界。确实，列维-斯特劳斯所感兴趣的只是传统的或史前的文化，即像亚马逊印第安人文化这样的"冷文化"（而非像希腊古风时期迅速发展的历史文化这样的"热文化"）。在下面第七节，我们将有机会省察一番列维-斯特劳斯形而上学的跳跃。就目前而言，我只想指出，完全没有必要将聚合性凌驾于句段性之上、让共时性凌驾于历时性之上，而且，一旦这些二元对立之间的紧张关系得以舒缓，一旦将诸如意义、秩序这些结构主义所珍视的"价值"一视同仁地赋予作为整体的结构，结构主义将会活得更好。

雅典王位继承的神话：句段性分析

列维-斯特劳斯在讨论俄狄甫斯神话时，曾捎带着提了一笔，说雅典奠基人刻克洛普斯（Cecrops）跟俄狄甫斯神话属于同一个神话，因此通过分析，也会从中揭示对于人是土生子抑或是由一人还是二人所生的困惑。佩拉多托（Peradotto, 1977）对这一神话做了一番饶有兴味的分析，我们可以在他的基础上再略作发挥。佩拉多托的分析致力于从两个层面维护时间在神话中的重要性：首先，在叙述的层面上，说明句段性是神话的逻辑秩序的一部分，其次，在文化的层面上，说明来自历史性文化的神话跟那些来自静态文化中的神话同样是结构性的。雅典早期国王的神话看来是进行这一分析的理想对象，因为这一神话在两个层面上都被历史所沁染。这一神话体现为一个世系的形式，也就是说，这个神话本身就执着于时间演替的重要性。它同时还属于一种复杂文化，这一文化在这一神话流出的时期，正经历着历史的剧变。

最早八位雅典国王继承王位的故事可以梗概如下：

（1）从土里冒出来的刻克洛普斯是雅典的第一位国王，他有三个女儿和一个儿子，但儿子死得很早，无后。

（2）王位由克拉诺俄斯（Cranaus）接替，他也是从土里冒出来的。有三个女儿，没有儿子，后来被其女婿安菲克提翁（Amphictyon）赶出雅典。

（3）安菲克提翁也是从土里冒出来的，被厄里克托尼俄斯（Erichthonius）放逐，无后。

（4）厄里克托尼俄斯既是从土里冒出来的，又是性交媾的产儿，他跟普剌克西忒亚（Praxithea）育有一子，即潘狄翁（Pandion）。

（5）潘狄翁与宙克西珀（Zeuxippe）育有两个儿子、两个女儿。

（6）潘狄翁之子，厄瑞克透斯（Erechtheus）与普剌克西忒亚二世（Praxithea II）育有三个儿子、四个女儿。

（7）厄瑞克透斯的儿子，刻克洛普斯二世，与美狄亚杜萨（Metiadusa）育有一子。

（8）刻克洛普斯二世的嗣子潘狄翁二世，与皮丽亚（Pylia）育有四子。

一开始，句段链体现为土生子一系越来越衰减的生殖力（1—3，刻克洛普斯、克拉诺俄斯、安菲克提翁都是土生子，但他们的孩子却越来越少）。关于王位的一个更严重的问题是平稳的世袭继位很少见：刻克洛普斯的儿子无后而亡，接下来的两个统治者皆无儿子。后来，这一趋势得以逆转，国王开始由婚媾生子担任（4—8）。男系子嗣的增殖力稳定增长（刻克洛普斯二世是个例外），王位连续而平稳地以父传子。由此可见，这个神话也体现出我们在俄狄甫斯神话中看到的焦虑：土生子传统和婚媾生子的经验知识之间的矛盾。

雅典王位继承的神话：聚合性分析

厄里克托尼俄斯是整个故事的中点和转折点。他作为将不育逆转为增殖、将土生逆转为婚生的角色，还有一个特别的地方，这只有通过聚合性分析才能看出。试看阿波罗多洛斯所记载的厄里克托尼俄斯出生的故事（3.14.6）：

> 雅典娜去找锻冶之神赫菲斯托斯，请他帮忙把甲胄装饰得漂亮一点。赫菲斯托斯此时已经被阿芙洛狄忒抛弃，见到雅典娜，忍不住性欲冲动。他对雅典娜纠缠不休，后者只好逃走。赫菲斯托斯好不容易才制服雅典娜（不要忘了，他是个瘸子），手忙脚乱地要与她交媾。但是雅典娜还是个处女，一直守身如玉，所以不肯就范。忙乱间，他把精液射到了她的大腿上。雅典娜强忍厌恶，用羊毛把身上精液擦拭干净，把羊毛丢到地上。她逃之夭夭，精液渗入土里，生出了厄里克托尼俄斯。雅典娜背着其他众神偷偷地抚养他，希望能使他得到永生。她把他藏在柜子里，托付给刻克洛普斯的女儿潘朵瑟斯（Pandrosus）看护，嘱咐她不要打开柜子。但是潘朵瑟丝的妹妹们出于好奇，打开了柜子，看到一条蛇盘在婴儿身上。有人说，

> 她们都被蛇咬死了,还有人说,雅典娜很生气,把她们逼成了疯子,她们从雅典卫城跳了下去。厄里克托尼俄斯由雅典娜在她的禁地中独自抚养成人。

因为厄里克托尼俄斯是一位完美的中介者,所以他成功了,而其他国王都失败了。他既是土生的,同时又是男女媾精所生,这一事实使他成为土生和婚生这一矛盾之间最好的中介。除此之外,佩拉多托精辟地指出(1977:94):

> 其中微妙而繁缛的逻辑让整个解决方案显得无懈可击:赫菲斯托斯的跛脚泄露了土生子的迹象,但是,对于我们最初的二难困境而言,更重要的是,他是一人所生,而雅典娜也是一人所生,前者,一个男人由未受男人辅助的女人生养,后者,一个女人由未受女人辅助的男人生养(有一个传统的说法,至少可以追溯到赫西俄德的《神谱》[924-9]中,提到赫菲斯托斯是处女受孕所生,这是赫拉对宙斯的报复之举,后者生了雅典娜)。正是从其显而易见的差异当中、从其无可化解的分歧(eris,不和)当中,Eri-chthonius(厄里-克托尼俄斯)应运而生。在这里,用来擦拭的羊毛(erion)将最初的分裂(eris)变得更为显豁。

正如佩拉多托指出的,不光是英雄的谱系,而且还有厄里克托尼俄斯的名字,都取决于这个神话指派给他的中介功能。Eris 一词在希腊语中意为"冲突"或"斗争",它导致个人或社区分裂。希吉努斯(Hyginus)补充说,是波塞冬唆使赫菲斯托斯攻击雅典娜,因为他对后者在比赛中赢了自己怀恨在心(详见下文)。他是在解释厄里克托尼俄斯的名字的来历时,提到这一点的(Fabulae 166):"他们叫他'厄里克托尼俄斯',是因为希腊语将争吵或战斗称为'eris',而土地则称为'chthon'。"因此,按照神话的解释,"斗争-土地"这个名字就有两个方面的来源:它既指雅典娜与波塞冬之间因为争夺雅典而发生的争斗，又指赫菲斯托斯企图强暴雅典娜并最终导致土地怀孕的争斗。我们甚至可以从 *Erichthonius* 这个名字中，发现另一个被压缩的话语关联：正是羊毛（希腊文是 *erion*）这个词，令人难以置信地将一种分裂暌隔的情境（*eris*）成功地转变为一种两性媾和的行动（*eros*）。如果此说成立的话，那么，这个名字就包含了上述文化困境中的所有三个要素：土生子（auto-*chthony*）、关于人是两性媾精而生（*eros*）而非一人独自孕育（*eris*）的知识。至于刻克洛普斯的独子厄律西克同（Erysichthon）的名字，则可能是厄里克托尼俄斯的名字的变体。

现在让我们转向这个神话的聚合结构，我们发现它表达了同样的困惑，即生育究竟是二人合作之事还是一人独当之事。刻克洛普斯是土生子，他的下半身是蛇的形状。在希腊以及很多其他神话传统中，蛇都是最具代表性的冥间动物：它们轻而易举地就能从地下窜到地上，通过将地下世界与地上世界联系起来，它们同时还沟通了生与死，尤其是它们会不断蜕皮的习性，更体现了这一点，希腊人将蛇蜕皮视为某种自我再生（当终有一死的英雄获得了半永生的能力，常常会被象征为蛇的形象）。因此，刻克洛普斯就既是土生子的象征，又是再生的象征。他还被认为是婚姻的创始者。一则古老的资料告诉我们，这是一次文化进步，它将雅典从野蛮状态提升到文明状态（Schol. Aristophanes, *Wealth* 773）。后世的学者解释说，刻克洛普斯之所以被称为"双性人"，并不是因为他一半是人一半是蛇，而是因为他最早教导人们，人不仅有母亲，而且还有父亲（Clearchus of Soli ap. Athenaeus 13.555d）："初，男女无别，群居乱交而无节制。人皆唯知其母，不知其父，盖因与其母交媾之男甚众也。刻克洛普斯初制婚姻，或谓之曰双性人。"这个后起的关于刻克洛普斯之为双性人的理性化解释，揭示了其品格的含混性，即他既为唯一者所生，又为二人而生：其蛇形身体表明其为土生子，其人类身体又表明其为两性媾和之产儿。

据说刻克洛普斯发明婚姻是为了压制女性的权力。两性之争的爆发是因为波塞冬与雅典娜争夺雅典的所有权。一开始,波塞冬从海中出现,用他的三叉戟猛击雅典卫城,把雅典变成一片汪洋,另外一些版本则说,他造了一眼咸水井,咆哮的海水从其中汹涌而出。雅典娜及时出现,她在卫城上栽了一棵橄榄树,作为其拥有雅典城的见证,并唤刻克洛普斯前来作证。据阿波罗多洛斯(3.14.1)记载:"当纠纷(eris)因这片土地的归属问题而爆发之际,宙斯选定的仲裁人,并非如有些人所说,是刻克洛普斯和克拉诺俄斯,亦非厄律西克同,而是十二位神明。"刻克洛普斯为雅典娜作证,因此这片土地被判给了她。波塞冬一怒之下,用海水淹没了色莱西亚平原(Thriasian)。显然,这个神话中,海水与橄榄树形成二元对立。正如神话所暗示,海水是不育的:波塞冬的报复让阿提卡最肥沃的土地变成了不毛之地(此地在后来变成了橄榄树种植中心),将之变为荷马所谓"毫无收成的咸海"。跟海水相反,橄榄树则成了阿提卡农业的支柱。海水具有腐蚀性,让万物焦枯,而橄榄油则是防腐剂和润泽之物。相对于海的焦枯,橄榄树是湿润,相对于海的贫瘠,橄榄树是丰腴,海是死亡之地,而橄榄树是生命之源。

　　在雅典娜与赫菲斯托斯的斗争以及她与波塞冬的斗争之间,存在着一个因果关系:一则古老的资料告诉我们,睚眦必报的波塞冬首先建议赫菲斯托斯向雅典娜求婚,作为将其母赫拉从被金锁捆住的王座上解救出来的回报:赫菲斯托斯偷袭雅典娜,被解释为想得到他应得的奖赏(参见 Gantz 1993:75-8)。雅典娜与波塞冬之争和雅典娜与赫菲斯托斯之争之间的结构性关联,在由瓦罗(Varro)(ap. Augustine, *City of God* 18.9)记载的此一神话的另一版本中表现得极为明显。在此一版本中,在阿提卡的不同地方,都无缘无故地出现了一棵橄榄树并暴发洪水,刻克洛普斯向德尔菲先知询问这些征兆的含义,先知告诉他雅典人必须决定,在雅典娜和波塞冬之间选择哪一位作为其主神。于是,全体民众被召集在一起开会,为此问题进行投票。当时,妇女还享有完全的公民权。男人都投了波塞冬的票,而女人则全都投了雅典娜的票。因为女性人口比男性人口刚好多出一位,所以雅典娜获胜。波塞冬发动洪水淹没了这个国家,为了平息他的愤怒,雅典娜决定剥夺妇女的投票权,并禁止孩子继承母亲的姓。这个故事再一次重现了 eros(爱欲)与 eris(不和)、两性与争斗这些一般母题。

这一说法将雅典娜与波塞冬之间的争端,直接与借由婚姻支配女性和后嗣的做法挂上钩。在婚姻产生之前,孩子只知其母不知其父。在婚姻产生之后,孩子们除了知其母还知其父,并且由其父姓而非母姓获得其身份。由此可见,第二次争端促进了文化上的增殖,从此以后,男性公民就能借由他们的子嗣而宗绪长传,正如第一次争端,促进了自然的增殖,它导致色莱西亚平原橄榄种植业的繁荣。

这一结构在这个早期雅典国王故事的其他部分得以再现。刻克洛普斯的独子厄律西克同前往提洛岛,去取回生育女神埃雷图娅(Eleithyia)的神像,但在回来之前就死了,没能留下任何后代。刻克洛普斯还有三个女儿,其名字都意味深长,长女阿格劳洛斯(Aglaurus,意为"亮晶晶的"),次女赫耳塞(Herse,意为"露水"),三女潘德洛索斯(Pandrosus,意为"繁露"),这些名字立刻就让人联想到橄榄油的润泽,并因而联想到丰腴繁育。阿格劳洛斯跟战神阿瑞斯(Ares)结婚生了一个女儿,名叫阿尔基佩(Alcippe)。波塞冬的儿子埃里厄修斯(Halirrhothius,意为"汹涌澎湃的海浪声")在卫城边的一处泉水畔强奸了她,其父阿瑞斯发现后,杀死了他。波塞冬控告阿瑞斯谋杀,案件被提交给十二神判决。这个插曲看起来好像是赫菲斯托斯与雅典娜之间的故事以及波塞冬与雅典娜之间的故事的重演,并且把这些故事合为一个。这个故事还成为阿勒奥珀格斯山法庭(The Court of Areopagus)的奠基神话之一,另外一个且与之相映成趣的是俄瑞斯忒斯(Orestes)的神话,俄瑞斯忒斯为了替其父阿伽门农报仇而谋杀其母。在这场审判中,雅典娜的角色与将雅典城判给她的那些雅典妇女恰成倒转:她们把票投给女神,并以一票胜出,雅典娜则投票赞成男性的优先权,并凭她一票就使俄瑞斯忒斯获得无罪释放。

刻克洛普斯的三个女儿尽管拥有象征丰腴、"甘露"的名字,却又同时象征贫瘠不育,她们因为变成生硬的岩石或摔倒在岩石上而纷纷过早夭折,就体现了这一点。赫尔墨斯(Hermes,意为"石头堆")爱上了刻克洛普斯的第二个女儿赫耳塞。在雅典娜的唆使下,她姐姐阿格劳洛斯心怀妒意,因此当赫尔墨斯前来拜访时,阿格劳洛斯拦住他,并且宣称她死也不会让开。"好吧!"赫尔墨斯说罢,用他的节杖(缠有两条蛇的魔杖)轻轻一点,把她变成了石头。她的两个妹妹也未得令终。当雅典娜把厄里克托尼俄斯藏身的柜子交给她看管并严嘱不许打开柜子窥看,她的两个妹妹违背禁令,打开柜子,却发现里面有一个身体是半蛇半人的孩子。惊恐之下,她们从卫城上跳了下去,摔死在一个叫"长岩"的地方。

下一代的名字则跟刻克洛普斯的孩子们那些徒具丰腴之意的名字形成鲜明对照。刻克洛普斯死后,王位由克拉诺俄斯(这个名字意为"岩石的")继承,他也是土生子。他同样有三个女儿,分别叫科拉奈伊(Cranae,意为"岩石的")、柯拉奈伊克墨(Cranaechme,意为"巉岩嶙峋的")与阿缇斯(Atthis,意为雅典女人)。阿缇斯死得很早,死时尚是少女。

但是,即使是石头和岩石,也可以作为贫瘠与繁育之间的中介。正是在克拉诺俄斯的时代,爆发了丢卡利翁(Deucalion)大洪水。这场洪水没有波及阿提卡地区,在另一个版本的记载中,丢卡利翁逃到阿提卡躲避洪水。丢卡利翁和其妻皮拉(Pyrrha)为了再造人类,将石头丢到身后,丢下的石头变成人类从土地里冒出来。笼统地说,丢卡利翁和皮拉算是这些土生子的生身父母,就此而论,他们就扮演了从一而生(即由土地出生)与从二而生(即由男女媾精而生)之间的中介。其在生育角色上的含混性,也体现于关于其子安菲克提翁(Amphictyon,意为"邻居")神话的各种不同变体中,有的版本说他是丢卡利翁和皮拉媾精所生,有的则说他是那些土生子中的一个。安菲克提翁后来成为克拉诺俄斯的女婿,但是这场婚姻并没有让克拉诺俄斯获得能够继承其王位的孙子,其王统也名存实亡,因为安菲克提翁篡夺了他的王位。

尽管乍看起来,这整个神话显得有些东拉西扯、凌乱无序,但是按照列维-斯特劳斯的风格将这一系列片段列成如下一张图表,其固有的和谐就一目了然了:

I	II	III	IV
刻克洛普斯从土地中出生,身体一半为蛇。	刻克洛普斯身体一半为人,发明婚姻,让人不仅知其母,还知其父。	海水	橄榄树
		男人与女人发生纷争。	孩子随父姓。
			厄律西克同前去取回生育女神的神像。
		厄律西克同无后而终。	
	赫尔墨斯与赫耳塞。	阿格劳洛斯阻挡赫尔墨斯,变成石头。	
	埃里厄修斯强暴阿尔基佩。	阿瑞斯杀死埃里厄修斯。	
		刻克洛普斯家族绝嗣。	
克拉诺俄斯从土地中出生。		克拉诺俄斯家族无后嗣。	
丢卡利翁和皮拉使人从土地中出生。			
安菲克提翁从土地中出生。	安菲克提翁又是丢卡利翁和皮拉所生。		
赫菲斯托斯瘸腿,行走如蛇行。	赫菲斯托斯"强暴"雅典娜。	雅典娜拒绝赫菲斯托斯(他甚至遭到阿芙洛狄忒的拒绝)。	赫菲斯托斯的精子让土地怀胎。
厄里克托尼俄斯从土地中出生,部分身体作蛇形。	厄里克托尼俄斯由雅典娜与赫菲斯托斯合作生育,部分身体是人类。		厄里克托尼俄斯家族有后嗣。
名字中含有chthon(土地)。		取名于岩石的名字意味贫瘠不育;名为"露水"的姐妹摔死在"长岩"。	取名于露水的名字意味繁育。

第一列涉及的是土生子和从单一母体所生者,第二列涉及的是婚媾生子,第三列涉及的是死亡和不育,第四列涉及的是生育繁殖。第三列和第四列关乎死与生之对立,因此与第一列和第二列所体现的对性生殖的关注

密不可分。上述聚合关系可以概括为如下算式：

由一而生（土生子）：由二而生（性）：：不育（死亡）：繁殖（生）

在这一算式中，并不存在一个有赖于对立面作为中介的矛盾。从逻辑的角度讲，其中任何两项之间都不容许有中间项的存在。但是，从神话的角度看，在土生和性生殖之间确实有一个以厄里克托尼俄斯的形象存在的中间项。在神话里，死和生同样借由诸对立面之间难分难解、纠缠不休的关系而得以沟通。这些对立面之间的尤为首要的是爱与恨、爱洛斯（eros）与厄里斯（eris）之间的对立，这一对立与上述聚合链之间的矛盾如出一辙，并且让我们想起自始至终贯穿于列维-斯特劳斯的基本关系系统中的正反两方面力量之间的对立。将生与死、由一而生（土生子）与由二而生（性）两者联系起来的，是两性生育亦即男性和女性之间的对立的社会规范，亦即婚姻制度，婚姻也可以被理解为一种持久的爱恨交织的关系，它通过对女性生殖活动的严密控制，使男性世系得以永久化。凭借婚姻，终有一死的男性的生命在其继嗣尤其是男性继嗣的生命中得以延续，其世系和姓氏得以世代相传。借由婚姻和家庭制度，文化在生与死这一自然的两极之间找到了一个中间项。

组合性与聚合性之割裂

在进入下一节之前，我们不妨稍作停留，预先提出一个问题，这个问题对下一节的讨论特别重要。列维-斯特劳斯将句段规则视为某种仅仅存在于所有神话表层结构中的东西，果真如此吗？当列维-斯特劳斯将句段序列中的各种行动依次记在索引卡片上的时候，这些行动彼此之间果真是毫无瓜葛的吗？在忒拜神话圈的众多人物和事件当中，他是如何归纳出填满他那四个栏目的 11 个人物和事件的呢？这个神话的任何版本，与我们按照他列出的栏目从左到右阅读时得到的神话都大不相同，其栏目中列出的这些"句子"里,没有哪一个真正作为这个故事的最小单元在其实际版本中出现过。一个故事讲述者是否会用"厄忒俄克勒斯杀死其兄弟波吕尼刻斯"这样简单的说法叙述"七雄攻忒拜"的故事?列维-斯特劳斯是在作梗概,而非讲故事,而何者能够出现于梗概中,则取决于其是否适合这一栏目。表面看来列维-斯特劳斯的资料卡片涵盖了所有的原始材料,其实他已经暗中做了手脚。与其说他用聚合系列替换了句段系列,不如说他的句段系列本身就已经是聚合序列。区别仅仅在于我们如何排列这些卡片,或者我们按什么顺序阅读这些卡片。

如果一个故事的各个片段仅仅取决于组合段序列,那么,一个故事的意义无非就是其各个片段的总和。但是,实际上,不管是对于听众、读者,还是对于分析者而言,这些片段的形态和意蕴都取决于其与整个故事的关系。这就意味着,当我们听故事时,我们会对这个故事的意思先形成一定的假设,随着故事的展开,我们会不断地修正起先的假设,并形成新的假设,但是,并不需要等到我们听完整个故事,我们就会回过头去(turn around),辨别那些重要的行动。将组合段(按:即句段)从其时间顺序中提取出来,在列维-斯特劳斯的程序指南中看似只是简单的机械性的操作,其实问题多多。故事中的组合段并没有预先被一一打孔标志,聚合段也没有被一一涂上不同的颜色。组合段结构是从聚合段派生出来的,正如聚合段结构是从组合段派生出来的,其中任何一个秩序都不是故事中现成就有的,相反,它们都是通过不断地试错、不断地修正假设,直到两个架构找准对齐为止。

第七节 整体化结构主义(totalizing structure)

基本语义结构

我们在上文(第四节)指出,索绪尔的系统概念导致了一个恶性循环,即各个项只有借助于整个系统才能得以理解,反过来,整个系统也只有借助于其中的各个项才能得以理解。雅各布森通过在系统和其中的项之间插入中间结构解决了这一问题。但是，在格雷马斯的《结构语义学》(Sémantique struturale) 和《论意义》(Du sens) 出版之前，雅各布森的模式并未被直接应用于叙事语义学。格雷马斯的"基本语义结构"是一个由四个项构成的异体同形关系 (homology)，这个结构与列维-斯特劳斯由四个项构成的神话素非常相似，这当然并非巧合。这些意义的"原子"是一个两两相对矛盾命题，可以表述为如下算式：A:B::-A:-B。在《论意义》一书中，格雷马斯直接将其基本语义结构运用于叙事。一个故事，作为一个整体，其意义超出其中各个部分的意义的总和，因为一个故事的形式就是这些基本语义结构的具体化。此外，基本语义结构不仅体现于一个叙事的组合轴，也体现于其聚合轴：在组合轴，体现为初始状态与终结状态之间的对立，在聚合轴则体现为一个在叙事结束时得以逆转或解决的主题情境或问题（1970:187）：

> 一个故事要有意义，它必须成为一个有所意谓的整体。因此，故事就构成了一个基本语义结构，……故事在其中展开的时间维度被划分为"以前"和"以后"。对应于这"以前"和"以后"，则有一个"情境的逆转"，从隐含结构的角度看，后者无非就是故事内容中的符号（signs）的逆转。因此，在这两个层面（即时间或组合层面和母题或聚合层面）之间，存在着一种交互对比关系：

$$\frac{\text{以前}}{\text{以后}} \cong \frac{\text{内容的逆转}}{\text{给定的内容}}$$

如果我们追随着格雷马斯这一图式的逻辑含义，我们会发现句段秩序与聚合秩序彼此之间鳞次栉比、相互叠合，以至于很难认为其中的某一个更有优先权，不管是就意义而言，还是就时间组织而言。格雷马斯从其相互依赖的关系出发对句段秩序和聚合秩序进行描述，因此就跟列维-斯特劳斯作为超时间意义结构的神话概念划清了界限。对列维-斯特劳斯而言，只有当句段序列能够被切分并排列成聚合链时，句段序列才是有意义的。格雷马斯对于结构的看法更严格。对他而言，句段系统和聚合系统意味着同一回事，只是观察的角度不同而已：一个与终结情境形成对照的初始情境，可以从时间进程和内容主题两个角度进行分析。由此导致的结果就是，不管是聚合结构，还是句段结构，跟时间的关系都是一样的，不过却是相互倒转的。一方面，只要聚合结构将一个初始主题情境与一个终结主题情境相对立，它就是按时间组织的；另一方面，初始状态被读者或听众记在心头并不断地对之进行修正和重估，而终结状态则是读者或听众持续期待和不断调整的猜想的结果，就此而言，初始状态和终结状态的形式在句段结构中的最终确定，则是无关乎时间的。因此，句段结构并非仅仅由故事本身给定的，就像聚合结构并非仅仅由故事本身给定一样。此外，句段结构跟时间性之间的关系，与聚合段跟时间性之间的关系，在程度上并无多大区别，两者都从属于一种循环的时间性，只有达到了终结状态，初始状态才能最终定局，反过来，只有初始状态最终定型，终结状态也才能一锤定音。换句话说，从时间的角度看，句段结构和聚合结构两者都同样既取决于时间又独立于时间，在其与时间的关系上，并无根本区别。

韦尔南论潘多拉：行为的语法

法国古典学家让-皮埃尔·韦尔南（Jean-Pierre Vernant，1914— ）对好几个神话做出了极为精彩的结构主义解释。列维-斯特劳斯感兴趣的主要是北美和南美那些相当稳定的土著传统社会，与之不同，韦尔南则是一位研究古风期和古典期希腊急剧变迁的历史文化的学者。韦尔南对于材料的差异极为敏感，对于叙事中的时间和历史因素给予了高度关注。由此决定了，他与格雷马斯一样，都对列维-斯特劳斯对于神话叙事中句段轴和聚合轴之间关系的处理方式有所保留。他提出一个包括三个步骤的神话分析方法，将句段分析、聚合分析和意识形态分析结合了起来（1974:244-6）。第一步，他建议紧扣作为研究对象的文本，着重关注叙事中的时间进程和因果关系，不是为了分析情节是如何展开的，而是为了把握支配着叙事中行为配置的逻辑或语法。分析的第二步，把目光从一个神话的特定版本转向这个神话的其他版本，甚至是与此神话的内容相关的其他神话，目的是揭示这一神话中所体现出的对立关系和并列关系（涉及地点、时间、事物、人物、行为等诸方面，以及初始情境与终结情境之间的对立）。为了做到这一点，应该特别注意由故事的语法及其具体语义内容所建立的结构框架之间的关联。第三步是文化或意识形态的分析，旨在将神话置于其社会语境之中。其思想范畴是什么？是怎样的对立和分类系统让这一神话以此种具体形式而出现？这个神话起源的那个社会如何对现实进行划分并将之编织于其语言和文化制品之中？

这一程序在韦尔南关于赫西俄德的潘多拉神话的分析中得以精彩地演示。（下面的论述大致根据韦尔南的说法 [Vernant 1974:177-94]，唯对其关于"行为语法"的阐述有所更改，以强调和突显其逻辑结构，并针对句段分析与聚合分析之间的关系提出几个问题。）赫西俄德在《神谱》和《工作与时日》两本书中都记载了这个故事。两个版本的关系暗中声气互通，十分密切。《神谱》（535-616）说：

> 当初神灵与凡人在墨科涅发生争执，普罗米修斯出来宰杀一头大牛，分成几份摆在他们面前。为想蒙骗宙斯的心，他把牛肉和肥壮的内脏堆在牛皮上，放在其他人面前，上面罩以牛的瘤胃，而在宙斯面前摆了一堆白骨，巧妙堆放之后蒙上了一层发亮的脂肪。这时凡人和诸神之父对他说：
>
> "伊阿珀托斯之子，最光荣的神灵，亲爱的朋友，你分配得多么不公平啊！"
>
> 智慧无穷的宙斯这样责备了他。但是，狡猾的普罗米修斯微微一笑，没忘记诡诈的圈套，说：

"宙斯，永生神灵中最荣耀、最伟大者，你可以按照自己的心意，随便挑取任何一份。"他这样说着，心里却想着自己布置的圈套。智慧无穷的宙斯看了看，没有识破他的诡计，因为他这时心里正在想着将要实现的惩罚凡人的计划。宙斯双手捧起白色脂肪时，看到了巧妙布置的用以欺骗他的白骨，不由大怒起来——正是由于这次事件，以后大地上的凡人遂在芳香的圣坛上焚烧白骨献祭神灵。但是驱云神宙斯大为恼怒，对他说道：

"伊阿珀托斯之子，聪敏超群的朋友！你仍然没有忘记玩弄花招！"

智慧无穷的宙斯愤怒地说了这番话。此后，他时刻谨防受骗，不愿把不灭的火种授予居住在地上的墨利亚的凡人。但高贵伊阿珀托斯之子瞒过了他，用一根空茴香秆偷走了远处即可看见的不灭火种。高处打雷的宙斯看到人类中有了远处可见的火光，精神受到刺激，内心感到愤怒。他立即给人类制造了一个祸害，作为获得火种的代价。按照克洛诺斯之子的愿望，著名跛足神用泥土塑造了一位腼腆的少女形象，明眸雅典娜给她穿上银白色的衣服，亲手把一条漂亮的刺绣面纱罩在她的头上。[帕拉斯·雅典娜还把用刚开的鲜花编成的美丽花环套在她头颈上。]还用一条金带为她束发，这是著名跛足神为讨好其父亲而亲手制作的礼物。这发带是一件非常稀罕的工艺品，看上去美极了。因为这位匠神把陆地上和海洋里生长的大部分动物都镂在上面，妙极了，好像都是活的，能叫出声音，还闪烁着灿烂的光彩。

匠神既已创造了这个漂亮的灾星报复人类获得火种，待他满意于伟大父亲的明眸女儿给这少女的装扮后，便把她送到别的神灵和人类所在的地方。虽然这完全是个圈套，但不朽的神灵和会死的凡人见到她时都不由得惊奇，凡人更不能抵挡这个尤物的诱惑。

她是娇气女性的起源，[是可怕的一类妇女的起源，]这类女人和会死的凡人生活在一起，给他们带来不幸，只能同享富裕，不能

249　　共熬可恨的贫穷。就像有顶盖的蜂箱里的工蜂供养性本恶的雄蜂一样——工蜂白天里从早到晚采花酿蜜，为贮满白色蜂房而忙碌不停，雄蜂却整天待在蜂巢里坐享别的蜜蜂的劳动成果——在高空发出雷电的宙斯了把女人变成凡人的祸害，成为性本恶者。为了报复人类获得火种，他又给人类制造了第二个灾难：如果有谁想独身和逃避女人引起的悲苦，有谁不愿结婚，到了可怕的晚年就不会有人供养他；尽管他活着的时候不缺少生活资料，然而等他死了，亲戚们就会来分割他的遗产。如果一个人挑选了结婚的命运，并且娶了一个称心如意的妻子，那么对于这个男人来说，恶就会不断地和善作斗争；因为如果他不巧生了个淘气的孩子，他就会下半辈子烦恼痛苦得没完没了。这种祸害是无法排除的。[①]

在《工作与时日》中，在向他弟弟佩耳塞斯告诫了一番诚实劳动的美德之后，赫西俄德接着解释了人类之所以必须辛勤劳动的缘由（42-105）：

> 诸神不让人类知道生活的方法，否则，你工作一天或许就能轻易地获得足够的贮备，以致一整年都不需要再为生活而劳作了；或许立刻就可以把船舵卸下置于烟上，牛和壮骡翻耕过的田亩又会变成荒地。但是，愤怒的宙斯不让人类知道谋生之法，因为狡猾的普罗米修斯欺骗了他。因此，宙斯为人类设计了悲哀。他藏起了火种。但是，伊阿珀托斯的优秀儿子又替人类从英明的宙斯那里用一根空茴香秆偷得了火种，而这位雷电之神竟未察觉。聚云神宙斯后来愤怒地对他说：
>
> "伊阿珀托斯之子，你这狡猾不过的家伙，你以瞒过我盗走了火种而高兴，却不知等着你和人类的将是一场大灾难。我将给人类一

[①] 译者按：译文据张竹明、蒋平译《工作与时日 神谱》（商务印书馆1991年版）。原著引用时有删减，中译本补全。

件他们都为之兴高采烈而又导致厄运降临的不幸礼品，作为获得火种的代价。"

人类和诸神之父宙斯说过这话，哈哈大笑。他吩咐著名的赫菲斯托斯赶快把土与水掺和起来，在里面加进人类的语言和力气，创造了一位温柔可爱的少女，模样像永生女神。他吩咐雅典娜教她做针线活和编织各种不同的织物，吩咐金色的阿芙洛狄特在她头上倾洒优雅的风韵以及恼人的欲望和倦人的操心，吩咐神使、阿尔古斯、斩杀者赫尔墨斯给她一颗不知羞耻的心和欺诈的天性。

宙斯作了上述吩咐，神们听从了克洛诺斯之子、众神之王的安排。著名的跛足之神立刻依照克洛诺斯之子的意图，用泥土创造了一个腼腆少女的模样，明眸女神雅典娜给她穿衣服、束腰带，美惠三女神和尊贵的劝说女神给她戴上金项链，发髻华美的时序三女神往她头上戴上春天的鲜花。[帕拉斯·雅典娜为她作了各种服式的周身打扮。] 按照雷神宙斯的要求，阿尔古斯、斩杀者神使赫尔墨斯把谎言、能说会道以及一颗狡黠的心灵放在她的胸膛里，众神的传令官也给了她成篇的语言。宙斯称这位少女为"潘多拉"，意思是：奥林匹斯山上的所有神都送了她一件礼物——以五谷为生的人类之祸害。

诸神之父既已布置好这个绝对无法逃避的陷阱，便派荣耀的阿尔古斯、斩杀者诸神的快速信使把它作为一份礼物送到厄庇米修斯那里。厄庇米修斯没有考虑普罗米修斯嘱咐他的话——普罗米修斯曾吩咐他永远不要接受奥林匹斯的宙斯送给他的任何礼物；送来了也要退回去，以免可能成为人类的灾祸——他接受了这份礼物，后来受到祸害时，他才领会了那些话的含义。

须知在此之前，人类各部落原本生活在没有罪恶、没有劳累、没有疾病的大地上，命运三女神给人类带来了这些灾难。[须知在不幸中人老得很快。] 这妇人用手揭去了瓶上的大盖子，让诸神赐予的礼物都飞散出来，为人类制造许多悲苦和不幸。唯有希望仍逗留在瓶颈之下的牢不可破的瓶腹之中,未能飞出来。像手持埃癸斯招云的宙斯所设计的那样,在希望飞出瓶口之前,这妇人便盖上了瓶塞。但是,其他一万种不幸已漫游人间。不幸遍布大地,覆盖海洋。疾病夜以继日地流行,悄无声息地把灾害带给人类,因为英明的宙斯已剥夺了他们的声音。因此,没有任何可躲避宙斯意志的办法。[①]

韦尔南分析的第一个层次紧扣神话的原始版本的措辞。赫西俄德的记载讲述了诸神之间一次斗智中发生的一系列行为,斗智的双方,一方以普罗米修斯为首,人类的保护者,支持他的是其兄弟厄庇米修斯(Epimetheus),一方以宙斯为首,众神之王,拥护他的是奥林匹斯山众神。这些行为可以概括如下:

Ⅰ 句段结构:叙事序列
A 赫西俄德《神谱》(535-616):
(1) 普罗米修斯使诈让宙斯接受了献祭的不可食部分。
(2) 宙斯假装接受,"但是他对骗局心知肚明"。
(3) 宙斯扣住天国的火种"不给"人类。
(4) 普罗米修斯窃取火种送给人类。

B 赫西俄德《工作与时日》(42-105)
(1) 众神向人类隐瞒了谋生手段。
(2) 宙斯向人类隐瞒了火种。
(3) 普罗米修斯把火种藏在一根茴香秆中。
(4) 普罗米修斯从众神窃取火种。
(5) 宙斯骗厄庇米修斯接收潘多拉。

[①] 译者按:译文据张竹明、蒋平译《工作与时日 神谱》(商务印书馆1991年版)。原著引用时有删减,中译本补全。

(6) 厄庇米修斯上当。

每一个行为跟其他所有行为之间不仅有线性的或连续的关联，而且还有概念上的关联。所有行为都体现为交替进行的给予活动与索取活动。斗智表现为斗智双方礼物的交换，一方是宙斯和众神，另一方是普罗米修斯、厄庇米修斯和人类。但是，交换并非直接进行的。整个故事自始至终津津乐道的是宙斯和普罗米修斯的一个共同品格，即诡计多端（希腊语为 metis），一种伪装和欺骗的"艺术"或"技艺"。正是由于这一点，其礼物给予方式与普通的礼物给予方式判然有别。普通的送礼是坦诚的，讲究礼尚往来，除了这种坦诚所带来的相互尊敬和赏识之外，普通的送礼并无其他意图。而宙斯和普罗米修斯之间的交换则是一种有所保留的礼物给予方式，其中，故意隐瞒了交换物品的实际意图和真实属性。这一神话句段结构中的每一个行为都是以狡狯的方式体现出来的，我们不妨称之为"欺瞒模式"，这是礼物交换的四个可能方式中的一种。在通常的礼物交换活动中，一个人可以给也可以不给，可以受也可以不受。在欺瞒模式中，这些行为中的每一个，都对应于一种特殊形式的给和不给、受和不受。据此，我们将"行为语法"图示如下：

A 给予

	给	不给
坦诚模式	给予	保留
欺瞒模式	骗人接受	隐瞒

B 接受

	受	不受
坦诚模式	接受	拒绝
欺瞒模式	窃取	假装接受

韦尔南通过对行为语法的关注，对列维-斯特劳斯的聚合方法做出了重要的突破。对于列维-斯特劳斯而言，神话的组合轴可以与聚合轴完全分离开来，而后者本身似乎就具有系统性和意义；句段性对于聚合性的关系就像索绪尔那里"质料性的"能指与"概念性的"所指之间的关系。但是，雅各布森却成功地说明，音位，尽管是句段链的最基本单元，根本不可能完全与聚合结构分离开来，因为它本身就已经是一个复杂的聚合结构的体现。同样，韦尔南让我们看到，叙事句段的最小单元就已经是一个聚合关系系统的具体体现。行为语法中的行为就同时遵循句段和聚合两种秩序。

如果我们把韦尔南的行为语法按照格雷马斯语义基本结构的方式表述出来，并且将上面的表格重新画成"语义方块图"，我们就会发现每一种礼物交换模式，即坦诚模式和欺瞒模式，都体现为格雷马斯的算式形式：A:B::-A:-B。

坦诚模式的语义方块

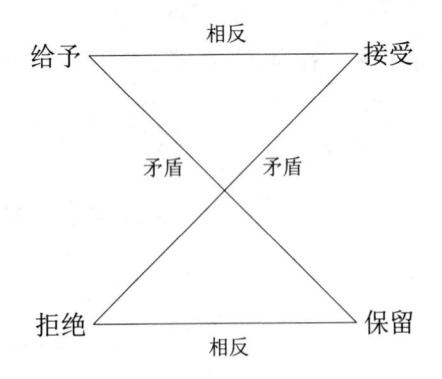

```
给予 ————相反———— 接受
      \          /
       \        /
      矛盾    矛盾
         \  /
          \/
          /\
         /  \
        /    \
       /      \
 拒绝 ————相反———— 保留
```

因此，在礼物交换的坦诚模式中，"给予"与"接受"是相对项，但是，"给予"的矛盾项是"不给"，即"保留"。同样，"接受"的矛盾项是"拒绝"（即"不接受"）：你或者接受，或者不接受，两者必居其一。

其实存在着两个被神话的行为语法通达的逻辑领域。我们刚才看到的（语义方块中的交叉线所连接的）是一种绝对的矛盾逻辑：你或者给予，或者不给，两者必居其一，也就是说，你或者做某事，或者不做某事，两者必居其一。但是，图中连结水平方向相对的两项之间逻辑则有所不同，这里相对的是两种不同的行为，如给予与接受。这两个项的相互对立，不是缘于肯定或否定的逻辑，而是缘于某种具体文化制度（即礼物交换）的基本法则。在给予和接受两者之间，你不必两者只择其一。例如，你可以跟人共同骑一辆自行车，或者给人共吃一块饼干，这些做法跟交换行为不发生任何关系。但是，赫西俄德故事中发生的行为，则是一种特殊的、非礼尚往来的礼物交换关系：他们并没有无视游戏的规则，但是却颠倒了这些规则。

在欺瞒模式中，语义方块的内部逻辑只有在其与坦诚模式的关系中才能理解。此种颠倒状态是一种否定形式的礼物交换，一种否定的逻辑，其与坦诚模式的关系，相当于 -A:-B::--A:--B 与格雷马斯的 A:B::-A:-B 之间的关系。欺瞒模式中的"给予"就是"欺骗某人让他接受"，"接受"就是"窃取"，"拒绝"就是在并未真的接受的同时"假装接受"。因此，欺瞒模式内部存在着一个严格对称的逻辑：

欺瞒模式的语义方块

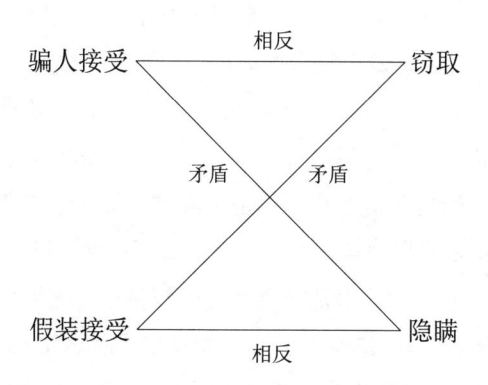

```
骗人接受 ——— 相反 ——— 窃取
         \         /
          矛盾   矛盾
         /         \
假装接受 ——— 相反 ——— 隐瞒
```

当我们观察普罗米修斯神话的对称结构时，我们发现它体现了发生于人类与众神之间的一场以礼物交换为手段的智力角逐。如果我们将上述两个故事视为同一个故事，我们也许可以说，相对于其中剧中人的品格而言，这些行为可以视为真实的。普罗米修斯和宙斯都以诡计多端为特征，其所作所为都处于欺瞒模式下：普罗米修斯"欺骗对方接受""隐瞒""窃取"，宙斯则"假装接受""隐瞒""假装上当"。其他众神都服从宙斯的命令，并且参与了他的阴谋，但是，厄庇米修斯却拒绝参与，他宁愿拥护普罗米修斯。此外，在按照钩心斗角的规则参与"给予与接受"的游戏时，他也失败了。他天真地按照常规的坦诚模式接受了礼物潘多拉。这个故事讲述的是人类如何失去了无忧无虑的生活而陷入无休无止的辛勤劳作，其主要作用是在神性与人性的世界之间做出区分。在这一分析的基础上，我可以说，神性的智力是诡计多端的，而人性则兼具两种智力模式，即普罗米修斯的诡计多端（先知先觉）和厄庇米修斯的天真无邪（后知后觉）。人类由于不够狡猾，没有先见之明，所以在一场智力的较量中惨败，并因此失去了最初的福惠。

不过，如果我们将上述两个版本做一比较，我们就会发现每一个版本都有相同的结构。在每一个版本中，智力的较量之所以失败，都是因为双方的首要人物中某一位不慎陷入坦诚模式。我们注意到，在《工作与时日》中，赫西俄德提到，宙斯在隐瞒谷种之同时也隐瞒了火种，但是，在《神谱》(563)中却说，宙斯"拒绝给人"火种，也就是说，他按照坦诚模式行动，坦诚拒绝给予火种。假如我们按照《神谱》的说法，这个故事将会分裂为两个对称的对立面。一方面，宙斯试图隐瞒某种东西，而这正是普罗米修斯想窃取的；另一方面，普罗米修斯警告厄庇米修斯不能要宙斯给的任何礼物，但宙斯骗过了厄庇米修斯。宙斯试图隐瞒，却上了普罗米修斯的当；普罗米修斯试图拒绝，却又上了宙斯的当。故事的两个版本所叙述的都是一场智力的较量，而这场智力的较量的失败，都是由于其中一方从欺瞒模式误入坦诚模式而导致。每一次较量都以人类接受了神的"礼物"即火种或女人而告终。两个版本中宙斯对待火种的方式的改变（"拒绝"或者"隐瞒"），维持了两个故事之间的句段对应关系。

表面上看，正如赫西俄德所述，这个故事表明了人类无力跟神较量，尽管他继承了由普罗米修斯所代表的神的智力，但他也承袭了厄庇米修斯的品格。但是，在更深的层面上看，这个故事表明，在众神对待人类的方式中，存在着一些阴险的因素，其慷慨中夹杂着歹意，其礼物是善恶相杂的骗局。从纯粹理论的角度看，韦尔南这一分析的精彩之处在于，它表明，聚合结构与句段结构一样，也能体现为一种时间功能，从一种欺瞒模式下的初始状态或主题情境到一种开放模式下的终结状态或冲突的解决的转化。

韦尔南论潘多拉：语义分析

尽管我们借由句段分析揭示了潘多拉神话中支配其行为的逻辑，但是这一神话的意义并未因此而被穷尽。韦尔南还提供了其他两个层面的分析。在第二个层次，即语义分析的层面上，韦尔南更加关注聚合结构，尽管借以分析的角度主要不在神话中的行为，而是人和物，即那些在礼物交换行为中发挥作用的人和物。尽管聚合结构并非与句段结构毫不相干，但是正如我们上面已经看到的那样，我们可以将聚合结构视为某种由初始情境和终结情境之间的对立关系叠合而成的东西。就此而论，这个神话描述了人类失去福惠，将那种人神共处、安宁幸福的初始情境与人神暌隔、含辛茹苦、善恶糅杂的终结情境形成对照。

从初始情境到终结情境的转化，是由数种福惠的丧失而导致的，每一次丧失，都伴随着相应的利弊兼具的收获。在宙斯与普罗米修斯的较量中，宙斯向人类隐瞒了"永生之火"，作为替换，人类获得了一种不同的火种，即"普罗米修斯之火"；宙斯向人类隐瞒了"生计"，据说，在黄金时代，食物遍地自生，但是宙斯把它藏到了土地之下，直到普罗米修斯教会人类耕作，人类才重新得以从土地里获取食物，但为此他们必须付出艰辛的劳作："若非如此，你本可悠闲度岁，因为一日之劳，足供一年之食。"在黄金时代，人类是土生的，婴儿从地里生出来，但因宙斯抟土为女人而结束了土生。伴随潘多拉同来的,还有一个作为嫁妆的罐子,里面装着疾病和衰老,而据赫西俄德在《工作与时日》(112-16)中说,早先,"人生似神仙,无劳亦无虑。无苦亦无悲,无病亦无老。四体长安健,颐享天年。不罹诸般苦,长眠如梦酣"。假如我们在上述清单中再加上神话开头提到的墨科涅(Mekone)的牺牲,正是这次献祭构成了"初始情境",并成为触发嗣后一切堕落的触媒,那么,这个清单中就囊括了神话中提到的所有礼物,在随着句段结构逐渐展开的礼物交换游戏中,这些礼物扮演了棋子的角色。

每一礼物都分别属于一个不同的人类生活范畴。技术(火)、农业、婚姻和献祭,都是文化的恩惠,它们使人类告别了卑劣的兽性存在。然而,如果说兽性代表了自然的否定性面向,那么,神(以及黄金时代的人)则代表了自然的肯定面向。普罗米修斯神话表明,文化具有一种利弊混杂的禀赋,它在使人类失去了无忧无虑的神仙般存在的同时,也使人摆脱了卑劣的畜牲境况。

黄金时代	现时代
与神共处	人向神奉献牺牲
众神之火	普罗米修斯之火
食物自生	农业耕作
人类土生	女人生子
无病无老	装有老、病以及希望的罐子
纯粹的善	善恶糅杂

韦尔南的聚合分析或"语义"分析表明,牺牲、火种、农耕、潘多拉和她的罐子这五种事物中,每一种都借由其相似性和对立性形成了一个"关系束",类似于句段分析中渐次展开的基本语义结构。韦尔南紧扣潘多拉与其他交换物之间的相似性和对立性展开分析。潘多拉也像一个献祭的动物。她那富于诱惑力的外貌对应于普罗米修斯献给宙斯的富于

诱惑力却不能食用的杂碎包裹。那些杂碎被用令人垂涎的白色肉脂掩盖起来，而潘多拉则拥有女神和处女一般的外貌，像新娘一样身穿白色婚袍、头戴绣花面纱。

她的邪恶的内心则是普罗米修斯给予人类的包裹的反转。普罗米修斯用牛皮和牛胃（恶劣的外表）形成的双层包皮把这些东西包裹起来，而可食用的牛肉则藏在里面（美好的内部）。潘多拉充满诱惑力的外表隐藏着荡妇的心、窃贼的品格和一个专会骗人的嗓音。她的品格就像一只贪得无厌的胃，她消耗了人类赖以生存的食粮，恰似普罗米修斯用来包裹牲肉的牛胃。尽管如此，这两只胃又截然相反。因为一只胃，虽然长着秀色可餐的外表，却包藏着一只掳走人类食粮的贪婪之胃；另一只用以献祭的胃，虽然有着令人反胃的外表，里面却包藏着养育人类的肉食。潘多拉和属于人类的牲肉，都有着三重本性：潘多拉具有神性（外表、心计）、人性（嗓音）、兽性（"荡妇的心"）三重本性。普罗米修斯把可食之物包裹于胃中的行为，注定了人类不得不通过不断地填饱这个巨大的肠胃来维持生存；如此一来，在人和神之间的分配中，这只胃就蕴含了属于人类的宿命。在《神谱》开篇（26），缪斯就训诫赫西俄德说："荒野之牧者，可悲复可耻，只知填肚皮。"在《奥德赛》中（7.216），奥德修斯告诫费埃克斯人（Phaeacians）说："世间万物，唯胃最贱。"由此我们想到，赫尔墨斯给潘多拉安了一颗狗一样的心。对于古风时期的希腊人而言，胃纯粹是一个既可耻又可憎的有害之物。

不过，在希腊思想中，女人、胃、狗之间还存在另外一种互涉关系：希腊语中的"*gaster*"不仅指"胃"，还指"子宫"。狗的声名狼藉，不仅是因为它在食欲方面的无耻和贪婪，还因为它在性欲方面的无耻和贪婪。在《奥德赛》中（11.425-7），阿伽门农被克吕泰涅斯特拉出卖和谋杀之后，他的冤魂咒骂克吕泰涅斯特拉是"狗脸婆娘"，宣称"世上属女人最是贱货"。史诗的下文，当奥德修斯的使女们跟求婚者姘居，也被称为"狗婆娘"（20.18）。女人、狗、胃之间的这种类比关系也见于《工作与时日》（586），赫西俄德断言，当狗星（大犬座）升起的日子，也是女人最淫荡无度、不知餍足的时候。潘多拉的狗心，暗示了她的淫荡和贪婪。

在很多方面，潘多拉都是普罗米修斯之火的对等物。作为一个诡计，火种的取得、祭品的分配和潘多拉的降临有着相同的结构。窃得的火种藏在一根茴香秆中，使之具有了绿色植物的外表：内在与外在相对立（热与冷，干与湿）。另一方面，普罗米修斯之火，跟众神之不死火不同，必须不断添柴才能保持燃烧。火也需要播种。在希腊史诗和抒情诗中，木炭和余烬被称为"火的种子"。农人要给土地播种，男人要给女人播种，两者如出一辙。女人就像火焰，用劳作和焦虑让男人燃烧、枯槁，按照赫西俄德《工作与时日》中的说法（702-5）："告尔世间诸男子，善莫善于娶好妇，恶莫恶于娶恶妇，恶妇之欲永难足，消磨丈夫如燃烛，纵使四体健如铁，迟早捐弃等枯骨。"一位古代学者（亚历山大的帕拉达斯）在这一页上留下的评注就道破了其中的结构关联："宙斯为了赎回火种，送给人类另外一种火作为礼物，即女人。……火有熄灭之时，但女人却是永不熄灭的欲火，情热似火，熄而复燃。……她让男人永远不得安宁，直到他灯枯油尽，将青春年华变作未老先衰。"普罗米修斯窃取了会熄灭的火，用以替代不灭的火，宙斯为了给人类交换此种会熄灭的火种，就送给他们另一种永不熄灭的火，此火迟早会把他们燃尽。此外，为了交换盗取火种这种盗窃行为，宙斯送给人类另一种火，此火实为一个窃贼：潘多拉拥有"窃贼的性情"。赫西俄德在《工作与时日》的另一处痛斥道："信任女人者，即信任窃贼。"（375）

潘多拉还对应于人类的生计——被宙斯与神界的火种一道藏起来的谷物。正如普罗米修斯把牛肉藏在牛胃里、将火种藏在茴香秆里，男人若想有孩子，必须将其种子藏入女人的子宫里，因此，潘多拉就像为了收获谷物就必须被播种的土地。其实，在希腊神话和祭仪中，潘多拉是一个对土地的命名，希腊艺术也表现了潘多拉像谷物一样正从土地里生长出来的情景（见图10）。

图 10　阿提卡红色人物涡纹双耳喷口罐，公元前 450。
Ashmolean Museum，Oxford G 275（V 525）

对于赫西俄德和跟他相似心思的希腊厌女者而言，婚姻是一件琐碎的、令人筋疲力尽的农家杂务，在婚姻双方中，女人是耕地，男人是耕犁。这里又流露出农业与女人之间的另一层关系：女人是消费者，而男人是生产者。

最后，潘多拉还像众神送给她作为嫁妆带给男人的罐子。那个罐子跟潘多拉一样，也是内部藏有厄运、会给男人带来无穷艰辛的礼物。但是，罐子里不仅装着厄运，还装着希望。从青铜时代起，神话中就提到的这种型式的巨型陶罐（pithos）被作为储藏农业产品的容器，它被埋在地里，尤其是用来收藏谷物。因此，男人把种子和粮食储于罐中，就像他们在播种季节把种子和粮食播于土中，也像他们把食物吃进肚子里。但是，陶罐的造型又像肚子和子宫：罐子有一个深藏于土中的肚子（希腊语为 gastra），只有露在地面上的罐颈和罐沿可以看到，男人们把谷物的种子收藏于其中，这些种子是来年丰收的希望，就像男人把他们的种子播进女人的子宫，希望给他们生出后代一样。就如上一节（第六节）所述雅典早期国王的神话一样，婚姻以其特有的方式使家庭的宗绪得以延续，因此可以将之视为某种文化性的永生，这是一种仅次于众神之自然永生的永生方式。借此方式，男人就将其永生的希望寄托于子孙身上。借助于婚姻这种文化制度，男人就得以上升为介于野兽这种自然的终有一死与众神这种自然的永生不死之间的中间位置。

上述关于普罗米修斯神话的聚合分析或曰语义分析，可以概括为下表：

女人	牺牲	农业	火	罐
白色礼服和女神的外表，包藏荡妇之祸心，即美丽其外，邪恶其里。	丰腴的肉脂包裹着骨头，即美丽其外，邪恶其里。	隐藏于土地中的谷物。	隐藏于茴香秆（冷/湿）中的火种（热/干）。	罐盖之下隐藏着厄运。
内部的 gaster（胃/子宫）；善恶糅杂的禀赋，因为男人必须喂饱肚子、播种子宫，但女人也生孩子。	牛皮和牛胃（gaster）包裹着牛肉，即邪恶其外，美丽其里。	土地需要辛勤耕耘和播种，但土地也生产粮食。	普罗米修斯之火必须被播种和添加柴火。	藏在罐腹的希望，善恶糅杂的禀赋。

续表

女人	牺牲	农业	火	罐
用操劳消磨男人,消耗男人,让他未老先衰;女人是欲火,性情似窃贼。		田园劳作导致男人衰老和死亡。	窃取的火。	罐子散播疾病和老死。

聚合结构与句段结构一样,表明了人类与众神有何不同:句段结构揭示了人类与众神在智力方面存在着质的差异;聚合结构表明人类与众神在命运方面存在着质的差异,如同难分难解的善恶糅杂与成色十足的善之间的差异一样。然而,借助于众神的礼物,献祭、婚姻、农业、火(技术)等文化制度将人类的命运提高到至少是高于野兽的命运的地位。此种善恶糅杂、祸福交织的禀赋,就像人类糅杂不纯的智力一样,使人得以居于野兽和众神之间的中间位置。

韦尔南论潘多拉:意识形态分析

韦尔南三个层面的分析,最后一层是文化的或意识形态的分析,关于这一点,我们在此只需略加介绍,因为下一章一开始我们就将回到这一问题。韦尔南指出,在希腊的崇拜、仪式、神话和制度实践中,献祭、婚姻、农业难分难解地联系在一起,就像在潘多拉神话中那样,它们一道界定了人类状态的典型特征。献祭宴暗示了仪式性烹饪,火也是如此:献给众神的在祭坛上焚烧,给人吃的则炙烤和煮熟。献祭又暗示了农业:一般而言,只有家养的动物才能用来献祭,家养动物与野生动物的关系,就像园艺植物与野生植物的关系。还有,在希腊祭仪中,要先宰杀牺牲,后进献谷物和葡萄酒。农业与婚姻之间的关联是神话和仪式言之谆谆的:例如,在塞斯摩弗洛斯节(Thesmophoria)这个主要献给丰收女神德墨忒耳(Demeter)的节日上,只有已婚女人才准参与,其主要的献祭活动旨在促进谷物丰收。

或许,潘多拉神话所体现的最令人感兴趣的文化意识形态是其对于女性的观点。其中,女人与男人被区别为两个对峙的阵营,女人完全处于道德卑劣的一方。潘多拉是所有糅杂不纯的禀赋的罪魁祸首。在其三重品格中，就像在其叙事功能中一样，她都处于兽性与神性之间，因此体现了人类的存在境况。她拥有神的外表、野兽的本性以及人类的声音和力量。然而，尽管她说的是人类的语言，她却只是用它来撒谎和欺骗，因此，交流不仅是不可能的，而且还是很危险的。希腊人对于女人的暧昧态度，同时也是人类境况的暧昧性的表现，在其中，所有的文化制度以及神的所有的恩赐，都被镶嵌上了邪恶的蕾丝花边。此种暧昧性在其对于希望的暧昧态度中得到进一步体现，希望只存在于深深的罐腹之中。假如人类具有众神的先知先觉和聪明才智，他们就不需要希望，反过来，假如人类像野兽一样，没有聪明才智，对其终有一死的命运一无所知，他们也同样不需要希望。正因为他们陷于先知先觉（普罗米修斯）和后知后觉（厄庇米修斯）之间，希望才一直引导着他们，但一切终是徒劳。

第六章　意识形态

只有当一个民族的文化失去其自我封闭和自我满足的特性时，当它开始意识到它自己仅仅是其他众多文化和语言中的一种时，言语意识形态的中心才会开始漂移。正是这种知识将会使对于一种语言的神话情感逐渐丧失根基，这种情感依赖于意识形态意义与神话的水乳交融般的关系；一种对于语言边界（社会的、民族的和语义的）敏锐的感觉将会应运而生，只有这时，语言的基本人文属性才会逐渐显露出来；民族性特征和社会的典型面目、言说者的人类存在者形象，才开始从其词语、形式、风格的背后显露其庐山真面目。

——巴赫金（M. M. Bakhtin）：《对话的想象（小说中的话语）》，第 370 页

第一节　结构和意识形态

女人与意识形态素（Ideologeme）

很多谈到女人或女神的神话，都表达了对于女性和女人的生育能力的文化关注。用结构主义的话说，这些神话，借由婚姻这种文化制度，成为生命与死亡这"自然的"两极之间以及导致子孙繁衍或断子绝孙的两性行为这"自然的"两极之间典型的中介（如雅典世系的神话，见第五章第六节）。

人们无需什么高超的分析方法，就不难发现这些神话所传达的道德信息：它们明确地将性的禁欲和混乱描绘为危险的过度行为，其最终结

果是灾祸和死亡。单纯从功能性的角度看,这些神话维护了希腊社会的一种基础制度,即作为希腊城邦政治权力之最小单位的家庭,其支配者和代表者是成年男性公民。而且,显而易见的是,不管是何种性别的禁欲或者放纵,都可能导致家庭的覆灭。通过对神话以及与之相关的文化语境的深入的结构分析,将会提供一种模式,让我们了解文化意识形态是如何构成的。

没有哪种切实可行的文化是单靠惩罚和监督功能规范其成员的行为,这些外在的规范措施只是在特殊情形下才是必需的。社会的信仰和价值系统所形成的内在规范更为重要,它们塑造了个体的心智,也创造了他的需求和欲望。构成希腊意识形态的整个思想系统的,是如何维系和巩固了诸如贞洁这样的重要价值,对于理解这一问题而言,结构主义提供了一个相当具体的系统。

按照韦尔南的观点,要最终完成对潘多拉神话的分析,或者说要透彻地理解这一神话,必须考察这一神话的社会和历史语境。韦尔南对普罗米修斯神话的分析(第五章第七节)揭示了一个复杂的思想系统,正是借助于这一系统,希腊思想将一些原本互不相干的事物(食物、火、女人、罐子)和制度(献祭、技术、婚姻、农艺)交织在一起。古代的那些神话听众,假如仅仅局限于潘多拉神话本身的结构,是无法理解这些事物和制度之间的概念性关联的。这里有一个基本假设,即神话交流之所以可能,是因为神话从属于一个较之更高的语言层面,人们在文化适应的过程中,按照学习普通语言同样的途径,习得了这一语言层面。一位结构主义者可能会将由音素到神话素(第五章第四节)的语言学要素系列进一步扩展,将由一束神话所构成之单元称为意识形态素(ideologeme),将由一束意识形态素所构成之单元称为文化心态或意识形态。如果说潘多拉神话揭示了"女人"的社会意义及其与食物、火、罐子等之间的交叉互涉关系,那不过是因为这个神话触及了一个预先存在的、秩序井然的、由对立和关系构成的语义系统,这个系统已经在献祭、农艺、技术和婚姻等概念之间建立了同声连气的关系。为了证明此种"语法规则"的存在，需要做的是揭示其他那些遵循着同样结构的表达方式。

韦尔南对潘多拉神话的第三层分析即"意识形态分析"主要见于他为马塞尔·德蒂安（Marcel Detienne，1935— ）《阿多尼斯花园》一书写的序言中，这一分析被德蒂安大大扩充，他对希腊思想的整体系统中的一系列"编码系统"做出了精辟的解说，涉及营养学、植物学、动物学、天文学和其他很多领域，所有这一切集中体现为一套标准的价值体系。对这些编码系统的匆匆一瞥，你看不出它们跟婚姻有什么关系，但是，实际情况并非如此。

烹饪、农艺、婚姻

营养学编码系统在牺牲盛筵的结构中得到最完美的体现。献祭活动使人类与野兽区分开来，尽管他们具有相同的自然本性：人类和动物都终有一死，都需要通过每天的食物摄取来维系其生命活力，而这些食物又都是容易败坏的。不过，人类的食物主要是耕种所获的谷物或者家养动物的肉，而野兽的食物则是野生的植物、野生动物的生肉。"耕种/熟食"与"野生/生食"这一对异形同构的二元对立是很多神话文化所普遍具有的意识形态素（列维-斯特劳斯在《生食和熟食》[*The Raw and the Cooked*] 一书中，对南美印第安人的情况做了考察）。这一意识形态素使人将很多文化活动都视为某种形式的"烹饪"。还有，由于野兽吃生食，而人吃熟食，一种文化可能会将这一逻辑进一步推广，认为神吃的是过度烹饪的食物。但是，因为神也是自然性的，这就在上述逻辑系统中激发了一种"双维特性"，这种双维特性通常会导致一种三重性格局。献给神的食物和馨香之物被放在祭坛上焚烧，根据同一逻辑，献祭受聚合规则的支配，优先考虑"文化性的、未烹饪的"牺牲物，即家养动物，在宰牲前，把收获的谷物撒在祭坛上，亦属此意。按照这一方式，献祭仪式在将人与神联系起来的同时，也将人与神区别开来。人类食用已死的、易腐败的肉，而神则歆享焚烧骨头和馨香之物而产生的烟气,烟气是不会腐败的,也是人类无法消受的,因为它们只适合不死者歆享。

因为芳芬诱人的胡椒(spice)、没药和香氛不会朽坏,所以它们是沟通天和地最理想的媒介。但是,它们之所以作为中介物的角色,还有另外的理由:根据希腊学者的说法,没药和香料生长于阿拉伯,那是世界上最炎热和干燥的地区。他们误以为胡椒的收获季节是在大犬星升起来的七月份,此时胡椒的效力最强,也正是太阳离地面的距离最近的时候,炽烈的阳光使植物和动物都变得萎靡不振。尽管没药是长在地上,但由于阳光强烈的熏晒,它也感染了天界的热性。此种烹饪方式事实上直接涉及没药和胡椒的不会朽坏的属性,因为烹饪就是减少水分,而水分导致食物腐败。正因为水分导致腐败和臭味,烹饪则产生美好的气味,而最美好的味道源于那些能够经受最大程度的烹饪的物质。

水分与腐败之间的联系跟一个由其他一些信念构成的庞大网络有关:居住在炎热气候下的人寿命较长,例如,尤其是黑皮肤的埃塞俄比亚人,他们生活于靠近太阳升起的地方,据说以黄金这种最不易朽坏之物为食;动物之所以浑身散发臭味,是由于它们的体液是黏液质的,而豹子之所以散发香味,则是因为它具有热性;由于同样的原因,亚历山大大帝闻起来的味道就比普通的马其顿人要好,而凡是众神涉足之地,都会留下他们的芬芳。

农艺也被描述为一种烹饪方式。犁地,就是把土地翻过来,让它在播种之前接受太阳的"烹炙"。农作植物因此就分有了熟食的营养,并因此变得柔软、美味。但是,并非所有植物都适合耕种:野生植物更喜欢阴冷、潮湿的环境。只有那些为此种内在的烹饪预先处置过的植物才是可耕作的。谷物是所有可食植物中最熟者(胡椒只是半可食的)。谷物生长于"熟土",经受了夏日太阳的"烹炙",谷物被熏烤、研磨,然后再在火上进行二度烹饪。因此,献祭实践呈现了一组完整的异形同构的对立关系:

不会腐败的（生命）	神	焚烧	没药、香氛	热	芳香	干燥
	人	熟食	谷物			
会腐败的（死亡）	野兽	生食	野生植物	冷	臭味	潮湿

人们不难看出，在希腊思想中，根据人与野兽和众神的关系对人性进行界定时，农业发挥着重要作用。人们也不难理解，火何以发挥着如此重要的中介物的作用：不仅因为献祭离不开火，火扮演了神与人之间的中介者的角色，也不仅因为火把人与野兽区别开来，火使人类能够烹饪食物、食用谷物，还因为火中介了冷与热、臭味与芳香、潮湿与干燥，以及其他一系列异形同构的二元对立，正是这些二元对立在将人与神和动物联系起来的同时也界定了人。但是，婚姻又是如何进入这个系统的呢？在潘多拉神话中，婚姻被比作献祭烹饪、火和农艺。所有这一切都保证了人性的延续：献祭、农艺和火使个体能够通过食用食物维系其生命的延续，婚姻则使个体能够借助于生儿育女使自己的生命在死后得以延续。柏拉图声称，婚姻就是"人类按照自然的教诲分有不死性的途径"（Laws 721b）。婚姻将人性提升到通往神的不死性的半途，在有死性中造成某种不死性。在自然的野性状态，性媾和纯出于偶然、毫无节制，跟野兽没有区别：由此种野合而生的孩子只知其母不知其父（参见第五章第六节中的刻克洛普斯神话）。没有婚姻，就意味着没有父系世系的延续，这种情况下，只有自然的再生产，而没有社会的再生产。

就像献祭暗示了农业和火，它也暗示了婚姻。韦尔南指出："对于希腊人而言，婚姻构成一种农艺劳作形式，其中，女人是土地上的犁沟，男人是犁地的农夫。如果妻子不使自己成为一块可以耕耘的土地，她就不会生产出期待的果实，即合法的孩子，从孩子身上，父亲能够认出他播下的种子。"（1972: xii）跟耕地一样，婚姻也是文化"烹饪"的一种表现形式。

婚姻与农艺之间的关系在雅典的婚礼中被清晰可见地勾画出来。未来岳父当着未来女婿的面，说出如下的套话："为了生出合法的孩子，我把这个女儿交给你耕种。"据记载，在结婚之日，雅典的新郎新娘要随身携带一个用来盛烤熟的大麦的容器。在婚宴庆典上，一个小孩头戴一个用带刺的植物枝条编成、嵌着橡实的花冠，一边念叨着"坏运气都离开，好运气一块来！"一边用簸箕装着烤面包——分发给所有受邀的宾客。随后，人们把没药、油膏撒到新娘新郎身上。黄昏时分，一支手持火把的队伍陪伴着马车，一直将新娘送到新郎的家里。在这一队伍中，一个男孩扛着一把筛子（用来将好米与糙米分开的农具）。新娘被领进新郎家，走到灶台前，人们把各种坚果和无花果撒到她身上。随后，新娘新郎进入洞房，洞房的门上挂着一根臼杵（捣米所用）。

除非联系上面我们曾经讨论过的思想体系，否则这些五花八门的符号看起来就仅仅是胡乱拼凑的，彼此之间似乎毫不相干。所有这些符号都扮演着自然状态和文明状态之间中介的角色。希腊俗语中将前者称为"长刺的生活"，将后者称为"精米的生活"。

坏				好
长刺的生活	荆冠 橡实 坚果 无花果	烤过的大麦 筛子 簸箕 杵棒	面包 小孩子	精米的生活
文化之前				文化

在这一象征系统中，我们可以看出，婚姻与未婚之间的关系，相当于熟食与生食、耕作与野生之间的关系。

德墨忒耳、阿耳忒弥斯、阿芙洛狄忒

德墨忒耳是五谷之神，同时也是婚姻之神，希腊主妇的重要节日塞斯摩弗洛斯节（Thesmophoria）就是纪念她的。与德墨忒耳相对的有两个女神，阿耳忒弥斯和阿芙洛狄忒。她们两位都是某种野蛮状态的体现，会对婚姻制度造成威胁：阿耳忒弥斯象征处女的性情和态度，而阿芙洛狄忒则象征妓女。"远离男人，远离文明，处女们陪伴在阿耳忒弥

斯身边,过着野蛮的生活,她是处女猎手,是山间野兽的女王,还是蛮荒未开的森林的女主人,婚礼上的荆冠和橡实,象征的就是这种状态。"(Vernant 1972: xiii)。(橡实很不容易消化,据说只有阿卡狄亚人以之为食,他们比所有希腊民族都落后,甚至比穴居人还落后。)"为了进入文明状态,即由烤熟的大麦、筛子、簸箕和臼杵象征的'精米的生活',少女必须宣布放弃此前那种与男人隔绝的野蛮生活状态。"(Vernant 1972: xiii)。希腊语表示"妻子"的词将婚姻状态比拟于桀骜不驯的牛或马被驯服并套上笼头和轭。一位古代作家写到,在塞斯摩弗洛斯节上,人们向德墨忒耳奉献祭品,因为"她的礼物,德墨忒耳之果(即谷物)让人类变得温顺谦恭"(Schol. Lucian, Rabe 273f.)。"少女们戴上婚姻之轭,全心全意地奉夫持家,通过参与到家庭这一构成城邦的最小单位之中,她就将自己融入了社会生活。"(Vernant 1972: xiii)

阿芙洛狄忒代表的形象,跟阿耳忒弥斯截然相反,但却同样对婚姻制度造成威胁,而且也同样对立于德墨忒耳。韦尔南说(1972: xiii):

> 这位妓女也是将自己置身于婚姻之外,但是却恰好跟阿耳忒弥斯相反。她的野性不在于拒绝和厌恶男人,而是过度的魅力和恣肆的欲望。她向每一个萍水相逢的男人投怀送抱,使他们个个都鬼迷心窍,误以为这种芬芳四溢、纵情声色的生活就是生活的真相,这是一种不同于那种与"长刺的生活"相对立的"精米的生活"的生活状态。

在向新郎家行进的队伍中,撒在新娘身上的香料,与婚宴典礼开始时出现的荆冠形成鲜明的对比,预示了他们即将进入阿芙洛狄忒的世界。但是,整个婚礼庆典自始至终,所着意的既不是对性的彻底拒绝,也不是对性的淫乐无度,而是这两者之间的中间状态,这两种状态都会导致文化上的绝嗣,前者自然不会生孩子,后者尽管会生孩子,但却是不合法的、没有父亲的孩子,不会被城邦社会接纳。德墨忒耳的世界则介于阿耳忒弥斯和阿芙洛狄忒之间，在其中，性被颁发了执照，并得到应有的节制，而就其生产了"文化上"的后嗣而言，德墨忒耳的世界又是与阿耳忒弥斯和阿芙洛狄忒截然相反的。

文化	德墨忒耳		繁育(生命)
自然	阿耳忒弥斯 冷 拒绝 长刺 生橡实 不育	阿芙洛狄忒 热 吸引 香料 不可食的香氛 无节制的繁育	不育(死亡)

几乎所有那些将这三位女神中任何两位与其他一位对立起来的神话，以及为数众多的谈论男女两性在性行为方面的极端状态的神话，其意义都可以依据这些意识形态素得以理解。还有其他几个神话，更加精彩地体现了这些由德蒂安在《阿多尼斯花园》一书中揭示的意识形态素，本章的余下篇幅中，我们将对这几个神话略作考察。这些神话足以让我们认识到，上述意识形态素所构成的概念框架是如何既一以贯之而又千变万化地不断再现于众多不同的神话和仪式中。仿佛有一张天衣无缝、囊括万有的大网，而这些意识形态素只是这张网上的几根经纬线，借其可怕的对称性和无所不在的连贯性所翻来覆去、喋喋不休地宣示的，自始至终都是同一个无可回避、颠扑不破的讯息。

没药与阿多尼斯

没药和香料可以在婚姻的爱欲方面发挥重要的作用：没药，作为香水和油膏的构成要素，在横向，有助于男性和女性之间的沟通；在竖向，作为馨香的烟氛，则有助于人与神之间的沟通。然而，尽管它们在婚姻中发挥重要的作用，但油膏的使用却并非必需。油膏的过度使用，就像过度沉溺于肉欲快感一样，都有将婚姻本末倒置的危险，因为婚姻的目的是生产合法的后代，而油膏的过度使用则会导致后代的淆乱，其对于婚姻的威胁，与完全禁止两性交媾对于婚姻的危害，毫无二致。

　　密耳拉（Myrrha）的神话，是一个旨在说明没药效力的释因神话。这是一个劝诫性故事，故事中的女主人公在婚姻的两个极端状态（即禁欲与纵欲）之间左右摇摆，受尽煎熬。密耳拉（其名字即源于希腊文的"没药"）是塞浦路斯国王基尼拉斯（Kinyras）的女儿。她因为拒绝向阿芙洛狄忒表示敬意而触怒了她，又因为尽管求婚者众多，她却拒绝结婚，阿芙洛狄忒为了报复，就让她爱上了自己的父亲。她深受羞耻和内疚的折磨，痛苦得想自杀，但她的使女发现了她隐秘的苦衷，自告奋勇地帮助她满足自己的情欲。机会终于来了，基尼拉斯的妻子、肯奇瑞斯（Kenchreis）王后（这个名字基于 kenchroi，意为"粟米"，暗示"谷物/法定妻子"）为了参加纪念德墨忒耳的塞斯摩弗洛斯节，要离家十二天。使女伺机接近基尼拉斯，告诉他一位年轻姑娘，同时也是他的臣民，一直热烈地爱着他，由于怕羞，因此希望在不暴露自己的身份的情况下，在晚上趁夜色来跟他幽会。接连好几个晚上，基尼拉斯都处于跟自己女儿的乱伦关系之中而不自知。直到最后，好奇心占了上风，他点亮灯，发现睡在自己身边的竟是自己的亲闺女。暴怒之下，他操起宝剑，追着要杀死密耳拉。但众神可怜她的不幸，把她变成了一棵没药树，直到今天，没药树上还不断流淌着她的泪水。

　　婚姻是密耳拉的两种极端状态之间的（受压抑的）中间状态。一开始，她是一个百般挑剔的处女，拒绝了所有的男人，最后，她却成了一位纵淫无度的女人：由于她拒绝了阿芙洛狄忒女神，女神为了报复，让她爱上了按照社会规范她本应该敬而远之的男人。没药树的"眼泪"当然就是没药树的树液，人们收获这种树液制造没药，被用来调制最具效力的油膏、香水和香氛。

　　阿多尼斯就是基尼拉斯和密耳拉父女乱伦生下的孽种，就其为没药树所结的果实而言，阿多尼斯代表了诱惑的力量，并成为油膏和香氛之间的中介者。按照神话中的说法，他漂亮得让人惊为天人。在他还很小的时候，就被阿芙洛狄忒领走，妒火中烧的女神将他藏在一个盒子里，免得被其他男女众神看到。她把盒子托付给珀尔塞福涅看管。但是，冥府女王珀尔塞福涅私自打开盒子，立刻就爱上了阿多尼斯，并拒绝把他还给阿芙洛狄忒。两位女神争执不下，最后告到宙斯御前，宙斯判阿多尼斯每年各跟每位女神在一起待三分之一的时间，余下的三分之一时间跟谁，则让阿多尼斯自己决定。于是，阿多尼斯每年就有三分之二的时间跟阿芙洛狄忒待在一起。一天，阿多尼斯正在打猎，被一头野猪穷追不舍（根据欧里庇得斯的说法，野猪是阿耳忒弥斯派来的，为的是报复阿芙洛狄忒，后者害死了希波吕托斯）。阿多尼斯被这头气势汹汹的野兽追赶，吓得魂飞魄散，无处可逃，只好藏在一片莴苣地里。还有的版本说是阿芙洛狄忒把他藏在莴苣地里。但不管如何，阿多尼斯还是难逃一死，在他死后，阿芙洛狄忒把他的尸首放在莴苣叶子上。

阿多尼斯故事和密耳拉故事由一系列对立因素联系起来，这一点有力地证明了列维-斯特劳斯的观点，即相互关联的神话体现了相同的结构：

密耳拉	阿多尼斯
已到婚龄却拒绝出嫁（与阿耳忒弥斯不合时宜的亲密）	孩提时代即已深陷肉欲快感（与阿芙洛狄忒不合时宜的亲密）
阿芙洛狄忒的力量令两个按照社会的规范禁止结婚的两个人相互结合（阿芙洛狄忒使对立的双方陷入爱情）	阿多尼斯的性魅力将地下的冥府女王与天上的爱神联系在一起（阿芙洛狄忒与其对头同时爱上了他）
通常，女人怀胎会使女人获得完全的公民地位，但密耳拉却因怀胎而遭殃（未尽成年女子应尽之职）	通常，狩猎（杀死野猪）是对男人成年的考验，但阿多尼斯却因狩猎而遭殃（未尽成年男子应尽之职）
被阿芙洛狄忒害死	被阿耳忒弥斯害死
密耳拉变成了没药树	阿多尼斯死于莴苣地
密耳拉本来希望置身于婚姻的一个极端，最后却落入另一个极端（本不愿结婚，却陷入不伦之爱，且结出果实）	阿多尼斯尽管具有超强的性魅力，但却没有子嗣（享受了超常之爱，却依然不育）

通过对比其初始情境与终结情境，可以看出，这两个神话的叙述句法将密耳拉的过度贞洁与她的过度情欲对立起来、将阿多尼斯的过度情欲与他的无子嗣对立起来。弗洛伊德当然会认为阿多尼斯被野猪戳死象征的是阉割（参见第三章第三节）。其实，通过结构分析也能得出同样的结论。阿多尼斯死于莴苣地，并非毫无来由，而是跟希腊人关于植物与性和婚姻之间关系的看法密不可分。按照希腊的科学和大众思想的看法，莴苣的作用恰恰跟没药的作用相反，吃莴苣会导致性无能。这是因为莴苣的水分含量很高，易于腐烂。因此，莴苣不仅被作为人与死亡之间的中介物，它甚至被认为是"死尸之食"（Eululus *PCG* F 13.5）。按照普利尼的说法，莴苣通常被称为"阳痿植物""太监"（*Nat. Hist.* 19.127），就像密耳拉和阿多尼斯，没药和莴苣也分居于植物学尺度的两端：没药在本性上就是已熟的、热性的、干性的、催情的、不朽的，而莴苣则是未熟的、冷性的、湿性的、禁欲的、易朽的。

法翁（Phaon）与明塔（Mintha）

法翁的故事在结构上与阿多尼斯故事很相似。法翁是一位老人，他一辈子都在莱斯博斯岛上摆渡。一天，阿芙洛狄忒伪装成一个穷困的老妇人模样，要求他帮自己渡过海峡，他照办了，而且没跟她要船费。为了报答他的无私，阿芙洛狄忒送给他一瓶没药。他用没药涂遍全身，随即返老还童，变成了一个俊美的年轻人，魅力任谁都无法抗拒。米蒂利尼岛上所有的女人都爱上了他，包括女诗人萨福；当中有很多人，因为绝望，在白岩（Leukas）跳崖自尽，其中就有萨福。一天，他正在跟女人通奸时，给那女人的丈夫逮个正着，被当场打死。有个说法，似乎是阿芙洛狄忒自己爱上了法翁，把他藏在"漂亮的莴苣菜畦"里。不过，不太清楚的是，阿芙洛狄忒把他藏在莴苣地里，究竟是为了一个人独享他，还是想保护他不被那些想杀他的人发现。还有一个异文说，阿芙洛狄忒把法翁藏在一片"未结籽的大麦地里"（Athen. 2.68d），可以断定，这一说法的着重点在于"未结籽的"一语的象征意味。

法翁跟阿多尼斯一样，经历了从情欲的过度放纵到性无能的转变。就此而论，他的性活动不仅是不育的，而且是毁灭性的，因为他破坏了婚姻制度，并且让整个米蒂利尼岛上众多的人妻都为他而自杀：

法翁	阿多尼斯	密耳拉
年老,过了爱的年龄,但晚熟,返老还少后变得风华正茂。	年幼,不到爱的年龄,但早熟,未到成年即陷于性无能,并且夭折。	年方婚龄。
因为涂抹没药而魅力无穷。	因为生于没药而魅力无穷(其母是密耳拉,即没药)。	拒绝了所有的求婚者。
阿芙洛狄忒爱上法翁。	阿芙洛狄忒爱上阿多尼斯。	阿芙洛狄忒让她爱上父亲。
被嫉妒的丈夫所杀。	被野猪所杀(在有些版本里,是被战神阿瑞斯所杀,他也是一个嫉妒的丈夫)。	父亲(一位出轨的丈夫)想杀死她。
藏身于莴苣地。	藏身于莴苣地。	变成了没药树。

莴苣与没药相对，就像少女与妓女相对、阿耳忒弥斯与阿芙洛狄忒相对。但是，它们都暗中与谷物相对立，谷物是属于德墨忒耳和法定妻子的领域。

在植物学和女性社会学的耦合关系中，如果将情妇抛开不论，就是不完整的。在希腊社会，情妇的地位很暧昧。在像雅典这样的城邦中，公民身份受到严格控制，只有公民之间才可以婚姻。由此导致的结果就是，很多长期稳定的两性关系，尽管跟婚姻差别不大，却因为妻子（或丈夫）没有公民身份，因此仍被视为非法婚姻。但是，尽管姘居关系很像婚姻，它却无法生产出合法的公民子嗣（在诸如雅典等城邦，在公元450年之后，只有父母双方都是公民的孩子，才被承认公民身份）。如此一来，姘妇尽管很像妻子，但她却是不育的，因为她无法生产合法的子嗣，但是，她这种独具特色的不育性，又无法被等同于处女或妓女的不育性。

情妇在神话中的位置被明塔（Mintha）填补了，明塔是薄荷（mint）

在神话中的人格化。明塔仙女住在冥界，是冥王哈得斯的情妇。但是，当哈得斯将珀尔塞福涅带到地下并娶其为妻，遭到被冷落的仙女威胁，这让珀尔塞福涅和她的母亲德墨忒耳很生气。明塔声称自己比情敌漂亮，不久就会夺回情人，并把珀尔塞福涅赶出王宫。根据这个故事的一个版本的记载，珀尔塞福涅把她撕成了碎片，但是冥王把她变成了气味芬芳的薄荷。另一个版本则说，德墨忒耳用鞋子不断地践踏她，直到把她碾作尘土，但是明塔变成"卑微的香草"重新从土里长出来，这种香草就被按照她的名字命名。还有一个版本说，德墨忒耳还在为失去珀尔塞福涅伤心时，碰巧看到野生的薄荷，恨从心头起，一把将薄荷连根拔起，并且诅咒它断子绝孙、永不结籽。薄荷其实是从不结籽的，而是靠从根部分支而繁殖。植物学编码和社会学编码在这里若合符节：珀尔塞福涅和德墨忒耳对于明塔的关系相当于谷物对于薄荷的关系，因为谷物生籽，而薄荷不生籽；另一方面，珀尔塞福涅对于明塔的关系又相当于法定妻子与情妇的关系，法定妻子生产合法的子嗣，而情妇则只生产不合法的孩子。

薄荷在希腊药典中的地位十分暧昧，在各个方面都跟情妇在社会中的地位如出一辙。薄荷是一种芳香植物，也是一种催情药，少量使用就可以让身体情欲勃发。但是，大量使用却可以避孕，甚至会导致流产，而如果男人服用它的话，则会导致精子稀少，甚至导致阳痿或者让男人丧失生殖能力。因此，薄荷在激发性欲的同时，也导致性欲偏离其固有的生殖功能。正因为这一点，薄荷既被归类于芳香植物，又被归类于冷性的和湿性的植物。薄荷这种模棱两可的植物学地位，对应于明塔的神话学变形的双重状态，她既是一种气味芬芳的植物，又是一种卑微的、不育的植物。就像薄荷虽是催情剂，但是大量使用却会导致流产和阳痿，情妇也是只能用来纵情声色，而不能用来生儿育女。

因此，密耳拉、阿多尼斯、法翁、明塔诸神话中的植物学编码系统一以贯之地反映了对女性进行分类的社会学编码系统。我们可以将这种意识形态素图示如下：

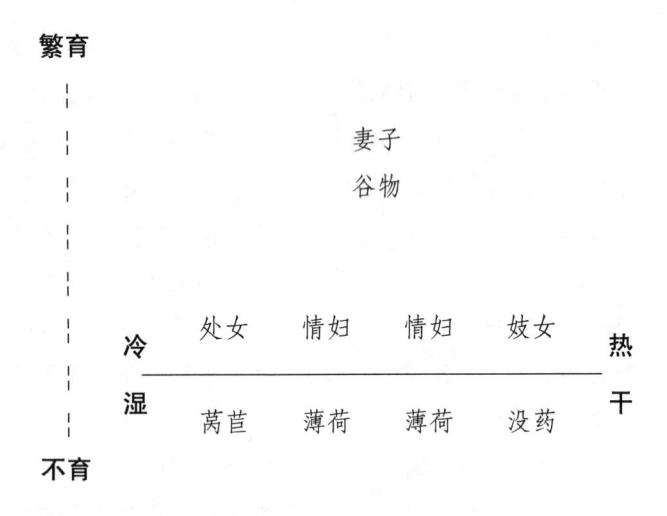

```
           繁育
            |
            |
            |                      妻子
            |                      谷物
            |
            |
            |
      冷  处女   情妇   情妇   妓女   热
      湿  ─────────────────────────  干
          莴苣   薄荷   薄荷   没药
            |
            |
           不育
```

塞斯摩弗洛斯节与阿多尼斯节

在希腊，一年中最重要的女性节日有两个，一是塞斯摩弗洛斯节，系为纪念德墨忒耳女神举行，另一个是阿多尼斯节，系为纪念阿芙洛狄忒哀悼阿多尼斯之死而举行。根据马塞尔·德蒂安的说法，塞斯摩弗洛斯节唯有有合法公民身份的已婚女人才能参加，除她们之外，不仅男人，甚至连处女、妓女和情妇之类的女人也被拒之门外。这个节日在即将开始播种庄稼、第一场冬雨即将降临的暮秋时节举行。在雅典，参加节日的女人们，在德墨忒耳的一个圣地野营三天（在有些城市，这个节日要一直延续十天）。在此之前，有人出于仪式的目的，将一些小猪仔丢到圣地的一个深谷中摔死，节日的第一天，一些被称为"戽斗"（bailers）的女人爬下深谷，将已经腐烂的死猪余骸收集起来。这些被称为赛斯摩伊（thesmoi）的腐烂的猪肉，与阴茎形状的饼干一道混进即将在月末下种的谷种。第二天，女人们开始绝食斋戒，为的是模仿因为哀悼珀尔塞福涅而不饮不食的德墨忒耳。斋戒期间，她们躺在用一些名叫 agnus castus 的植物铺成的床上，这种植物的名字从字面上可以翻译为"贞节树"。第三天，要举行一场旨在纪念名为"美丽诞生"（The Beautiful Birth）的女神的祭献和宴飨。节日之前，女人们必须禁绝性事，尽管在节日秘仪中包含很多具有淫邪意味的仪式。

这里，尤其令人感兴趣的是贞节树的特性，正是这种特性让它适用于德墨忒耳秘仪。此种树木生长于地中海地区的沼泽地带，得名于其众所周知的抑制性欲的性能，它被用来混进饮料中纾解性欲冲动（其中含有镇静剂和牡荆素）。这种树木还散发出一种令人稍感不舒服的气味。实际上，因为那些烂猪肉和戒斋（"嗅闻戒斋的味道"的说法，就意味着散发臭味），臭味本来就是塞斯摩弗洛斯节的一个主要母题。还有一些证据表明，妻子们在准备塞斯摩弗洛斯节时，要大嚼生蒜头，蒜头的味道会让禁欲变得容易一些。

根据马塞尔·德蒂安的考证，庆祝阿多尼斯节的，不是主妇们，而是妓女和情妇，情夫们也受邀参加。与塞斯摩弗洛斯节不同，阿多尼斯节不是一个由城邦组织的官方庆典，而是由女人自己私下安排的，并且也只是在朋友和邻里间的小圈子中举行。这个节日一直延续数天，在大犬星升起的日子举行，其时正是夏天最炎热和干旱的时候。尽管这个节日是为了纪念阿多尼斯之死，就像塞斯摩弗洛斯节是为了纪念德墨忒耳失去爱女珀尔塞福涅的悲伤一样，但是，整个节日却是在伴随着盛筵和美酒、在嬉戏和调情的气氛中度过的。这一切都在屋顶平台上进行，人们在房顶上焚烧大量的香料，献给阿芙洛狄忒。此外，女人们还要培育一种叫作"阿多尼斯花园"的小花园，在破盆、破罐中种上小麦、大麦、莴苣、茴香，在七月炎热的天气下，这些种子很快就会发芽抽茎，而其根系还来不及生长，因此，不出几天，这些生长的过于迅速的新苗就会枯萎、死亡。到第八天，女人们拿起这些蔫巴巴的花园，丢弃到大海或泉水中。阿多尼斯节与塞斯摩弗洛斯节相比，不仅截然不同，而且更是针锋相对：

	阿多尼斯节	塞斯摩弗洛斯节
神明	阿多尼斯及其情妇阿芙洛狄忒	德墨忒耳及其女儿珀尔塞福涅
时间	一年中最热、最干旱的一天，太阳烤焦了所有草木	秋雨将至的时节，秋耕开始

续表

	阿多尼斯节	塞斯摩弗洛斯节
民法地位	私人节日	法定节日
女性的社会地位	妓女和情妇	法定妻子
男性的地位	男人受女人邀请参加	拒绝男人参加
对性的态度	诱惑	禁绝性欲
地点	房顶	躺在地上，下到深谷或深空
植物学	焚香和没药	贞节树
气味	过度使用香料	臭气弥漫
食物	畅饮、盛筵	禁食、戒斋
活动	培养花园，生长迅速，但迅速枯萎（不育仪式）	将腐猪肉与谷种混合（繁育仪式）

弗雷泽将阿多尼斯花园仪式解释为一种繁殖巫术，但是，按照德蒂安的解读，恰恰相反。此外，其巫术功能并不是改变自然，而是维护文化。结构分析让我们看到，阿多尼斯神话的意义在培育阿多尼斯花园的仪式中得以复现：过度地或曰不合时宜地沉湎于肉欲快感，会导致不育、早衰、死亡。阿多尼斯花园中的植物尽管都是依据其植物学特性特意挑选的，但是正如我们上面已经指出的，这些植物都已经受到了关于女性思想的社会范畴的模塑。——确实，植物空间与女性空间同时被一个完美自洽且自成一体的思想系统中众多的异形同构编码所决定乃至共同决定。阿多尼斯花园将植物学编码组织成为一个微型系统。莴苣代表冷、湿、野性和生蔬菜及其所有与性无能、易朽、死亡、兽性野蛮有关的含义。跟莴苣相对的是希腊本土实际种植的仅有的几种芳香植物中的一种，即茴香。按照古代药学，茴香令身体温暖，并变得干爽，同时"对肾阳大有裨益"，并且能令男人精子充沛（Pliny, *Nat. Hist.* 20.257）。如此一来，阿多尼斯花园的微系统就体现了芳香植物与潮湿植物（茴香与莴苣）之间的对立性，我们已在阿多尼斯神话和法翁神话中看到同样的对立性（没药与莴苣）。整个阿多尼斯花园仪式所着重凸显的是，从勃然生长到猝然而亡、从干和热（枯萎的植物、茴香）到湿和冷（丢进泉水、莴苣）

的转化。

但是，阿多尼斯花园也体现了上述两者之间的中项，即谷物和大麦，它们是丰收女神德墨忒耳的成果。阿多尼斯花园仪式是对通常的农作物生产程序的颠倒，德墨忒耳的庄稼是在寒暑、旱湿适中的秋季播植，而阿多尼斯的庄稼则相反，是在一年中最炎热、最干旱、最不合时宜的时节种植。德墨忒耳的庄稼的生长是从冷、湿的季节进入热、干的季节，而阿多尼斯的庄稼则一发芽就干枯，然后就被扔进水中。德墨忒耳的庄稼被深深地播入地下，而阿多尼斯的庄稼则被浅浅地种在房顶上的瓶瓶罐罐中。德墨忒耳的庄稼经过男人们历时八个月的辛苦劳作才结出硕果，而阿多尼斯的庄稼被女人们嬉戏摆弄八天之后即告萎蔫干枯，一命呜呼。跟真正的农事不同，阿多尼斯花园仪式只是一场漫无目的、华而不实的游戏，一场徒劳无益的秘仪，与跟妓女的色情游戏、与荡妇的逢场作戏一样终归徒劳、一无所获。高置于房顶上的破碎的瓶瓶罐罐，与深埋于地下用来储藏谷种的大口深腹罐相反，象征了女性滥用的子宫（就像达那伊得斯姐妹［Danaids］那些打破的水罐，她们谋杀了自己的亲夫，被罚为冥王哈得斯汲水）。在所有这些方面，阿多尼斯花园都凸显了妓女和荡妇与合法妻子之间的象征性对立，凸显了妓女和荡妇对于严肃的婚姻义务即生儿育女的破坏力：在阿多尼斯花园秘仪中，农作物遭受的是跟茴香和莴苣相同的厄运。过度干旱或过度潮湿是两个极端，会导致农作物的枯萎或腐烂，就像阿芙洛狄忒和阿耳忒弥斯代表了过度的性放纵或过度的性禁欲这两个极端，它们会导致婚姻的瓦解。

我们通过对普罗米修斯神话和潘多拉神话的结构分析所揭示的异形同构关系，借由对这些神话的社会语境的更为广泛全面的分析而得以确证：我们发现，同样的组织和塑造世界的方式，不仅存在于希腊神话和仪式中，还存在于一个广大的社会和实践网络中。因此，韦尔南的第三层分析（意识形态分析）证实了其第二层分析（语义学的或聚合性的分析）。尤其是，婚姻与农艺和火的融合，普遍存在于神话、仪式、语言、文学和科学之中。相反，妓女和情妇则被一以贯之地辨识为某种反婚姻、域和共同的目标所联结起来的兴趣团体。所有这些团体在理论上都倾向于兼容并蓄,尤其借重于结构主义、精神分析学,以及前面几章讨论过的各种理论取向。尽管如此,对其影响最大的,还是在结构主义滥觞时期出现的几种批评理论,在此,我们只需指出其中的两种取向:一个是"后结构主义"理论团体,我将雅各·德里达和福柯之类重要人物都归于后结构主义之列,后结构主义通常将自己与"后现代主义"的价值联系起来。另一个是深受马克思主义理论影响的团体。然而,要区别后现代主义和马克思主义并不容易,因为甚至连德里达和福柯这样的人物都深受马克思主义的影响,反过来,很多马克思主义者又与后现代主义之间存在着千丝万缕的联系(有些人因而自称为"后马克思主义")。马克思主义和诉诸解放的文化研究,作为结构主义的批评取向的最重要的产儿,都把神话概念与意识形态概念等量齐观。

在此种批评话语中,"神话"不必是传统故事,也不必是原始心智的产物,更不必是一种异己文化的表达,即神话不再被视为他者的属性,神话,按照此种新的界定,就是我们现代西方和全球化社会的事体。应该承认,甚至连弗雷泽、弗洛伊德和伯克特等人也认为,神话的幽灵就徘徊在我们自己文明的核心地带。神话学早晚都会抛弃它那种"非我即他"的僵化框架,最初正是这一框架使神话学成为可能。使神话学迈出这决定性一步的,大概应该归功于法国的马克思主义者兼结构主义者罗兰·巴特(Roland Barthes, 1915—1980)。在一本题为《神话学》(1957)的论文集中,巴特综合运用结构人类学和马克思主义,考察了法国当代大众文化。他将神话重新界定为一种言语行为(或曰言语 *parole*,包括所有表意行为,例如写作、绘画、照相、手势、行为等),它具有指向某种社会意义的"次级指称"(second-order reference)。需要指出的是,他所谓"次级",并非是"次要的",或伯克特所谓"再生的",相反,在此意义上的神话意蕴往往是"基本的"。如果翻译成结构语言学的术语,所谓"次级",乃是意味着言语行为"符号"发挥了神话"能指"的作用(如此一来,在"初级"层面上,语言的能指 + 语言的所指 = 语言的符号或曰神话的能指,在"次级"层面上,语言的符号或曰神话的能指+神话的所指=神话的符号)。在巴特看来,正是由于神话信息叠加于一个貌似清白的符号之上,使资产阶级的资本主义意识形态获得了独特的欺骗性。神话对于符号的寄生性,使资产阶级的意识形态能够将文化的冒充成自然的,或者将历史的偶然性冒充成与生俱来的、永恒不变的。它之所以能做到这一点,乃是因为神话既是语言符号又是神话能指的双重性为它提供了"不在犯罪现场的证明"。例如,以《巴黎竞赛》杂志封面上一张身穿法兰西军队制服的黑人士兵向国旗敬礼的照片为例。作为一个符号,即"语言系统"中的最高项,这一图片是无可指摘的、清白无辜的,那位黑人士兵确有其人,他确实在向国旗敬礼,体现出一位正在摆出姿势准备让记者拍照的普通士兵所应有的最大的敬意。但是,作为一个次级能指,即"神话系统"中的初级项,这一信息就根本不是清白无辜的。"不管天真与否,我清清楚楚地看到这幅图片所要表达的东西:法兰西是一个伟大的帝国,它所有的儿子,不管什么肤色,都在它的旗帜之下效忠于它。对于那些污蔑其为所谓殖民主义的人,这些效忠于它的、被妄称为受压迫者的黑人士兵所表现出来的热忱,就是最好的回答。"(1957:201)但是,由于符号/能指的模棱两可性,意识形态将自己冒充为初级符号,而否认自己跟次级能指有任何瓜葛,因此导致神话以简单的、毋庸置疑的事实的面目而出现。

在这个例子中,神话与神秘化(mystification)这种意识形态的特殊功能、与自然化(naturalization,借由暗中将神话置于貌似平凡的、实事求是的语言符号之上,将神话的被建构属性加以隐瞒),这种据称为资产阶级意识形态所独具的机制之间,并无根本区别。但是,在巴特之后,马克思主义者和一般批判理论已经将形态多样、功能各异的意识形态概念与神话概念融合为一,以至于这两个术语可以互换通用。这一点反过来又有力地影响了对传统意义上的神话的研究。我们已经看到,韦尔南和德蒂安的神话分析的第三个层面,即意识形态分析,卓有成效地将神话系统与文化心态等同起来(见第五章第七节、第六章第一节)。最近,林肯（Lincoln）将神话定义为"意识形态的叙事形式"（第一章）。在第一章，我将神话定义为基于对其社会意义的确信而讲述、接受和传播的任何东西，所体现的就是这一广义的神话概念。按照这一定义，一个说法的真与假的问题，与它是不是神话的问题，并无多大关系。真理从来就不是某种东西能够被人们深信不疑并不断重复的充分条件。更有意义的问题是考察神话传播和接受背后的动机。神话之所以能不胫而走、久传不衰，乃是因为人们相信它真实可靠、行之有效并且至关重要，或者对于某个社会群体是有益的，神话因此就成其为神话。可以说，任何东西都可以变成神话（当然，并非所有东西都是神话）。

结构主义之后

1970 年代以来，在西方大学的人文和社会科学中占据主流的各种理论趋势，一般都被贴上"后结构主义"的标签。这个标签暗示了其与结构主义的模棱两可的关系，它们或者受惠于结构主义，或者是源于对结构主义的不满（甚至那些或多或少地沿袭了结构主义路径的学者也开始自称为"符号学家"）。结构主义有效地勾画了意识形态系统赖以形成的错综复杂的价值网络，它的这种能力吸引了女性主义者和其他"解放"取向的批评者。就像德蒂安所表明的（第六章第一节），为数众多的感性、概念、行为，从人们感知气味的方式，或理解植物的方式，到人们举行私人晚会的方式，所有这一切通力合作，确定了古代妇女的社会地位，并使她们安于其位。结构主义提供了一幅意识形态蓝图，阐明了劳动人民、妇女、黑人、殖民者等的意识、感知和欲望是如何"被建构"的。尤其是，有些人在结构主义的符号"任意性"观念中找到了象征性的慰藉。巴特说："如果语言中有'健康'一词，这是基于符号的任意性，在神话中受到唾弃者，乃是对于虚假的大自然的诉求。"也就是说，健康的语言应该像布莱希特那样，撇开所有的道具，不容许任何反映自然的幻觉的存在（1957: 212）。例如，女性和黑人在历史上卑贱的社会地位没有任何基本的或固定不变的原由，符号的任意性实质将这一点符化。这暗示了，如果人能被建构，他也同样能被解构和重构。

但是，结构主义也深受质疑。对于强调历史变化的团体而言，结构主义是僵化的、非历史的。更严重的是，在诉诸解放的团体看来，结构主义又是刻板的、决定论的。结构主义的文化构造了一个无可逃逸的"语言的囚笼"模型（Jameson 1972）。韦尔南和德蒂安的分析（第五章第七节、第六章第一节）为我们呈现了一个过于一体化、同构化的意识形态系统，天网恢恢疏而不漏，其中不存在任何让批判性思想滋生的自由空间，更不用说对系统提出挑战。由于系统内部不容许任何多样性的存在，因此其中就既不存在伦理选择的空间，也不存在生成历史变化的途径。历史变化只能以小行星碰撞、瘟疫、野蛮入侵的形式随机地、机械地来自于系统外部。

索绪尔语言理论中结构主义的基础，本身就与决定论和去历史化密不可分（尽管有像韦尔南、德蒂安这样的理论家致力于将这种方法历史化，其决定论和去历史化的特点仍被得以延续，参见第五章第六节）。索绪尔仅仅关心作为一个无时间性的抽象系统的语言，影响深远，导致了对实际的话语表达的忽视，这些话语表达是由有血有肉的人做出的，指向具体社会情境和历史运会中的具体事物。尤其能说明问题的是索绪尔对于指称（referent）的处理方式，所谓指称，即话语所指向的物质或概念对象。在索绪尔的语言学体系中，根本就没有指称的立足之地。索绪尔的体系所关心的不是词语与事物之间的联系，而是声音（能指）与概念（所指）之间的联系。但是，尽管索绪尔从前门将指称赶了出去，他却不得不偷偷摸摸地从后门将其放进来。不管索绪尔怎么说，指称仍是其理论所必不可少的，他将指称塞进能指之中，仿佛语言之外的现实世界可以被归结为一片粘在符号屁股下的影子。这使索绪尔陷入严重的自相矛盾，本威尼斯特（Benveniste）指出（1966:49-55），这一点在其关于符号的"任意性"的讨论中体现得最为突出。他一会儿强调能指和所指之间关联的任意性，一会儿又说它们两者相互之间是彼此不可或缺的，就像它们是同一枚硬币的正反面。索绪尔的理论逻辑，与其所举的实例一样，都决定了他将符号与其能指之间的关联视为任意的，因为没有任何动机决定着非要将某个声音赋予某个事物不可，但是说能指和所指之间的关系是任意的，则很荒谬。索绪尔为了使语言成为一个纯净的、自足的、完全抽象的概念系统，不惜陷入自相矛盾，也要将真实世界排斥在外。正如马克思主义批评家特里·伊格尔顿（Terry Eagleton，1943— ）所云，"结构主义的始发动作，就是（给现实）加括弧"（1983:109）：

> 为了揭示语言的本质，索绪尔……首先要抑制或忘掉语言所谈论的东西，指称，或符号所指向的现实对象，被悬置不论，以便使符号本身的结构得到更好的考察……（结构主义）源于一个自相矛盾的动作：把物质世界遮住，为的是崭露我们对于它的意识。对于那些深信意识是实实在在的、与我们在现实中的行为方式以及我们对待现实的方式密不可分的人而言，任何此类行动都注定是自我毁灭的。这毋宁说就像为了更方便地理解血液循环系统而把一个人杀死一样。

如此这般地把语言与现实世界一刀两断之后，索绪尔的语言系统就丧失了与社会和历史的任何有意义的关联了。索绪尔的确有效地否认了社会和历史具有任何在语言之外的独立的有意义的存在：对他而言，社会无非是"被言说的东西"，而历史则无非是关于偶然的、无意义的变化的记录。这两个命题在索绪尔关于语言变迁的讨论中得到绝佳的体现。逻辑和秩序仅仅存在于共时系统内部，而历史语言学则是毫无系统性、目的性和理性可言，语言的变化被归因于盲目的力量（*une force aveugle*）（1972:122-8, 140）。语言，以及社会思想，完全不受人类的控制："任何个体都不可能对语言中哪怕最细微的变化产生影响，不仅如此，即使是全体群众齐心协力，也无法支配哪怕是一个词的变化，他们完全受制于语言。"（1972:104）他声称，这是因为（106-8）：

(1) 符号是任意的。既然在能指和所指之间不存在理性的关联，对于符号就没有多少道理好讲，也没有改变它的理由。

(2) 语言中的符号为数众多，不可能像（例如）字母表那样被轻易改变。

(3) 语言是一个非常复杂的系统，完全超乎绝大多数使用者的把握之外。语言的改变需要专家的干预，但是此种事情从来也没有发生过。

(4) 大众抵制语言的任何变革。语言不同于其他编码系统，它被所有人不断地使用着，这一基本事实就足以证明对语言的变革是不可能的。在各种社会建制中，语言对于各种变革最不敏感。语言是大众生活的一部分，因为大众与生俱来的惰性，所以他们通常是表现为一种保守的力量。

第二和第三条理由等于说，作为整体的语言过于庞大，因此无法改变，但是，就算果真如此，这也不等于说我们就不能对其进行部分的改变，而且，更重要的是，这也无法证明，何以"即使是全体群众齐心协力，也无法支配哪怕是一个词的变化"。而且，按照索绪尔系统内在总体关联性的概念，语言中任何一部分的改变都必然会引发整个系统的改变。然而，他给出的第一条理由的影响更为深远。即使我们步索绪尔后尘，将符合的任意性置于能指和所指之间，那种认为这种任意性决定了对于符号没有道理可讲的观点，也不符合他的理论的核心观念，即一个符号的意义结构取决于并关联于语言系统的总体逻辑秩序。如果我们觉得一个符号令人反感，那并不是源于这个符号的声音与某个心理概念的任意性联系，而是源于这个系统内部的差异和同一关系，正是这个系统生成了它赋予其中某个给定项目的特定的价值。例如，在英语中，"mankind"（人类）一词可以替换为"humankind"（人类），"spokesman"（发言人）可以替换为"spokesperson"（发言人），诸如此类的变化是对于女性群体的抗议和压力的回应。这些符号的"任意性"并不意味着一个同时针对能指和所指的批评是无效的或毫无意义的,恰恰相反,能指中出现的"man"(男人)被视为是对所指中男性特权的认可。

索绪尔的第四条理由道破了天机:他将大众所谓"与生俱来的惰性"视为一个不言而喻的事实。由于语言不同于航海信号,它是每一个人日常须臾不可或缺的,因此我们就不得不相信,似乎个别说话者的偏离或改变语言的任何企图,都会立刻被其他人的集体意志齐心协力地碾为齑粉。这一说法明显不符合事实(新的词语每日每刻都会涌现出来),它透露了索绪尔语言观的固有缺陷,这种语言观将语言视为一个铁板一块、自成一统的系统。其实,语言系统既非均质的,亦非自治的。在语言(langue)的抽象整体与言语(parole)的闲言碎语之间、在系统与个体之间(以及在系统与其中的词语之间,见第五章第四节),存在着无数的中间层。假如我们把语言当成一个铁板一块的整体,它出于集体意志的狂热,随时铲除一切由孤立的说话者所导致的语言偏差,那么语言变迁现象看起来确实是无法理解的。然而,实际上,语言群体可以进一步无限地细分,任何关系密切的社会群体都会形成一种亚编码系统,这种社会群体的共同利益和经验通过对主流编码的压缩、变形而衍生出其亚编码系统中的构成要素,语言编码系统包含了大量的大小各异的亚编码系统,它们植根于各个社会、职业、宗教以及其他各种文化群体各自所具有的共同利益和经验之中,这些群体的影响力各有不同、变动不居,一旦明白了这一点,语言变迁的过程也就不难理解了。较小的群体对于新形成的亚编码系统(社会性方言)的接纳,瓦解了作为一个整体的编码系统对于变化的抵抗,这些亚编码系统反映了那些更具地方性的社区的兴趣。实际上,"变异的"话语形成了各种群体的亚语言系统的组成部分,而这些群体对于其词语中所包含的历时价值的真实性、对于过去和未来有着清醒的认识。诸如"spokesman"变为"spokesperson"之类的转变,根本不是"盲目的"或"非系统的",而是深思熟虑的、动机明确的、有目的的,而且直接与一个社会价值系统有关。

索绪尔赋予系统、共时性、符号相对于言说、历史、指称的优先性过于偏颇，以至于连像雅各布森和本维尼斯特这样的结构主义语言学家，为了维护这个理论的一致性和有效性，都不得不修正其结构概念，对此，上文已经提及。尽管如此，索绪尔自己的理论模型仍是批评性反应的主要靶子。最早将之当成靶子的，也是最具前瞻性的批评，来自沃罗西诺夫（V. N. Volosinov）的《马克思主义与语言哲学》，这本书的俄语版初版于1929年，直到1973年首次翻译为其他语言，他的卓识才引起西方的注意。沃罗西诺夫的语言学理论有效地颠倒了索绪尔的理论，其所关注的是历时性、言语（parole）、社会互动，宣称"语言作为一个规范的、自成一体的、一成不变的形式系统，只是一个科学的抽象"，"语言是一个贯穿于言说者的社会-言语互动行为中的一个持续的生成过程"，"离开意识形态的意义和价值，就无法理解语言的创造性"，"言说的结构是一个纯粹的社会结构"（1986:98）。不过，影响更大的还要数德里达和福柯的批判理论。尤其是德里达，他的"解构主义"以索绪尔理论取向中的一个极端反对其另一个极端，从而在索绪尔的逻辑失误中推出了完全相反的（因而也是同样偏颇的）结论。

后结构主义与后现代主义

如上所述，对于结构主义的幻灭，激发了两个大相径庭乃至截然相反的反应。后结构主义的一支斥责结构主义是西方人道主义传统的发展顶点。这一思潮最初在社会批评方面极为高调，它拒斥所有西方传统价值，并且拥护那些通常被称为"后现代主义"的态度和价值，但是，随着"后现代性"文化站稳脚跟，这一思潮逐渐走向低落。

一般说来，这些结构主义者通过将逻辑扩展到看似超出人类控制之外的程度，直截了当地缩小了结构主义刻板的文化视野。他们主张，所谓一体化只是子虚乌有之谈，没有什么东西是完全被社会系统支配的，实际上，无论是系统还是要素（terms），都是形而上学的幻想：历史、社会、意识形态乃至人类个体，无非是话语的碎片，而这些话语本身，也只不过是一些支离破碎的、纷繁错杂的和自相矛盾的话语生拼硬凑而成的大杂烩中的碎片。千禧年狂热之后,"人"(指个体的人)、"历史"和"意识形态"都接连被宣称为已经死亡,或者干脆被认为纯属子虚乌有。"意义"也被弃如敝屣:解构主义对于索绪尔的如下断言尤为津津乐道,即符号的意义是一个总体系统的产物,也就是说,一个符号之所谓就是同一系统中所有其他符号之所不谓。德里达宣称,意义因此被永无止境地"延宕",因为一个能指只是不断地转向所有其他符号,而并未为自己累积一个所指(参见第五章第四节)。此种意义的延宕,导致意识形态的阳痿,语言的囚笼之内并非洞穴密布,而是空无一物。回首往事,所有这一切说辞看起来不过是专门为 1960 年代激进的一代设计的学术安慰剂,那一代人现在已经纷纷在一流大学中混到了安闲的终身教职,年华已老,日理万机,已经没有力量参加抗议的队伍了。但是,由此所带来只是冷冰冰的慰藉,因为针对你无力改变社会的无奈感,它安慰你说,不仅你改变不了社会,别人也同样改变不了社会(更不必说"你"以及"社会"是否存在这样的大问题了),除此之外,它什么忙也帮不上。这些解构主义者消解了一切,也许只有谈话(支离破碎的、自生自灭的、漫不经心的语言和话语)留了下来。——这很适合那些常春藤大学的本科课程:既无法无天,又天真烂漫,因为革命既非问题,也非目标,它所谈论的是一种既无压迫者也无被压迫者的压迫。

诸如此类的后结构主义在谈论解放时,也是极为天真烂漫的。因为,如果压迫是来自系统内部,那么,解放也只能来自系统内部。解构主义对索绪尔"能指的任意性"的说法顶礼膜拜,能指的延宕似乎让它能够自由自在地四处飘荡,不受任何能指的羁绊,不受任何系统的约束。保罗·德曼(Paul de Man)的《阅读的寓意》(*Allegories of Reading*)(1979)一书,津津乐道于"能指的解放理论""能指的任性的权力游戏""能指对于所指的解放"之类的说法。现在,解放变成了一种内在冥想的结果:就像某些怪僻的禅宗派别,只需在内心里陶醉于理论,就会认识到解放总是与我们形影不离,是语言的既顽冥不化又异想天开的本性的持续的、自动的效果。话语统治着,但是它的统治是无结构的、支离破碎的、无意义的。铁板一块的大众不能改变话语，正如它们不能改变语言（langue），即其一体化的、被建构的、异形同构的、意义充盈的前身。

马克思主义

后结构主义的另一支脉汲取了传统马克思主义人道主义的宗旨，尤其是其"启蒙主义旨趣"和争取社会平等的斗争。它致力于反对被其视为全球化时代的西方后现代文化，其主要的理论取向直接或间接地源于马克思主义。

诸如女性主义、酷儿理论、黑人解放运动、后殖民批评以及其他一些文化批评思潮，尽管对于阶级斗争兴趣不大，但是仍与马克思主义者一样，对于权力的扩散和解放的目标有着共同的关切。不仅如此，因为所有这些思潮都在西方大学的人文学科中有其制度性基础，它们与马克思主义一样，都关心在一个整体社会语境中语言、文学和艺术的社会功能。此外，很多西方马克思主义者都将文化批评视为激进主义的一种合法的、重要的形式：巴特声称，现代文化神话的分析乃是"知识分子参与社会行动的唯一可行的方式"（1953: 108）。女性主义者和黑人解放理论家在1970年代基本上放弃了直接的政治行动，这在一定程度上是由于他们认识到平等的主要障碍不再是政治而是意识形态。比如说，早在两代人之前，女性已经获得选举权（在加拿大是1918年，在大不列颠是1918—1928年），而且，自从第二次世界大战之后，女性的工作机会也获得了大量的增加。但是，尽管如此，在获得对于政治进程的控制权方面，女性仍一无所获，相反，事实证明，女性常常是选民中最保守甚至是反动的成员。早在西方马克思主义者面对苏维埃马克思主义的双重幻灭时，就已经陷入了这一困境，此外，西欧工人阶级于第一次世界大战之后在争取社会统治权的斗争中失败，也是西方马克思主义陷入困境的一个原因，尽管欧洲革命的物质条件已经成熟（而革命恰恰在革命条件尚不成熟的俄国发生）。意大利共产党的领导人安东尼奥·葛兰西（Antonio Gramsci）在1930年代被法西斯囚禁期间指出，"意识形态"才是现代马克思主义的核心问题：只要大众的主观精神条件依然无波澜，变革（或者像苏维埃那样，激进的政治变革）的客观物质条件即使存在，也毫无意义。当代马克思主义文化理论的主流思潮，摈弃了恩格斯和列宁的唯物主义，认为意识形态是社会斗争的重要的甚至是最重要的场所，就其本身而言可以为了人性的利益，借由人类中介而得以变革。换句话说，马克思主义提出为争取社会公正而斗争，而这一点看来恰恰是结构主义否定的。

后结构主义思潮这两支之间的关系却变得越来越紧张。前者指责后者是天真的理想主义者，斥其理论概念为形而上学的幻想。后者指责前者为投降主义者甚至更坏。他们认为，意识形态远远没有终结，恰恰相反，后现代主义得到其敌人的热情拥抱，或许正说明它为后工业或消费资本主义的意识形态提供了最清晰的理论表述。结构主义对社会的描述更接近于20世纪晚期的社会现实：一体化的、自主的、去人性化的、抽象的，并且越来越依赖于自我指涉和无所指涉的符号。后现代主义所提供的视野则纵容了对一体化结构的自然化、永恒化和力比多化（libidinizing）。

后工业资本主义的文化

在这本书中，我们自始至终都在谈论西方文化越来越趋向于去中心化和相对主义的原因。但是，这种朝着相对主义的一般转向却是由于西方经济中的一种根本性变化而瞬间引发的。1960年代之后，主导西方经济的不再是工业资本主义（商品的制造），而是商品交换。最具典型性的是，富豪们不再是依靠开办和管理工厂赚钱，而是依靠参与商品交换赚钱。这种新经济所强调的与其说是实物，不如说是表象（Representation）。首先，较之事物的实际功用，其被广告、销售和包装的方式更为重要。在为产品创造恰当的象征意味、赋予其"神秘的"韵味以及创造欲望方面花费的心血，远远超过花费在开发那些精巧之物的内在品质方面的努力。大众媒体以及后工业消费资本主义的大量的资源，都倾注到了与现实的关系越来越稀薄的表象之上。

在1990年代后，随着全球化经济分化为第三世界的制造业与西方世界的贸易业，这种朝向抽象的符号经济的趋势日渐强化。西方经济越来越受到名牌产品的驱动，这些产品以低廉的价格在亚洲制造，然后以远远高出出厂价的价格在西方销售，绝大部分的利润都装进了那些手握这些品牌的大公司的腰包（Nike、Gap等），尽管这些公司什么也没有制造，它们只是制造了一种时尚神话，这种神话被附着于标牌，就像所指被附着于能指。纳奥米·克莱恩（Naomi Klein）对此现象有精彩的论述（2000:21）：

> 一夜之间，"品牌，而非产品！"成了一场市场复兴运动的共同口号，那些将自己视为"意义经纪人"而非产品制造商的公司的增殖新方式引领了这一复兴运动。在广告宣传和品牌营造两个方面，"销售的是什么"的概念都发生了彻底的改变。在老眼光看来，所有的营销活动都是为了卖产品，而按照现在的新模式，产品仅仅为真正的产品，即品牌，提供了一个陪衬，至于品牌的销售则需要一个全新的只能被视为精神性的成分。广告叫卖的是产品，而品牌就其最可信赖的和最新潮的表现形式而言，叫卖的则是出人头地。……在万宝路星期五（Marlboro Friday，即1993年4月2日）[①]这一天，低价消费品的拥趸和高级品牌的缔造者成为泾渭分明的两个阵营。品牌缔造者大获全胜，一个新的共识应运而生：未来畅销的产品将不是"商品"而是概念，即作为经验和风格的品牌。

既然新经济是由表象支配的经济，既然经济是社会现实最根本的决

[①] "万宝路星期五"（Marlboro Friday），指1993年4月2日，这天万宝路老板菲利普·莫里斯突然宣布将把万宝路香烟降价20%，以与其他便宜牌子的香烟竞争。此举引起强烈反响，很多著名品牌的股价应声而跌，包括可口可乐、百事可乐、宝洁等，其中，万宝路股票跌得最惨。——译者注

定因素——就此事例而言，可以说经济基础"生成了其拥有新型动力学的上层建筑"（Jameson 1991: xxi），那么，表象（符号！神话！）也就成了自我反映的实在。以此方式，表象再现了消费资本主义的最终实在亦即货币的功能，而货币自身也仅仅是交换价值的表象。而且，甚至连显然久已存在的货币，也随其重要性日益增长而变得日渐抽象：一开始是重金属，后来被纸币取而代之（尽管仍许诺"按持有者需求支付黄金"，其实只是空头支票），现在，货币本身已被银行卡或者电脑显示器上的光点所"表象"。交易中的商品也常常是抽象的、不可见的，最典型的就是金融市场，在这里，通常对于实际交易的是什么商品并无兴趣，因为交易的仅仅是一些象征符号，用货币购买货币，这很像后现代-后结构主义的符号自我指涉经济中，在追求终极所指的过程中，能指之间永无止境的相互追逐游戏。你订购了八月交货的猪胸肉或布伦特原油，但这一交易却纯属表象，你最后想看到的是一辆满载猪胸肉的卡车出现在你的大门口。投资者买的不是实体商品，而是价值不断涨落的符号，即"自由漂浮的所指"，为的是交换其他符号，其价值的涨落看起来更为任意，跟交易的实际指称——无论是股票、商品还是现金——之间的联系，越来越疏远。

按照同样的精神，金融市场对于实际情境较之对于象征情境的反应更少。投资者知道，他们投机的并非商品的实际价值，而是其市场价值，后者主要取决于投资者的行为，而不是供求关系。支配金融市场的每日行情的，通常是那些与实体经济只有象征性或神话性关联的事件。人们知道，投资者会因为完全偶然的信息而决定买进或卖出。那些每日新闻事件，其本身也许对经济不会发生任何影响，却会对市场造成重大影响，因为任何事情都会引起投资者的反应。前总统尼克松逝世时，美国投资者大肆抛售，并非因为他们中有任何人相信尼克松的生命支撑了经济（他在20年前就因为丑闻而离开总统宝座）。投资者做出反应，是因为他们担心其他投资者对仪式性讯号的反应会导致后者大肆抛售。这些仪式化的投资者的行为，被轻而易举地误解为非个人化的"市场力量"，而且，随着电脑交易的实施，这个系统不再需要经由人类的意识。经济似乎成了一个后现代性的自律、自动的符号系统，它借由人类实现其偶然的、非理性的命数，或者干脆将人类置之不顾。

市场经济学家并未将这种符号的自治性视为规则，他们依旧诉诸唯物主义意识形态，他们喜欢谈论"基础经济"，认为后者将约束金融市场的自主性动荡，仿佛那是一只保持终极经济公平的看不见的手，他们还喜欢将金融市场的突然涨落视为单纯的"见利抛售"（profit-taking）行为，似乎这一切都无关宏旨。只有当经济预测师的自我实现的预言刺激了下一轮动荡时，基础经济（所谓"实际的"经济条件）才会对市场进行"修正"。换句话说，在这个把符号变成实在、把实在变成符号的淆乱纷杂而又自我解构的世界中，"实际市场条件"只有在其自身转变为表象之后，方始行使其支配权。

当神话和象征彻头彻尾地建构了政治和社会生活，就像它们建构了经济一样，政治较之从前变得更加戏剧化、更加具有舞台效果。真正的政治家和真正的政治议程被不可挽回地掩盖于形象设计师、广告代理商和公关专家的光彩之下。确实，甚至连真正的政治议程都笼罩于迷离恍惚的幻象之下，它们并不比矫揉造作、招摇撞骗的"领导魅力"之类的东西更重要。就在我写这本书的同一天，收音机里宣告，"终结者"阿诺德·施瓦辛格击败其"形象欠佳"的竞选对手，担任了加利福尼亚州州长，正式开始扮演他有生以来最重要的角色。加利福尼亚州的选民，并不担心这位电影明星在经验和政策方面的缺陷，他们之所以选他，是因为他看起来像一个硬汉，影响其选举的主要问题是，据说很多女性都遭受过他的性骚扰，这一点正与对表象价值的强调相吻合。屏幕政治可以说是加利福尼亚的土特产，这里是大众媒介的中心地带，而且，并非巧合，这里也是克莱姆·惠特克（Clem Whitaker）的故乡，他是竞选管理服务的创始者（1933年），并且率先运用营销技术推销政客。不过，加利福尼亚不过是一种广为存在的现象的极端情况。罗纳德·里根成为美国历史上最受欢迎的一位总统，而且同样并非巧合的是，他是"第一位后现代政客，……他深知漂浮无根的象征主义的力量"（Anderson 1990: 165）。就像政策、产品一样，政客也越来越被视为一种漂浮无根的能指、一张屏幕，形象设计师持续不断地将一套意义投射和涂抹在上面。"民主"政体与定发胶之间的营销区别已经越来越模糊。

文化也同样不能例外。"在后现代文化中，'文化'已经成为一种别具一格的产品"（Jameson 1991: x）。在消费资本主义时代，曾经与经济生活泾渭分明乃至相互对立的文化形式，似乎完全被商品的形式整合。确实，消费资本主义已将其自身的批评者吞噬、兼并。女性主义被用来为香烟促销，而切·格瓦拉的形象则被用为一种汽水公司的注册商标。文化多元论和文化多样性的价值，曾经是左翼解放运动理论的旗帜，现在成了兜售标新立异的价值、身份和生活风格的营销工具。后现代主义当然可以想象革命将在符号系统内部爆发，但是，革命爆发之时，也就是它变得毫无意义之际。自由、民主、个性、爱等这些曾经激动人心的价值都变成了文化工业的金字招牌。营销管理把这一切价值都转化成为表面魅力。一个规模庞大的文化工业，提供了现成的自我表象，满足了人们对于身份和差异的渴求，大众文化本身通过疏离、根除和摧毁传统文化而创造了此种身份差异。在美国这个彻头彻尾的世俗化国度，人们通常是花钱购买宗教来对抗其精神上的幻灭感，这常常是一些稀奇古怪的膜拜仪式，由一些一知半解的神话和仪式知识生拼硬凑而成，那些如饥似渴的消费者会拿出两天的时间投入"真正的信仰"，花费500美元入会费参加入会仪式（含酒店费）。在我们这个被连根拔起的世界里，信仰来得既容易又肤浅，就像一句精心设计的话语的"实在效应"。一个人的真实自我，对于那些依然相信它的人而言，越来越难以被按照传统的民族、地域、宗教和阶级进行认同和界定，那些迷离惝恍、支离破碎、漫散无依、漂浮不定的大众媒体话语，导致家庭的纽带日益松弛散解。在日本，有一些经纪人，专门为孤独的单身汉们租赁家庭，一个家庭会过来跟他一起共进周日晚餐，扮演母亲、父亲、妻子或孩子的角色，饭后帮他洗盘子刷碗，在他厌倦之前及时离去。在消费资本主义社会中，身份本身也成了商品，可以与其他商品等价交换。在现代多元社会的伟大市场中，你能够消费任何你想要的身份，它们只不过是一些不同的标签和市场效应，个人身份只是无意义的外包装，归根结底不过是营销话语的产物。

伊格尔顿在《后现代主义的幻象》一书中指出，后现代的后结构主义是"政治上的对手，经济上的同谋"（1996: 132）。在这一方面，后现代主义跟结构主义如出一辙："将某种技术决定论不由分说、完完全全地打入内心，把个体仅仅当成一个非人格编码系统驻扎于其中空洞场所，它所效仿的其实正是现代社会对待个体的方式，但同时却装出一副并未同流合污的样子，如此一来，就在认可其逻辑的同时，也暴露自己的榜样。"（131）后现代主义以及结构主义自身的这一矛盾，反过来又是源于发达资本主义社会的内部矛盾。一方面，对某些绝对价值的信仰，是其自由主义的人道主义意识形态所必需的，例如个体的自主性和自身同一性，这是诸如法院制度和选举系统之类的制度赖以存在的基础。另一方面，其经济体系又依赖于由瞬息万变、支离破碎的媒体表象流所建构的消费者，后工业资本主义将个体视为由其杂乱无序的实践活动所构成的一种稍纵即逝的效应。伊格尔顿说（132-3）：

> 就其向一个依然仰赖于绝对价值、形而上学基础以及自我同一的主体的系统提出挑战而言，后现代主义是激进的，针对这些，它所弘扬的是多样性、非同一性、离经叛道、反原教旨主义以及文化相对主义。由此所导致的最后的结果，是对主流价值系统的一种灵活多变的颠覆，至少在理论上是如此。……但是，后现代主义常常忽视了，在意识形态层面上运行的东西，并不一定也在经济的层面上运行。如果说这个体系的法院和投票站需要自主的主体，它的媒体和购物中心却几乎不需要。对于我们的生活方式而言，在这些地方，多元性、欲望、碎片化之类的东西可以说是土生土长的，就像在被玛格丽特·撒切尔（Margaret Thatcher）染指之前，煤炭对于纽

卡斯尔（Newcastle）而言是土生土长的一样。在此意义上，很多商业经理都是天生的后现代主义者。资本主义是有史以来最具多元主义特色的秩序，越界、拆解、把风马牛不相及的生活形式混搭在一起，孜孜不倦地溢出旧有的尺度，这一切，都是它的拿手好戏。

第三节　解码意识形态

在这一部分，我试图阐述对神话意识形态分析的一些基本假设。这并不是一件简单的任务，因为尽管在神话和意识形态的概念之间存在着共同之处，但不管是马克思主义，还是后结构主义，对于神话都没有特别的兴趣，它们只是拓展了神话概念的传统含义，将当代大众文化的"原型"或"常识真理"也包含于其中。还没有任何一位马克思主义者或后结构主义者，对传统意义上的神话的意识形态功能提出过理论上的阐释。确实，在过去的30年中，似乎并未出现任何新的文本分析的方法：结构主义之后的主要趋势是回避宏大理论、一体化视野以及无所不包的断言（在某种程度上，马克思主义亦然）。随着西方帝国主义的崩溃，我们在上文讨论过的那些大包大揽的理论体系陷入衰落，这种现象本身似乎就意味深长。对于所有"宏大叙事"的拒斥，已成为后结构主义时代的理论切口。

对于"宏大理论"的普遍拒斥，为理论上的多元化扫清了道路。这种多元主义体现于对早期神话理论尤其是精神分析理论和结构主义的折中与调和，也体现于后结构主义批评各个分支通用的多种多样的理论视野中。其一般格调是否定性和批评性的（如果因此可以说富于成果的话），主要致力于揭露和瓦解早期理论的意识形态基础，而非新的建构。因此之故，要挑选出一两个理论家或者一两本著作作为当代意识形态批评实践的典型代表是不可能的。在前面的几章中，我一般是集中讨论某个代表性人物，借以阐明某种理论的一般路径。在这里，我只能依据大量从当代学者的学说中撷取和收集的观点，对意识形态分析的典型假设和方法予以概说。马克思主义者和后结构主义者对于现代文化生产品尤其是文学、艺术、音乐、戏剧和电影的意识形态功能进行分析的成果为数众多，这些论述中，有很多都可以应用于对古代神话的分析，不过，也有很多不能。

社会结构

马克思主义以及受马克思主义影响的批评流派的一个典型发现是，一个文学叙事与一个社会的整体结构之间存在着结构性关联。这一整体结构内部的经济结构，包括社会各阶级之间的关系，是经典马克思主义最为关心的问题。有些"后马克思主义者"将这一观点视为一种受意识形态影响的等级观念，应予以解构。另一方面，包括大多数现代马克思主义者在内的文化批评家，则一般拒绝传统马克思主义（应主要归功于恩格斯和列宁）的如下观念，即认为意识形态或多或少是被动地由经济基础或"下层结构"所塑造的观点。文化范畴具有"相对独立性"的观念，缓解了文学、艺术等概念中的决定论、被动性；艺术（就此一术语的广义而言）不仅表达了社会关系，而且还是再生产或者改变社会关系的一种能动力量。艺术或积极或消极地影响了我们对于社会结构的感知方式，最终影响了我们维持或者改变它的意愿。许多理论家认为，所有艺术天生就是保守的；另外一些理论家则认为，所有艺术天生就是激进的。（后一种观点，比如阿多诺［Adorno］，预设了一种精英主义的区分，即高雅艺术和大众文化的区分。）不过，更容易被接受的说法是，有些艺术的作用是保守的，它们对某种社会秩序起到了整合和巩固的作用；有些艺术的作用是革命性的，它们呼吁变革。批评家的确随时都能在同一件作品中发现这两种趋势，在一个时代是激进的艺术，常常会在下一个时代变成保守的艺术，反之亦然。

对反主流文化形式的存在可能性的认可，标志着对结构主义意识形态概念的离弃。大多数当代理论家拒斥结构主义的整齐划一、铁板一块的意识形态概念，更喜欢将意识形态视为支离破碎和自相抵触的。因为社会的利益是分歧的，所以意识形态是支离破碎的；因为意识形态是社会斗争的基本场所，所以它又是自相抵触的。因此，更通行的说法，是用复数的形式谈论"诸意识形态"。在很多后现代主义理论家看来，这种多元性和多样性有效地降低了任何人类集团对社会系统进行全面控制的可能性，在马克思主义和其他追求解放的后结构主义看来，为了使任何社会群体有可能发挥影响，意识形态的碎片化不可缺少，而结构主义所设想的那种铁板一块的意识形态概念则不仅排除了异议的可能性，也排除了理性变革的可能性。

有些学者不仅提出多元意识形态的理论，而且还指出意识形态存在着不同的层次。最简单的，或许也是最重要的，是一般意识形态与各种亚意识形态之间的区别。存在着一个一般的文化层面，在这一层面上，意识形态的作用是统一整个社会的利益，创造共同价值和共同感知。但是，在一般意识形态之下，还存在着其他一些意识形态，其作用是促进那些更为重要的社会分支的利益。这些社会分支中，最重要的是阶级、种族（或民族）、宗教、性别等范畴。由于每一个人都不仅从属于一般的文化，同时还属于多个不同的范畴，因此，几乎没有哪个个体会单纯地表现出唯一一种亚意识形态。一般说来，每一个个体都是多种相互竞争乃至相互对立的意识形态错综交织的场所。

各种不同层次的意识形态的旨趣通常是相互交叉重叠的。从属阶级的亚意识形态往往与一般意识形态形成多方面的冲突。亚意识形态的作用是巩固群体的内部团结、促进其社会利益。各阶级在利益上的相互抵触，决定了其亚意识形态所弘扬的价值往往也是相互冲突的。因此，从社会整体的角度看来，亚意识形态天生就会导致分歧，一般意识形态的作用就是消弭亚意识形态的分歧。它必须为各种亚意识形态，至少是为那些比较重要的亚意识形态寻求或创造共同的基础，一般意识形态不得不致力于沟通、掩盖或者模糊那些处于支配地位的社会群体的意识形态之间的分歧。

神话、艺术、音乐、文学以及理论和科学话语尤其要担负这一方面的重任。一件具体的作品与一般意识形态以及亚意识形态之间的关系是多种多样的。那些丝毫不掩饰其与特定的亚群体的议事议程之共谋关系的作品，因为过于赤裸裸和浮夸，因此会受到大多数人的拒斥，视之为浅薄的、直露的宣传。更受欢迎和尊重的，可能是那些不仅能够消弭一般意识形态的分裂，而且还对来自不同的乃至相反的意识形态视野的相互分歧的阅读保持开放的作品。复杂而歧义丛生的文本在支离破碎、瞬息万变的文化中可谓得其所哉。（当代批评家将这种品格视为"开放性"文本，也就不足为怪了。）

从根本上讲，建立一种一般文化意识形态的努力，最终变成了沟通意识形态鸿沟的努力，并由此揭示了由那些根深蒂固的矛盾所导致的张力。不仅如此，就算是一般意识形态，也是一个脑力和体力劳动的产物，因此很容易被扭曲，使之更为符合那些控制着文化生产手段的统治阶级的利益，这种片面的需要跟作者或者消费者的关系并不大。一般而言，文化生产的过程越是复杂，无论是作者还是消费者就越是难以控制意识形态的内容，他们两者所能发挥的作用远远不如艺术生产的形式或方式所促成的一般价值重要（风格流派及其赞助者，以及媒体）。

解读意识形态

对于意识形态而言，"矛盾"是一个关键术语。就其在（黑格尔式的）马克思主义中的大量使用而言，它可以简单地用来指谓任何相互对立的要素（恩格斯用这个词指自然科学中诸如"遗传"和"适应"这样的对立）。在一般意义上，它被用来指社会结构和社会思想中的矛盾，这两者都是意识形态分析所重视的。"现实矛盾"可以用来指相互对立的历史或社会势力，例如资本主义和无产阶级的对立，或者指那些被认为包含着这些势力的社会结构中的对立趋势。"意识形态矛盾"则是指包含于社会价值、社会语言、社会话语或社会实践中的矛盾。意识形态矛盾可能表现为真实的、逻辑的矛盾（例如，既说 A 为真，又说 -A 为真），也可能仅仅表现为所言、所思、所行中的模棱两可、含糊其词、前后矛盾、摇摆不定、闪烁其词。意识形态分析的最终目的是揭示蕴含于神话、艺术、文学等之中的意识形态矛盾与现实矛盾之间的关系。这种关系并不简单,正如伊格尔顿所说(1991:135):

> 人们也许会认为,意识形态矛盾如此这般地"反映"或"对应于"存在于社会自身的现实矛盾。但是,实际情况远比人们想象的复杂。假设在资本主义社会中,在资产阶级的所谓自由与其压迫性效应之间存在着"现实的"矛盾,资产阶级权利的意识形态话语同样也可以被视为是矛盾的,但是,与其说这恰恰是因为它导致了"现实的"矛盾,毋宁说意识形态总是倾向于仅仅呈现此种权利中的肯定性因素,与此同时却将其必然会导致的恶果予以隐瞒、掩饰或者置换,而此种隐瞒或掩饰作用,就像精神病的症状一样,会受到来自内部的真诚告白的干扰。于是,人们也许会宣称,意识形态的模棱两可的、自我矛盾的性质恰恰是由于它没有真实地反映现实矛盾,确实,若果如此,诸如此类的话语是否能够被视为真正的"意识形态话语",还是尚待推敲的。

因此,一个简单的逻辑矛盾,是一个最为明显的标志,标志着理性话语在与权力限制的激烈交锋中归于失败。在这本书中,我们已经注意到一系列此类的意识形态矛盾,并且指出这些矛盾是如何植根于现实矛盾之中的:例如,欧洲人对原始民族的截然对立的看法,一方面视之为高贵的野蛮人,另一方面又视之为野兽(第二章第一节);缪勒对雅利安人自相矛盾的描述,一方面视之为天生的语言诗人,另一方面又视之为天文现象的卓越的观察者和记录者(第二章第二节);弗雷泽心目中的野蛮的精英人士,他们在醉心于科学、真理和进步的同时,又是妨碍社会进步的骗子,为了维护其政治支配地位而不惜欺骗公众(第二章第四节)。与此种矛盾密切相关的,是为了在相互对立的意识形态观点和价值之间进行调和而导致的那种模棱两可;弗洛伊德在谈到超我和本我时反农业的东西。她们跟阿多尼斯花园如出一辙，只是一场虚幻的游戏，而不是一种严肃的或有益的职业，她们会榨干男人的精力，让男人未老先衰，丧失生育能力，乃至一命呜呼、香火绝嗣。

女性在社会中的位置，不仅决定于一个构成整体文化系统的庞大的意义网络，而且是被多方位、多维度决定的。归根结底，这一观念系统中的每一个位置，都与其他位置之间存在着错综复杂、纵横交错的交叉互涉关系，的的确确地是被所有其他位置所决定着。结构主义眼中的意识形态，是一个无法摆脱的整体化体系，其中不存在一个你可以随意选择的位置，也不存在一个让你能够对整个系统进行审视批判的位置。它就像一个牢不可破的陷阱，攫取了所有男男女女的心智，他们深陷其中却不自知，而且安之若素地顺从于它，甚至连妓女都欣然接受了它强加给自己的卑微、下贱的社会地位。

第二节 后结构主义、后现代主义和意识形态

在本节中，我们将关注的是几种最新的批评趋势，它们的一个共同取向是对神话的概念的拓展，神话不再仅仅指原始的或传统的故事。新的扩展了的神话概念，包含了我们当代大众文化中的那些典型表达。为了做到这一点，它们将当代文化置于我们在前面几章讨论过的那些神话分析方法之下，同时又对这些方法做了重要的修正，以全新的眼光理解神话的性质，包括那些传统意义上的神话的性质。

二三十年来，西方大学校园成为好几种激进的社会批评理论折冲较量的演武场：女性主义、酷儿理论、黑人研究（美国）、后殖民批判（英国），以及其他几种社会批评理论的变种，这些理论旨在揭露那些将对历史上的边缘群体的压迫永久化的社会结构。诸如此类的文化批评的众所周知的目的，是实现权利和机会的平等，或者用更言简意赅的（也是更耸人听闻的）话说，就是"解放"。这些理论群体并未形成各自有其独立的方法论或阐释学理论的思想流派，而毋宁只是一些由共同的关切领

的那种模棱两可，可以视为被阶级斗争模塑的结果，尤其是当他应用其精神动力学解释政治和社会关系的时候，这一点体现得更为明显（第三章第四节）。对于意识形态批评最具挑战性的，是要能察觉那种将现实矛盾完全消声的现象。在皮埃尔·马歇雷（Pierre Macherey）看来（1966），对文学文本进行意识形态分析的目的，就是要发现其中那些意味深长的沉默，在此，不妨回顾一下索绪尔是如何将指称一笔抹杀并予以置换的，或者是如何将历时性完全排斥于理性话语之外的（第六章第二节）。

意识形态批评的一个经典案例是，马克思在《资本论》（1867）和《剩余价值论》（1861—1863）中对英国古典经济学家的价值理论的分析。马克思特别分析了亚当·斯密《国富论》中的矛盾，指出这些矛盾是"意味深长的，因为它们包含了他所无力解决的却因他的自相矛盾而暴露出来的问题"（1999:151）。斯密对于市场的阐述，是一个资产阶级的经典描述，他将市场视为一个自主的体系，这个体系按照其自身固有的规律而运转，也就是说，只要商品交换是自由和平等的，就终将给所有人带来好处。这个体系的规律之一是，使变动不居的价格始终保持在斯密所谓"自然"价值或"自然"价格附近。一件商品的"自然价值"或"自然价格"是为支付生产它而付出的劳动以及资本和地租的费用。同时，斯密又正确地指出，一件商品的交换价格仅仅取决于为了生产它所付出的劳动量。斯密试图调和这两种观点，他认为，尽管在原始经济中，商品的交换价值唯由劳动所生产，在资本主义社会中，支配着交换价值的规律是不同的，对于资本主义而言，他觉得有必要肯定资本和地租同样参与了交换价值的生产。但是，马克思再三指出，尽管斯密言之凿凿，其关于原始经济的价值概念侵蚀了他关于资本主义的论述，或者，反过来，他为资本主义生产而修正劳动价值理论的企图，在他的理论中引发了更多的逻辑死结。斯密的错误在于误以为在资本主义条件下劳动时间不再是衡量交换价值的内在尺度，而事实上他本应该得出结论，认为资本主义条件下劳动量不再等价于劳动的价值（即付给工人的工资低于其所生产的物品的交换价值）。

斯密理论中这一明显的矛盾使他忽视了自由资本主义意识形态中的一个更根本的矛盾。斯密理论中这一显而易见的忽视与体现于商品形式中的真正关系密不可分，从根本上说，这是资本与劳动之间的不平等关系。斯密拒绝将劳动价值理论应用于现代经济，这一做法让他巧妙地维持了对于市场的幻觉，即认为交换是自由和平等的，即使当这种交换是在付出劳动的工人和付给他工资的资本家之间进行的。实际上，在马克思看来，恰恰因为市场条件不是自由和平等的，工人们不得不以低于其实际价值的价格出卖自己的劳动；两者之间的差额直接转化为资本家的利益。只有劳动，而不是资本和地租，才是交换价值的唯一来源。资本家和土地出租者从商品的交换中获得份额，但这一份额并非取决于他们，而是直接来自工人的付出。

因此，斯密理论中的矛盾源于一个更为深刻的矛盾，即自由资本主义所声称的自由平等的交换与它必定会强加给工人阶级的不自由的依附状态之间的矛盾。一方面，斯密的理论表达了劳动价值理论，尽管他认为这种理论对于资本主义经济无效；另一方面，斯密的理论中全然看不到对资本和劳动之间现实的社会和经济关系的论述。相反，他所关心的只是商品和交换条件。他将一种纯属历史的和偶然的关系掩盖于一种自我约束的、慈善的"自然规律"的假象之下，那是一只操纵着市场的"看不见的手"，这只手会给予包括地主、资本家以及劳动者在内的所有"生产者"分内应得的报偿。

斯密理论中的缄默、歪曲和矛盾并非仅仅为斯密一人所有，它们是他那个阶级和文化所共同具有的意识形态盲点。很自然地，他对于经济研究的起点是外观，即商品交换体系，我们不妨称之为"表面结构"，而不是这些外观所表现的阶级关系。而这种做法只不过是重复了商品的一种功能。正如马克思所说（1906:83）：

> 商品形式的奥秘不过在于：商品形式在人们面前把本身劳动的社会性质反映成劳动产品本身的物的性质，反映成这些物的天然的

社会属性，从而把生产者同总劳动的社会关系反映成存在于生产者之外的物与物之间的社会关系。……因此，要找一个比喻，我们就得逃到宗教世界的幻境中去。在那里，人脑的产物表现为赋有生命的、彼此发生关系并同人发生关系的独立存在的东西。在商品世界里，人手的产物也是这样。我们把这叫作拜物教。①

老方法，新用途

意识形态分析指出了目标，但却几乎没有提供可操作性的方法，其在方法论上的这种空白也许是由于意识形态太过狡诈多变和神出鬼没，以至于很难将其一一登记在案。更可能是由于系统化和模式化恰恰是后结构主义时代的否定精神和分析精神所竭力反对的。不过，这种在方法论方面的空白，倒使后结构主义批评具备了一个主要长处：方法论上的折中主义。解释者有着充分的自由从过去的理论中挑选合用的工具，只要对其宏大的、包罗万象的世界观保持戒心即可。事实证明，心理分析学和结构主义是意识形态分析的特别有效的利器。

许多人都在弗洛伊德那里发现了一种方法论模式。马歇雷本人提出的一种对于文学文本的"症候式"解读，就是效仿弗洛伊德式的精神分析。性压抑的动力机制与意识形态的功能极为相似，尤其是当它要在上层结构的层面上，同时既要解决又要隐瞒发生在下层结构层面上的冲突和分裂的时候。当弗洛伊德将精神病或性变态的症状视为对精神领域之冲突的一种模棱两可、自相矛盾的解决方式时，就已经在做此类比了（1940-68.1:374）：

> ［精神病］症候体现为无意识中力比多欲望实现之后的一种极度扭曲的产物，体现为一种精心挑选的含义自相矛盾的含混性。单单在这一现象中，我们就可以分辨出梦的构型（formation）和症候的

---

① 译者按：译文据《马克思恩格斯全集》第二十三卷（人民出版社 1972 年版），第 88—89 页。

构型之间的差异,因为在梦的构型中,前意识只会保护睡眠,不会容许任何东西侵入意识以免打扰它,它并不会直截了当地对无意识的欲望冲动说"不,恰恰相反",它会更宽容,因为人的睡眠状态较少具有威胁性,睡眠状态自身就足以阻止欲望变成现实。

正如梦和精神病人的幻觉是行之有效的,因为它们将其与病人真实欲望的关系隐藏于心灵的潜意识中,同样,意识形态也是行之有效的,因为它与权力的关系隐藏于或可名之曰"政治无意识"的东西之中(cf. Jameson 1981)。而且,我们可以按照与辨识精神病症候几乎相同的方式识别出意识形态,即使在整体压抑的情况下,当外显的内容三缄其口,意识形态会像精神病症候一样,可从因矛盾冲突而导致的紧张不安的移位中读出意识形态,因为意识形态的安抚性叙事总是围绕着矛盾之所在而喋喋不休地言说,欲罢不能。

对文本的症候性解读法类似于精神分析学家"解读"患者话语的方法。患者一直都是在展现自我的同时又在隐瞒自我:他对自我进行表述,不过却是按照他自己希望看到的自己的样子和希望别人看到的自己的样子对自己进行表述,精神分析学家必须通过对患者话语的分析以揭示出隐藏在这些话语背后的真实的自我。正如本维尼斯特所言(1966:78):

> (精神分析学家)必须高度注意患者话语的内容,首先是其话语中的漏洞。话语的内容向精神分析学家透露了患者向自己呈现其情景的方式,以及患者面对这一情景而自处的方式,但是,精神分析学家还要透过这些内容洞察到更多,即由隐藏的情结所释放的无意识动机。在语言的象征系统之外,分析者还发现了另一种特殊的象征系统,这一象征系统是患者自己在不知不觉中建构的,其中,他隐瞒的东西跟他说出的东西同样多。精神分析学家从患者自我表述的故事中提取出另一个故事,这个故事将能说明其动机。这样,分析者将患者的话语视为另一种语言的伪装,这另一种语言有其自身

的规则、符号和语法，并提供了一条通向心灵深层结构的秘径。

正是用这种方法，弗洛伊德才有可能从那位梦到去剧院看戏的女士的话语中读出试图缓解对婚姻的纠结情绪的企图，尽管她的话里话外根本未提到婚姻（第三章第一节）。与此类似，意识形态分析也是通过对文本肌理的细读，揭示出隐藏在其省略、扭曲、赘词以及矛盾背后的无意识动机。区别在于，隐藏在意识形态表象背后的情结，并非是心理分裂，而是社会分裂。至少从理论上讲，无论在何种情况下，真正的内容都永远不会一片空白，其中蕴含着所有扭曲、省略、置换、压缩、象征的隐秘的缘由，这是可以推断的。人们所要做的只是必须到现实的社会矛盾而非无意识和意识的矛盾中寻求这种隐秘的缘由。

结构主义方法也跟意识形态分析有很多相通之处，因此很容易用来为意识形态分析服务。意识形态分析与结构主义一样，也视概念世界为一个社会建构物。意识形态批评与结构主义一样，也视语言为意识形态斗争的最首要的场所，因为语言形成了意识的实际的物质基础。而且，意识形态的功能与列维-斯特劳斯结构主义神话学中的神话功能极其相似。神话为解决那些根深蒂固的对立提供了一个伪答案，就像意识形态提供了一个调和那些由经济基础或价值分歧、阶级分歧引起的矛盾的途径。结构主义理论还认为，正是神话或艺术品这种调和矛盾的能力，在一定程度上解释了它的利益和社会诉求。因此，意识形态分析经常直接诉诸意识形态的结构主义概念，即一个井然有序的意义链，排列为高低等级，通常由关键的"先验所指"（transcendental signifiers）所主宰，这个先验所指的作用类似于那些特定政治秩序中的价值关键词。在意识形态理论中，甚至可以发现与结构主义的关键性对立即自然与文化的对应物，例如，罗兰·巴特所关注的就是意识形态将文化的东西自然化的倾向。结构主义的方法，即识别重要的二元对立以及这些二元对立跟与之异形同构的二元对立之间的关系，为揭露意识形态的深层矛盾提供了一种卓有成效的方法，神话以及另外一些人造游戏就是运作于这些深层矛盾之上。

不过，意识形态分析与结构主义分道扬镳，必然会使这一方法的适用性得到调整。最重要的是，意识形态分析将语言和语义系统视为实践的而非抽象的，社会的而非自治的，杂驳的而非同质的。这意味着，在意识形态分析中，侧重点从语言系统（langue）转向了言语（parole），或者毋宁说，语言/言语的对立被"话语"（discourse）的概念所取代，话语概念融汇了语言（langue）的某些组织的、前个体的、系统性的属性，以及言语（parole）的某些能动的、物质的、个体的和时间的属性。当然，所有这些新属性都是相互联系的。人们用语言有所作为，其所作所为并非全都与"意识形态"有关，但是，尽管如此，说话者总是在推销一种特定的世界观，另外，拥有某些共同利益的人类群体，也是通过话语交流，形成了一种连贯的、自圆其说地表达其观点的方式，也就是说，他们围绕某种话题形成了话语。这些群体的规模大小、势力大小及其嗓门的高低，决定了其话语被听到的程度，以及它们回应其他群体尤其是那些庞大的、有势力的和有话语权的群体的话语并被这些话语所塑造的程度。只要言说和话语具有实际的目的，个体和群体就会发现他们迫切需要理由、观点和价值，这些理由、观点和价值又必然会遭到另外一些理由、观点和价值的反对。只要同一个社会中的不同群体使用同一种语言，每一个群体就会按照各自不同的方式给他们所共同使用的词语打上自己的印记，或者用沃罗西诺夫的说法，赋予它们不同的"腔调"（accent）。换句话说，发言说话变成了社会分裂与斗争的场所，另外，不仅在话语整体中，甚至在相互冲突、自相矛盾的个体话语中，尤其是在我们社会那些时髦的政治流行词如"自由""民主"等之中，也都能发现社会斗争的痕迹。此外，一个符号的含义的历史变迁直接关乎不同社会群体在等级体制中地位的升降沉浮。正如沃罗西诺夫指出的那样（1986:23）：

> 让意识形态的符号生生不息、变幻不定，又让它成为一种导致

扭曲和失真的媒介的，是同一种力量。统治阶级千方百计地为意识形态符号赋予超阶级的、永恒的品质，竭力扑灭或者掩盖发生于意识形态内部的不同价值之间的斗争，企图使意识形态符号单一化。

由此得出的实际结论就是，意识形态分析所孜孜以求的对立，与其说是结构主义分析中那种相互分离的二元对立项，不如说是同一个词语或符号内部的相互对立的含义。正如韦尔南指出的（参见第五章第七节），必须在文本之外，到对立群体的社会话语中，在其具体的社会经验和物质利益中，才能更好地猎获这种对立的含义。

历史

我们注意到，近期的意识形态理论和意识形态分析方法主要是基于现代社会和人工文化制品。如果说后结构主义对（传统意义上的）神话不太感兴趣，那无疑是因为这一分析模式原本就是针对我们这样纷繁复杂、千头万绪的社会而提出的。然而，神话大都是源于或者被认为是源于简单的"冷"社会，这种社会的社会结构长期保持恒定不变，直到它被一个更发达的文化吞噬为止，或许古典结构主义神话学较之本章所讨论的那些意识形态分析的理论和方法，更擅长把握博罗罗人（Bororo）神话的意识形态。一种文化究竟需要有多"热"或者其历史究竟需要多么活跃，才能应用这种意识形态分析的方法，这是一个悬而未决的问题。但是，认为在所有社会所有时代意识形态都是按照毫无二致的方式而运作，这也许是一种幻觉。可以肯定的是，神话并非时时、处处都具有相同的功能或特性。

甚至那种声称意识形态——至少其古典的社会合法化功能——已经死了的论调，都并非无稽之谈。关于意识形态特性的变迁，相关的讨论一直很少，不过，哈贝马斯是个例外，他将意识形态的社会合法化功能区分为几个不同的发展阶段。按照葛斯（Geuss 1981:67-8）的归纳，它们分别是：

（1）古风阶段：在这个阶段，代理人运用一些具体的神话为其社会世界和制度提供一种叙事性的解释。

（2）传统阶段：在这个阶段，代理人运用正统的神话、宗教或隐喻形成关于总体现实的世界图景或世界观，为其社会制度辩护。尽管这些世界图景并非仅仅是叙事的产物，但却是"通过论证建立起来的"。它们是不言而喻的，本身从来不会受到质疑，其作为合法性的根据天然有效，无需证明。

（3）现代阶段：其标志是狭义的意识形态的出现。这些意识形态声称自己是"科学的"，也就是说，能够对其自身提供充分的论证，并且是通过诉诸普遍有效的规范和原则、共同的利益以及对"美好生活"的说明，来为社会秩序进行辩护。

（4）（所谓的）"后意识形态"阶段："后意识形态"的社会合法性形式，声称其对社会秩序的辩护仅仅诉诸一个社会的技术效能，拒斥任何对诸如伦理原则、"美好生活"的规范或理想之类的没落的意识形态的诉求。

当今一些政府声称，在这个全球化的世界中，他们除了追随公司企业所提出的政策之外，别无选择，否则将面临严峻的经济问题。右翼政府更喜欢用成本或现实条件为借口替其政策辩护，例如，加拿大艾伯塔省政府就抗议联邦政府签署关乎地球上生命安危的《京都议定书》，理由仅仅是要执行这一议定书，成本太高。

传统意义上的神话，属于哈贝马斯社会合法性发展历程中的第一和第二阶段，主要存在于那些不太复杂、不太"热"的社会，一般而言，这些社会更有可能成功地在维护一个统一的意识形态的前提下管控其内部的各种差异。这种意义上的神话，较之现代社会的文学和艺术，更容易受共同意识形态的制约，现代社会的文学、艺术则更具有对异质因素的开放性。（这在一定程度上取决于你如何定义神话，因为如果用一种狭义的分类方法，故事大可归于民间故事或寓言，参见第五章第五节。）但是，传统神话较之现代的文学和艺术也要面临更大的要求其循规蹈矩的制度性压力，至于现代社会的文学和艺术作品，则能够更具体地服务于特定的社会亚群体，并且，作为具体的物件，它们较之传统社会中原生态的口头传统，更容易在一个较为狭窄的范围内流传下去。

第四节　赫拉克勒斯神话的意识形态分析

希腊古风时期和古典时期的"自由"

对于意识形态的运作而言，神话是其最重要的传播媒介之一。很多古代神话之所以能够流传下来，是因为它们运作于意识形态的最高层次之上：它们参与了正统意识形态的创造过程。为了做到这一点，神话必须诉诸整个社会，而不能仅仅诉诸单一的某个社会群体。为了引起众多对立群体的兴趣，一个神话必须兼容并包地将那些势力较大的群体的相互冲突的利益融入其结构中。这些冲突会以形形色色的面目出现于神话之中：例如，叙事逻辑上的歧异、行为动机或道德品格方面的模棱两可、叙事中同一个动机的千篇一律的重复。我们可以在赫拉克勒斯神话中发现所有这些现象。

语言是最重要的意识形态媒介，常见的情形是，一个神话细致入微地阐发了那些蕴含于价值辞藻中的意识形态意蕴。（我在此用"阐发"这个词，不应将之混同于被动的"反映"，而应理解为一种能动的"修饰"和"提炼"行为，社会群体或亚群体所希望透过语言看到的世界图景，正是借助此种"修饰"和"提炼"而呈现出来。）我们不妨从分析"自由"（freedom）一词在古风希腊和古典希腊时期（约公元前700—前323年）的意蕴入手，开始对赫拉克勒斯神话的分析。几乎在所有语言中，自由都是一个意义极为丰盈的词，自由（eleutheria）一词，对于希腊一般意识形态话语极为重要，尤其是在古典时期那些使用奴隶的民主城邦中更是如此。在一般水平上，正是自由将市民阶级与奴隶区分开来，因此，一般意识形态认为，只有自由的人才是真正的人，而从事奴役劳动的人则与野兽相去几希。自由的人才有可能具有诸如理智、自制、勇气、慷慨、高尚等优良品德,奴隶则毫无心智或精神能力可言,他们是愚昧、散漫、粗野、懦弱、自私、优柔寡断。实际上,有些古代学者走得更远,如亚里士多德就认为,善和恶的品性不是自由和奴役的结果,而是其原因,并由此断定,一个由富有理智、自制和勇气等优良品质统治的社会,将是不可征服和奴役的。那些在文化上成为奴隶的人,只不过是因为他们天生就是奴隶。在这样一种意识形态看来,自由人天生就应该奴役不自由的人,这对任何人都有好处,尤其是对于奴隶而言,好处更大。

以上所述,尽管有颠倒现实,有混文化为自然,但是尚未出现真正意义上的内在矛盾。这是因为奴隶既无实际权力,又无话语权,因此,他们的观点对于一般的文化意识形态毫无影响。当市民中的底层阶级试图利用这一"自由"的观念促进自身的阶级利益时,矛盾就出现了。古风和古典希腊时期的市民阶层包括少数有势力的贵族和数量远远大于前者的非贵族阶级,其中包括农民、商人、小贩、工薪劳动者。对于纯正的贵族意识形态而言,一个不得不为挣钱而劳动的人,比奴隶好不了多少:商人、工薪劳动者和奴隶都是在被迫劳动,只是程度不同而已。因此,他们认为,对金钱的贪欲驱使商人,对饥饿的恐惧驱使劳工,对鞭子的恐惧驱使奴隶,它们之间并无本质不同,只是程度有别而已。在贵族阶级的语言中,"自由"意味着有闲暇,让人能够接受教育,锻炼身体,追求各种各样的社会名望。尽管在日常语言中,*eleutheros*(自由)一词指所有不是奴隶的人,这个词却常被贵族用来表示那些不需要为生计而工作的人。*Aneleutheros*(不自由)一词常被用来指称劳工阶级的市民,尽管他们是法定的"自由"市民,而 *eleutherios*(字面意思是"像一个自由的人")一词则被精英人士赋予特别的含义,专门用来指那些能够达到其有闲阶级理想的人,这一点很像其在拉丁文中对应的词,即 liberalis,这个词的固有意味仍保存在"人文科学"(liberal arts)、"通识教育"(liberal education)这些术语之中。

贵族将其社会活动和经济活动想象为某种与商人、工匠、农民以及奴隶迥然不同的东西，他们认为自己的活动是自我教化，是为了荣誉而非为了物质利益，即使这些活动确确实实给他们带来金钱，或者最终会转换为金币、地位和权力。另外，希腊贵族还喜欢标榜，他们的所作所为不受任何形式的外力的强制，自始至终都是自由选择的事体。在劳动阶级的眼里，贵族的活动和"自由"很容易被视为寄生虫的行为，甚至是一种有害无益的寄生行为，实际情况也确实如此，在他们看来，贵族的活动、节日宴会、体育竞技与那些劳民伤财的狂喝滥饮、纵情声色并无区别。这些活动纯属挥霍浪费，对于一个辛勤劳作并指导金钱的价值的人来说，这种行为会使人陷入贫穷和劳役的境况。商贩、农夫们更乐意将荣誉与勤勉劳作、吃苦耐劳、奋勇进取等品质联系起来，他们阶级中的那些成功者，凭着这些品质，就能获得财富和社会自由。同一种行为，在贵族看来是自由的体现，在商人看来则是道德堕落的体现。这两种对立的意识形态的观点针锋相对：一方认为，为物质利益而工作，是一种奴隶的形式，另一方则认为，这是获取和维护自由的手段；一方认为，体育竞技是自由的体现，另一方则认为，这纯属浪费，恰恰会导致自由的丧失。每一方都将对方的追求视为无意义和恶趣味。

尽管两个阶级在将自由与被奴役状态对立起来这一方面是一致的，他们的分歧在于，其他类型的劳动是否也是同样的被奴役状态，只是程度较为和缓或方式有所不同而已。如果一个神话要被两个阶级都能接受，那么它必须在如何定义自由、如何评价不同形式的劳动的价值方面，保持一定的模糊性。不过，另一方面，通常情况下，神话、文学、艺术是否应该表现出对于某个阶级的愿景的倾向性，这是一个值得争论的问题。这种倾向性不应该过于明显，否则会遭到利益相反的那些组织的拒斥，因此最终很可能被传统所摈弃。假如这种倾向性不是很明显，则会更有效地将一个暗含偏见的意识形态愿景灌输给整个社会。

赫拉克勒斯

有趣的是，像妮可·罗拉克丝（Nicole Loraux）这样敏锐的意识形态批评学者，居然会否认可以从政治的角度解释赫拉克勒斯神话。她宣称，赫拉克勒斯超乎政治之上，因为这个神话是如此流行，以至于"没有哪个城邦能够将之据为己有"，在她看来，"重估"这一神话的场所不应是"政治领域，这个领域中利害关系错综复杂，不可避免地会让事物变得面目全非，而是应该在支配着希腊人英雄好汉概念的逻辑之内对这一神话进行重估"（1990:23）。这种从社会语境向内在逻辑的转向，体现了结构主义的影响。马克思主义批评家彼得·罗斯（Peter Rose）对罗拉克丝提出批评，按照她的说法，好像只有国家才能生产意识形态，好像一个神话一旦国际化，政治利益对它就鞭长莫及了。（这就像列维-斯特劳斯将神话视为陈陈相因从而将之置于时间之外一样，如此一来，就可以完全将其赖以获得意义的语境置之不论，而致力于在神话内部寻找一个严格的"逻辑"系统。）罗拉克丝显然将阶级意识形态排除在她的政治概念之外，对此，罗斯本人并没有直接提出驳论，他只是指出："赫拉克勒斯夸耀其家族世代相传的美德——统治阶级的男性声称自己与生俱来的就高人一等，这种优越性最终可以追溯到其神圣祖先。"（1993:219-20）不过，这一说法将神话完全归属于贵族的意识形态，并没有揭露出神话中所应表现出来的含糊性和矛盾性，单就赫拉克勒斯而言，他并非仅仅是一位贵族英雄，同时也是古风时代一位广受欢迎的神话英雄。

我们现在所看到的赫拉克勒斯神话，大致形成于古风时期和古典时期。这两个时期的主要标志是，从一个由土地贵族占统治地位的社会体系，向一个主要由城市工商业者支配的民主体制的转变。希腊贵族跟其他社会的贵族一样，也是一个极端势利的群体。他们有极为强烈的阶级凝聚感，却并不想成为一个平等的社会群体。相反，贵族们都千方百计地让自己爬上这个残酷竞争的等级阶梯的顶端。贵族家庭的地位取决于他们过去和现在在一些特定的仪式活动中跟其他贵族家庭竞争时的表现。在早期，主要是通过战争仪式：为首贵族的家臣和家奴劫掠其他贵族的牧群和庄稼，甚至劫掠、毁掉整座城池。但是，一旦被统治阶级通过从事工商业获得力量，一旦低等阶级掌握了基于群体合作战术之上的更具战斗力的战争技艺，贵族就不得不停止此种冤冤相报的自相残杀。贵族们开始用和平方式竞争社会名望，由此形成了贵族内部的等级制度。这些方式中，最重要的当数体育赛会。伟大的泛希腊运动会制度确立于公元前 8 世纪到前 6 世纪之间。（按照传统的观点，奥林匹克运动会的制度确立于公元前 776 年，皮西安运动会［Pythian games］和地峡运动会［Isthmian games］创立于公元前 582 年，尼米亚运动会［Nemean games］创立于公元前 573 年。）这是一个工商业急剧增长的时代，工商业的增长为希腊城邦共和国的兴起奠定了经济基础。类似的情况也出现在中世纪后期，芭芭拉·塔奇曼［Barbara Tuchman］指出，14 世纪后期，在欧洲，随着重商主义的兴起，"贵族们的主要职业（战争）开始萎缩，取而代之的是比武大会和运动会蓬勃兴起"（1978:65）。

就像马上比武一样，奥林匹克运动会的比赛，从马车比赛到摔跤比赛，在很长一段历史时期内都是唯有贵族才能从事的活动，因为除了贵族，其他人没有财力购买比赛装备，也没有闲暇从事训练。《奥德赛》第八卷关于费埃克斯人的运动会的描写，就充分反映了贵族对于体育和贸易的看法。奥德修斯漂流到费埃克斯岛，无人知道这个海难幸存者的名字，尽管岛上的宫廷用贵族之礼接待他，他的真实身份却令人生疑。岛上的拉奥达马斯王子邀请他参加体育比赛一显身手，因为"须知人生在世，任何英名都莫过于靠自己的双脚的速度和双臂的膂力给他赢得的荣耀"（147-8）。但是，奥德修斯拒绝了他的邀请，因为他心中充满忧愁。这时，一位名叫欧律阿洛斯的自命不凡的公子开始对奥德修斯冷嘲热讽（159-64）："客人，我看你不像是精于竞赛之人，虽然世人中这样的竞技花样颇繁多。你倒像是经常乘坐多桨船往来航行，一群航行于海上的贾货之人的首领，心里只想运货，保护船上的装载和你向往的获益，与竞技家毫不相干。"[1]

---

[1] 译者按：译文据王焕生译《奥德赛》（人民文学出版社 1997 年版）。

就体育也需要付出体力劳动而言，贵族的意识形态将体育比作经商（或农艺），但是，两者之间又有非常重要的差异，即体育是一种专属于贵族的劳作形式，这是一种旨在获取荣誉的自由从事的劳动，而不是为了获利（或出于生活必需）。如果说商业受到鄙视，那么，农业劳动的地位更低下（我们可以在第五章第七节中看到赫西俄德对于农业劳动的态度）。可以按照价值从高到低的顺序将不同阶级的劳动列表如下：

阶级	贵族	商人	农夫
活动	体育	经商	农艺
目的	荣誉	金钱	食物
动机	自由选择	贪欲	生活必需

赫拉克勒斯的贵族劳动

了解了这一社会背景，我们就不难理解上述罗斯的说法。赫拉克勒斯是以十足的贵族英雄的面目出现的，尤其是不管在神话中还是在秘仪中，他跟体育竞技的关系都十分密切。马克·高登（Mark Golden）列举了其中主要的项目（Golden 1986:151-2）。人们把许多泛希腊赛会的创建都归功于赫拉克勒斯，其中最为名声远播的是奥林匹克运动会和地峡运动会。在艺术品中，他被描绘为一位搏击高手和摔跤高手，据说，搏击术就是他发明的。我们还知道他的御车术教练和摔跤术教练的名字，在他的盾牌上，描绘有拳击、骑马和驾车比赛的场景，在体育场和摔跤场上竖立着他的雕像，在他的神殿里设立了体育设施，并且是举行体育比赛的场所。他被运动者们视为榜样，据说，著名的摔跤手克罗托那的米罗（Milo of Croton）就曾经赢得一张狮子皮，当他在510年率领一支军队进攻锡巴里斯（Sybaris）时，就挥舞着一只大棒当武器。那些在同一天的奥林匹克运动会上同时赢得摔跤比赛和搏击比赛的健将，自称为"赫拉克勒斯的继承者"。运动员的专业联合会用"赫拉克勒斯"为自己命名，自称为"赫拉克勒斯会""赫拉克勒斯之友"。下面的论述主要基于高登的上述洞见。

含混性

甚至赫拉克勒斯那些跟体育很少有关系或毫无关系的功绩，都被归于体育活动的范畴，就差没有被直接称为体育活动了，这一点进一步证明了赫拉克勒斯的贵族形象。赫拉克勒斯的功绩被称为 athloi，这个希腊词的意思是"竞赛"，athloi 一词通常是用来指那些对于贵族社会地位竞争至关重要的泛希腊竞技，athlos 则特指有奖竞技，其奖品是单纯的并无物质价值的荣誉称号，至少理论上是如此。狄奥多罗斯（Diodorus）称，是赫拉克勒斯最早在奥林匹克运动会上引进了"只奖励一只桂冠的比赛，因为他自己就曾造福于人类而不求回报"（4.14.1-2）。

因此，很容易将赫拉克勒斯神话解读为一个凭借超凡力量通过艰苦卓绝的努力赢得了美名的典范故事，就此而言，也可以将赫拉克勒斯看作一位运动员的典范。正因此故，在神话中，他的很多功绩都被纳入了体育比赛的背景：他用摔跤术打败了尼米亚的狮子（Nemean lion）、大力士安泰（Antaeus）、死神塔纳托斯（Thanatos）、波吕戈诺斯（Polygonus）、忒勒戈诺斯（Telegonus）、墨诺忒斯（Menoetes）；接连三次击败厄律克斯（Eryx），正如要在奥林匹克运动会上取胜，必须赢得三个回合的胜利。他甚至在德尔菲用摔跤术战胜了阿波罗，从而赢得了阿波罗神庙里的青铜祭祀三脚架。胜利者颂歌（Epinician）经常将赢得泛希腊赛会的比赛比作战胜死神。据说成功的运动员在一定程度上能够超越终有一死的凡俗状态，赫拉克勒斯的神话较之其他任何神话对于维系这样一种幻觉发挥的作用都要大。赫拉克勒斯的事迹不仅给他带来了不朽的名声，而且名副其实地让他变成了长生不死的神仙。艺术家们在表现赫拉克勒斯升上奥林匹斯山的场景时，采用了跟表现获胜运动员衣锦还乡相同的手法。赫拉克勒斯通常被描绘成头戴桂冠、乘着展翼翱翔的飞车，正驶往其父亲宙斯的神殿，众神们正焦急地聚集在一起等待着他的到来，而为之驾车的，或者是雅典娜，或者是尼刻（Nike）[①]，后者即胜利的拟人化。狄奥多罗斯（Diodorus）将赫拉克勒斯的长生不死称为对其劳绩的"比赛的奖赏"（*epathlon*），他是胜利之神，是名扬天下的冠军（*kallinikos*）。

所有这些都使赫拉克勒斯显得非常有贵族气。并不出乎意料之外的是，他除了因其丰功伟绩而威名煊赫之外，他还因其自由无羁而美名远扬。在秘仪中，他被称为"解放者"。普罗狄克斯（Prodicus）认为，赫拉克勒斯投身于艰苦劳作的决定，是一个自由意志的典范，这一决定是一个高贵的精神做出的深思熟虑的抉择，他宁愿踏上一条艰难坎坷的道路，也不愿意耽于享乐与安逸。在柏拉图的《高尔吉亚》一书中，卡利克勒斯（Callikles）声称赫拉克勒斯甚至打破了习俗束缚而赢得自由（484b）。

尽管如此，赫拉克勒斯神话仍非常不同于其他英雄神话。虽然赫拉克勒斯的功绩被赋予了贵族阶级的魅力，被涂抹上了自由选择的道德色彩，但是关于他的功业和他完成这些功业的方式，这个神话也向我们呈现出另一番迥然不同的景观。希腊文学常常提到赫拉克勒斯的"艰苦劳动"（*ponoi*），拉丁文献则称之为 *Herculis labores*，即我们所谓"赫拉克勒斯的劳动"，这一说法指的是跟 *athloi* 极为不同的活动类型，这种翻译绝不是偶然的。赫拉克勒斯与劳动之间存在着一种特殊的关联。正是他的艰苦卓绝的劳动（*ponoi*）为他赢得了不朽的名声（*athanatos arete*），就像在索福克勒斯的悲剧《菲罗克忒忒斯》（Philoctetes 1419-20）中，他自己所说的那样，他还安慰菲罗克忒忒斯说，他的艰苦劳动也将给他带来名声。在此，赫拉克勒斯所想到的并非仅仅是他的"劳动"，而是某些远远超出赫赫战功之外的东西。其实，罗拉克丝就已指出，在索福克勒斯的悲剧《特拉基斯少女》（*Trachiniae*）中，*ponos* 一词并非仅仅表示赫拉克勒斯的功绩（21, 170, 825），也指他遭受的磨难（680, 985）和他经历的奴役（70, 356），也就是说，指的是在需求驱使之下的被动遭遇和艰苦努力。赫拉克勒斯在 *ponos* 这一方面的所作所为跟他的伟大

[①] 尼刻是希腊神话中的胜利女神，运动品牌耐克（Nike）即借用了女神的名字。——译者注

功勋一样众所周知。在古代,赫拉克勒斯的名字常常与"无用的劳动"(*allos ponein*)和"为他人劳动"(*allois ponein*)联系在一起。*Ponos* 既包括磨难和劳役,也包括所有的英雄业绩。当然,在谈到赫拉克勒斯时,并非总是这样模棱两可。亚里士多德将赫拉克勒斯称为"服苦役者"(serf)(*Eth.Eud.* 1245b39),《特拉基斯少女》中的得阿涅拉(Dianeria)(也译作"得伊阿尼拉")将他视为一位"仆役",时刻都在"为别人效劳"(*latreuonta toi*),埃斯库罗斯则干脆说他是一个"奴隶"(*Ag.* 1040-41)。赫拉克勒斯的名字甚至还有一个古老的词源,源于 *era* 一词,意为"效劳"。赫拉克勒斯被迫服劳役的条件本身足以说明问题。奥斯汀(Austin)和维达那克(Vidal-Naquet)指出,对于古人而言,劳动本身并无内在固有的价值(1977:15):

> 更重要的是工作得以实施的条件。在现代世界,人的劳动与他本人是分离的:劳动只是一件可以出卖的商品,他可以将之卖给别人,但这并不意味着他要屈从于别人,至少理论上是如此。相反,在希腊世界,这种分离尚不存在:为某人工作,同时也就意味着他要服从雇主,而"自由人的前提条件就是他不能为了别人的利益而生活"(亚里士多德《修辞学》)。

赫拉克勒斯神话为我们提供的绝非仅仅一幅贵族阶级超级英雄的肖像,雅典英雄忒修斯(Theseus)的神话更恰如其分地适合贵族主义的模式。根据普鲁塔克的说法,当他的母亲埃特拉(Aethra)让他去雅典寻找自己的父亲时,忒修斯决定徒步前往,为的是证明自己的高贵血统,为此他必须展现出同样高贵的壮举,据说,他曾经猎杀了马拉松野牛(Marathon bull),因为他"渴望行动",他带着雅典的祭品来到克里特岛,并非是因为他为降临到他头上的时运所驱迫,而是因为他挺身而出,迎接挑战,建立伟大功勋,解救他的人民(Plut. Theseus 7, 14, 17)。相反,赫拉克勒斯则是一个充满矛盾的人物。那些为他带来荣耀的丰功伟绩，都是在各种各样的外在强制力之下取得的。而且，尽管赫拉克勒斯的某些工作似乎可以被归于体育竞技之列，但是其他一些却肯定不能。其中，包括一些最低级的农活，如给奥吉亚斯的牛棚打扫牛粪。总之，赫拉克勒斯的劳动，尽管最终获得了长生不死作为奖赏，但就其本身而言却并无意义，另一方面，他的劳动又被视为贵族的典范，即他的所作所为纯粹是为了争取荣誉，这两方面之间很难取得一致。

这个神话一次又一次地模糊劳动的意识形态范畴，就像它也时常混淆强加在各种劳动形式之上的不同类型的外在制约、混淆各种劳动形式所指向的不同目的一样。这个神话故事从一开始就表明了赫拉克勒斯服劳役的动机是取决于多种因素的，并不单纯，劳役、赎罪、对荣誉的渴望等各种动机糅杂在一起：这些劳役是欧律斯透斯（Eurystheus）强加给赫拉克勒斯的，为的是惩罚他杀了自己儿子，但是，做这些事情也是赫拉克勒斯为欧律斯透斯所服劳役的一部分，同时，女祭司皮提亚（Pythia）则把长生不死作为对他成功完成这些任务的奖赏。此种混淆波及整个赫拉克勒斯传奇：他一次又一次地作为运动员、作为赎罪者、作为奴隶或保人、作为打工挣钱者或者"为了爱"（或者不如说是出于"感激"[希腊词为"*charis*"]）而劳动，通常是同时出于多个动机。

赎罪

有几项劳役是他自己强加给自己的义务，或者至少得到了赫拉克勒斯自己的默认。因为他杀死了自己的音乐老师莱纳斯（Linus），他为了赎罪去了基泰戎（Cithaeron），在那里他杀死了第一头狮子，这是一头看管畜群的狮子。因为他杀死了欧律斯透斯的儿子，为了赎罪，他不得不为欧律斯透斯服劳役（按照正统的说法），为他做十二件事。他杀死了自己的客人兼好友伊菲托斯（Iphitus），为了赎罪，他把自己卖给翁法勒（Omphale）为奴，为当地除掉了好几个吃人恶魔。在有些版本的故事中，他卖身为奴是为盗窃德尔菲的青铜祭祀三脚架赎罪，有的版本则说他是同时为伊菲托斯之死和偷盗青铜祭祀三脚架赎罪。

奴役

欧律斯透斯强加给他的劳役也鲜明地体现出奴役性,有些劳役旨在羞辱他,尤其是打扫奥吉亚斯的牛圈以及为满足翁法勒的性怪僻而与之交媾。在后一个故事中,他备受侮辱,竟至于不得不穿上妇人的衣裳、做只有女人才做的事情,而翁法勒却披着他的狮子皮、拿着他的大棒到处炫耀。在有个记载中,赫拉克勒斯和翁法勒各自穿着对方的衣服在山洞中交媾,正在他们苟且之际,潘趁黑悄悄摸进了山洞,误将赫拉克勒斯当成了翁法勒,试图强暴他,在这一插曲中,赫拉克勒斯的娘们气可谓达到了极致。克律涅亚山的赤牝鹿(the Cerynian hind)这一插曲也鲜明地体现了赫拉克勒斯处于被奴役状态。他在偷猎阿耳忒弥斯的赤牝鹿时被女猎神逮个正着,他谎称肚子饿,然后逃之夭夭。换句话说,他自己承认,他的劳动完全不是出于自由,而是出于需求。但是,请注意这里的含混性。这些需求都是自我强加的需求。他跟翁法勒之间的苟且之事,与旨在获利的买卖交易混为一谈,赫拉克勒斯出卖了某物,也就是他自己,为的是还债,因为他杀了欧律托斯(Eurytus)的儿子伊菲托斯,欠了他一笔血债。

赫拉克勒斯还有两次被迫从事最恶劣的劳役,即繁重的农事劳动。一次是在绪琉斯(Syleus)一段中,绪琉斯是一个吃人恶魔,他拦截过路者,逼迫他们在他的葡萄园中当苦力,然后,按照有些版本的说法,把他们杀死。他同样强迫赫拉克勒斯替他出力,但赫拉克勒斯毁掉了他的葡萄园,并且杀了他。另一段是利堤厄耳塞斯(Lityerses)的故事,他跟绪琉斯类似,强迫过路者跟他比赛耕地,谁要是比不过他,就会被他杀死。不过,赫拉克勒斯反倒赢了他,并把他杀死。请注意,这里出现了意义的含混性,耕地既是一种奴役劳动,又是一种与体育竞技相似的比赛活动。

唯利是图

赫拉克勒斯的苦役直接与他是为了荣誉才参与"比赛"这样一种说法相矛盾,此外,这个神话还经常告诉我们,赫拉克勒斯投身劳动,不是为了荣誉，甚至不是为了赎罪，而是为了得到物质报偿。当欧律斯透斯命他打扫奥吉厄斯牛棚，他跟奥吉厄斯立约，他打扫完牛棚要给他其中十分之一的牲口作为报偿。当他在第九次劳役中经过特洛伊，他跟特洛伊城的建立者拉俄墨冬（Laomedon）立约，如果后者答应给他几匹母马作为报偿，他就把他的女儿从海怪那里解救出来。当他来到俄卡利亚（Ocehalia），他参加了一次射箭比赛，但并非为了荣誉，也不单是为了奖品，而是为了得到物质报酬。——据说，他是为得到欧律托斯的女儿伊俄勒（Iole）为妻才专程来参加比赛。在他前往卡吕冬城（Calydon）时，他跟河神阿刻罗俄斯（Achelous）比赛摔跤，目的是将得阿涅拉据为己有，她不仅仅是一个象征，因为他去卡吕冬城的目的就是要娶她为妻。这些故事中的功利动机都跟赫拉克勒斯为荣誉而战的想象相冲突。

为了爱情，出于责任（美惠与友爱）

既然赫拉克勒斯是一位文化英雄，那么，当他建立文化制度或者打败了妖魔，我们就有理由期待他这样做是出于对于人类的仁爱之心，就像普罗米修斯那样。狄奥多罗斯（Diodorus）（4.1.6）称赞赫拉克勒斯"给人类带来了最伟大的恩惠"。例如，他把忒拜人从厄耳癸诺斯的压迫中解放出来，狄奥多罗斯认为，他这样做是为了"向他的祖国报答养育之恩"（4.10.4）。同样的动机也被赋予一些偶然发生的事件，例如清除克里特的野兽（按照狄奥多罗斯的说法，他是在第十项劳役的过程中顺便完成此事的，为的是"向克里特人表达他的谢意"，因为他们给予他荣誉）（4.17.3）。不过，一般说来，赫拉克勒斯的行为动机很少是出于社会关怀（*Philia*，意为"友情"）或对别人赞美的感激之情（*charis*，意为"恩惠"）。确实，在他的行为中，显而易见的正是这些范畴的缺席。因此，我们知道赫拉克勒斯的很多本事都来自师父的教诲，他的这些师父都有名有姓。人们通常会认为弟子要报答师恩（*charis*），但是，我们却看到，赫拉克勒斯的很多师父竟然都是被他亲手害死的，而且常常是死于他们最拿手的器具。赫拉克勒斯用他的竖琴砸死了他的竖琴师父莱纳斯（Linus）；用他的箭射死了他的箭术老师欧律托斯；喀戎（Chiron）教会了赫拉克勒斯狩猎和医术，换来的却是赫拉克勒斯致命的一箭，当时他正在跟半人半马怪物搏斗，尽管赫拉克勒斯不是故意的，但这一箭所导致的创伤，却连他教给赫拉克勒斯的医术都无法医治。同样，赫拉克勒斯常常疏于待客或做客之道。半人马福洛斯（Pholus）殷勤地款待赫拉克勒斯，但是，赫拉克勒斯却不听福洛斯的劝阻，执意打开了一个装满美酒的酒坛，引发了一场酗酒骚乱，最终导致福洛斯被赫拉克勒斯的一支毒箭害死。与此类似，尽管他是欧律托斯的客人，他却发起了一场战争，盗走了欧律托斯的马匹，洗劫了欧律托斯的王国，杀死了他的众子。他杀死主人的儿子或亲人，而当时他们正在招待他。由于微不足道的过失就招致杀身之祸，这样的事情，在赫拉克勒斯身上发生过两次，例如，他们正端着脸盆请他盥洗时不小心把水溅到了他身上（Athen. 410f-411a; Schol. AR 1. 1212）。在喜剧甚至悲剧中，赫拉克勒斯不懂做客之道的坏名声得以延续。他在阿尔刻提斯（Alcestis）故事中的角色，无疑是一个出色的知恩图报的典范，但是，尽管如此，在欧里庇得斯的戏剧中，他依然被描写为一位举止鲁莽的客人。他作为主人，对待客人也好不了多少。他杀死了他的客人欧律托斯之子伊菲托斯，就因为他的母马被偷了，而他怀疑是被伊菲托斯偷走的，尽管根据有些版本的记载，伊菲托斯力辩自己是清白的。如果说赫拉克勒斯在知恩图报方面（*charis*）表现得很差，那么，在或多或少与家庭义务或者朋友情谊有关的事情（*philia*）上，他的表现也好不了多少。赫拉克勒斯的婚姻没有一次是幸福到头的，他的那些妻子，以及她们的孩子，如果有幸没有被赫拉克勒斯害死的话，不是被抛弃，就是被转手丢给其他人。颇具讽刺意味的是，他自己最终也是死于妻子送给他的一件"爱的礼物"[①]。

[①] 译者注：赫拉克勒斯在跟妻子得伊阿尼拉一起前往朋友刻宇克斯处的路上，马人涅索斯背得伊阿尼拉过河，涅索斯企图劫走得伊阿尼拉，被赫拉克勒斯用毒箭射死。涅索斯临死前，想出一个报复赫拉克勒斯的毒计。他告诉得伊阿尼拉，自己流的血是一种魔药，用它可以永葆爱情不灭。后来，赫拉克勒斯打败欧律托斯，得到了其女伊俄勒，得伊阿尼拉唯恐他爱上伊俄勒而遗弃自己，就把一件浸了涅索斯毒血的衣裳送给赫拉克勒斯。赫拉克勒斯穿上这件衣服，痛苦难当，最后跳进火堆被烧死。

赫拉克勒斯与挫败

我们在前面已经指出,"如赫拉克勒斯般劳作"在古代被用来比喻无效劳动。在这个神话中,至少在表面上看,赫拉克勒斯的努力得到的报偿可能是所有报偿中最大的,即长生不死、升天为神以及永葆青春(他在天上跟赫伯结婚,"赫伯"在希腊语里就表示"年轻"),就此而论,上述说法不是显得很奇怪吗?但是,另一方面,在这个神话中,确实自始至终都不断表现出赫拉克勒斯白费力气、徒劳无益的主题。人们当然可以将这种徒劳无益的主题视为对追求荣誉主题的一个补充,从而让赫拉克勒斯成为一名异教的约伯(Job)①,最终因其忍耐而得到奖赏。(实际上,希腊哲学家,从毕达哥拉斯学派到斯多噶学派,都将赫拉克勒斯视为忍耐的典范,差一点就将他视为忍耐力的保护神了。)越是明知其不可为而为之,就越能显示出英雄气概。无疑,正是此种张力在很大程度上赋予这一故事以叙事效能。尽管如此,挫败主题并非仅仅是补充了一个关于非凡美德终得非凡报偿的叙事。

在赫拉克勒斯神话中,挫败的主题从一开始就出现了。甚至宙斯想让他的儿子赫拉克勒斯成为国王的愿望也竹篮打水一场空,就连赫拉试图除掉赫拉克勒斯的努力最终也归于徒劳。我们看到,任何人,只要他想建立一种与赫拉克勒斯的文明关系,都会一败涂地。不过,其中最徒劳无益的,还是赫拉克勒斯的那些劳作。他遭遇的那些怪兽本身就象征挫败:勒耳那水蛇的头,被砍掉一只,就会长出两只;长着刀枪不入的皮的野兽;像安泰厄斯(Antaeus)和阿尔库俄纽斯(Alcyoneus)这样的巨人,每一次被打翻在地,就会获得双倍于前的体力而跳起来再战。

不过,挫败主题还是在赫拉克勒斯为了获利而从事劳动中表现得最为明显。每一次,当赫拉克勒斯为了利益而劳动,他获得的利益都会打折扣,从而损害了他劳动的价值。在其第五次劳役中,欧律斯透斯命令他打扫奥吉亚斯牛圈,赫拉克勒斯跟奥吉亚斯有言在先,打扫干净后

---

① 译者注:约伯是基督教《圣经》中的人物,以虔诚和忍耐著称。

将其中的部分牲口送给他作为报酬。但是，他完工之后，奥吉亚斯却拒绝付酬。不仅奥吉亚斯翻脸不认账，而且，还因为他是为了报酬而工作，欧律斯透斯拒绝将这次劳动算作一次劳役。因此，在这件事中，赫拉克勒斯上了双重的当。同样的情况在他的第九次劳役过程中，再度发生。当时他在特洛伊，他同意从海怪那里救出拉俄墨冬的女儿赫西俄涅（Hesione），条件是后者给他一头永生的马作为报偿。但是，当赫拉克勒斯除掉海怪之后，不管是敬意，还是感激，都没能让拉俄墨冬践行他们有言在先的交易。在这一事件中，赫拉克勒斯上了一位双重骗子的当，因为在此之前，拉俄墨冬也拒绝付给阿波罗和波塞冬帮他修筑特洛伊城应得的报酬。在伊俄勒的故事中，出现了一个与此十分类似的情形。赫拉克勒斯参加了一场射箭比赛，试图赢得她的芳心，但是尽管他赢得了比赛，欧律托斯却拒绝将女儿伊俄勒嫁给他。在所有这些交易中，赫拉克勒斯每次都受骗上当。

我们不妨盘点一下赫拉克勒斯所从事的劳役的所有动机，几乎都会在其中发现挫败或徒劳的主题，不管赫拉克勒斯最初的动机是为了获利、挣钱、赎罪，抑或是出于生存的必需、为了感恩，还是为了还债。例如，他所做过的一次最明显的交易就是奴隶买卖，但是，这次交易却没有给他带来任何好处，因为被卖为奴隶的正是他自己，而且，无论如何，这桩交易最终让欧律托斯付出了血的代价，他的儿子伊菲托斯被杀。当赫拉克勒斯解放了他的祖国忒拜城（Thebes），国王将女儿墨伽拉（Megara）嫁给他为妻，以示对他的感激，赫拉克勒斯与墨伽拉生儿育女，但是，后来他杀了自己的妻子和儿女，并被赶出忒拜城，到头来变得一无所有。

除了一个重要的方面之外，赫拉克勒斯的一生是徒劳挣扎的一生，但是正是这一个方面体现了这个故事的贵族主义的自我纠结。就他是"为了荣耀"劳作而言，他最终如愿以偿地获得了不朽者的名声，并且确实成为不死者，他所从事的贵族工作终得回报。甚至他的损失也得到了补偿，尽管只是按照贵族的方式：他重访了那些曾经欺骗过他或者刻薄过他的地方，报复了所有那些曾经羞辱过他的人，借此恢复了名誉：

他洗劫了拉俄墨冬、奥吉亚斯、欧律托斯的城市（更不用说像涅琉斯［Neleus］、希波科翁［Hippokoon］那些曾经怠慢过他的人）。就他所获得的报偿除了荣誉和光荣之外都未能真正实现而言，他的劳役纯属挫败，而他所遭受的所有损失，除了荣誉和光荣之外，都是无法补偿的，或者尽管得到了补偿（如伊俄勒），却因代价太高而得不偿失。

贵族主义的自我纠结

赫拉克勒斯象征了一个社会矛盾，他劳动的方式和动机代表了一个社会中所有阶级的劳动方式和动机：他不仅是贵族英雄，还是商人、劳工、仆役、奴隶。此种社会成分的混淆与叙事方面的模棱两可相互呼应，赫拉克勒斯大部分的苦差事都是同时基于数种通常是互不相容的动机。的确，这种模棱两可导致了彻头彻尾的逻辑矛盾，因此，我们看到赫拉克勒斯的劳役在同一时间既是出于自由意志又是迫不得已。赫拉克勒斯神话并非单纯地反映了贵族的理想，相反，这个神话是一个社会的各种意识形态拼凑而成的，在这个社会中，人受到各种不同形式的经济活动的制约，这些不同类型的经济活动的价值处于激烈的竞争中。赫拉克勒斯是一位无与伦比的神话性的劳动者，并因此而满足了所有阶级的关心和诉求。他多才多艺，让他能够应付所有的工作，当然是抽象的工作，不管这工作是为了报酬还是为了自由。赫拉克勒斯是"恶魔的监守者"（*alexikakos*）、是解放者的原型，他的这一形象在劳动领域无疑也具有一定的吸引力。正因为这一缘故，伯克特才认为，赫拉克勒斯这个形象的"精神魅力"在于，他是"所有凡夫俗子的典范，他们希望，经过一番任劳任怨的劳动，当他们生命结束时，最终能够进入神的行列"（1985:211）。但是，赫拉克勒斯的吸引力并不仅仅在来世，因为他的神话中的含混性使得即使是最卑污的差事也被笼罩上了某种熹微的英雄主义光晕。

然而，尽管这个神话对于所有的劳动都一视同仁，占据支配地位的仍是贵族主义的姿态，只是这种姿态因为纠缠于各种模棱两可、含糊其词、自相矛盾而显得比较隐晦。这个神话将奴隶、短工、商人、小贩的劳动都看作一回事，它们最终都徒劳无益。这个神话尤其强调这些劳动方式都依赖于他人和环境，因此可能被他人欺骗，而环境则会发生改变。上述这些劳动类型被醒目地与那些仅仅依赖于个人的非凡力量而取得的伟大事业对立起来，这些伟大事业一旦实现，就超越时间而万古长存，不可避免地会带来不朽的荣耀。成功的事业是指那些与体育竞技这种典型的贵族活动相比拟的活动，人们自觉地、独立地、别无依傍地从事这种活动，全凭个人的能力与强大的命运相对抗。如此一来，贵族劳动的特质、风格、价值就显得具有至高无上、独一无二的价值和作用。

从结构的角度看，可以把赫拉克勒斯视为处于希腊社会关于如何区别自由与不自由的两种对立观点之间的中介，但是，如果说赫拉克勒斯的中介作用乃是因为他自由地出入于不同的社会范畴，他同时也可能会作为一个诱因，让其他阶级（甚至是不知不觉地）接受贵族阶级的劳动观。这个神话不仅通过其对事件的前因后果的叙述，而且还凭借其认为理所当然的劳动动机和劳动风格的分类，推行贵族阶级的劳动观。这个神话罗列了一系列劳动的动机和风格，就像——列举"行为的语法"一样，这些劳动的动机和风格无疑正是贵族阶级逻辑的产物。在这一神话中先后出现的各种形式的劳动取决于两组相互交叉的二元对立：其一，动机的对立：行为是为了获得利益，还是为了荣誉、出于善意；其二，风格的对立：行为是自由的决定，还是迫于某种需要。从下面的图表中，可以一目了然地看出，这一神话的逻辑结构（"聚合结构"）所昭示的劳动评价等级，跟这一神话的行为序列（"组合结构"）所表明的劳动评价等级如出一辙，也就是说，旨在获利的劳动是不自由的，出于善意、旨在取得荣誉的劳动是自由的。

劳动的动机

获利

	不自由	自由
为自己工作	利益(*kerdos*)	荣誉(*kleos*)
为他人工作	报酬(*misthos*)	感激(*charis*)

不获利

	不自由	自由
为自己工作	还债(*chreos*)	赎罪(*poine*)
为他人工作	奴役(*doulia*)	义务(*philia*)

劳动的风格

必然的风格

	获利	不获利
为自己工作	利益(*kerdos*)	还债(*chreos*)
为他人工作	报酬(*misthos*)	奴役(*doulia*)

自由的风格

	获利	不获利
为自己工作	荣誉(*kleos*)	赎罪(*poine*)
为他人工作	感激(*charis*)	义务(*philia*)

动机与风格密不可分，一个人不可能只接受动机而不接受风格。一旦被内在化，上述这个貌似全面的劳动动机和风格的图表就会将某个社会群体的价值和观点铭刻于读者的心中，尽管对于这位读者而言，这些价值和观点并不符合他的利益，甚至与其利益背道而驰。

结　语

本书除了阐述神话理论、举例说明分析方法之外，还试图从两方面入手重现历史上主要神话学流派及其重要论述的具体情境：首先，我试图揭示其历史语境和文化语境；其次，我试图说明在神话批判话语的演进过程中各种神话理论之间的相互关系。大致说来，对于神话学这门科学的发展，上述各种语境所发挥的作用各有千秋。历史和文化语境促成了神话科学的诞生，并且在很长的一段时期内，成为公众兴趣的追捧对象。不过，历史和文化语境也导致了一系列严重的意识形态偏见。一般而言，其他民族的神话，只有在其被纳入本族的神话体系之中时，才会引起人们的兴趣和重视。神话学理论天生有一种吊诡的性质：它们会效仿其研究的对象，从而把自己也变成神话。

但是，这还不是故事的全部。后来的理论家揭露出前辈们理论中的意识形态底蕴，借此展开了一场批评性的科学对话，这种对话即使未能彻底清除早期理论中的意识形态内容，至少如一剂理性的良药，对神话学中的意识形态内容有所消解，这种辩证法即使并未产生什么毋庸置疑的真理，神话科学内在的批判性对话仍在相当程度上促进了这门学科的进步和觉悟。纵观本书所述及的各种观点，就不难认识到这一点。我们那些先辈们对自己文化的优越性深信不疑，深信只有他们的信仰才算得上是真正的知识，深信他们的道路就是上帝的道路。如果说，如今已经很少有人还会如此自信，这得归功于关于文化的对话，而关于神话的对话正是其中重要的组成部分。先辈们在科学与迷信、真理与神话、西方与他者之间制造的鸿沟，纯属他们的一厢情愿，这是意识形态。当今，我们所面临的危险是，在后现代主义自暴自弃、不分青红皂白一锅煮的相对主义狂欢中，我们拒绝承认在科学与神话之间存在什么差异，这也是意识形态。

若说神话科学因对话而进步，则此种进步大半要归功于科学与神话本身之间的辩证法，因为批评话语首先摈弃的，正是那些赤裸裸的关于神话的理论神话。这一历史对话最为引人注目的成果，是对意识形态在任何社会话语中所发挥的作用有了更为清醒的认识与理解。自我认识之所以能够不断深化，是因为科学并非仅仅是一厢情愿的独白，而是理性的话语。理性话语能够有效地察觉并且处置存在于其自身中的意识形态偏见，借此它也就拓展了自身的可能性界限。神话学这门科学的历史，似乎提供了一个具体的例证，证明只要能够保持自由和理性，在对其内在的神话时刻保持警觉之同时，又不屈从于那种认为除了神话还是神话、除此之外别无他物的理论神话，理论话语就能不断消解自身的神秘性而保持理性的清明。

简明进阶阅读指南[*]

318　下面所提供的并非一份神话研究和神话理论的完全书目指南，若要从事深入的研究，首先要从研读本书中提到的那些原典和学者的著述入手，幸运的是，这些学者大多数都不仅仅是学者，而且还是文笔优美的作家。本书中曾经讨论过的那些著作，本书目中不再提及，而那些与本书中论及的学者、理论以及社会和历史思潮相关的著作，则着重罗列。某些与我在本书中分析过的具体神话相关的专门的研究著作，也会偶尔涉及，以为相关问题提供一个更为广阔的背景。本书目侧重于近期论著和英文论著，相关网页则不予罗列，网页太多，又太容易消失，网络检索高手不难找到。

一般性研究

神话百科全书有好几种，但都局限于希腊罗马神话。Gantz（1993）是查考公元5世纪前希腊神话各种版本的首选，尽管书中也包括大量对后出资料和异文的考证。九卷本的 *Lexicon Iconographicum Mythologiae Classicae*（Zurich and Munich, 1974-2000）提供了与希腊、罗马、伊特鲁利亚神话有关的艺术史资料的一个完整目录，除了关于这些资料的相关考证外，书中还附有一份关于文本资料的全面综述、一份深入研究的书目（包括英文、德文、法文和意大利文的书名）。Preller（1894-1923）

---

[*] 译者按：本阅读指南采用作者姓名加出版年号的标注法，据此可以方便地从后面所附的书目中查到相应的书名。为便于读者检索，作者姓名概未翻译。

（德文版）兼收图像资料和文本资料，此书尽管已经有些过时，却仍是最好的希腊罗马神话综合性百科全书。Carpenter（1991）是一本很有用的图像资料使用指南。Roscher（1884-1937）（德文版）也已经过时，并且充斥着古怪的解释，尤其是太阳神话学派的陈词滥调，但在文献资料方面仍有价值。Graves（1960）出人意料地有用，不过，作者过于热衷于比较神话学和故弄玄虚的词源学了。借助于 Frazer（1907-15）的索引和 Frazer（1921）的脚注和附录，可以获取不少可供比较研究的各民族神话。Hansen（2002）为许多著名的古典神话提供了一个很有价值的比较研究指南。Aarne and Thompson（1961）为含有典型母题的神话和民间故事提供了大量的参考线索。

在关于神话理论的一般性论述方面，Edmund（1990）堪称杰作，此书收集了自从 Sebeok（1965）之后的最重要的神话理论文章，对于了解近期的比较神话学、精神分析神话学以及仪式学派神话学尤其有用。Harris（1968; revised and updated 2001）提供了最全面的从人类学角度入手的考察。Lincoln（1999）对种族意识形态在几个现代神话学学派的形成过程中所发挥的作用，提供了一个极富吸引力的透视。要想对神话学理论流派有一个简明扼要的概观，可以参考 Segal（1999），这本书倾向于仪式理论和荣格学说，也可参考 Dowden（1992），此书也倾向于仪式理论，其对于希腊人神话观的考察很有启发性。Graf（1993）用两章的篇幅对现代神话学流派做了精辟的论述，还用数章的篇幅对神话在希腊文化中的功能做了极富学识并饶有趣味的考察。要了解神话在希腊底层社会和日常生活中的作用，则不得不读 Buxton（1994），此书文笔生动，提供了一个透彻而全面的语境研究。

比较神话学

Detienne（1986）考察了"神话"概念的发明在 19 世纪欧洲的背景。Lincoln（1999）重新审视了威廉·琼斯语言学研究的历史情境（第 4 章和第 11 章），在比较研究方法的先驱、欧洲的内部矛盾尤其是德国民族主义对比较研究方法在形成过程中的影响、反犹主义在现代神话理论中的作用诸方面,这本书都极见功力。Bologna(1988)(意大利文版)考察了比较神话学兴起的背景。Stocking(1987)对人类学在大不列颠的兴起做了引人入胜的阐发。Dorson(1965)全面分析了太阳神话的狂热。Trautmann(1997)对缪勒神话学的种族主义政治背景做了精辟的解说。至于19世纪下半叶英国行政政策的变化,请参见 Cannadine(2001)。Peel(1971)探讨了斯宾塞思想的背景。Ackerman(1987)对弗雷泽做了全面而富于洞察力的研究。Frazer(1990)研究了《金枝》的背景、缘起和围绕此书的论争。Burrow(1966)、Stocking(1968)和 Fabian(1983)讨论了维多利亚时代进化理论的意识形态意蕴。Duvignaud(1973)(法文版)考察了早期人类学思想中野蛮人和无产阶级的异形同构关系。要了解英国知识分子的反教会倾向,请参见 Trevelyan(1967:578-84),尤其是该书第580页关于剑桥和牛津的精神氛围的讨论。要了解现代人对弗雷泽理论的接受情况,可参见新近出版的 Mettinger(2001)。要了解对天国王权母题的比较研究,请参见 Littleton(1970)、Kirk(1974:113-21)、Burkert(1987)、Mondial(1990)、Penglase(1994)和 West(1997:276-305)。关于德文尼纸草(Derveni Papyrus)的研究,参见 Burkert(1987),最新的研究见 Janko(2001)。

精神分析神话学

用精神分析学的方法研究希腊神话的经典论著有 Rank(1964[1909])、Slater(1968)以及 Caldwell(1989)。Caldwell(1990)对近期的精神分析神话学做了精辟的讨论。Gay(1988)对弗洛伊德的一生及其思想发展做了精彩的叙述,读起来引人入胜。要全面了解弗洛伊德的思想,自然应该从弗洛伊德本人的《精神分析引论》(Freud 1953-74, vol.15[1915-17])入手,此外,Wollheim(1971)也提供了一个关于弗洛伊德理论简明扼要的介绍。荣格心理学方面的导论,可以读 Jung(1964)以及 Jung and Kerenyi(1963)。约瑟夫·坎贝尔(Joseph Campbell)的大量迷人的通俗风格的神话学论著，对于神话采用的也是经过修正的荣格主义的方法（他是电影《星球大战》的神话学顾问）。对俄狄甫斯神话的弗洛伊德主义的分析见 Devereux（1973）（参看 Buxton, 1980）。Edmunds（1985）收集了这个神话的各种可资比较的版本。关于脚、跛子和阉割的象征意义，见 Sas（1964）（德文版）。本维尼斯特（Benveniste 1966: ch. 7）讨论了弗洛伊德的原始语言理论。Gay（1988: 501-22）对弗洛伊德关于妇女的态度做了精辟的论述。关于后续的论争，见 Young-Bruehl（1990）和 McClintock（1995）。Spain（1992）对精神分析学的人类学做了简要的介绍。关于《图腾与禁忌》一书在晚近的接受情况，见 Fox（1967）和 Freeman（1969）。

神话仪式学派

仪式理论仍然是古典神话研究中最常见的方法。除了哈里森和伯克特，这一方面的经典论述见 Kluckhohn（1942）、Raglan（1965）、Girard（1977）以及最近的 Versnell（1990）。对仪式理论的批评，见 Bascom（1957）、Fontenrose(1966)，涉及戏剧起源问题，则见 Friedrich（1983, 1996）。Ackerman（1991）和 Caldera（1991）编辑的论文集则专门研究了剑桥学派的仪式神话学家。Beard（2000）和 Robinson（2002）的简·哈里森传记都很精彩，却各有千秋。伯克特的"社会生物学"在 Burkert（1996）中表述得最为精辟。

结构主义神话学

关于结构主义尤其是结构主义叙事学和神话学的论著，佳作很多，最有用的是 Culler（1975, 1981）、Hawkes（1977）、Segal（1996）。Harland（1987: 17-19）对索绪尔与经验主义的关系做了精辟的阐述，此书对于结构主义和后结构主义的阐述也极具启发性。关于普罗普和晚近的"叙事学"结构主义，参见 Chatman（1978）和 Matin（1986）。关于普罗普与德国生物形态学之间的渊源，参见 Dolezel（1990: 53-146）。

Levi-Strauss（1973: ch.8）对普罗普进行了全面而深入的批判（我在本书第五章第三节的论述主要受益于该书）。Leach（1974），此书很有助于了解列维-斯特劳斯。关于逻辑实证主义（本书第五章第一节论及），参见 Russell（1948:62-77）。本书对灰姑娘故事的分析，引用了 Pace（1982）的一些见解。关于古代婚礼上扔鞋子的风俗（以及其他婚礼风俗），参见 Karusu（1970）、Oakley and Sinos（1993）。对乌克兰送南瓜风俗的记述，见 Makarenko（1957:328）。对古希腊思想中婚姻与农业之间的类比关系，见 Dubois（1993）。女人和大口陶罐在古代的关系，见 Hanson（1990: 324-30）。

意识形态

对结构主义最具洞察力的批判，见 Jameson（1972），对结构主义较为简明扼要且生动可读的讨论，则见 Eagleton（1983:91-126）。Winkler（1990:188-209）从女性主义和意识形态的角度批评了德蒂安（Detienne）的《阿多尼斯花园》（*Jardins d'Adonis*）一书。关于意识形态概念的多重含义，见 Eaglton（1991）和 Hawkes（1996）。关于后现代理论和文化，见 Jameson（1991）和 Eaglton（1996）的精彩分析，以及 Anderson（1990）（关于大众文化）和 Klein（2000）（关于名牌经济）两书中引人入胜的生动叙述。Debord（1967）和 Baudrillard（1975,1981）从古典马克思主义符号学的角度分析了后工业资本主义的经济和文化。关于马克思主义、文学和文化批评，见 Macherey（1966）、Eaglton（1976）、Williams（1977）、Jameson（1981）、Bennett（1990）、Haslett（2000）。关于赫拉克勒斯神话和劳动的论述，还可参看 Golden（1998:141-75）、Loraux（1982,1990）、Nagy（1990:116-145）。

参考文献

Aarne, A. and Thompson, S. 1961. *The Types of the Folktale*. Helsinki. [Original by Aarne 1910, enlarged by Thompson].

Ackerman, R. 1987. *J. G. Frazer: His Life and Work*. Cambridge.

Ackerman, R. 1991. *The Myth and Ritual School: J. G. Frazer and the Cambridge Ritualists*. New York.

Anderson, W. T. 1990. *Reality Isn't What it Used to Be*. New York.

Austin, M. M. and Vidal-Naquet, P. 1977. *Economic and Social History of Ancient Greece: An Introduction*. London.

Barthes, R. 1953. "Maîtres et esclaves," *Lettre nouvelles*, March, 108.

Barthes, R. 1957. *Mythologiques*. Paris. Partially trans. A. Lavers, *Mythologies*, New York, 1972, and R. Howard, *The Eiffel Tower and Other Mythologies*, New York, 1979.

Bascom, W. 1957. "The Myth-Ritual Theory," *Journal of American Folklore* 70: 103-14.

Bascom, W. 1965. "The Forms of Folklore: Prose Narratives." *Journal of American Folklore* 78: 3-20.

Baudrillard, J. 1975. *The Mirror of Production*. St. Louis, MO. [French original 1973].

Baudrillard, J. 1981. *For a Critique of the Political Economy of the Sign*. St. Louis. [French original 1972.]

Beard, M. 2000. *The Invention of Jane Harrison*. Cambridge, MA.

Bennett, T. 1990. *Outside Literature*. London.

Benveniste, E. 1966. *Problèmes de linguistique générale*. Vol. 1. Paris. Trans. M. E. Meek, *Problems in General Linguistics*, Coral Gables, FL, 1971.

Boardman, J. 1989. *Athenian Red Figure Vases: The Classical Period*. London.

Bologna, M. P. 1988. *Ricerca etimologica e ricostruzione culturale: Alle orugini della mitologia comparata*. Pisa.

Burkert, W. 1979. *Structure and History in Greek Mythology and Ritual*. Berkeley, CA.

Burkert, W. 1983. *Homo Necans: The Anthropology of Ancient Greek Sacrificial Ritual and Myth*. Berkeley, CA. [German original 1972.]

Burkert, W. 1985. *Greek Religion*. Translated by J. Raffan. Cambridge, MA. [German original 1977.]

Burkert, W. 1987. "Oriental and Greek Mythology: The Meeting of Parallels," J. Bremmer, ed., *Interpretations of Greek Mythology*, London, 10-40.

Burkert, W. 1996. *The Creation of the Sacred: Tracks of Biology in Early Religions*. Cambridge, MA.

Burrow, J. W. 1966. *Evolution and Society. A Study in Victorian Social Theory*. Cambridge.

Buxton, R. 1980. "Blindness and Limits: Sophokles and the Logic of Myth," *Journal of Hellenic Studies* 100: 22-37.

Buxton, R. 1994. *Imaginary Greece. The Contexts of Mythology*. Cambridge.

Cahill, J. 1995. *Her Kind: Stories of Women from Greek Mythology*. Peterborough, Ont.

Calder, W. M., ed. 1991. *The Cambridge Ritualists Reconsidered*. Illinois Classical.

Studies, Suppl. 2. Atlanta, GA.

Caldwell, R. 1989. *The Origin of the Gods*. Oxford.

Caldwell, R. 1990. "The Psychoanalytic Interpretation of Greek Myth," in L.

Edmunds, ed., *Approaches to Greek Myth*, Baltimore, MD, 344-89.

Campbell, J. 1949. *The Hero with a Thousand Faces*. Princeton, NJ.

Cannadine, D. 2001. *Ornamentalism: How the British Saw their Empire*. Oxford.

Carpenter, T. H. 1991. *Art and Myth in Ancient Greece*. London.

Chatman, S. 1978. *Story and Discourse*. Ithaca, NY.

Cox, G. W. 1870. *The Mythology of the Aryan Nations* I. London.

Culler, J. 1975. *Structuralist Poetics*. London.

Culler, J. 1981. *The Pursuit of Signs*. Ithaca, NY.

Darwin, C. 1968. *The Origin of the Species*. Ed. J. W. Burrow. Harmondsworth. [Original 1859.]

Dawkins, R. 1976. *The Selfish Gene*. Oxford.

Day, G. 2001. *Class*. London.

Debord, G. 1967. *Society of the Spectacle*. Detroit. [French original 1967.]

Derrida, J. 1976. *Of Grammatology*. Baltimore. Trans. G. C. Spivak. [French original 1967.]

Detienne, M. 1972. *Les Jardins d'Adonis*. Paris. Trans. J. Lloyd, *Gardens of Adonis*, Princeton, NJ, 1994.

Delienne, M. 1986. *The Creation of Mythology*. Chicago. [French original 1981.]

Devereux, G. 1973. "The Self-Blinding of Oidipous in Sophokles: Oidpous Tyrannos," *Journal of Hellenic Studies* 93: 36-49.

Dolezel, L. 1990. *Occidental Poetics*. Lincoln, NE.

Dorson, R. 1965. "The Eclipse of Solar Mythology," in T. A. Sebeok, ed., *Myth: A Symposium*, Bloomington, IN, 25-63.

Dowden, K. 1992. *The Uses of Greek Mythology*. London.

Downie, R. A. 1970. *Frazer and the Golden Bough*. London.

Dubois, P. 1993. *Sowing the Body: Psychoanalysis and Ancient Representations of women*. Chicago.

Duncan, D. 1908. *The Life and Letters of Herbert Spencer*. 2 vols. New York.

Durán, D. 1967. *Historia de las Indias de Nueva España.* 2 vols. Mexico City.

Durkheim, E. 1897. *Le suicide.* Paris. Trans. J. Spaulding and G. Simpson, *Suicide,* New York, 1962.

Durkheim, E. 1938. *The Rules of the Sociological Method.* Trans. S. A. Soloway and J. H. Mueller, Chicago. [French original 1894.]

Durkheim, E. 1986. *De la division du travail social.* Paris. [Original 1893.] Trans. G. Simpson, *Division of Labor in Society,* New York, 1933.

Durkheim, E. 1991. *Les formes élémentaires de la vie religieuse.* Paris. [Original 1912.]

Duvignaud, J. 1973. *Le langage perdu. Essai sur la différence anthropologique.* Paris.

Eagleton, T. 1976. *Criticism and Ideology.* London.

Eagleton, T. 1983. *Literary Theory.* Minneapolis, MN.

Eagleton, T. 1991. *Ideology.* London.

Eagleton, T. 1996. *The Illusions of Postmodernism.* Oxford.

Edmunds, L. 1985. *Oedipus: The Ancient Legend and Its Later Analogues.* Baltimore, MD.

Edmunds, L. 1990. *Approaches to Greek Myth.* Baltimore, MD.

Fabian, J. 1983. *Time and the Other: How Anthropology Makes its Object.* New York.

Fehling, D. 1974. *Ethologische Überlegungen auf dem Gebiet der Altertumskunde.* Munich.

Fontenrose, J. 1959. *Python: A Study of the Delphic Myth and its Origins.* Berkeley, CA.

Fontenrose, J. 1966. *The Ritual Theory of Myth.* Berkeley, CA.

Forster, E. M. 1997. *Howards End.* Boston. [Original 1910.]

Fox, R. 1967. "Totem and Taboo Reconsidered," in E. R. Leach, ed., *The Structural Study of Myth and Totemism, London,* 163-75.

Fraser, R. 1990. *The Making of the Golden Bough*. London.

Frazer, J. G. 1910. *Totemism and Exogamy*. 4 vols. London.

Frazer, J. G. 1907-15. *The Golden Bough*, 3rd ed. 12 vols. London. [Original edition in 2 vols., 1890. Second edition in 3 vols., 1900.]

Frazer, J. G. 1918. *Folklore in the Old Testament*. 3 vols. London.

Frazer, J. G. 1921. *Apollodorus: The Library* II. Cambridge, MA.

Frazer. J. G. 1922. *The Golden Bough*. Abridged ed. London. [Abridgment of 12-vol. 3rd ed., 1907-15.]

Frazer, J. G. 1994. *The Golden Bough*. Abridged ed. R. Fraser. Oxford.

Freeman, D. 1969. "Totem and Taboo: A Reappraisal," in W. Muensterberger, ed., *Man and His Culture: Psychoanalytic Anthropology after "Totem and Taboo"*. London.

Freud, S. 1940-68. *Gesammelte Werke, Chronologisch Geordnet*. Ed. A. Freud et al. 18 vols.

Freud, S. 1953-74. *Standard Edition of the Complete Psychological Works of Sigmund Freud*. Ed. J. Strachey et al. 24 vols.

Freud S. 1985. *Übersicht der Übertragungsneurosen: Ein bisher unbekanntes Manuskript*. Edited by Grubrich-Simitis. Frankfurt. Trans. A. and P. T. Hoffer, *A Phylogenetic Fantasy*, Cambridge, MA., 1987.

Friedrich, R. 1983. "Drama and Ritual," in J. Redmond, ed., *Drama and Religion (Themes in Drama 5)*, Cambridge, 159-223.

Friedrich, R. 1996. "Everything to Do with Dionysos? Ritualism, the Dinoysiac, and the Tragic," in M. S. Silk, ed., *Tragedy and the Tragic: Greek Theatre and Beyond*, Oxford, 257-83.

Gantz, T. 1993. *Early Greek Myth*. Baltimore and London.

Gaster, T. H. 1945. "Divine Kingship in the Ancient Near East: A Review Article," *Review of Religion* 9: 267-81.

Gaster, T. H. 1959. *The New Golden Bough: A New Abridgement of the Classic*

Work by Sir James George Prazer. New York.

Gay, P. 1988. *Freud: A Life for Our Time*. New York.

Geuss, R. 1981. *The Idea of a Critical Theory*. Cambridge.

Girard R. 1977. *Violence and the Sacred*. Baltimore, MD. [French original 1972.]

Gluckman, M. 1965. *Politics, Law and Ritual in Tribal Society*. Chicago.

Goethe, J. W. 1926. *Goethes Morphologische Schriften*. Jena. Ed. W. Troll.

Golden, M. 1986. "Sport and Wage-Labour in the Heracles Myth," *Arete* 3: 145-58.

Golden, M. 1998. *Sport and Society in Ancient Greece*. Cambridge.

Graf, F. 1993. *Greek Mythology: An Introduction*. Baltimore, MD. [German original 1987.]

Graves, R. 1960. *The Creek Myths*. Harmondsworth. [Revised ed., original 1955.]

Greimas, A. J. 1966. *Sémantique structurale*. Paris.

Greimas, A. J. 1970. *Du Sens*. Paris.

Griffiths, J. G. 1960. *The Conflict of Horus and Seth*. Liverpool.

Hackmann, O. 1904. *Die Polyphemsage in der Volksüberlieferung*. Helsingfors.

Hansen, W. 2002. *Ariadne's Thread: A Guide to International Tales Pound in Classical Literature*. Ithaca, NY.

Hanson, A. E. 1990. "The Medical Writer's Woman," in D. Haiperin, J. J. Winkler, and F. I. Zeitlin, eds., *Before Sexuality*, Princeton, NJ, 309-38.

Harland, R. 1987. *Superstructuralism*. London and New York.

Harris, M. 1968. *The Rise of Anthropological Theory*. New York.

Harrison, J. 1963a. *Mythology*. New York. [Original 1924.]

Harrison, J. 1963b. *Themis: A Study of the Social Origins of Greek Religion*, 2nd ed. Cambridge. [Reprint of 1927 edition; 1st ed. 1912.]

Haslett, M. 2000. *Marxist Literary and Cultural Theories*. New York.

Hawkes, D. 1996. *Ideology*. London.

Hawkes, T. 1977. *Structuralism and Semiotics*. Berkeley, CA.

Hooke, S. H., ed. 1933. *Myth and Ritual: Essays on the Myth and Ritual of the Hebrews in Relation to the Culture Pattern of the Ancient East.* London.

Hyman, S. E. 1962. "Leaping for Goodly Themis," *The New Leader* 45. 22: 24-5.

Jakobson, R. 1971. *Selected Works*, 2nd ed., vol. 1, *Phonological Studies*. The Hague.

Jameson, F. 1972. *The Prison-House of Language.* Ithaca, NY.

Jameson, F. 1981. *The Political Unconscious: Narrative as a Socially Symbolic Act.* Ithaca, NY.

Jameson, F. 1991. *Postmodernism or The Cultural Logic of Late Capitalism.* Durham, NC.

Janka, R. 1911. *L'État mental des hystériques*, 2nd ed. Paris. [First ed. 1892.]

Janka, R. 2001. "The Derveni Papyrus (Diagoras of Melos, Apopyrgizontes Logoi?) A New Translation," *Classical Philology* 96: 1-32.

Jensen, A. E. 1963. *Myth and Cult among Primitive Peoples.* Chicago.

Jones, W. 1807. *Works of Sir William Jones.* Vol. 3. London.

Jung, C. G., ed. 1964. *Man and his Symbols.* New York.

Jung, C. G. and Kerényi, C. 1963. *Essays on a Science of Mythology.* Princeton, NJ.

Karusu, S. 1970. "Die 《Schutzflehende》 Barberini," *Ankike Kunst* 13: 34-47.

Kirk, G. S. 1970. Myth, its *Meaning and Functions in Ancient and Other Cultures.* Berkeley, CA and Cambridge.

Kirk, G. S. 1974. *The Nature of Greek Myths.* Harmondsworth.

Klein, N. 2000. *No Logo.* London.

Kluckhohn, C. 1942. "Myths and Rituals: a General Theory," *Harvard Theological Review* 35: 45-79.

Lech, E. R. 1954. *The Political Systems of Highland Burma.* London.

Leach, E. R. 1974. *Claude Lévi-Strauss.* New York.

Leach, E. R. 1982. Critical Introduction to M. I. Streblin-Kamenskii, *Myth*. Ann Arbor, MI, 1-20.

Lévi-Strauss, C. 1958. *Anthropologic slructurale*. Paris. Trans. C. Jacobson and B. G. Schoepf, *Structural Anthropology*, Harmondsworth, 1972.

Lévi-Strauss, C. 1964. *Le cru et le cuit*. Paris. Trans. J. and D. Weightman, *The Raw and the Cooked*, New York, 1969.

Lévi-Strauss, C. 1971. *L'homme nu*. Paris. Trans. J. and D. Weightman, *The Naked Man*, New York, 1981.

Lévi-Strauss, C. 1973. *Anthropologie structurale deux*. Paris. Trans. M. Layton, *Structural Anthropology 2*, Harmondsworth, 1978.

Lincoln, B. 1999. *Theorizing Myth: Narrative, Ideology, and Scholarship*. Chicago and London.

Littleton, C. S. 1970. "Is the 'Kingship in Heaven' Theme Indo-European?" In G. Cardona, H. M. Hoenigswald, and A. Senn, eds., *Indo-European and Indo-Europeans*, Philadelphia, 383-404.

Loraux, N. 1982. "Ponos: Sur quelques difficultés de la peine comme nom du travail," *Annali del Seminario di Studi del Mondo Classico* 4: 211-37.

Loraux, N. 1990. "Herakles: The Super-Male and the Feminine," In D. M. Halperin, J. J. Winkler, and F. I. Zeitlin, eds., *Before Sexuality: The Construction of Erotic Experience in the Ancient Greek World*, Princeton, NJ, 21-52.

Lorenz, K. Z. 1981. *The Foundations of Ethology*. New York and Vienna. [Revised and expanded version of the 1978 German original]

Lubbock, J. 1865. *Pre-Historic Times, as Illustrated by Ancient Remains and the Manners and Customs of Modern Savages*. London.

Macherey, P. 1966. *Pour une théorie de la production littéraire*. Paris. Trans. G Wall, A Theory of Literary Production, London, 1978.

Makarenko, A. S. 1957. Педагогическая поэма. in Макаренко, А. С. Сочинения в семи томах. Том первый. Moscow.

Malinowski, B. 1954. *Magic, Science, and Religion and Other Essays*. Garden City, NY.

Mannheim, K. 1936. *Ideology and Utopia*. London.

Marcuse, H. 1955. *Eros and Civilization*. New York.

Marett, R. R. 1909. *Threshold of Religion*. London.

Martin, W. 1986. *Recent Theories of Narrative*. Ithaca, NY.

Marx, K. 1906. *Capital*. New York. [English trans. by S. Moore and E. Aveling of German 4th ed., ed. F. Engels, 1890.]

Marx, Karl. 1999. *Theories of Surplus Value*. New York. [German original written 1861-3.]

McClintock, A. 1995. *Imperial Leather: Race, Gender, and Sexuality in the Colonial Context*. New York.

Mettinger, T. N. D. 2001. *The Riddle of the Resurrection: Dying and Rising Gods in the Ancient Near East*. Stockholm.

Mitscherlich, A. 1963. *Auf dem Weg zur vaterlosen Gesellschaft*. Munich. Trans. as *Society without the Father*, New York, 1970.

Mondi, R. 1990. "Greek Mythic Though in the Light of the Near East," in L. Edmunds, ed., *Approaches to Greek Myth*, Baltimore, MD, 142-98.

Morris, D. 1967. *The Naked Ape*. New York.

Müller F M. 1847. "On the Relation of the Bengali to the Arian and Aboriginal Langunges of India," *Report of the British Association for the Advancement of Science, 1848*: 319-50.

Müller, F. M. 1867. *Chips from a German Workshop* II. New York.

Müller, F. M. 1869. *Lectures on the Science of Language, delivered at the Royal Institution of Great Britain in February, March, April and May, 1863*, 2nd ser. New York.

Müller, F. M. 1881. *Selected Esays on Language, Mythology, and Religion* I.

London.

Müller, F. M. 1885. "Solar Myths," *Nineteenth Century* 18: 900-22.

Müller, F. M. 1892. *Address Delivered at the Opening of the Ninth International Congress of Orientalists held in London, September 5, 1892.* Oxford.

Nagy, G, 1990. *Pindar's Homer: The Lyric Possession of an Epic Past.* Baltimore, MD.

Oakley, J, H. and Sinos, R. H. 1993. *The Wedding in Ancient Athens.* Madison, WI.

Ortega y Gasset, J. 1925. *La deshumanización del arte e ideas sobre la novela.* Madrid.

Pace, D. 1982. "Lévi-Strauss and the Analysis of Folktales," in A. Dundes, ed., *Cinderella: A Folklore Casebook*, New York and London, 245-58.

Peel, J. D. Y. 1971. *Herbert Spencer: the Evolution of a Sociologist.* London.

Penglase, C. 1994. *Greek Myths and Mesopotamia: Parallels and Influence in the Homeric Hymns and Hesiod.* London.

Peradotto, J. 1977. "Oedipus and Erichthonius: Some Observations on Paradigmatic and Syntagmatic Order," *Arethusa* 10: 85-101.

Preller, L. 1894-1923. *Griechische Mythologie.* Fourth edition, revised by C. Robert. Berlin.

Pritchard, J. B. 1969. *Ancient Near Eastern Tests Relating to the Old Testament*, 3rd ed. Princeton, NJ.

Propp, V. 1958. *Morphology of the Folktale.* Bloomington, IN. Tras. L. Scott. [Russian original 1928.]

Propp, V. 1968. *Morphology of the Folktale.* Austin, TX. Trans, L. Scott, rev. and ed. L. A. Wagner.

Propp, V. 1970. *Morphologie du conte.* Trans. M. Derrida et al. Paris.

Propp, V. 1984. *Theory and History of Folklore.* Minneapolis, MN.

Ragan, L. 1936. *The Hero: A Study in Tradition, Myth and Drama.* London.

Ragan, L. 1965. "Myth and Ritual," in T. A. Sebeok, ed., *Myth: A Symposium*,

Bloomington, IN, 122-35.

Rank, O. 1964. *The Myth of the Birth of the Hero*. New York. Trans. P. Freund. [German original 1909.]

Robinson, A. 2002. *The Life and Works of Jane Ellen Harrison*. Oxford.

Roscher, W. H. ed. 1884-1937. *Ausführliches Lexikon der griechischen und römischen Mythologie*. Leipzig.

Rose, P. 1993, "The Case for Not Ignoring Marx," in N. S. Rabinowitz and A. Richlin, eds., *Feminist Theory and the Classics*, New York, 211-37.

Rousseau, J. J. 1968. *Essais sur les origines des langues*. Ed. C. Porset. Paris. [Original 1783.]

Russell, B. 1948. *An Inquiry into Meaning and Truth*. London.

Sas, S. 1964. *Der Hinkende als Symbol*. Zurich.

Saussure, F. de 1972. *Cours de linguistique générale*. Ed. C. Bally, A. Sechehaye, A. Reidlinger, and T. de Mauro. Paris. First published in 1915. Trans. A. Baskin, *Course in General Linguistics*, London, 1959.

Sebeok, T. A., ed. 1965. *Myth: A Symposium*. Bloomington, IN. [First published 1955.]

Segal, R. A. 1996. *Structuralism in Myth*. London.

Segal, R. A. 1999. *Theorizing About Myth*. Amherst, MA.

Simpson, W. K. 1973. *The Literature of Ancient Egypt*. New Haven, CT.

Slater, P. E. 1968. *The Glory of Hera: Greek Mythology and the Greek Family*. Boston.

Smith, W. R. 1887. "Ctesias and the Semiramis Legend," *English Historical Review* 2: 303-17.

Smith, W. R. 1894. *Lectures on the Religion of the Semites*, 1st ser. : *The Fundamental Institutions*, 2nd ed. London.

Spain, D. H. 1992. *Psychoanalytic Anthropology after Freud*. New York.

Spencer, H. 1862. *First Principles*. London.

Sperber, H. 1912. "Über den Einfluß sexueller Momente auf Entstehung und Entwicklung der Sprache," *Imago* I: 405-53.

Stocking, G. 1968. *Race, Culture, and Evolution.* New York.

Stocking, G. 1987. *Victorian Anthropology.* London and New York.

Thompson, S. 1965. "Myth and Folktales," in T. A. Sebeok, ed., *Myth: A Symposium*, Bloomington, IN, 169-80. [First published 1955.]

Tiger, L, 1970. *Men in Groups.* New York.

Tiger, L. 1999. *The Decline of Males.* New York.

Todorov, T. 1984. *The Conquest of America.* New York. Trans. R. Howard. [French original 1982.]

Trnutmnnn, T. R. 1997. *Aryans and British India.* Berkeley, CA.

Trcvelyan, G. M. 1967. *English Social History.* Harmondsworth.

Trubetzkoy, T. 1933. "La Phonologie actuelle," in H. Delacrois et al. eds., *Psychologie du langage*, Paris, 227-46.

Trubetzkoy, T. 1939. "Gedanken über das Indogermanenproblem," *Acta Linguistica* 1: 81-9. Reprinted in A. Scherer, ed., 1968, *Die Urheimat der Indogermanen.* Wege der Forschung 166, Darmstadt, 214-23.

Tuchman, B. 1978. *A Distant Mirror. The Calamitous Fourteenth Century.* New York.

Tylor, E. B. 1958. *Primitive Culture.* New York. [Original 1871.]

Vernant, J. -P. 1972. "Introduction" In M. Detienne, *Les Jardins d'Adonis*, Paris, i-xivii. Trans. J. Lloyd, *Gardens of Adonis*, Princetion, NJ, 1994.

Vernant, J. -P. 1974. *Mythe & société en Grèce ancienne.* Paris, Trans. J, Lloyd, *Myth and Society in Ancient Greece*, Brighton, 1980.

Versnell, H. S. 1990. "What's Sauce for the Goose Is Sauce for the Gander: Myth and Ritual, Old and Now," in L. Edmunds, ed., *Approaches to Greek Myth*, Baltimore, MD, 23-90.

Volosinov, V. N. 1986. *Marxism and the Philosophy of Language.* Cambridge,

MA. [Re-edition of 1973 English translation, Russian original 1929.]

West, M. L. 1997. *The East Face of Helicon: West Asiatic Elements in Greek Poetry and Myth*. Oxford.

Williams, R. 1977. *Marxism and Literature*. Oxford.

Winkler, J. J. 1990. *The Constraints of Desire: The Anthropology of Sex and Gender in Ancient Greece*. New York and London.

Wittgenstein, L. 1979. *Remarks on Frazer's Golden Bough*. Atlantic Highlands, NJ. Ed. R. Rhees.

Wittgenstein, L. 1958. *Philosophical Investigations*. New York. Third edition by G. E. M. Anscombe and R. Rhees, Trans, G. E. M. Anscombe.

Wollheim, R. 1971. *Freud*. New York. Young-Bruehl, E. 1990. *Freud on Women*. London.

Young-Bruehl, E. 1990. *Freud on Women*. London.

索 引[*]

Abel, K. 124-5

aborigines (l. e., Australian first nations) 38, 45, 51, 138, 149

abreaction 83-4

Achelous 310

Ackerman, R. 55

Acrisius 101-2, 109, 195, 197-9

Adonia 273-6

Adonis 40, 119, 269-71, 273-6

Adorno, T. 291

Aeschylus 308

Africa 4-5, 30-2, 34-5, 37, 99, 115, 155, 196-8, 200, 265

Agamemnon 257

Aglaurus 241-3

agriculture 37, 40, 56, 119-20, 144, 227-8, 231, 240-1, 255-60, 263-8, 273-6, 305-6, 308, 310

Alcestis 311

Alcyoneus 312

Alexander the Great 265

ambivalence 92, 96, 101, 107, 111-20, 242, 255, 259-60, 272, 278-9, 294, 298, 302, 304, 306-14

ambiguity 96, 125-6, 240, 242, 294, 297, 302, 304, 313-14

America (i. e., North and South) 11, 32, 37, 52, 138, 140, 223, 227-8, 237, 247, 264 see also Canada; conquistadores; "Indians"; United States

anatomy 31, 172-3, 203

Andromeda 81, 101, 103, 196-8

Antaeus 307, 312

anthropology 3, 5-7, 11-13, 30-2, 36, 45-51, 54, 94, 113-21, 123,

---

[*] 说明：(1) 索引词条后的数字为原书页码，即译文边码。(2) 本书译文，凡是人名、神名、地名等专名，除常见者外，均在译名后保留原文；重要术语亦附原文对照，故本索引保留原文，未做翻译。

索 引 | 411

134-5, 141-2, 153, 181, 188, 217-19, 277 see also comparatism; ethnography
Antigone 222, 225
Anu 70-3, 77
Aphrodite/Venus 119, 167, 229, 238, 249, 267-71, 273-4, 276
Apollo 24, 146, 312
Apollodorus 57, 68-70, 98, 100, 195-8, 238-40
apotropaion/apotropaic symbol 98, 166-8
arbitrariness 186, 204, 213, 219, 266, 279-82, 284, 287-8, 307
archaeology 30-2, 119, 122, 148, 153
archetype 174, 202-3, 208, 314 see also Urform/Urtype
Ares 119, 241-3
Argonauts 195, 207
aristocracy 19, 21, 25, 27, 29, 121, 176, 234, 302-6, 308-9, 313-14
Aristotle 159, 224, 302, 308
art/arts 93, 109, 117, 127, 146, 150, 153-4, 159, 182, 247, 277, 285, 291-4, 298-301, 304, 307, 311
Artemis/Diana 37-40, 42-3, 199-200, 267-71, 276, 309
Aryan/Aryas 15, 20-9, 31, 40-2, 126, 294 see also Indo-European; racism
Asia Minor 70-8, 119, 168, 200
Athena 68-9, 74-5, 77, 98, 101-2, 196-200, 238-43, 248-9, 307
athlete/athletics 305-10
Attis 38, 40, 119
Auge 199-201
Augeas 308-10, 312-13
Augustine 184
Austin, M. M. 308
Australia 30-2, 52, 138, 141, 149 see also Aborigines
Austria 80-1, 87, 90, 121, 140
autochthony 223-6, 238-44, 255-6
autoeroticism 91-2, 120
avoidance 114-17, 127, 179 see also omission
Aya 71-3
Baer, K. E. von 46-7
Bakhtin, M. M. 262
Balder 40-1
Barthes, R. 277-9, 285, 299
Bascom, W. 3-9, 37
Benjamin, W. 128
Benveniste, E. 280, 283, 298
Bible 12, 15-16, 19-20, 29, 30-1, 33-6, 144-5 see also Christ;

Christianity 199
binarism 214, 216-17, 237, 299
biologism 162-72, 200-1 see also biology; essentialism; nature
biology 31, 46, 94, 122, 124-6, 162-80, 202-3, 217, 234 see also biologism; essentialism; nature
birth/procreation 67-9, 71-3, 77-8, 83, 95, 98-9, 119, 127, 129-30, 146, 149, 156, 171, 173, 199-201, 225, 238-44, 255-6, 259, 265, 269-70, 273, 276
black liberation 277, 279, 285
Boas, F. 138
Bopp, F. 17, 19
bourgeoisie 20, 25, 29, 44, 51, 90, 128, 131, 136, 278, 294-5
Braque, G. 182
Breuer, J. 81-4
Britain 14-15, 19-21, 25, 27-31, 45, 47-8, 52-3, 140-1, 182, 277, 285, 295
Brouillet, A. 81
Burkert, W. 65, 163-80, 199-201, 225, 277, 314
Homo Necans 172-9
Structure and History in Greek Mythology and Ritual 164-71, 199

Cadmus 200, 222-3, 225
Caldwell, R. 100
Callisto 199-201, 225
Campbell, J. 202
Canada 285, 301
Cannadine, D. 10, 21
cannibalism 26
capitalism 13, 25, 128, 162, 278, 293-6
consumer capitalism 182, 285-90
castration 26, 67-8, 71, 74-5, 77, 92, 95-8, 101-2, 107, 109-10, 113, 119-20, 122-3, 129-31, 226, 270 see also Oedipal complex
Cecrops 237-43, 266
censor 87-8, 90-1, 109-12, 189 see also repression; superego
Cepheus 101, 103, 196
D Cerberus 107, 109
D character (i. e., figures in narrative), 4, 7, 9, 78, 191-2, 199, 204-6, 221, 225, 227, 247, 255
Charcot, J. M. 80-1, 83
Charila 233-4
charter 142-3
Da children 26, 32, 45, 47, 83, 91-5, 98, 101-2, 111, 113-14, 116-17,

119, 121, 124, 129-31, 155, 172-3, 175, 215-17, 241, 259, 266-8, 309, 313 see also birth/procreation
Chimaera 107, 109
Chiron 311
Christ, J. 42-3, 48, 120
Christianity 12-13, 19, 21, 25, 28-9, 43, 45, 47-8, 52, 55, 120-1, 145
Chrysaor 98, 107, 196, 199
Cinderella 229-34
class (i. e. , social rank) 12-14, 51-4, 94, 232-3, 285, 289, 291-6, 298-300, 302-6, 313-14 see also aristocracy; bourgeoisie; democracy; middle class; working class
classism see elitism
Clytemnestra 257
cold culture/hot culture 237, 247, 300-1
collective consciousness 134-7, 142, 186
collective effervescence 139, 151-2, 159
collective representations 136-40, 186
colonialism see imperialism
Columbus, Christopher 11

commodity 286-7, 289, 295-6, 308
comparatism 1, 5-7, 10-79, 94, 113, 121, 130, 138, 144, 149, 160, 162, 164, 168-70, 202, 204, 219, 232
compensation 98, 107, 112, 115
Comte, A. 47
condensation 89-91, 298
conquistadors 11-12
constructivism 163, 179, 278-9, 290
contradiction 11, 14, 25-30, 32-3, 35, 53-5, 111, 117, 124-5, 134, 156, 162, 174, 178, 181, 209, 212, 219, 223-4, 226, 232, 238-9, 244, 252, 280, 283, 290, 293-300, 302-4, 310, 313-14
constructivism 13, 163-4, 179, 279, 298
convergence/divergence 76-9
cooking 257, 260, 264-6, 270
Cornford, F. 145
Cox, G. W. 28-9
Cranaus 238, 242-3
Creon 222
Cybele 38, 119
Cyclops 57-67
Czechoslovakia 76, 190
Daphne 24
Danae 101-2, 195-7, 199-201

Danaids 275

Darwin, C. 31, 46-7, 116, 123, 155, 162 see also evolution/evolutionism; social Darwinism

Davis, G. 288

Dawkins, R. 172

decomposition 100-3

deconstruction 279, 283-4, 288, 291

deferral 154, 215, 284

de Man, P. 284

Demeter 260, 267-9, 271-5

democracy 12-13, 289, 299, 302 see also egalitarianism

Derrida, J. 215, 277, 283-4

determinism 135, 162-4, 185, 276, 280-2, 289, 291

Detienne, M. 263, 268-76, 278-80

Deucalion 242-3

diachrony 182-3, 212-13, 215, 220-2, 230, 236-7, 281, 295

Dianeira 308, 310-11

Dickens, Charles 29-30

Dictys 101, 103, 195-7

differentiation 46, 151, 154

Diodorus 307, 310-11

Dionysus 40, 77, 119-20, 145-6, 148, 150, 156, 159, 167-8

discourse 133, 283-4, 289-90, 293-4, 297-300, 302, 316-17

Disney, Walt 229

displacement 89-91, 112-13, 297-8

distinctive features 214-17, 220-1

dithyramb 150, 159

Dolezel, L. 203-4

drama/dromenon 153-4, 158-9

dreams 84, 86-96, 111, 122, 124-5, 138, 297

dreamwork 88-91

Dumuzi 119

Dupuis, C. F. 26-7

Durkheim, E. 134-40, 145, 152, 155, 159, 175, 181, 186

Division of Labour in Society 135-6

Elementary Forms of Religious Life 137-40

Suicide 136

Eagleton, T. 13, 280, 289-90, 294

Earth/Gaia/Ge 67-9, 74-5, 77, 102, 257 see also autochthony

East India Company 14, 19-21

Echidna 107

economics 12-14, 20, 46, 132, 135-6, 139, 172, 227-8, 234, 286-91, 295-6, 298, 301, 303, 305, 308, 313

economism 29-30, 44-50, 54, 132-6,

140-1, 226
egalitarianism 116-18, 277, 284, 304
see also democracy
ego 119, 122, 124-6, 128, 155
Egypt 26, 69, 77-8, 102, 200
Einstein, A. 183
Eleithyia 241
elitism (i. e., classism) 52-4, 121, 127-8, 134, 292, 303-4
empiricism 2-4, 7, 56, 138, 156, 184, 186, 191, 206, 214-15, 224, 226, 238
Endymion 23
Engels, F. 285, 291, 293
England see Britain
Epimetheus 250-1, 253-4
Erichthonius 238-40, 242-4
essentialism 7-9, 20, 182, 278-9 see also biologism; biology; nature
Eteocles 222, 225
ethnography 14, 30-2, 50 see also anthropology
etiology 152, 156, 158, 160-1, 167-8, 180, 268
Euphronios 96-7
Euripides 110, 269, 311
Europa 200, 222
Europe 10-16, 20, 25, 27-8, 30-2, 39, 42-3, 45, 52-3, 76, 119, 121, 123, 127, 132, 136, 155, 181, 186, 228, 231-2, 273, 294, 305 see also Austria; Britain; Czechoslovakia; France; Germany: Greece; Italy; Russia; Switzerland; Ukraine
Eurystheus 309-10, 312
Eurytus 310-11, 313
Evans, A. 147
evolution/evolutionism 25, 31, 45-57, 61, 93, 113, 116, 118, 121, 124-6, 132, 135-7, 140, 144, 150-61, 163-4, 172-4, 181 see also progressivism
exchange value 286-7, 295-6
fairytale/folktale 3-9, 16-17, 32, 41, 42, 61, 82, 94-5, 190-4, 197, 203-11, 229-33, 301
fantasy 93, 109, 122-7, 157
Fehling, D. 170
feminism 130, 144, 163, 277, 279, 282, 285, 289 see also sexism; women
Ferenczi, S. 112
Fontenrose, J. 2
formalism 190, 203-4, 208-9, 235
Foucault, M. 277, 283
France 19, 27, 80-1, 134, 245, 277-8

Fraser, R. 29, 36, 43, 55
Frazer, J. G. 14, 29-57, 60-3, 66, 69, 94, 113, 118-22, 124, 128, 133, 138, 140-1, 145, 149-50, 160-1, 180-2, 275, 277, 294
Apollodorus: The Library 57-67
Folklore in the Old Testament 34-6
The Golden Bough 36-43, 47-8, 54, 140-1
Totemism and Exogamy 113
free association 84, 88
Freud, S. 27, 80-133, 152-3, 157, 159, 165, 134, 182, 189, 202-3, 224-5, 228-9, 270, 277, 294, 297-8
The Ego and the Id 124
The Interpretation of Dreams 86-90, 104, 111-12
Freud. S. (cont'd)
The Relation of the Poet to Daydreaming 93
Studies in Hysteria 81-3
Totem and Taboo 113-20
function 191-201, 205-11
functionalism 9, 140-5, 175
gay liberation 277, 285
geology 30-2
German (language) 6, 16-19, 82-3, 85
Germany 5-6, 15-19, 25, 42, 46, 203, 209
Geryon 107
Geuss, R. 300
Giants 69, 168
gift-exchange 66, 251-6
Gilgamesh 5
globalization 13, 277, 284, 286, 301
Goethe, W. von 203
Golden, M. 306
Golden Age 255-6
Gorgon see Medusa
Graiae (daughters of Phorcus) 101-2, 196
Gramsci, A. 285
Greece 13, 15, 21, 37-8, 57, 67-70, 74-8, 94, 98-9, 146-8, 153, 167-8, 176-9, 195-7, 199-200, 223, 228-9, 233-4, 237-45, 247, 256-60, 262-76, 302-15
Greek (language) 6, 14-19, 21-4, 98, 101-2, 109-10, 158, 165, 176-7, 183-5, 234, 239-40, 251, 259, 261, 266-9, 302-3, 306-11, 314-15 see also Grecce
Greimas, A. J. 245-6, 252-3
Grimm, J. and W. 5, 17, 27

Guevara, Che 289
Habermas, J. 300-1
Hades 107, 272
Haeckel, E. 46
Halirrhothius 241, 243
Hall, G. S. 47
Harrison, J. 2, 49, 145-61, 180
  Mythology 157
  Mythology and Monuments of Athens 156
  Prolegomena to the Study of Greek Religion 146, 156
  Themis 146-59, 180
Hebe 312
Hephaestus/Vulcan 69, 109, 238-9, 241, 243, 248-9
Hera/Juno 40, 167, 199-200, 239, 241, 312
Heracles/Hercules 74, 96, 123, 199-200, 302, 304-15
Herder, J. G. von 16-17, 25
herm 165-6, 169
Hermes 69, 75, 102, 165-7, 195-7, 242-3, 249-50, 256
Herse 241-3
Hesiod 67-70, 75-7, 107, 239, 247-50, 254, 256-8, 306
Hestia/Vesta 40-1, 167-8

Hippolytus 38, 160, 269
History 4, 7, 17, 28-32, 38, 44, 46, 49-50, 169-70, 183, 194, 203, 206, 220, 236-7, 247, 263, 278-83, 293, 296, 299-301, 316-17
Hittites 5, 70, 72, 75-8, 102
Homer 57, 63-7, 146, 241, 256-7, 305
Hor/Horus 78, 102
humanism 283-4, 290
Hume, D. 55
hunting 114, 172-9, 227-8, 269-70
Huxley, J. 162
Hydra 96-7, 102, 312
Hyginus 167, 239
hypnotism 81-4, 86
hysteria 81-3, 86, 111, 165
id/libido 92, 96, 109, 119, 120, 122, 124-8, 130, 153, 173, 294, 297
idealism 134, 186, 285
ideologeme 262, 264, 268, 273
ideological analysis 80, 247, 262-315
ideology passim see aristocracy; Christianity; class; contradiction; democracy; elitism; ideologeme; ideological analysis; individualism; legitimation; liberalism; mystification;

naturalization; racism; sexism; women

Illuyanka 70, 74

imperialism 10-14, 19-22, 45, 51, 53, 121. 132, 143, 145, 277-8, 291

Inanna 119

India 5, 14-15, 19-21, 28, 78 see also East India Company; Indo-European; Sanskrit

"Indians" (i. e., North and South American first nations) 6-7, 11-12, 138, 151, 223, 227-8, 237, 264, 300

individualism 53, 56, 62, 94, 133-40, 145-6, 154-6, 160-2, 172, 182, 283, 290

Indo-European 14-19, 22-4, 32, 41, 70, 76-8, 183 see also Aryan

Industrial Revolution 25-6

initiation rite 114, 147, 149, 156, 178, 201, 289

inversion 90, 95-6, 253-4, 267, 302

Io 200-1

Iolaus 96, 102

Iole 310-11, 313

Iphitus 309-11, 313

Isis 78, 119

Italy 37-43, 228, 285

Jakobson, R. 212-17, 220-1, 236, 245, 251, 283

Jameson, F. 279, 287, 289, 297

Janet, P. 81

Jocasta 104, 222-3

Jones, W. 14-17

Jung, C. 96, 128, 202-3, 219

Kinyras 268-9

Kirk, G. S. 76

Klein, N. 286-7

Kouretes 146

Kronos 24, 67-9, 74-5, 77, 102, 146-9, 248-9

Kumarbi 70-5, 77

Labdacus 109, 222

Lacan, J. 91

Laius 109-10, 222

Lamarck, J. B. 122-3

language 133, 163, 172, 184-6, 212-13, 215, 217, 219-21, 228, 247, 262-3, 276, 278-80, 284-5, 293, 298-9, 302

disease of 26

primitive 23, 25, 124-6

see also German; Greek; Indo-European; Latin; Linguistics; Sanskrit

langue 183-4, 198, 212, 220-1, 282, 284, 299
Laomedon 310, 312-13
latency 92, 102, 119, 129-30
latent contents/manifest contents 88-90, 94, 100, 102, 189, 204, 297
Latin (language) 14-19, 21-2, 124, 303, 307
Leach, E. R. 3
legend 3-9
legitimation 300-1
Lenin, V. I. 285, 291
Lévi-Strauss, C. 204, 208, 210, 217-29, 234-7, 242, 244-7, 269, 298, 304
Naked Man 235
The Rat and the Cooked 235-6, 264
"Structural Study of Myth" 219-25, 227-8, 235
"Structure and Form" 204, 208, 229
liberalism 16, 20, 45, 121, 145, 172, 290, 295-6
libido see id
Lincoln, B. 9, 15, 278
linguistics comparative (historical) 14-25, 30, 40, 61, 76, 124-6, 183, 188, 281
structural 183-8, 202, 209, 212-17, 280-3
Marxist 283
Linus 309, 311
Lityerses 310
Loraux, N. 304, 308
Lorenz, K. 171
Lotis 167
Lubbock, J. 31-2
Lyell, C. 30-1
Macherey, P. 294, 297
magic 32, 38-43, 45, 47-55, 118, 120, 134, 137, 142, 151, 153, 228, 275
Malinowski, B. 131, 140-5, 181
mana/orenda/wakan 115, 138-40, 150-1, 154-5
Mannheim, K. 12
Marcuse, H. 128, 131
Marett, R. R. 49
marriage 230-4, 240-4, 255-60, 262-3, 265-76 see also sacred marriage
Martial 167
Marx, K. 295-6
Marxism 163, 277-8, 280, 283-5, 290-3, 304
materialism 25, 29, 44, 52, 134-7, 181, 285, 288, 298
maturation 91-3, 102-3, 109, 111,

117-22, 129-31
mediation 226-34, 239-40, 242, 244, 260, 264-6, 268-9, 314
Medusa 97-102, 106-7, 110, 195-9
Megara 311, 313
merchant class 302-6, 314
Mesmer, F. 81
Mesopotamia see Near East
metaphor 23, 79, 91, 93
Metis/metis (i.e.,cunning intelligence) 68-9, 74-5, 251-4
metonymy 91, 93
Meuli, K. 178
middle class 14, 16, 127 see also bourgeoisie; merchant class
Mintha 272-3
Mondi, R. 78
Morgan, L. E. 47
morphemes 220
morphology 195, 202-4, 209
Morris, D. 162
mortality/immortality 139, 244, 259, 262-8, 7-8, 270, 307, 312
Müller, F. M. 14, 19-32, 62, 121, 124, 126, 128, 138, 162, 294
Murray, G. 145, 150,
Muses 256
Myrrha 268-71, 273

mystification 278-9, 316
myth, definition of 1-9, 93, 161-2, 165
opposed to folktale 3-9, 195, 199, 229, 233, 301
opposed to history 7, 236-7
opposed to legend 3-9
opposed to literature 7, 195
opposed to science 7, 38-9, 47, 55, 316-17
related to ideology 9, 220, 277-9, 316
related to ritual 145, 155-61, 180, 233-4
mytheme 220-3, 263
narration, narrative 3-9, 61-3, 73, 78, 90, 134, 158-60, 191-5, 197-8, 202, 204, 206, 209, 211, 213, 217, 220, 235, 237, 242, 246-7, 252, 254, 260, 291, 297, 300, 112-13 see also character; plot
naturalization 278, 284, 286, 295-6, 299, 302
nature 17, 23, 25-6, 28-9, 36, 39-44, 48-50, 57, 116, 131-2, 138-9, 146, 157, 162, 172, 179, 185, 217, 219, 224, 228-33, 240-1, 255, 259, 264-8, 275, 279, 284, 295-6, 299, 302 see also biologism;

biology: essentialism
Near East 37, 43, 69-78, 119, 144-5, 264
neurology 80-1
neurosis 84, 86, 91, 113-17, 120, 123, 127-8, 157, 165, 179, 224, 297
Nietzsche, F. 1, 145-6
Nike 307
Nixon, R 287-8
Noah 16, 144
nominalism 184
Numa 38-9
Odysseus/Ulysscs 24, 57, 63, 65-7, 256-7, 305
Oedipus 94-5, 103-10, 202, 222-6, 235, 237-8
Oedipus complex 91-2, 94, 100-4, 111-13, 117-20, 122-3, 129-31, 159,
Olympians (le., chief Greek gods) 67-9, 146-50, 153, 168, 250
omission 84, 158, 225, 294-8, 311 see also avoidance
Omphale 309-10
ontogeny/phylogeny 46, 113, 117-27, 131
Orestes 242

Orphics 68, 75, 77, 119, 146
Ortega y Gasset, J, 183
Osiris 40, 119
Ouranos/Uranus 24, 67-8, 74-5, 77, 102
Ovid 199, 225
Pace, D. 229
Pan 309
Pandora 247-61, 265, 276
Pandrosus 239
Pappenheim, B. /Anna O. 81-3
parole 183, 198, 212-13, 220-1, 225, 280, 282-3, 299
peasantry 40, 42, 52, 94, 119, 121, 134, 256, 302-3 see also working class
Peel, J. D. Y. 55
Pegasu 98-9, 196, 199
penis (i. e., the anatomical part, for symbol see phallus/phaliie symbol) 67-8, 71-2, 90, 95, 109, 112, 125-6, 129-31, 166, 170, 173
Peradotto, J. 224, 237, 239
Persephone 146, 269-70, 272-4
Perseus 100-3, 109, 195-201, 207, 211
Phaeacians 256, 305

phallus/phallic symbol (i. e., penis in its symbolic or mythical capacity) 95-6, 98-9, 101, 106-7, 109, 166-70, 173, 273
Phaon 271, 273, 275
Philoctetes 307
Phineus 101, 196-8
phobia 111-12, 115
Pholus 311
phoneme 212-17, 220-1, 251, 263
physiology 81, 203
Plato 2, 109, 237, 265, 307
pleasure principle 91, 122, 126, 157
Pliny 270, 275
plot 4, 9, 62, 180, 197-8, 202, 204
pluralism 13, 289-91
Plutarch 233, 308
Polydectes 101-2, 195-7
Polynices 222, 225
Poseidon 196, 239-42, 312
positivism 186
postcolonialism 277, 279, 285
postindustrialism see capitalism, consumer capitalism
postmarxism 277, 291
postmodernism 163, 183, 277, 283-90
poststructuralism 277, 279, 283-5,

287, 289-92, 297
pragmatism 49-50, 56
Prague see Czechoslovakia
preconscious 87-8, 297
Priapus 167-9
primal horde 23, 116-17, 120
procreation see birth/procreation
Prodicus 307
Progressivism 20, 29, 36, 44-8, 51-7, 111, 121, 124, 133-4, 136, 155, 181, 294 see also evolution
proletariat see working class
Prometheus 95-6, 107, 119, 123, 248-51, 253-7, 259, 261, 263, 276, 310
propaganda 293
Propp, V. 180, 190-9, 201-12, 221, 225, 234-5
Morphology of the Folktale 190-4, 198, 203-4, 207, 209
psychoanalysis see psychology
psychology 46-7, 49, 80-131, 144, 194, 202-3, 219, 277, 291, 297-8
Pyrrha 242-3
race/racism 14-16, 19-22, 25, 28-9, 31, 44-7, 52, 136, 144-5, 155, 292
Radcliffe-Brown, A. R. 55, 140

Raglan, L, 180, 202
Rank, O. 27, 202
rationalism 17, 25-6, 32-3, 47-50, 56, 62-7, 132, 135, 140, 143, 154-6, 160-1, 240 see also reason
Reagan, R. 288-9
reality principle 92-3, 122, 126-7
reason 25-6, 29-30, 36, 44-5, 47-8, 53, 56, 61, 64, 86, 115, 120-2, 124-5, 127, 130, 132-3, 136, 181-3, 226, 235-6, 292, 302, 316-17
recapitulationism 46
referent 185-6, 280, 283, 286-7, 295
regression 123
relativity 181-3, 186-8, 192, 204, 209-22, 245, 248, 263, 281, 286
cultural 7-9, 11-14, 131, 144, 262, 286, 290, 316
theory of 183
religion 19, 21-2, 25-8, 38-9, 45, 47-8, 51-5, 111, 117-21, 133, 137-40, 146, 148, 150-4, 182, 229, 231, 289, 292, 296, 300 see also Christianity
representation 85-6, 89-90
repression 85, 87-8, 91-4, 96, 109-17, 123-31, 133, 153, 157, 189, 233, 297-8 see also censor; superego
residue 88
resistance 84
Rhea 68, 146
ritual 2, 4-5, 7, 9, 12, 32-5, 37-43, 48, 50, 84-6, 91, 114-17, 120, 137, 139-42, 145-80, 201, 228, 232-4, 260, 266-7, 273-6, 288-9, 305 see also initiation rite; ritualism; sacred marriage; sacrifice
ritualism 2, 80, 140, 145-80, 200-1, 232
Romanticism 16-17, 25-6, 28
Rose, P. 304, 306
Rousseau, J. J. 25
Russia 190, 285
sacred marriage 39
sacrifice 38, 40-3, 48, 57, 72, 116-20, 134, 168, 174-9, 234, 255-7, 260, 263-5
Sanskrit 14-29, 70, 76
Saussure, F. de 137, 183-7, 190, 202, 204, 209, 212-13, 214-15, 221, 236, 245, 251, 280-4, 295
scapegoat 40, 42-3, 48, 56-7, 234
Schwarzenegger, A. 288
science 7, 12, 14-15, 20, 25-30, 38,

43-57, 120-1, 125, 127, 130, 132-3, 136-7, 143, 181-2, 187, 189, 270, 276, 293-4, 301, 305, 316-17 see also anatomy; anthropology; archaeology; biology; economics; ethnography; geology; linguistics; morphology; neurology; psychology; sociology

scientism 26-30, 44-5, 47-8, 53-7, 122, 133, 283

Scylla 109

secondary revision 89-90, 104

semanteme 220

semantics 188, 216, 247, 255, 276

semiotics 184, 188, 263, 279, 299 see also structuralism

Seth 78, 102

sexism 130-1

Shaw, G. B. 10

sickle/harpe 67-9, 75, 77, 102, 107, 196 sign 184-6, 278-84, 286-9, 299-300

signified 185-6, 213, 251, 278, 280-2, 284, 286-7

signifier 185-6, 213, 215, 251, 278, 280-2, 284, 286-7, 289

Silenus 167

Sky see Ouranos/Uranus

slavery 144-5, 302-3, 309-10, 314-15

Smith, A. 46, 295-6

Smith, W. R. 113, 116, 160

social Darwinism 172

socialism 128, 134, 144, 162, 172

society 49, 51, 93, 96, 111, 113-17, 121, 125, 127-8, 132-45, 148-9, 152-6, 160-82, 186, 189, 217-19, 229, 232-3, 262-3, 266, 269-70, 275-85, 287-306, 313-14, 316-17

sociobiology 163-4, 172-80

sociology 12-13, 123, 126, 134, 137, 142, 145, 163, 272-3, 283, 314

solarism 19-29, 126, 162

Sophocles 104-5, 110, 225, 307-8

South Pacific 4-7, 30-2, 35, 115, 141, 170 speech act see parole

Spencer, H. 46-7, 54, 122, 135, 138

Sperber, H. 125-7

Sphinx 105-9, 222-3

stomach 44, 226, 256-7, 259-60

Storm-god (i. e., Teshub) 70-5, 102

structuralism 76, 80, 90-1, 137, 140, 164, 181-263, 276-86, 290-2, 295, 297-300

structure

deep 189-92, 204, 207, 298

paradigmatic 190-1, 206-7, 211-26, 238-48, 251-3, 255-60, 264, 269-70, 276, 314
surface 189-91, 204, 207, 210, 244, 296
syntagmatic 164, 180, 189-213, 215, 221, 231, 234-8, 244-8, 251-6, 259-60, 269-70, 314
subconscious see unconscious
sublimation 109, 126-7
superego 91, 109, 111, 117-18, 125, 128, 130, 133, 153, 294
survival 32, 33, 37, 39, 48-54, 148, 205
Syleus 310
symbol/symbolization 50, 80, 85, 89-110, 112, 120, 122, 124-6, 139, 149, 153, 157, 159-60, 164-8, 175, 226, 228-9, 259, 266-7, 275, 279, 287-9, 298, 300, 312
synchrony 142, 182-3, 205, 212-13, 215, 220-2, 230, 236-7, 281, 283
system 137, 140, 142, 144, 181-8, 192, 203-7, 209, 212-21, 227-8, 245, 263, 265-6, 275-6, 279-84, 288-92, 295-6, 299, 304
Switzerland 183
taboo 4, 9, 114-17, 143

talking cure 82-3
Tartaros 53, 68-9, 75
technology 20, 32, 44-5, 48-9, 52, 56-7, 117, 129, 132, 135-6, 181, 255, 260, 263, 290
Teshub see Storm-god
testicles 67-8, 71, 90, 95, 101-2, 109
Themis 147-8
Theseus 24, 195, 207, 308
Thesmophoria 260, 267, 269, 273-4
Thompson, S. 1
Tiger, L. 162
Titans 67-9, 74, 119-20, 146, 149
Todorov, T. 11
Tolkien, J. R. R. 193
totemism 56-7, 113-21, 133, 138-40, 143, 149, 151, 154
tragedy 145, 150, 311 see also Aeschylus; drama/dromenon; Euripides; Sophocles
transference 81, 83, 112-13, 115, 126-7, 131
Trautmann, T. R. 20, 31
Trevelyan, G. M. 132
trickster 71, 227
Trubetzkoy, N. S. 76, 188
Tuchman, B. 305
Tylor, E. B. 32, 47, 138

Typhon/Typhoeus 53, 69-70, 75, 77-8, 102, 107
Ubelluri 73
Ukraine 232
Ullikummi 5, 70, 73-5, 77, 102
unconscious 80-95, 199-13, 2123-5, 128, 130, 132, 153, 182, 188-9, 297-8
United States 47, 167, 170, 217, 277, 287-9
universals 6-9, 13, 37-8, 44, 47, 49, 52, 56-7, 61, 90, 94-6, 104, 120, 122, 124-6, 131, 135, 140, 162-3, 173-4, 188, 206, 217, 219, 228, 282, 290
urbanization 13, 182
Urform/Urtype 156, 174, 182, 202-3, 209
Urlanguage see language, primitive
Urlogic 35, 77
Urmyth 61-7, 76-9, 202-3
Urritual 174
use value 286
Ussher, J. 30
utilitarianism 25-6, 29, 32, 56
vagina 95, 98, 101, 125-6, 129-31, 170-1, 259

Varro 241
Vedas 5, 19, 70, 109
Vernant, J. -P. 247, 250-68, 276, 278-9, 300
Vidal-Naquet, P. 308
Volosinov, V. N. 283, 299
wage-laborer see working class
Whitaker, C. 288
wish-fulfillment 86-7, 125, 233, 297, 316-17
Wittgenstein, L. 8, 49, 185
womb 67, 74, 81, 95, 102, 256-9, 275
women 81, 95, 115-17, 129-31, 172-3, 178, 218-19, 240-2, 244, 248-50, 254-76, 279, 285
working class 52-4, 121, 126-8, 145, 285, 293, 295-6, 302-6, 309-10, 312-14
Zagreus 119-20, 146, 148-9, 156
Zeus/Jupiter 21-3, 28, 39-40, 66, 68-70, 74-5, 77-8, 96, 102, 107, 109, 119, 146-9, 156, 167, 195, 199-200, 239-40, 248-51, 253-7, 269, 307, 312
Zizek, S. 80
Zweig, S. 83

图书在版编目(CIP)数据

神话学理论 /(澳)埃里克·萨珀著；刘宗迪译. — 北京：商务印书馆，2024
ISBN 978-7-100-22215-0

Ⅰ.①神… Ⅱ.①埃… ②刘… Ⅲ.①神话-研究 Ⅳ.①B932

中国国家版本馆CIP数据核字（2023）第048839号

权利保留，侵权必究。

神话学理论

〔澳〕埃里克·萨珀 著
刘宗迪 译

商 务 印 书 馆 出 版
（北京王府井大街36号 邮政编码100710）
商 务 印 书 馆 发 行
三河市尚艺印装有限公司印刷
ISBN 978－7－100－22215－0

2024年6月第1版 开本 880×1230 1/32
2024年6月第1次印刷 印张 13 1/2

定价：86.00元